厚德博學
經濟匡時

匡时 金融学系列

第5版

保险营销学

粟 芳 编著

上海财经大学出版社

图书在版编目(CIP)数据

保险营销学 / 粟芳编著. —5 版. —上海：上海财经大学出版社，2023.4
(匡时·金融学系列)
ISBN 978-7-5642-4117-9/F·4117

Ⅰ.①保… Ⅱ.①粟… Ⅲ.①保险业-市场营销学-高等学校-教材 Ⅳ.①F840.4

中国版本图书馆 CIP 数据核字(2022)第 249444 号

责任编辑：刘晓燕
封面设计：张克瑶
版式设计：朱静怡

保险营销学(第 5 版)

著 作 者：粟芳　编著
出版发行：上海财经大学出版社有限公司
地　　址：上海市中山北一路 369 号(邮编 200083)
网　　址：http://www.sufep.com
经　　销：全国新华书店
印刷装订：上海市崇明县裕安印刷厂
开　　本：787mm×1092mm　1/16
印　　张：22.5(插页:2)
字　　数：428 千字
版　　次：2023 年 4 月第 5 版
印　　次：2023 年 4 月第 1 次印刷
印　　数：28 201—32 200 册
定　　价：55.00 元

前　言

在党的二十大报告中，将人民的幸福安康放在了重要的地位。保险是保障人民幸福安康的重要工具，保险营销是保险的重要环节。因此，深入理解保险营销的过程、特征、策略和管理，具有重要的意义。保险营销学是一门交叉性非常强的学科，它是市场营销学在保险领域的特殊运用。与一般商品的市场营销不同，由于保险产品的特殊性，因此需根据不同的保险产品来进行营销管理和销售。同时，保险的营销渠道众多，有各自不同的特征，也分别适用于不同的保险产品。除此之外，保险营销学还是一门实践性非常强的学科。许多人一谈起保险营销，就想到是如何卖保单，实际上，保险营销学的内容远不仅如此。

本书所介绍的保险营销主要是从营销管理的角度出发，是针对管理层介绍应如何制定营销战略、营销计划，选择营销策略、营销渠道等，并分析了各种保险营销渠道的特征和所适合的保险产品。本书在第四版的基础上进行了修改和更新，不但将一些数据和案例进行了更新，还根据最新的法律法规和监管规定的变化进行了更新；特别是更新了近年来互联网保险的发展和监管等内容。本书分为以下四个部分：

第一部分：保险营销原理。介绍了保险营销的基本概念、特征和保险营销计划的制订，以及对保险公司所处的环境进行分析，包括保险产品、保险需求、保险营销环境以及保险市场分析等。

第二部分：保险营销策略。保险营销策略是最具有实践性的一个环节，要求保险公司管理层和营销经理因地制宜地进行选择。保险营销策略包括保险竞争策略、保险产品策略、保险促销策略和保险关系营销策略。

第三部分：保险营销渠道。这是本书最具有保险特色的部分，介绍了直接营销渠道和间接营销渠道、代理人营销渠道和经纪人营销渠道，包括这些渠道的特点和适用对象等内容，并特别介绍了互联网保险的发展和监管。

第四部分：保险营销的管理与监管。保险营销的管理与监管包括微观管理和宏观管理。保险营销微观管理主要是保险营销队伍的建立和管理，保险营销的组织、执行和控制等，而保险营销宏观管理则主要是保险监管。保险监管的法律法规仍在不断更新与完善，本书就最新的监管规定进行了总结和分析。

虽然有关保险营销学方面的书籍汗牛充栋，但各有千秋。本书的特点在于：其一，非常注重“保险”，是一本“保险”特色浓厚的保险营销学教科书；其二，系统、完整地分析和比较了各种保险营销渠道；其三，关注的层次较高，集中于管理层的营销战略和决策。除此之外，全书结构严谨，集逻辑性、全面性和知识性于一体，也是本书作为保险营销学教材的一大亮点。

本书的目标读者包括：(1)高等院校保险和金融专业的本科和硕士研究生，使他们深入了解保险营销的理论和实践；(2)保险公司的营销管理人员，使他们能够全面深入地了解保险营销的体系。为了方便读者学习和阅读，本书在每章开始时设计了引语，以引起读者对本章内容的浓厚兴趣。在各章中间，还单独列出了许多案例以及保险营销的一些最新发展情况，让读者对历史和现状有更深入的了解。

本书感谢虞幸然和邵俊尧的参与和贡献。本书是站在巨人的肩膀上诞生的，希望能够继续抬高巨人的肩膀。同时，由于保险营销的理论和实践仍处于不断发展的过程之中，各种新事件、新问题层出不穷，本书难免有一叶障目、以偏概全之处，敬请各位读者批评指正。

2023 年 3 月

目　录

第一部分　保险营销原理

第二部分 保险营销策略

第三部分 保险营销渠道

第四部分 保险营销的管理与监管

第一部分
保险营销原理

第一章　保险营销概述

营销又称市场经营，是对创意、商品和服务的构思、定价、促销和分销的计划和实施，以产生满足个人和团体需求的交易的整个过程。营销的发展经历了四个时代，目前仍然处于营销时代和社会营销时代之间。保险营销就是围绕保险产品和保险服务而开展的推介活动，其主体是各种保险公司和保险中介，客体是保险产品，营销对象是各种自然人和法人。保险产品和保险客户群的许多特性给保险营销带来了许多重要的影响。

第一节　保险营销的含义

我们每天都在各种各样营销活动的包围之中。手机中各种 App 推送的广告满天飞，电视频道中反复播放的广告让人心生厌恶却又余音不绝，直播购物平台中导购紧张催促的话术和富有吸引力的价格让人怦然心动，高楼大厦、道路两旁的各种广告也让人应接不暇……即使身处家中，也会接到各种推销电话……作为消费者，营销时时刻刻存在于我们的生活之中。不管我们是否愿意、是否喜欢，都强行地进入了我们的眼球，植入了我们的大脑。作为一名保险公司的职员，大多数保险人在工作中都会被要求进行主动的营销。你可能被要求就一种新产品或创意进行市场调查，了解市场的需求；或者你可能被要求向客户详细介绍万能保险的含义；或者你可能安排董事长就公司的战略和文化接受记者的采访；或者你可能代表公司向空难中的遇难者捐款、向新冠疫情中的一线人员捐赠保险……这些都是营销策略和营销活动的一部分。所以，无论是作为消费者还是职员，营销已经深深地进入了我们生存空间的每一个缝隙。

一、营销的概念

尽管营销一词在西方有着比较长远的历史，但在中国，营销是从 20 世纪 80 年代兴起的一个新名词。从那以后，营销深入各行各业，并逐渐成为公司经营活动中一个非常重要的环节。当然,仍然有些人对营销存在着误解,认为营销就是广告和销售而已。实际上,营销的含义要宽泛得多。销售和广告只是营销活动中一个小小的部分。美国营销协会对营销的定义是:营销(Marketing)又称市场经营,是对创意、商品和服务的构思、定价、促销和分销的计划和实施,以产生满足个人和团体需求的交易的整个过程①。美国营销协会代表了美国、加拿大和其他国家中众多优秀的营销专业人员,他们是通过对实务工作的理解、提炼并高度升华后才总结出上述有关营销的概念。

营销一词来源于买卖双方进行交易的市场。交易是指一方将有价值的物品给予另一方并从另一方获得有价值的物品的活动。因此,除非买方就卖方提供的物品支付对价,否则不会发生交易。但实际上,营销活动在产品交付销售之前就已经开始了。营销所面临的最大挑战之一是确定人们在未来会需要哪些产品。市场调研人员要研究人们的想法和需求,并确定应该用什么商品和服务来满足这些需求。所以市场营销人员必须和公司其他岗位的员工密切合作,一起进行产品的开发、定价和分销,只有这样,才能通过达成交易而满足市场需求,并实现公司目标。这使得营销的理念必须渗透公司的每个部门之中,而并非仅仅是销售部门。

一个完整的营销过程主要包括三个步骤:第一是确定个人和组织机构的目标和需求;第二是进行产品设计、开发和定价;第三是制订和落实针对准客户的产品促销和分销的方法。为了实现营销的目的,市场参与者通常要控制几个重要的因素:产品(Product)、价格(Price)、促销(Promotion)、分销(Distribution/Place)。由于有形商品的销售者通常用表示消费者购买产品的地点——“场所”(Place)一词来代替“分销”(Distribution),因此通常把营销中需要注意的四个因素称为“4P”。其中,产品是指卖方为了满足消费者需求而提供的商品、服务和创意。价格是指消费者为交易产品所支付的对价,通常表现为一定数量的货币。促销是指卖方为了影响消费者做出购买产品的决定而与消费者进行的交流活动。分销是指为便于消费者购买而安排和组织产品的活动。这四个因素相互影响、相互作用,并影响着营销的最终效果。本书将逐一介绍保险营销中所需要注意的这四个因素。

保险营销是在变化的市场环境中,以保险服务为商品,以保险交易为中心,以满足被保险人的需要为目的,实现保险公司目标的一系列活动。因此,保险营销是一种综合性的经营活动,它并非仅仅存在于产品销售这一环节,而是渗透在保险公司的各个部门,图1-1是保险公司营销与营销支持活动的组织结构图。公司的所有部门都要为保险产品的营销提供支持和服务,因此又称为整体营销。

---

① AMA Board Approves New Marketing Definition. *Marketing News*, 1985, (3): 1.

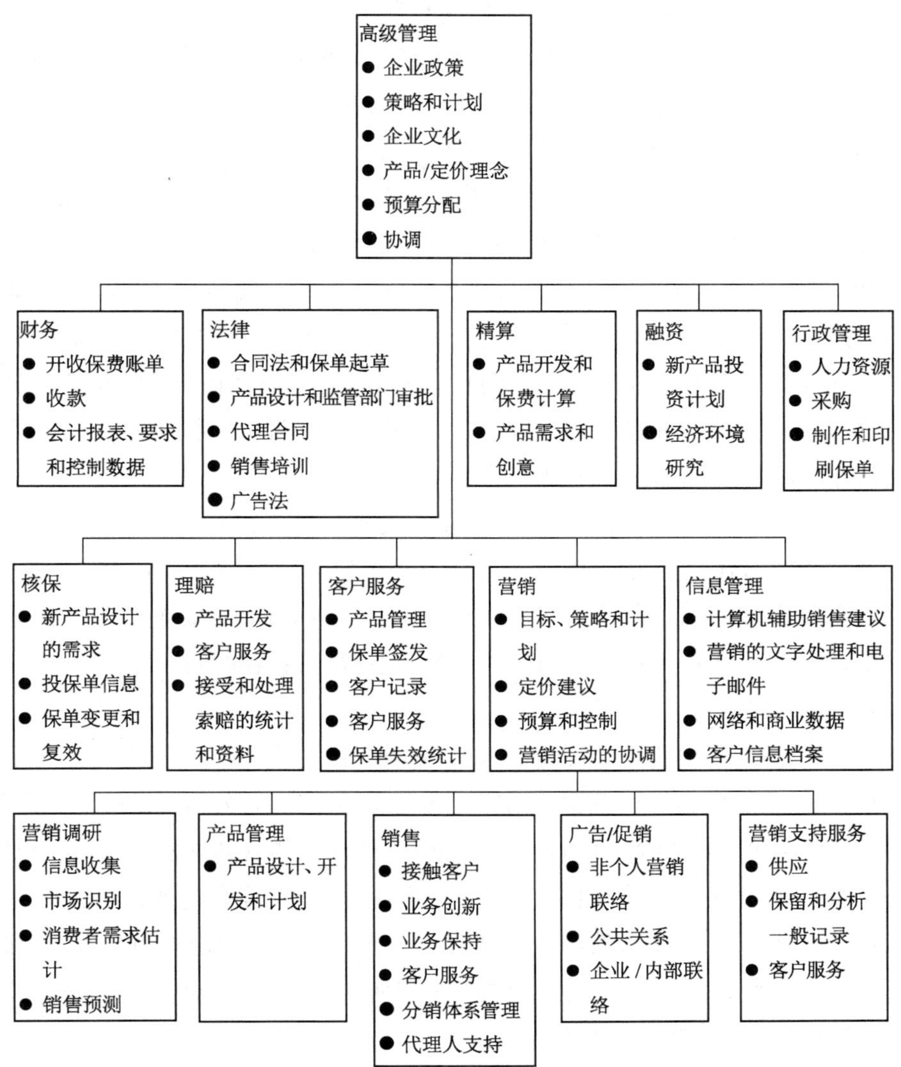

图 1-1 保险公司营销与营销支持活动的组织结构

二、营销的发展和演变

与其他任何理论一样，营销理论随着经济的发展也经历了许多变化，从先前的以生产、产品为核心的营销理念发展到以市场、社会为核心的营销理念。营销的方式和策略越来越以客户为中心。根据主流营销观念的变化，营销在历史上可以分为四个时代：生产时代、销售时代、营销时代和社会营销时代。

(一) 生产时代

从 19 世纪初到 20 世纪 20 年代，大多数工业化国家的公司为生产导向型企业。

当时的社会生产力水平比较低下，社会产品总体上供不应求，基本处于“卖方市场”。以生产为导向的公司认为，他们能生产出什么产品就能卖出什么产品。遵从这一生产导向理念的公司过于重视生产，而不重视营销。他们认为，只要消费者能够接受商品的价格，就不会存在销售的问题。因此，当公司遵从生产导向理念时，他们只生产和销售那些生产率最高的产品。他们致力于提高生产率，扩大生产规模并降低成本。生产导向的理念可以总结为“无论我们生产什么，都会有人买”。

例如，20 世纪初美国福特汽车公司在开拓汽车市场时就奉行“扩大生产、降低成本”的理念。福特汽车公司竭尽全力降低产品的成本，扩大生产规模。然而，当时的消费者对汽车并没有比较大的需求。福特汽车公司当时完全没有开发汽车的新品种和新款式，而是只生产大量的黑色 T 型轿车。亨利・福特说：“我们不管顾客喜欢什么颜色的汽车，我们只需要生产黑色的汽车就可以了。”

后来，随着生产力的提高，消费者的需求也逐渐增加并多样化。营销理念的核心也从生产逐步转移到产品，但仍然是一种从自我出发的销售理念。此时他们认为，消费者喜欢高质量、多功能并具有多种特色的产品。因此，公司应该努力生产高质量的产品。他们把注意力集中在自己的产品上，颇有些孤芳自赏的感觉。

（二）销售时代

销售时代开始于 20 世纪 20 年代，大约持续到 1950 年。这一时期的公司多为销售导向型企业，秉承销售导向理念。销售导向理念的意思是，公司有足够多的消费者，他们都需要购买公司的产品，公司要扩大销售，只需增加销售的规模即可，并同时增进促销的效果。20 世纪 20 年代，生产力水平不断提高，市场竞争越来越激烈。许多生产者发现，他们所能生产出来的产品数量已经多于消费者所能购买的数量。因此，如何将不断生产出来的产品销售出去，便成为公司所关心的主要问题。许多公司开始重视以“推销”为主的产品销售和广告活动。

在销售时代，大多数公司几乎都没有关注消费者的需求，而是把侧重点放在加大销售力度上，以寻求更多的客户。这时，“推销”变成了“营销”的同义词。他们认为，“消费者不再只是因为我们生产了产品就会自发地主动购买，我们必须说服他们去购买我们的产品”。

保险市场也经历过这种以销售为导向的销售时代。当时，许多保险公司派出了大量的人员进行“高压式推销”。20 世纪 90 年代初期，保险公司招募了大量的保险代理人，他们走街串巷，挨家挨户地上门游说消费者购买保险产品。保险界把这种营销模式戏称为“扫街”和“洗楼”。尽管当时这种“高压式推销”起到了一定的作用，唤醒了消费者的保险意识，使消费者认识到对保险这种“非必要”产品的需求。但是，推销并不可能促使消费者购买自己不需要的产品；并且在某些情况下，“高压式推销”会引起消费者的反感和厌恶。当时就有某些小区和街道像防范可疑人一样防范保险代理人。显然，销售导向型的理念仍然是从公司自己的角度出发。然而，由于保险产品的某些特性，"高压式推销"的保险销售方式仍然具有一定的作用，目前依然是一些保险公司所采用的营销战略。

实际上，无论是生产导向型还是销售导向型公司，他们都无法认识到自己所应该服务的市场。他们都只会认为，应该销售公司所提供的产品和服务。因此，他们容易具有哈佛商学院营销学教授 Theodore Levit 所称的"营销近视"的问题，即公司无法以比较准确的词语来描述其实际所属业务的类型，也没有准确定义自己的生产目的。如果公司只注重现有产品的销售，而没有识别消费者的需求并开发满足这些需求的产品或服务时，则通常会患上"营销近视"的疾病，从而威胁公司本身的生存。

（三）营销时代

营销时代大约开始于 20 世纪 50 年代，现在仍然属于营销时代。第二次世界大战以后，北美消费者的可支配收入显著增加。消费者对许多产品和服务都产生了强烈的需求，并且他们对这些商品和服务的需求是各不相同、丰富多彩的。因此，公司认识到，尽管能够高效率地生产产品，并能够通过侵略性的销售和广告高效率地促销产品，但是却无法预见哪些产品最能受到消费者的青睐。如果能够在消费者的需求与公司所提供的产品服务之间达成比较理想的匹配，那么公司就能够获得高额的利润。因此，1952 年，通用电气公司设计了一种全新的营销理念："如果让营销人员在生产周期的开始就加入生产过程，而不是在结束时才加入，并且将营销与生产的每一个阶段都结合。这样，通过调查研究，营销将为工程师、设计和制造人员确定客户需要的产品，以及客户愿意接受的价格。营销在产品的销售、分销和服务以及在产品设计、生产、进度和库存控制等方面具有权威。"①公司已经意识到，他们必须学会，不要注重自己想生产什么或销售什么，也不要注重自己能生产什么或销售什么，而应该注重消费者想购买什么以及为什么购买。

营销理念认为，实现公司的组织目标和利益，关键在于正确地确定目标市场的需求和欲望，并且比竞争者更加有效地向目标市场传送所期望的产品和服务，进而比竞争者更有效地满足目标市场的需求与欲望。因此，可以将营销理念定义如下：为了辨认和满足客户的需求，对组织的活动进行综合和协调的一种商业理念。营销理念的特征在于以下两个方面：

- 客户至上：注重消费者需求的市场导向或客户导向。
- 整体营销：部门目标从属于公司的整体目标，并且努力将公司的经营统一协调

① 1952 Annual Report (New York: General Electric Company, 1952, P. 21.

并形成一体化营销，既能服务于市场又可以实现组织目标。

采纳营销理念的公司首先关注的是客户的需求，其次才是自己的销售能力或产品。公司通过进行市场调研，倾听消费者、分销商以及雇员的意见，从而积极地了解消费者的需求、欲望和各种想法，并且把这些认识和理解与公司的总体目标融合，一起构成公司各种组织经营活动的基础。营销时代的营销理念与销售时代的销售导向理念完全不同。其关键的区别就在于，营销时代的营销理念是以消费者为核心，首要考虑消费者需要什么；而销售时代的销售导向理念是以自己的产品为核心，首要考虑自己可以或应该销售什么（见表 1-1）。

表 1-1　　营销时代与销售时代的区别

	核心	目标	方法	代表句
营销时代	顾客需求	满足顾客需求	整体营销	消费者需要什么，我们就销售什么
销售时代	产品	销售产品	推销	我们生产什么，就促使消费者购买什么

现在，有些保险公司提供了满足消费者各种财务需求的保险产品，提供了更多的缴费方式，并向消费者提供免费电话服务和各种便捷的在线服务；许多保险公司还在试着开发各种分销渠道以使客户更加容易了解保险公司的保险产品。所有这些活动都是以满足客户需求进而增加服务效用为导向的。然而，想要在公司内部完全贯彻营销理念绝对不是一件容易的事情。以生产或销售为导向的传统公司很难将客户的需求放在计划的首列。但是，采纳市场营销理念却能够大大增强公司成功经营的能力。因此，为了让营销理念在公司内部得到贯彻，整个公司必须理解和接纳这一观念，才能发挥市场导向型公司的职能。

案例 1-1　　艾滋病患者的保险

艾滋病一直都是一个令人关注的社会问题，艾滋病患者的人数在不断地增加。艾滋病患者的经济条件非常不容乐观。他们最为忧虑的就是生活问题。尽管随着医学水平的进步，艾滋病患者的生存时间得以延长，但并没有发现能根治艾滋病的灵丹妙药。接踵而至的问题就是，他们因生存时间更长而需要更多的钱，然而实际上他们所依赖的收入却在不断减少。

传统的寿险保单只能在被保险人死亡之后给受益人一些经济补偿，因此它们不能给患艾滋病的被保险人支付医疗费。这一供与需之间的矛盾非常突出。实际上，艾滋病患者需要更多的钱来支付医疗费并偿还各种债务。

针对这种情况，美国的保险公司开发了能改善绝症患者财务状况的寿险产品，并且在他们去世之后仍然为受益人提供保障。1989年，一家美国保险公司的加拿大子公司开始以留置权、凭保单贷款等形式向艾滋病患者提供给付。第二年，美国保诚保险公司开始向那些绝症患者以及必须永远生活在病房中的病人提供部分死亡给付，并且不收取任何额外费用。1990年末，有10家保险公司提供“生前给付”。事实上，20世纪90年代中期有超过215家美国的保险公司提供了生前给付，总共有1 800万以上的美国人可以享受生前给付。

人寿保险生前给付保单也称为死亡提前给付保单，是在符合保单条件的被保险人死亡之前提前向被保险人给付保险金。这些保单条件通常在以下方面进行了限定：被保险人期望寿命估计值、特定疾病保障范围、提前给付的最小金额以及保单的最小面额等。多数保单是从死亡给付中扣减提前给付的金额。

负责保诚保险公司提前给付保险产品公共关系的Jim Longo认为，开发这些保险产品有风险也有回报。精算师们必须考虑逆选择和索赔转嫁等相关问题。保险公司不知道究竟有多少人会做出生前给付的选择，也不知道这种做法将如何影响公司的死亡率经验。但是这种看待寿险的全新理念把保险公司代理人和客户的关系拉得更近了。事实证明，这的确是一件好事。

Longo回忆说，有一个患脑部肿瘤的被保险人，她必须从弗吉尼亚州的里士满飞往内布拉斯加州接受治疗，她的丈夫一边工作一边照顾他们的孩子。这种提前给付改善了他们的经济条件，使她的丈夫能经常飞到她的身边伴她走完最后的日子。另一个患胃癌去世的芝加哥男子大约有8万美元的人寿保险，他利用提前给付的4万美元清偿了抵押贷款、汽车和信用卡欠款，还安排了自己的葬礼。Longo说，“这给了他极大的安慰。当一个人患了不治之症时，一些小小的债务突然间会变得非常可怕。他们对得到这一保险心存感激之情。他们感到，在某种程度上自己也能够驾驭生命，而不是面对死亡软弱无力”。

目前，“生前给付约定”条款也普遍使用在中国各家人寿保险公司的保单条款之中。

（四）社会营销时代

在20世纪70年代，一些营销专家提出了“社会营销导向”的理念。美国西北大学营销教授菲利普·科特勒(Philip Kotler)认为，“这个时代是以社会营销为导向的时代。具有社会营销导向的公司仍然关注着消费者的需求，并不断满足他们的需求。但是他们在满足这些需求的同时还要考虑自己活动的社会影响。公司不但要通过满足消费者的需求来实现公司的总体目标，还应该使自己的目标和营销活动符合社会的总体需求”。

然而，市场营销人员、经济学家和公司领导对社会营销导向的理念仍然存在着分歧。他们怀疑这个导向对于公司而言是否合适。一些理论家认为，公司应该主要对自己的股东负责，为股东创造最大的利润是第一目标，而社会营销应该是第二目标。例如，烟草公司是否应该为了社会利益而停止生产香烟呢？

尽管学者们仍然就社会营销导向的理念进行着沸沸扬扬的讨论，然而它的确具有借鉴之处。社会营销导向的理念倡导应该将公司利润、消费者需求和社会需求相统一。每一家公司都生活在社会的大环境之中。它们不但要创造利润，满足消费者的需要，还必须注重道德，注意保护生态环境。这样才有可能进行可持续的发展。

随着我国改革开放进程的不断深入，保险公司也面临着非常激烈的竞争。保险公司从当初“只此一家”的中国人民保险公司发展到现在几百家保险公司，市场的竞争日益白热化。尽管保险业凭借广泛的分销方式，向不断多样化的市场提供了各种满足客户需求的保险产品，然而监管的规范化、股东日益提高的要求、技术的创新等都给保险公司提出了新的要求。保险公司不但要服从监管等方面的新要求，还必须考虑市场份额和利润，考虑保险公司的行为是否符合道德标准。他们必须在关注股东、保单所有人等各方利益的同时，采用各种手段留住人才并赢得消费者的忠诚。这一切使得保险公司的经营者每天都如履薄冰，因此进行正确的营销决策对他们而言非常重要。营销策略的制订以及营销活动的实施将对保险公司的成功产生重大的影响。著名的Dartmouth大学教授、作家Frederick E. Webster, Jr. 说：“要想在将来得以生存，每个公司都必须以客户为中心，受市场驱动，具有全球视野，并能够灵活地向客户提供超值的产品。”①

第二节 保险营销的主体

保险营销的主体就是保险市场的主体，主要是指保险公司和保险中介机构，它们是保险产品和服务的提供者。

一、保险公司

保险公司是在保险市场上出售各种保险产品的各种保险经营机构，它是保险市场上的供给方。保险公司一般为法人，但也存在着自然人，如劳合社的个人保险人。与

---

① Frederick E. Webster Jr. Defining the New Marketing Concept, *Marketing Management*, 1994, 2(4).

其他一般的企业一样，保险公司都是享有独立的经济权利，并且具有独立的经济利益，自负盈亏、自主经营的经济实体。在保险市场中，由于保险公司的承保业务、经营范围等因素的不同，可以把保险公司分成许多不同的种类。

按承保业务可分为原保险业务和再保险业务。原保险业务是指保险公司直接与投保人签订合同并进行保险交易的保险业务。保险公司接受原保险业务之后，对于超过自己承保能力的部分风险可以向其他保险公司再次投保，这就称为再保险业务。在保险市场上，再保险公司只能够专营再保险业务，接受其他保险公司的分出业务。但保险公司既可以经营原保险业务，也可以同时兼营再保险业务。通常，由于原保险业务面对的是以消费者和其他企事业单位为主的客户，因此保险公司需要更多地利用保险营销策略和营销渠道。相对而言，再保险公司的客户是其他各家保险公司，而且大多处于买方市场，因此再保险公司的保险营销方式与其他保险公司有所不同。本书中主要介绍原保险业务环节的营销战略。

根据经营范围不同，保险公司可分为专业保险公司和综合性保险公司。专业保险公司只经营某一类保险业务，如人寿保险公司、农业保险公司、财产保险公司等。综合性保险公司则经营所有的或多种类型的保险业务。这两类保险公司都经营原保险业务，都需要根据客户的特征制订不同的营销战略。

根据经营目标不同，保险公司可分为商业保险公司和政策性保险公司。前者以营利为目的，后者是为了实现某些政策目标，不追求盈利。因此，相对而言，商业保险公司的市场竞争更加激烈，他们需要充分运用各种保险营销策略。而政策性保险公司的保险业务大多受政府扶持，有一定的半强制性，故对保险营销的需求不是非常强烈。

根据组织形式不同，保险公司可分为股份制保险公司与相互保险公司。其中股份制保险公司是当今保险市场上主要的组织形式。我国绝大部分保险公司都是股份制保险公司。股份制保险公司具有一般股份有限公司的特点。其资本金来自各个股东，资本金来源比较广泛，更容易分散风险，进行增资扩股；其次，股份有限公司是向全社会发行股票，这样能有效提高公司的知名度，同时也起到宣传公司的作用，当然也受全社会投资者的关注和监督。股份制保险公司的最大特点在于，股东与保单持有人分别是不同的人。相互保险公司是保险公司的特有组织形式，是以社员之间相互保险为目的的一种互助行为。相互保险公司也是保险市场中的一种重要组织形式。相互保险公司的参加者既是保险公司的股东，也是保单持有人。相互保险公司也可以通过向全社会发行股票，进行相互保险股份化，从而变成股份制保险公司。相互保险公司与股份制保险公司的区别如表 1-2 所示。正是由于相互保险公司与股份制保险公司存在明显的区别，其在追求营利性方面的渴求程度是不同的，公司的首要目标和社会定位不同，因此其所采用的营销策略等方面应该存在明显的差异。

表 1-2 **相互保险公司与股份制保险公司的区别**

	相互保险公司	股份制保险公司
企业主体	社员,社员与保险参加者是同一人	股东,股东并不限于保险参加者
权力机关	社员大会	股东大会
董事	不以社员为限	只能是股东
资本金来源	社员	股东
保险费	确定并预收保费,盈余时分别向社员摊还,亏损时向社员征收	确定并预收保费,盈余时计入营业利润,亏损时由股东填补
营利性	互助性,非营利性,免征部分税	营利性,要征税
利润处理	保险公司的盈余必须在支付借入资金及其利息之后,才能由社员享有	股东对盈余依法有全权处理权

案例 1-2　　我国保险市场主体的发展

经过多年的发展,我国保险市场的主体从当初只有中国人民保险公司一家发展到了百花齐放、多家公司并存的局面,保险市场百舸争流,竞争非常激烈。

近年来,我国保险业得到了迅速的发展,又快又好地把保险业做大做强是保险业的共同目标。保费收入已经稳居全球第二。从各个指标的变化来看,我国的保险业发展速度惊人。例如,从 1980 年到 2021 年的 41 年间,保费收入从 4.6 亿元发展为 44 900 亿元,增长近 10 000 倍。而在 1980 年到 2021 年的 41 年间,保险业的总资产从 10 亿元发展为 248 874 亿元,增长了近 25 000 倍。

下图是我国保险业净资产的变化柱状图,其中的纵轴是当年保险业的净资产,单位是亿元人民币;横轴是年。从下图中可以看到,自从我国恢复保险业以来,我国保险业净资产的规模在 41 年中发生了巨大的变化。

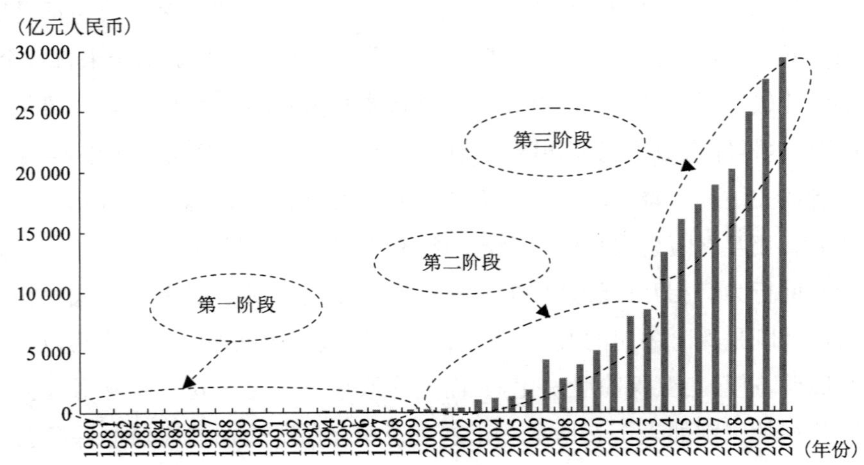

资料来源:根据历年的保险年鉴数据整理而来。

我们可以把1980年至2021年间保险业净资产的增长倍数、保费收入的增长倍数、保险业总资产的增长倍数以及保险公司数目的增长倍数进行比较。

我国保险业的发展指标分析

	1980年	2021年	1980-2021年增长倍数
保费收入	4.6亿元	44 900亿元	9 761倍
保险业总资产	10亿元	248 874亿元	24 887倍
保险业净资产	0.5亿元	29 306亿元	58 612倍
保险公司数目	1家	235家	235倍

2021年末，全国共有保险机构235家，包括财产险公司87家，寿险公司75家，保险资产管理公司33家，集团公司13家，养老险公司9家，再保险公司7家，健康险公司7家，其他机构3家(农村保险互助社)，1家出口信用保险公司。除此之外，全国保险专业中介机构法人名单2 610家、外国再保险公司分公司7家。因此，全国的保险业机构法人共计2 852家。

二、保险中介机构

保险中介机构是指介于保险经营机构之间或保险经营机构与投保人之间，专门从事保险业务咨询与招揽、风险管理与安排、价值衡量与评估、损失鉴定与理算等中介服务活动，并从中依法获取佣金或手续费的单位，包括保险代理人、保险经纪人、保险公估人等。通常，参与保险产品交易环节的中介机构主要是保险代理和保险经纪。

(一) 保险代理

实践中，保险代理是产生于保险人的委托授权，因此是一种委托代理。保险代理是以保险人的名义进行代理活动，并且在保险人的授权范围内做出独立的意思表示。保险代理与投保人之间签订保险合同所产生的权利与义务，视为保险人自己的民事法律行为，法律后果由保险人承担。

根据所从事的主业不同，可以把保险代理分为专业代理和兼业代理。专业代理是指专门从事保险代理业务的保险专业代理机构和个人保险代理人。与其他形式的保险代理相比较而言，专业代理机构是专门从事保险代理的机构，因此比兼业代理机构更加容易开展业务，容易加强对代理人员的管理和培训。兼业代理机构是指受保险人委托，在从事自身业务的同时，指定专人为保险人代办保险业务的单位。兼业代理的主要业务范围包括代理推销保险产品和代理收取保险费。

其中，专业代理又有个人代理和机构代理之分。个人保险代理人是指根据保险人委托，向保险人收取代理手续费，并在保险人授权的范围内代为办理保险业务的个人。个人保险代理人不得办理企业财产保险和团体人身保险业务，不得兼职从事个人保险代理业务。我国《保险法》第129条规定："个人保险代理人在代为办理人寿保险业务时，不得同时接受两个以上保险人的委托。"《保险代理人管理规定》中对保险专业代理机构的定义是：根据保险公司的委托，向保险公司收取佣金，在保险公司授权的范围内专门代为办理保险业务的机构，包括保险专业代理公司及其分支机构。

对于保险代理还有许多其他的分类方法。根据代理权限的不同，保险代理可分为独立代理、专属代理和总代理。独立代理是指具有独立法人资格、可同时代理多家保险公司业务的中介人。专属代理也是独立的法人机构，但是它只能为一家保险公司或某一保险集团代理保险业务，通常不拥有终止保险和续保的权力。总代理是指受保险人委托，在指定区域全权代理保险人所有保险业务活动的中介人，总代理可以雇用和训练分代理。

对于保险专业代理机构而言，其与保险公司的关系可以是独立代理、专属代理或总代理。对于个人保险代理人而言，其与保险公司的关系大多仅是专属代理。2020年，中国银保监会发布了《关于发展独立个人保险代理人的相关通知》①，提出了独立个人保险代理人的概念，将独立个人保险代理人定义为：与保险公司直接签订委托代理合同，自主独立开展保险销售的保险销售从业人员。独立个人保险代理人直接按照代理销售的保险费计提佣金，不得发展保险营销团队；根据保险公司的授权代为办理保险业务的行为，由保险公司承担责任。

（二）保险经纪

保险经纪是基于投保人的利益，为投保人与保险人订立保险合同提供中介服务，并依法收取佣金的中介机构。保险经纪机构可以经营下列保险经纪业务：为投保人拟订投保方案、选择保险公司以及办理投保手续；协助被保险人或者受益人进行索赔；再保险经纪业务；为委托人提供防灾、防损或者风险评估、风险管理咨询服务等。保险经纪的法律地位与保险代理基本相同，都是具有独立代理权利的中介机构。但是，保险经纪强调的是自己设计保险方案的能力，以及提供保险人业务情况、资信背景等资料的能力。在实务中有时非常容易混淆保险代理与保险经纪的概念。但是首先应该明白，保险经纪大多是投保人的代理人，是基于投保人利益，并为保险合同的达成穿针引线的中间人。保险经纪可以向保险人索要酬金，还代理保险人收取保费。但是如果由于保险经纪的过错或疏忽使被保险人的利益受到损害，保险经纪要承担民事法律责任。保险代理是代理保险人的利益，而保险经纪是基于投保人的利益。保险经纪的独

① 《中国银保监会办公厅关于发展独立个人保险代理人有关事项的通知》银保监办发〔2020〕118号。

立性要强于保险代理。保险代理与保险经纪的异同见表 1-3。

表 1-3　　保险代理与保险经纪的异同

	保险代理	保险经纪
相同点		
保险经纪制度类似于独立代理制度。独立代理人与保险经纪人都可以同时受聘于多家保险公司，可自行选择向哪家保险公司投保		
保险代理人的佣金通常由保险人支付，保险经纪人的佣金可以由保险人支付		
不同点		
主体不同	个人或公司	只能是有限责任公司
销售产品	销售保险人授权的保险服务品种	与保险公司协商投保条件
业务不同	代理保险人与投保人签订保险合同，代理推销保险产品，收取保险费，协助保险公司进行损失勘查和理赔	为投保人拟订投保方案、选择保险公司以及办理投保手续；协助被保险人或者受益人进行索赔；再保险经纪业务；为委托人提供防灾、防损或者风险评估、风险管理咨询服务
角色不同	合同的当事人，保险人的代理人	不是合同的当事人，也不是任何一方的代理人，而是中间人
独立性不同	代表保险人，并依附于保险人	以自己的名义进行独立的服务，具有独立法律地位，不依附于其他人
服务对象不同	中小型企业和个人	大中型企业和项目
承担责任不同	后果由保险人承担	一切后果由经纪人自己承担
代表利益不同	代表保险人的利益，为保险人服务	基于投保人的利益，为投保人服务

（三）保险公估

《保险公估机构监管规定》①中所称的保险公估机构是指接受委托，专门从事保险标的或者保险事故的评估、勘验、鉴定、估损、理算等业务，并按约定收取报酬的机构。保险公估人的独立性更强，是独立于保险人和被保险人之外的第三者，完全独立地提供相关服务，任何单位和个人不得干涉。保险公估机构可以经营的业务包括：保险标的承保前的检验、估价及风险评估；对保险标的出险后的查勘、检验、估损、理算及出险保险标的残值处理；风险管理咨询；等等。保险公估人也有多个种类。

根据执业环节的不同，保险公估人可分为核保公估人和理赔公估人。前者主要从事保险标的价值评估和风险评估，其公估报告是保险人评估是否承保的重要参考依据。而后者是在保险事故发生后，受托对保险标的进行检验、估损和理算。

① 《保险公估机构监管规定》(修订版)，原保监会 2015 年修订。

根据执业性质的不同，保险公估人可分为保险型公估人和技术型公估人。前者侧重于解决保险方面的问题，技术性的问题只是作为辅助手段，英国的保险公估人多属此类。而后者则主要解决技术方面的问题，欧洲其他国家的保险公估人大多属此类。

根据执业内容不同，保险公估人可分为三类：海上保险公估人（主要处理海上、航空运输保险等方面的业务）、火灾及特种保险公估人（主要处理火灾及特种保险方面的业务）、汽车保险公估人（主要处理与汽车保险有关的业务）。

在保险市场，除了上面所介绍的保险代理、保险经纪和保险公估等中介机构以外，还包括保险信用评级机构、律师事务所、会计师事务所、精算师事务所等其他中介机构。这些中介机构为交易双方提供了一些有价值的信息，改善了保险交易中的信息不对称状况，从而提高了交易效率。然而，这些中介机构大多是完全独立的第三者，独立地提供有关领域的服务，只有保险代理人和保险经纪人是保险供需双方的媒介和桥梁。因此，相对而言，保险经纪人和保险代理人会更多地运用本书中所介绍的保险营销策略。

第三节 保险营销的对象

保险营销对象即保险营销的指向者、实施营销的目标和对象。保险营销的对象包括各类自然人和法人。保险营销的成功与否，最终取决于潜在投保人的最终投保情况。保险产品作为一种特殊的无形商品，其客户与一般商品的客户相比，具有完全不同的特点。

一、保险产品的客户范围非常广泛

对于一般商品而言，某种商品总是有明确的相对应的客户群。例如轮船、飞机等资本性商品，其主要的客户群就是航运公司和航空公司；电视机、大米等消费性商品，其主要的客户群就是消费者。因此，一般商品的客户或者是生产性企业，或者是消费性企业和消费者。尽管有些时候某种商品的客户群会发生一些细微变化，例如，当人们的生活水平提高后，以前大多是商务中使用的汽车、冷柜、投影仪、打印机等，家庭也愿意购买。但是，某种商品的客户群性质却不会发生变化，比如消费者不会购买轮船、飞机等资本性商品。

然而，由于保险产品的多样性，其有针对企业的团体保险、企业财产保险等，还有针对消费者的家庭财产保险、年金等。因此，保险产品这种无形服务所针对对象的范围是非常广泛的，不但包括自然人，还包括法人，并且各种类型、各种行业的法人都可能是保险产品的客户。例如，核电站是核电站保险的客户，航运公司是海洋货物运输保险的客户，建筑公司是建筑工程保险的客户，所有自然人都是人身保险的客户，所有企业都是企业财产保险、人身保险团体险的客户等。保险产品所服务的对象包罗万象，任何企业和自然人都是保险公司的客户。

保险产品的客户范围非常广泛，这一特点在许多方面影响着保险营销。

1. 保险公司及其员工必须注意自己的公众形象，时刻有着“大客户范围”的理念。首先，保险公司要树立起良好的社区集团的形象。保险公司是为所有的企业和人服务的，保险公司在任何经营活动中都要考虑周到、全面，不能只片面地注重某一类客户，否则必然失去其他客户。并且，当保险营销人员在展业的时候，眼光必须长远，不能因为此时不是自己的客户而有所怠慢。保险营销人员必须清楚，“保险产品的客户范围非常广泛，此时虽然不是我的客户，但他肯定是公司的客户。不能因为自己不恰当的行为而伤害了公司的客户”。

2. 保险公司营销部门需针对不同客户实施不同战略，满足不同客户的保险需求。不同的客户有着不同的保险需求，会购买不同的保险产品。此时，保险公司又应该有着“小客户范围”的理念，还是要根据客户的具体需求，量体裁衣，具有较强的针对性。对于自然人客户，人与人之间千变万化，保险营销人员必须谙熟消费者行为和消费者心理，了解影响消费者购买行为的各种因素，并善于与人沟通和交流。只有这样，才能打开消费者的心扉，促使他们做出购买保险产品的决定。并且，自然人的家庭角色在不断变化，可能新婚燕尔，可能初为人母等。这些家庭角色的变化使自然人的保险需求产生变化。保险营销人员要根据自然人的家庭角色变化而因地制宜地进行展业。对于企业客户，保险营销人员必须从企业所处的行业、性质、福利计划等方面分析保险需求。例如，如果一个企业非常重视员工的福利，那么保险营销人员就可以把这类企业作为团体保险的潜在客户展开攻势。保险营销人员要注意企业战略计划的变化，适时地进行展业活动。

3. 保险公司的营销部门应不断深度挖掘客户，激发更多的保险需求。客户的保险需求是多种多样的，相对而言紧迫程度也是不完全一样的。同时，保险需求的满足受到预算的限制。因此，保险公司的营销人员应不断地深度挖掘客户，从客户身上拓展出更多的保险需求。比如，对于在保险公司购买车险的客户，其同时也还有人寿保险等其他保险需求；在工作中是负责本公司购买团体保险或其他保险的工作人员，其家庭也需要相应的个险等。因此，保险公司可以进行交叉营销，不断挖掘客户的保险需求，给客户提供综合性的保险服务。

二、保险产品的客户范围会由于各种原因而不断地发生变化

保险产品的客户和客户范围并不是一成不变的，而是随着保险公司的内部和外界因素的变化而不断变化。其变化主要体现在两个方面：其一是客户范围在不断扩大，其二是某些准客户在发生变化，他们可能从一种保险产品的客户变成多种保险产品的客户。有以下三个主要原因会导致保险产品的客户群发生变化。

1. 收入的不断增加使更多的人产生了保险需求，成为保险公司的客户

保险产品是一种奢侈品，而不是生活必需品。当人们的收入达到了一定的程度，满足了生活需要，才会产生保险的需求。因此，当人们比较穷时，因缺乏支付能力而没有有效的保险需求，还不是保险公司的客户；而当他们的收入增加并具有一定的支付能力时，就会成为保险公司的客户。随着经济的发展，人们的生活水平不断提高，产生了越来越多的保险需求，越来越多的人也成为保险公司的客户。所以，保险公司的客户范围会随着经济发展和收入增加而不断扩大。

2. 新产品的开发使客户范围发生变化

随着经济的发展、人民生活水平的提高，人们不但对保险产品产生了需求，并且还逐渐产生了许多新的保险需求。例如，网购行为的普遍化，就产生了退货运费险；有了虚拟资产，就需要虚拟资产的相关保险等新的险种。因此，保险产品从原来仅有的火险和水险发展到如今包罗万象、涉及各行各业的各种保险产品。如今，许多新兴险种使越来越多的自然人和法人成为保险公司的客户。随着时代的发展、保险产品的不断创新，保险公司的客户范围会不断地变化和扩大。

3. 相关法律法规的变化使客户范围发生变化

在许多国家都有有关强制性保险的法律规定。目前我国已经确定了强制性机动车辆保险第三者责任险的法律地位。所谓强制性保险的含义是要求所有相关人员都必须投保。因此，法律的变化会使保险公司的客户范围发生巨大的变化。例如，在把机动车辆保险第三者责任险确定为强制性保险之前，只是部分车主会主动购买第三者责任险，因此只有部分车主是保险公司的客户。当要求强制购买机动车辆保险第三者责任险之后，所有车主都是保险公司的客户，客户范围明显地扩大了。目前，出于分散风险、稳定社会的目的，许多国家都在不断地修改法律，不断地把一些险种纳入强制性保险或准强制性保险的范畴，例如环境污染保险、产品责任保险、建筑工程第三者责任险、建筑工地团体人身意外伤害保险等。保险公司的客户也因相关法律法规的变化而不断扩大。

所以，随着经济的发展，人们变得更加富裕，逐渐成为保险公司的客户。由于保险产品的不断创新，保险公司的客户范围会不断增大。并且，由于保险具有保障、投资、

防灾防损和稳定社会等重要的功能，各国政府一直都非常重视保险，保险公司的客户范围会因此而不断扩大。保险公司的客户范围不断变化、扩大这一特性要求保险营销人员具有综合广泛的知识，对社会整体的经济情况、技术的发展、法律的变化具有敏锐的洞察力，与时俱进地不断挖掘新客户，不断扩大客户的范围，不断地把潜在客户变为准客户。

第四节 保险营销的客体

一、一般意义上的保险产品

保险学理论中对保险与保险产品并未作严格区分。关于保险这一概念，保险学中有诸多表述。我国最早的保险教科书《保险学》开门见山地指出："保险者联合共保同种危险之人而分担其间所生损失之经济组织也。"北京大学孙祁祥教授认为："保险是一种经济补偿制度。这一制度通过对可能发生的不确定事件的数理预测和收取保险费的方法，建立保险基金；以合同的形式将风险从被保险人转移到保险人，由大多数人来分担少数人的损失。"同样，从经济、法律、风险管理等不同角度定义保险，保险也就会有不同的概念。但是，无论是将保险定义为经济组织、经济制度，还是看成社会工具、经济形式，其核心问题是经济补偿，或者说在发生了约定的风险事故后依照合同对被保险人的损失实施补偿，经济补偿或给付是保险的基本功能。就如有人通俗地把保险比喻为"断炊时的粮食""沙漠中的泉水""雨天的伞""墙角的灭火器"等。我国《保险法》将保险定义为："保险是指投保人根据合同的约定，向保险人支付保险费，保险人对于合同约定的可能发生的事故因其发生所造成的财产损失承担赔偿保险金责任，或者当被保险人死亡、伤残、疾病或者达到合同约定的年龄、期限时承担给付保险金责任的商业保险行为。"

可以看出，不管如何定义保险，保险的核心功能就是经济补偿；保险产品就是将保险功能具体化的载体。这种具体化是通过保险合同来实现的。在保险合同中，约定了保险人与被保险人之间的权利和义务，发生保险事故造成损失时，被保险人可以获得赔偿或给付。通俗地讲，保险合同就是保险产品的体现。从投保人的角度来看，投保人购买的虽然只是一纸合同，其实购买的是一种安全感，希望在发生不幸(合同中约定的保险事故)时，可以从保险公司获得经济补偿。

当然，保险业属于金融行业，保险产品也是金融产品的一种。保险产品具备金融产品的一些基本性质，如无形性、承诺性和监管的严格性等。

二、营销意义上的保险产品

在现代营销学中，产品的概念具有宽广的外延和丰富的内涵。产品是指所有能满足顾客需要和欲望的有形物品和无形服务的总和，是一个整体的概念。这种整体概念包括具有物质形态的商品实体与商品的性质、特色和品牌，也包括商品所带来的非物质形态的利益，如服务、策划等。例如，房地产开发商出售的不仅仅是用来居住的房屋本身，同时也在出售房屋所代表的生活理念和风格；妇女购买香水的时候，她们购买的也远远不只是一瓶芳香的液体，香水的香味、包装、颜色，以及制造公司和销售公司等所有一切都成为整个香水的一部分。所以，从营销学的角度来看，产品是指能提供给市场以使人们注意、获得、使用或消费，从而满足某种欲望或需要的一切东西。产品的整体概念包括三个层次：核心产品层次、形式产品层次、附加产品层次。

（一）核心产品层次

整体产品概念中最基础的层次就是核心利益，是指产品的基本功能或效用。顾客购买某种产品，不是为了获得它的所有权，而是由于该产品能满足自己某一方面的需求或欲望。如女士们购买化妆品，不是为了获得它的化学成分，而是为了保养皮肤，让自己变得更年轻漂亮。

就保险产品而言，其核心功能就是经济补偿，其外在的表现形式就是保险合同。根据保险合同的规定，被保险人遭受合同约定的风险事故时，按照合同和法律的规定，保险人对被保险人或受益人进行赔偿或给付。实际赔偿或给付的依据是保险合同中的保险责任部分。近年来出现了投资连结保险等投资功能较强的产品，将保险保障功能与投资功能结合在一起，但其本质功能仍然是提供保险保障。只不过保障金额与投保人所选择的投资账户的投资状况相关联而已。

（二）形式产品层次

形式产品是指消费者需要的产品的具体外观，是核心产品的表现形式，是向市场提供实体和劳务时便于顾客识别的面貌特征，主要包括产品质量、特色、款式、品牌、包装等。消费者购买某种商品，除了要求该产品具备某些基本功能、能够提供某种核心利益外，还要考虑产品的品质、造型、颜色等多种因素。产品应该是多种多样、各具特色的，这样才能适合不同层次、不同爱好的顾客的需求。

就保险产品而言，它提供的是一种保障的承诺，这是无形的服务。因此，保险公司为了提高市场份额，需要将无形的服务有形化，在保险合同、品牌、名称、广告等方面做足功课，从而提高保险产品的感知度，让客户很容易接近、感知和理解保险产品与保险公司。比如太平人寿的广告词“盛世中国，四海太平”，太平洋保险的广告词“太平洋保险保太平”，这些都是非常经典的广告词，为保险业和保险公司树立了很好的品牌形象;有的保险公司会在客户投保时面对面地送上保单,这也是将保险产品有形化的一种方法,让顾客感觉到他们购买的是一份关爱和保障;为方便客户购买开设的网络渠道、电话服务及其他信息沟通服务、高效的投保服务流程,为方便理赔而开展的核保、核赔服务和快捷的理赔服务流程,这些都是保险公司服务的有形化。如果脱离了服务,保险产品也就没有了意义。

(三) 附加产品层次

附加产品是指消费者购买产品时所获得的全部附加利益与服务,它包括安装、免费送货、提供信贷、售后服务和保证等。随着科学技术和管理技术的发展,各家公司所提供的产品在核心利益上越来越接近,很难有很大的差异,所以附加产品层次成为公司在市场上能否取胜的关键。美国著名学者西奥多·莱维特曾指出:“现代竞争的关键,并不在于各家公司在工厂中生产什么,而在于他们能为其产品增加些什么内容,诸如包装、服务、广告、用户咨询、融资信贷、及时送货、仓储以及人们所重视的其他价值。每一公司应寻求有效的途径,为其产品提供附加价值。”

保险产品的附加值服务是指保险公司针对投保客户所提供的扩展性服务内容。在保险市场竞争日趋激烈的今天,许多保险公司已经把提升服务质量作为首要的战略目标。例如,一些寿险公司拥有自己的急救医院和康复中心,随时为客户提供免费或低价的护理服务;一些寿险公司还为客户提供家庭投资、理财的长远规划,对有理财知识需求的客户,通过讲座、咨询等方式提高他们的理财意识,增加相关的知识;对持有长期寿险的客户,如遇到特殊紧急情况,可以向保险公司求救;如果被保险人的车辆受损或被盗,保险公司可以提供相同型号的车辆给他们暂时使用;等等。正如在本章中所介绍的营销的含义一样,保险营销不只是推销,而是渗透在保险公司的各个方面。

三、保险产品的特性

保险产品是一种无形的服务,并且是一种在未来才可能提供的服务。消费者在购买之后可能并不能马上开始消费,而是在未来的某一个时刻或时期才可能消费。另外,从保险产品的生命周期来看,首先是产品设计部门和精算部门开发出保险产品,并设计出相应的保险合同和销售资料之后,就开始了销售过程。因此,与一般商品不同的是,保险产品的生产过程几乎没有。重要环节仅是设计开发过程和销售过程。其所发生的成本也与一般商品不同。因此,作为服务的保险产品具有许多与一般商品不同的特性。

(一) 保险产品是复杂商品

保险产品是一种金融商品,其具有比较复杂的内涵,是一种复杂商品。无法用简单明了的词语描述保险产品的功能。例如，可以说雨伞的功能是遮阳和避雨，而不能简单地说保险的功能就是转移风险。相对而言，财产保险产品比较简单，就是在保险标的出险后给予一定的经济赔偿，具有转移风险的功能。然而在具体保险产品的保险责任和除外责任的表述和介绍上还是比较复杂的。寿险产品是一种典型的金融产品，其期限长，缴费方式和提取方式多种多样，保险金额还可能变化，是复杂的金融产品。大众消费者比较难以理解。

保险产品的复杂性对保险营销提出了很高的要求，特别是对销售环节提出了比较高的要求。解决这一问题的基本方法就是"复杂产品简单化"。因此，当保险产品被设计出来之后，保险公司还必须设计出许多销售需要的辅助资料，把复杂的保险产品简单化和通俗化。例如设计出简明易懂的产品说明、产品合同，把复杂的保险产品用简单通俗的语言描述出来，并采用简单统一的保单用语等。另外，还要求保险产品的营销人员具有比较高的素质，能够深刻理解保险产品的功能和内涵，并且必须具有较好的交流和沟通能力，能够把自己的理解正确地告诉消费者，向消费者进行准确的解释。

（二）保险产品是无形商品

保险产品是一种以风险为对象的特殊商品，是一种无形商品。这种不可感知性表现为形状的不可感知、性能的不可感知以及质量的不可感知。保险公司无法把保险产品展示给消费者，更无法让消费者试用保险产品。保险产品实际上是一种服务，并且是对未来提供服务的一种承诺。

但是，保险产品与不可感知的一般性服务产品还有区别，这主要表现在以下两个方面：

1. 保险产品具有机会性

对于一般的服务产品，在付费之后都肯定能得到"服务"，如购买车票后肯定能"消费"乘车服务。而保险合同是射幸合同，在付费购买保险时，保险产品的核心价值部分即经济补偿并不能立刻获得。因为合同约定的风险事件具有射幸性，是有可能发生也有可能不发生的不确定性事件。由于风险具有不确定性，故购买者在保险合同有效期内，所获得的赔偿或给付可能会大大超过其所缴纳的保费；也有可能由于保险事故未发生而没有获得赔偿或给付。所以，对购买者个体而言，保险产品具有一定的机会性。需要指出的是，如果从保险公司承保某一保险产品的总体上看，则不存在机会性。因为保险费与保险赔偿金额的关系是以科学的大数法则为精算基础的，原则上收入与支出是保持平衡的。

2. 保险产品具有经济互助性

保险具有"一人为众，众为一人"的互助特征。保险在一定条件下分担了个别单位和个人所不能承担的风险，从而形成了一种经济互助关系。这种经济互助关系是通过用多数投保人所缴保费而建立的保险基金对少数遭受损失的被保险人提供补偿或给付而得以体现。其他服务产品都不具备这一特点。

整体上而言，保险产品的不可感知性特征对保险产品的营销具有重要影响。与有形产品相比，保险产品没有自己独立存在的实物形式，保险业很难通过陈列、展示等形式直接激发客户的购买欲望，这就使保险产品的销售显得比其他有形产品的销售更为困难。保险公司的营销人员只能通过描述、比较等方法，口头介绍和勾画出保险产品。针对保险产品的不可感知性，必须“化无形为有形”“化不可感知为可以感知”，即为无形的、不可感知的保险产品增加有形的、可以感知的成分，使顾客能够通过保险服务场所、服务人员、服务设备、服务价格以及保险宣传资料等各种有形的、可感知的“证据”判断保险产品的质量及效果，从而促使其做出购买决策。例如，可以展示保险公司的偿付能力充足率，保险公司对某些重大案件的赔付情况，保险公司的股东背景、资金实力和投资收益，完善保险公司的网站信息、网上服务以及电话服务等。

（三）保险产品没有生产过程

通常，一般有形产品都要经历设计开发、生产、销售三个主要环节。而由于保险产品的无形性，保险产品几乎没有生产过程。保险产品设计开发出来之后，马上可以投入市场进行销售。因此，这种特性对保险营销中的市场调查与分析提出了比较高的要求。要求保险营销部门能洞悉消费者的保险需求，并及时提供给产品开发部门。一旦产品开发部门完成了产品设计，就立刻可以投向市场。

同时，保险产品这种无形商品一旦设计出来，其初始质量都是相同的，都是完全相同的标准件，不可能出现次品，因此不可能有质量问题。但由于保险公司在后期所提供的客户服务的质量不同，会给消费者留下不同的质量印象。保险公司要提高自己产品的质量，只有从客户服务入手，提高客户服务的质量。

（四）保险产品的非渴求性

在市场营销学中，消费品按照人们的购买习惯，分为四类：一是方便品，是指顾客经常购买或即刻购买，并几乎不做购买比较和购买努力的商品，如烟草、食盐、蔬菜等。二是选购品，是指消费者在选购过程中，对产品的适用性、质量、价格和式样等基本方面要做有针对性比较的产品，如家具、服装、旧汽车和重要器械等。三是特殊品，是指具有独有特征和品牌标记的产品。对这些特殊产品，有相当多的购买者愿意为此付出特殊的购买努力。如特殊品牌和特殊式样的花色商品、小汽车、限量版的奢侈品或玩偶。四是非渴求商品，是指消费者未曾听说过或即便听说过一般也不会主动购买的产品。传统的非渴求商品有人寿保险、墓地、墓碑以及百科全书。保险产品就属于此类。

保险产品是因应对风险、管理风险而生，它不可避免地涉及损失、死亡和疾病等事故。人们往往不愿正视这些事故，或讳莫如深、谈之色变。因此，人们一般不愿主动购买保险产品，这无形中增大了保险营销的难度。除非一些突发性的灾害事故促使人们正视风险，在短时期内主动实施购买行为。例如，2004 年包头“11・21”坠机事件，机上 54 人全部遇难，47 名乘客中有 25 人在中国人寿内蒙古自治区分公司购买了保险。次日从广州白云机场获悉，每日购买航意险的旅客比以前增多了 20%以上。非渴求商品的特性决定了需要做出诸如广告和人员推销的大量营销努力。一些最复杂的人员推销技巧，就是在推销非渴求商品的竞争中发展起来的。

保险产品的这一特点要求在保险营销中必须加强广告和推销工作，采取直销或其他有效的营销方式，从培育人们的保险意识着手，主动宣传保险，使之家喻户晓。风险对于任何人、任何部门或团体都是客观存在的，但风险的威胁往往不易被察觉，具有隐蔽性的特点。人们虽然或多或少有一些风险意识，但由于风险存在于未来，而且何时、何地发生都不确定，所以人们只有在风险实际发生后，才有一点感受。保险营销人员应该具备相当的保险知识，从专业的角度唤醒客户的保险意识，使他们意识到保险产品的功能，主动地购买保险产品。

（五）保险产品的供给基本上没有限制

无形的产品没有生产过程，因此从理论上来说，保险产品的供给永远可以满足需求。只要有需求，就可以提供保险产品。或者说，哪里有保险需求，只要被保险公司所捕获，就可以进行供给。因此保险公司在提供保险产品时基本上没有量的限制，不会造成供不应求的局面。例如在销售航空意外险时，消费者需求多少份，就可以马上供给，不可能发生当天的航空意外险销售一空的情形。

但是，为了控制保险公司总体的偿付能力，为了实施公司的战略计划，或者为了控制一个危险单位的份额，有时也为了平衡不同险种的份额等原因，公司会在总量上控制某种保险产品的销售。或有阶段地撤出某种保险产品的销售，或者限制每个人能够购买的份数或保险金额，或控制自己在某个保险项目中的保险金额等。这些都是保险公司具体的营销策略。然而无论如何，保险产品都不会“卖完了”。保险产品的这一特性让销售者在销售时无须考虑供货、库存等相关问题，只需要尽其所能销售尽可能多的产品。

（六）保险产品消费具有滞后性

通常，一般商品在买回来之后可以立刻开始消费，然而保险产品的消费具有一定的滞后性。消费者在购买了保险产品之后，可能永远都不会消费，也可能在将来某一个时刻消费，或者在将来某一段时期内持续地消费。例如，消费者购买了家庭财产保险，如果保险期限内一直没有出险，那么尽管消费者购买了保险产品，但没有享受任何服务,或者说没有消费这个产品;如果消费者在保险期限内出险了,那么消费者在索赔时可以享受到保险公司的服务。如果消费者购买的是年金产品,那么在经历了缴费期并开始给付之时,消费者就开始消费这个年金产品了,并且可能在死亡之前一直都持续享用这个年金产品。保险产品实际上是对未来服务的一种承诺。因此,对于那些购买了保险产品但因为没出险而没有消费该保险产品的消费者而言,他们可能会觉得购买保险产品有些得不偿失。保险公司可能会失去这类顾客。因此,对保险营销中的客户服务就提出了比较高的要求。保险公司不但要注重保险产品的销售和理赔,同时还要做好客户服务工作。比如为消费者提供各种有关风险的资讯、提供风险管理的建议等。只有这样,才能让那些没有出险的客户仍然有机会享受服务,从而成为保险公司的忠实客户。

(七)保险产品消费的长期性

这在人身保险产品中比较突出,特别是人寿保险产品。人寿保险产品都是长期的产品,保险期限通常是十年、二十年甚至终生。消费者要长时间地消费这些保险产品。因此,消费者在选择保险公司并购买保险产品的时候就会考虑,在一段较长的时间之后,保险公司还是否存在?保险公司是否会按照当初的保险合同行事?保险产品的这一特性要求保险公司提供自己能长期生存的证据,例如偿付能力充足率、强大的股东背景、雄厚的资金实力、悠久的经营历史等,还要不断地向消费者报告自己的经营业绩,销售者在销售保险产品时也必须要强调公司的偿付能力,打消消费者的顾虑。同时,由于保险产品消费的长期性,保险公司对新老客户都应该一视同仁,在长时间内持续提供保险公司的优良服务。

(八)保险产品的价格固定性和隐蔽性

以人寿保险为例,保险产品的价格是根据经验生命表中的死亡率、利息率以及保险公司的费用率,经过科学计算而确定的。因此,一经确定,基本不可变化。而且在销售时不允许讨价还价,买方只能做出接受或不接受的决定,没有与卖方商议价格的余地。

并且,由于各保险公司所采用的预定利率、费用等因素不同,导致保险产品的实际价格不同。然而,保险产品是一种复杂的商品,每个公司所提供的服务、偿还时间和偿还金额之间不具有不完全的可比性,所以保险产品的价格具有隐蔽性。消费者很难判断购买某种保险产品是否合算。这就要求保险的销售者在销售保险产品时采用各种手段,明确告诉消费者该产品的优点,而不能仅仅说该保险产品非常好,却说不出好在哪里。

总而言之,保险产品与一般商品的区别见表1-4。

表 1-4　　保险产品与一般商品的区别

保险产品	一般商品
复杂的金融商品,功能、特性比较难以描述	功能、特性非常明显,简单明了
无形的服务	有形的商品
只有设计开发与销售过程,没有生产过程	必须经历设计开发、生产、销售过程
同一产品的质量完全相同,没有次品	同一产品中也可能有次品,存在质量问题
供给上基本没有量的限制,不会供不应求	有供给的限制,会发生供不应求
消费具有滞后性,在一段时期以后才可能开始消费	购买后可以立刻消费
可以长期消费,消费期有时可为终生	消费具有时间限制
价格固定,不能讨价还价,不能打折	还有讨价的余地
价格比较隐蔽,并不是直接反映为一定的货币单位,价格难以比较	明码实价,直接反映为一定的货币单位,便于比较

习题

1. 营销的内涵是什么?

2. 营销在发展中经历了哪些时代? 各个时代有什么主要观点?

3. 营销时代和销售时代的区别何在?

4. 为什么说当今的保险营销是一种整体营销?

5. 保险营销的主体是什么?

6. 相互保险公司与保险股份有限公司有哪些区别?

7. 什么是保险代理人? 什么是保险经纪人? 他们有什么区别?

8. 保险营销的对象是什么?

9. 保险产品的客户群具有哪些特点?

10. 保险的基本特征是什么?

11. 请从营销意义的角度介绍保险产品的概念。

12. 请简述产品整体概念所包括的三个层次。

13. 保险营销的客体与一般商品相比具有哪些特性?

14. 为什么说保险产品没有生产过程?

15. 对保险产品可以进行哪些不同方法的分类? 在各自的分类中,保险营销的主要对象是什么?

第二章　保险需求分析

当今全球保险市场供给比较丰富，对于消费者来说，购买保险商品有很大的自由度。消费者做出选择的背后究竟是什么因素在起作用？这其中既有大量复杂的经济因素、社会因素，也有微妙的心理因素。所以，了解保险需求是保险营销的起点。作为保险企业，必须准确了解并适应保险需求。优秀的保险营销还应在准确了解消费者需求的基础上创造保险需求。只有借助科学的方法，从社会学、心理学角度综合考察消费者的购买动机和行为，才能更加准确地把握消费者的心理，提高保险营销的质量。

第一节　保险需求的含义与特征

一、保险需求的含义

（一）需求的含义

需求不等同于需要。需要是人的一种渴求或者梦想，是对幸福和富足生活的一种追求。例如，任何人都需要一所房子，需要食物、衣服等生活必备品。为了使生活更加舒服，可能每个人都需要一所大房子、一辆车子、富足甚至是奢侈的物品等。

需求的含义包括两个方面，首先是有这方面的需要，其次是有能力实现这种需要，当然，这种能力主要是指经济能力。所以，并不是任何需要都是需求。例如，对于一个工人而言，他当然梦想自己有大房子、豪车、漂亮的衣服、体面的生活，他甚至也希望自己有游艇、直升机等。这是他的需要，但是他却没有能力去实现，缺乏相应的购买能力。因此，这些需要不是需求，而仅仅是需要。本书中的研究对象是需求，即消费者存在需要并且有购买能力去实现。

（二）需求层次理论

需求层次理论是由美国著名心理学家马斯洛（Abraham H. Maslow）提出的，该理论流传甚广，是应用最普遍、最主要的需求理论之一。需求层次理论强调两个基本论点：一是人是有需求的动物，其需求取决于他所企图得到的东西，只有尚未满足的需求才能进一步影响他将来的行为；二是人的需求都有轻重缓急的不同层次，一旦某种需求得到满足，就会出现另一种更高层次的需求。马斯洛认为，驱使人类不断努力的根本原因，是人类存在若干遗传的本能需要，这些需要还是始终不变的。马斯洛把人类的需要分为五个层次，分别是生理需要、安全需要、归属和爱的需要、尊重的需要、自我实现的需要。当然，当某个特定的人有能力满足某个层次的需要时，该需要就变成了需求。而当这个层次的需求已经被满足时，就会产生更高层次的需求。马斯洛需求层次的等级见图 2-1。

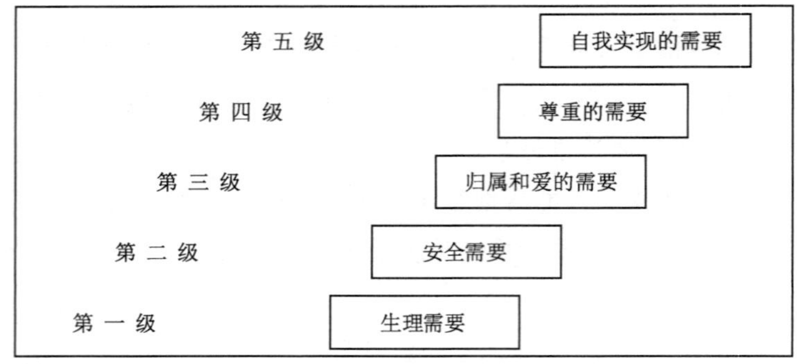

图 2-1　马斯洛需求层次的等级

（三）保险需求

马斯洛的需求层次理论具有两个方面的意义：首先，它揭示了人的需求是有层次的；其次，只有当低层次的需要变为需求，并得到满足之后，才可能产生更高层次的需求。越是基本的需要，也越迫切，越先能得到满足。比如，人类的安全需要是比较基本和低层次的需要。这是因为，人类在向自然界索取的过程中，以及在组织和进行索取的活动中，总是希望在安全的环境中实现自己的预期目标。但实际情况却往往相反。在人类的生存和发展过程中存在着各种各样的风险，包括自然风险（如火灾、水灾、风灾、地震等）和社会风险（如战争、恐怖主义袭击、罢工等）。这些风险给人们的目标活动和期望带来了巨大的冲击，有时甚至会打破或者中断人们的生产和生活，使人们无法达到预期的目标。

为了获得好的生存环境，促进自身发展，人们在社会经济活动中始终存在对安全的需要。这是人的一种本能需要，有多种途径和方法来满足这种对安全的需要。例如企业建立风险准备金，进行安全生产管理和培训等；家庭购买防盗门，将现金存放在银行等。人们还可以通过购买保险来转移自己的风险从而满足自身对安全的需要。所以，保险产品满足的是人们对安全的需要。因此，如果人们意识到保险能够满足自身的安全需要，并有能力购买保险产品，那么人们对安全的需求就可以转化为对保险产品的需求。此时，可以把人们的保险需求视为安全需求的一种延伸。当然，由于存在众多保险的替代品，并不是人们所有的安全需求都可以转化为保险需求。

另一方面，根据马斯洛需求层次理论，人们只有在满足了基本的生理需要，并且有了一定的经济能力以后，才会考虑满足自己的安全需要，才会有能力购买保险。此时，满足安全需求的各种措施和途径才有可能变为现实。因此，并非任何人都具有保险需求，而是必须具有一定经济能力的消费者才具有保险需求。

二、保险需求的特征

（一）保险需求是客观存在的

保险需求的存在前提是存在风险。由于风险是客观存在的，保险作为一种应对风险的方法，对保险的需求也就是客观的。因此，保险需求是必然存在的，无论消费者是否意识到。在现实生活中，不是所有人都会选择购买保险。其中的原因很多，一方面是由于人们选择了其他的风险管理方式，例如人们为了避免飞机意外事故发生，就会选择其他的交通工具，也就没有购买航空意外险的需求。更多的原因则是人们可能还没有意识到自己的保险需求。

（二）保险需求的非渴求性

保险需求的非渴求性是指消费者的保险需求并不是十分迫切的。由于风险的未来性和不确定性，人们没有完全感知到风险，也就没有产生十分迫切的保险需求。一方面，虽然风险是客观存在的，但是风险具有不确定性，不一定必然就会发生。因此人们会存在一种侥幸心理，认为风险的发生只是一种偶然的现象，发生概率必然会很小，而且不会发生在自己身上，所以保险需求是否必须满足并非十分重要。另外，风险只可能在未来发生，可能在一个月、一年、十年甚至几十年之后才发生，而人天性使然而比较重视当下，选择性地忽略了未来。所以，大多数人不会意识到未来风险的可能影响，对保险需求的满足不是那么渴望。

（三）保险需求的避讳性

期望吉利、恐惧灾难是人的本能。人们往往对诸如“死亡”“疾病”“事故”之类的词语采取避讳的态度。而保险是提供风险转移的途径，只有在风险发生之后才会产生作用。因此，人们对保险也有着本能的排斥情绪。这是保险营销较为困难的主要原因。所以，保险营销人员要具备一定的耐心，设身处地为顾客着想，用真诚的态度、广博的经济与金融知识打动顾客，赢得信赖，从而完成能与客户交谈的第一步。

（四）保险需求的差异性

每个社会中的人都是独特的人。他们有着独特的经历、家庭环境、经济能力和悲欢离合，也对未来有着不同的追求和渴望，对风险有着不同的看法和判断，因此，每一个人的保险需求都是不一样的。而且，保险需求会随时间变化而变化。即使是同一个人，在其不同的人生阶段，由于家庭角色、财务计划等方面不同，保险需求也是不同的。因此，如何做到“量体裁衣”“个性化”服务，是保险营销人员亟须加强的能力。保险营销人员应该根据不同客户的需求进行不同的保险规划，而不是千人一面地卖产品。

（五）保险需求的高弹性

相比于一般的产品而言，消费者对保险产品的需求弹性比较大。许多外部环境的变化都会引起投保人以及潜在的投保人调整自己的购买决策。如经济环境、人口环境的变化，自然灾害的发生等，都影响着保险人的投保决策。比如，市场利率上升时，投保人可能会认为传统的寿险投资功能太差，为了追求更高的投资收益，他们会退保或选择投资连结类的险种。另外，个人因素的变化也会对购买决策产生影响，例如收入水平、健康状况、生活经历等。事实上，正是由于保险需求具有非渴求性，消费者觉得可有可无，才使得保险需求具有较高的弹性。

第二节　个人保险需求及影响因素

每个人可能的保险需求及最终的购买行为都是受各种因素影响的。影响个人保险需求的因素主要有三大类：个人因素、社会与文化因素和心理因素。图 2-2 中列出了影响消费者保险购买行为的主要因素和各因素的特点。

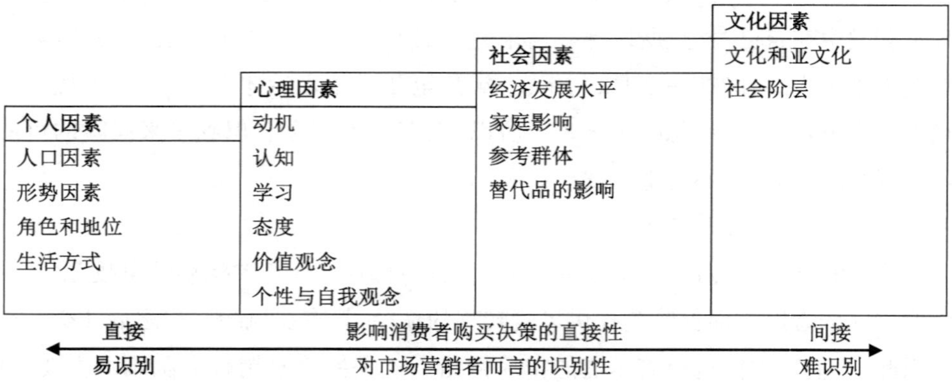

个人因素	心理因素	社会因素	文化因素
人口因素	动机	经济发展水平	文化和亚文化
形势因素	认知	家庭影响	社会阶层
角色和地位	学习	参考群体	
生活方式	态度	替代品的影响	
	价值观念		
	个性与自我观念		

直接　　影响消费者购买决策的直接性　　间接

易识别　　对市场营销者而言的识别性　　难识别

图 2-2　影响消费者购买行为的主要因素

一、个人因素

（一）人口因素

人口因素主要包括消费者的一些个人特征，例如年龄、性别、收入、种族、教育程度、家庭构成、婚姻状况、职业和生命周期阶段等。人口特征能极大地影响消费者的保险消费行为,并为制订营销战略和计划提供有价值的信息。

从年龄上看,不同年龄的人具有不同的保险需求。年长者更为关心养老保险、健康保险,中年人关心人寿保险、健康保险等,而年轻人可能会对意外伤害险等险种更为关心。从收入上看,不同收入水平的人所投保的险种和购买的保险金额等方面也有很大的差异。高收入者相对于低收入者来说,更倾向于购买具有投资功能、高保额的保险产品,购买的保险产品种类也比较多;而低收入者只能购买保险金额比较低的纯保障型保险产品。高收入者甚至可能没有保险保障需求,他们自己已经能够自留和承担风险。从职业上看,相较于从事危险程度较低的工作人员,从事危险程度较高的工作人员具有明显较高的保险需求。从生活方式上看,有的人喜欢活在当下、及时行乐,有的人喜欢脚踏实地、有计划地生活,有的人喜欢风险,而有的人厌恶风险……所以,不同的人具有不同的保险需求;即使同一个人,在不同的人生阶段也具有不同的保险需求。

(二)形势因素

形势因素包括购买决策的重要性、时间压力等,它在消费者购买保险的决策中扮演重要的角色。如果时间充裕,消费者通常会推迟购买决策。因此,营销人员经常努力营造一种紧迫感来鼓励消费者立刻决定、立即购买。例如,公司在向消费者营销某种产品时,通常会鼓励消费者在产品“尚有供应”时立即购买,常常以公司活动即将结束、产品即将下线停售等理由促使消费者尽快做出购买决策。保险营销人员还会提醒消费者,随着被保险人年龄的增大,成功获得保险的可能性降低,购买保险的支出也会增大。

形势因素在人身保险营销中非常重要。例如,当某人的身边发生了较为亲近的人死亡或生病的事件时,他更会倾向于认识到自己的保险需求,并会尽快产生购买行为。当人们的家庭责任刚刚发生变化时,如结婚、生子、升职、离婚、丧偶、退休时等,他们会因生活的改变而意识到自己的保险需求,从而触发购买行为。

(三)角色和地位

每个人在社会和家庭中都充当着某一角色,并占据着与之相称的地位。角色是指处于特定地位的个人应该做出为社会所期待的该特定地位的特定行为模式。地位是指与群体中的其他成员相对照,个人在社会和家庭中所处的位置。例如,同样的男性,未婚、已婚、为人父是三种不同的角色。他们具有不同的家庭地位,相应地具有不同的保险需求。因此,不同的角色和地位决定了消费者的保险消费行为,保险营销人员应该对此进行细致的研究,深入分析适应各种身份和地位人群的保障需求,进而根据不同情况为客户设计出不同的保险产品。

二、社会与文化因素

(一)经济发展水平

经济发展水平是影响保险需求的最为重要的一个社会因素。经济发展水平从两个方面影响着保险需求。一方面,经济的发展可以创造出许多新的保险需求,例如,聚居型城市的出现,产生了人们对火险的需求;航海技术的提高使轮船可以航行的范围越来越广,从而具有更大的风险,促使海上保险应运而生。互联网时代的虚拟资产的存在,产生保障虚拟资产的保险。人们喜欢从事更多的高风险极限运动,喜欢蹦极、滑雪、赛车、潜水、跳伞、攀岩,从而产生了专门针对高风险极限运动的意外伤害险。

另一方面,经济的发展可以提高人们的收入水平,把许多潜在保险需要转化成有效的保险需求。许多学者在这方面都进行了深入的研究[①②③④],都一致认为,收入是影响保险需求的一个重要因素。收入水平的提高使人们的低层次的生理需求得到满足,从而产生了更高层次的保险需求。

(二)文化和亚文化

每个人都生活在一定的文化环境中。文化对消费者的消费行为具有深刻的影响,因为它决定了特定社会中成员可接受或不可接受的行为方式。文化影响着人们住在何处、吃些什么、穿些什么,人们如何消费、如何攒钱以及评估产品和服务的态度。它对人们的价值观、态度、信仰、习俗等的形成有着非常重要的影响。文化对投保人的影响主要表现为人们在投保意识和投保动机等方面的差异。例如,中国传统文化中的“养儿防老”“在家靠父母,出门靠朋友”“远亲不如近邻”等思想,反映了人们天生投保意识较为薄弱的特点。

文化很少是同质的,还含有许多亚文化。亚文化是一个人种、地区、宗教、种族等所表现出来的非常明显的行为方式,足以使其成员从整个文化或社会中独立出来。在有些地区,人们把保险产品特别是寿险产品看作一种非常不吉利的事情,他们非常避讳谈到“保险”这个词语以及相关的任何信息。保险营销人员为了满足特定亚文化的具体保险需求,可以灵活应用各种保险营销手段。

(三)社会阶层

大多数生物都被分为高低有别的团体。对人类来说,这些高低有别的不同团体被称为社会阶层。社会阶层是指社会中按某种层次排列、较同质且具有持久性的团体。

---

① 粟芳:《收入对保险需求的影响机制研究》,《江西财经大学学报》,2004年第4期,第13-15页。
② 粟芳:《收入差距对保险需求影响分析》,《中国商业保险》,2004年第2期,第34-36页。
③ 粟芳:《收入分配的公平性与保险市场发展的研究》,《财经研究》,2004年第1期,第70-79页。
④ 粟芳:《保险规模的预测模型及实证分析》,《金融研究》,2000年第1期,第121-126页。

在将人们分成不同社会阶层时常常考虑的因素包括：职业、收入的来源和数量、居住地、私人财产金额、教育水平及家庭背景等。同一社会阶层的人通常有着相似的社会经济地位、利益和价值取向。倘若按收入水平来划分，社会阶层分为高收入阶层、中收入阶层和低收入阶层。

对于高收入阶层和中收入阶层来说，他们对保险产品有着强烈的需求，因为他们已经具备一定的经济能力购买保险产品。问题是他们是否信任现有的保险产品和保险体制，这些因素会影响他们最终的家庭保险计划。社会学家的研究表明，中收入阶层的投保意识要高于高收入阶层。他们大多受过良好的教育，对保险的理解和接受能力比较强，是主要的保险消费者。高收入阶层的价值取向更侧重于名利和地位，研究表明，这部分人的投保兴趣往往不大。毕竟他们拥有较多的财富并拥有较强的风险自留能力，保险的保障功能往往无法再打动他们。低收入阶层的价值取向则是尽力提高收入、改善自己现在的生活。他们几乎没有精力去考虑未来的事情，购买保险似乎还很遥远，经济上也无法承受。

（四）参考群体

参考群体是指那些对人们的价值观、态度、行为有着直接或间接影响的群体，可以分为基本群体和次级群体两种。

基本群体是指小到可以让群体成员面对面地相互交往的参考群体。家庭通常是个人所属的最重要的基本群体。其他基本群体包括亲朋好友、同事和邻居等。基本群体通常在性质上是非正式的，但他们对消费者的保险消费行为具有强于次级群体的影响力。

次级群体是由拥有共同爱好和技能的成员所组成的团体。与基本群体相比而言，次级群体更为正规。其成员之间的交往不那么持续或直接。次级团体包括一个人所在的公司、行业协会以及政治性、社会性和地区性的组织。

一般来说，消费者将自己的购买行为与他们所属参考群体的准则和标准保持一致，包括产品选择、品牌选择和购买产品的途径与渠道。参考群体的投保行为通常具有榜样作用，能以自己的切身感受提高周围人群的保险意识，消除他们的种种顾虑，引导他们将潜在的保险需求转化为现实的投保行动。

（五）家庭影响

家庭是社会的基本组成，人总是生活在自己的家庭中。它对人们的价值观、审美观、爱好和习惯有着很大的影响。现今社会中有多种形式的家庭，比如双亲家庭、单亲家庭、有祖父母或其他亲戚的扩展型家庭，以及由无亲属关系的其他人组成的家庭。购买保险的决策通常是由家庭成员共同决定的。孩子们从父母那里学到重要的消费技能,如怎样预算家庭收入和理财,并且逐渐向孩子灌输家庭的消费行为标准。比如,父母会告诉子女他们认为什么样的商品和行为是有品位的,哪些品牌的衣服是可以购买的,哪些商店是可以光顾的,等等。这些教育将对孩子们一生的消费行为造成深远的影响。

（六）替代品的影响

保险是管理风险的一种工具而已,还有许多可以替代保险的产品。这些产品在一定程度上影响着保险需求。例如银行存款、理财产品、证券基金投资、社会保障、社会福利、互助、众筹等。如果银行存款的利率比较高,证券市场的投资回报比较高,社会保障制度比较健全,社会福利水平很高,那么人们完全可以通过这些替代品来分散和管理自己的风险,相应地就会减少对保险的需求。

三、心理因素

（一）动机

动机是鼓励人们采取某种行动、表现出某种行为或为某一目标而行动的内在状态。动机是行为的直接原因,它推动和诱导人们从事某种行为,并规定行为的方向。动机是由需要而产生的。人的需要有许多种,动机也就多种多样。但在一定时期,众多动机中只有一个最强烈的动机能最终促使人们采取行动。

所谓消费者购买动机,就是推动消费者实施某种购买行为的愿望或念头。它反映了消费者对某种商品的需要。消费者的购买动机一般分为两类:一类是生理性购买动机,也称为本能动机,是指消费者由于生理上的需要(如吃、穿等)所引起的满足生理需要商品的购买动机。另一类是心理性购买动机。当经济发展到一定水平时,激起人们购买行为的心理性动机往往占着更为重要的地位。

前面介绍过人类需求的几个层次,购买保险能帮助消费者满足马斯洛理论中某些层次的需求,这是由心理动机而产生的。例如,通过购买人寿保险和健康保险,可以帮助人们进行更好的财务规划,减少经济的损失和波动,从而表达了对家人的关怀。如果家人去世、生病或者残疾,家属可以在经济上有所保障。

（二）认知

认知就是对某一问题的理解和感觉。消费者在购买商品之前,必须对商品有一个从感觉到知觉的认识过程。不同的消费者会以不同的方式认知一件产品、一则广告、一位销售代理人、一家公司或其他任何事物。人们会对同一刺激物产生不同的感觉。这是因为人们会经历三种认知过程,即选择性注意、选择性曲解和选择性记忆过程。

1. 选择性注意。在人们感觉到的刺激物中，只有少数刺激物能真正引起人们的注意，多数刺激物往往会被忽视。人们通常会较为关注与当前需要有关的刺激。

2. 选择性曲解。人们倾向于对自己的先入之见，用支持而不是用挑战的方式来阐释所得到的信息。

3. 选择性记忆。人们在生活中，往往容易记住那些与自己态度、信念相一致的东西，而忘却与自己无关的东西。

（三）学习

消费者不但通过自己的经验进行学习，也通过从其朋友、亲属、销售人员、广告及各种其他渠道所获得的信息进行学习。消费者的需要、原有观点及其购买某种特定产品或服务的动机，在很大程度上都由学习来决定。销售者的行为会影响消费者的学习过程，当消费者购买了某一特定品牌的产品并感到满意时，其购买行为就会加强，将来他们会经常重复地购买某一品牌的产品。一些消费者表现出对特定保险公司具有一定的品牌忠诚。但是在保险产品基本差异不大的情况下，消费者实际上可能是对保险代理人而不是对代理人所代表的保险公司产生的忠诚。所以，保险代理人的服务至关重要。

（四）态度

在日常生活中，态度对人们的行为也有着深刻影响。消费者的购买行为，在很大程度上也由他对所购买商品或服务的态度所支配。态度是一种长时间养成的偏好，是对某个观点、某个事物或某类事物以一贯的喜欢或不喜欢的方式所做出的反应。态度比认识或信仰更加强烈，并且通常在长期内较为稳定。例如，对某种产品有较好体验的消费者对该产品及该公司都将产生积极的态度，而对某种产品有较差体验的消费者则对该产品及该公司都将产生消极的态度。

人寿保险产品和健康保险产品对保险营销人员提出了独特的挑战。许多消费者虽然认识到自己需要保险，但不认为有必要刻意去寻找和购买。保险营销人员经常会遇到对保险购买持拖延倾向的态度。因为人们在涉及需长期支付金钱时，通常都会倾向于拖延决策。这时就需要保险营销人员帮助潜在客户安排合理的理财计划，改变这种拖延的态度。

第三节　个人投保决策过程

一、投保决策的主要参与者

在投保活动中一般以家庭为投保单位。有许多人参与了家庭投保活动的决策过程，并扮演着不同的角色。但投保决策的最后决定人，一般是家庭中的某一个或几个成员。不同保险产品可能有不同的决策者，所以保险营销人员必须了解谁是家庭投保活动的主要参与者，才能有针对性地开展营销活动，取得最佳营销效果。个人和家庭投保决策过程的主要参与者有：

（一）倡议者

倡议者是首先提出购买保险产品建议的人，他们通常具有较强的风险意识和保险意识，对未来的家庭生活有所考虑和担忧。比如，父母会考虑子女以后的生活费用和教育费用，为子女购买相应的保险产品。倡议者一般具有丰富的社会生活经验和较先进的理念。保险营销人员应该格外注意家庭中充当这样角色的人，经常与他们沟通，使其发展成为家庭引进保险产品的桥梁。

（二）影响者

影响者是对倡议者所提出的建议发表意见的人，其会影响到该建议是否被采纳。比如，丈夫对于妻子所提出的保险方案可能持有微词，从而对购买决策产生影响。

（三）决策者

决策者是指在家庭中对倡议有决定权的人。如决定是否投保、投保什么险种、什么时间投保和选择哪个保险公司和保险代理人等问题。决策者可能是家庭的某一个成员，也可能是某几个成员。随着社会的进步，家庭氛围也较为民主，家长也比较开明。所以，当下的家庭决策者可能是家庭全体成员，而不再是个人决策。而且，由于保险产品具有以小搏大的保障功能，如果真发生了故意隐瞒其他家庭成员而购买保险的情况，保险代理人反之应格外注意和小心。

（四）投保人

投保人是指最终与保险公司签订保险合同并按合同规定缴付保险费的人。

（五）被保险人

被保险人是指其财产或人身受保险合同保障、享有保险金请求权的人，投保人可以是被保险人。

（六）受益人

受益人是指人身保险合同中由被保险人或投保人指定，当被保险人死亡时享有保险金请求权的人。投保人可以是受益人，但被保险人最好不要是受益人。

这些参与者在保险决策过程中具有不同的地位。其中，被保险人是具有保险需求的人，受益人是利益相关的人，而倡议者、影响者、决策者和投保人是对最终是否做出购买保险决策起重要作用的人。

二、个体投保人的决策过程

消费者在进行投保时，其心理的变化是一个黑箱，很难判断究竟是什么因素促成了最终的投保行为。图 2-3 的消费者购买行为分析模型比较好地说明了这一过程。

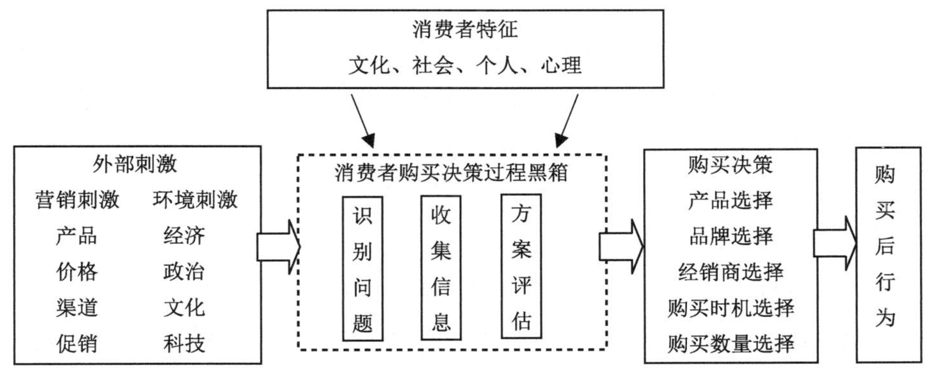

图 2-3　消费者购买行为分析模型

通常都是消费者在受到外部的某项刺激时，与其个人的消费特征产生了共鸣，比如电视连续剧中的某一个桥段，身边某个朋友的经历，某个电视广告等。此时消费者可能会采取进一步行动，收集相关信息，与保险公司接触和联系等。但最终是否会产生购买保险行为，就又受到诸多因素的影响了。投保的决策过程不可能一蹴而就，而是较为费时费力的过程。潜在客户会认真评价保险企业、保险产品、费率、服务质量等一系列因素，最后才决定是否购买保险。这一决策过程一般都会经历五个阶段：确认需求、收集信息、比较评估、购买决定、保后评估。

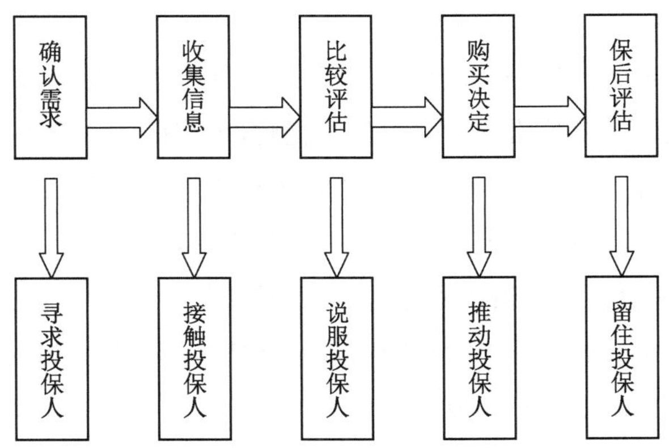

图 2-4　投保人决策过程和对应的营销过程

（一）确认需求

人们的购买行为往往由内部刺激或外部刺激所引起。内部刺激源于人们的某种生理需要，如饥饿、寒冷导致的需要；外部刺激主要是指已形成的社会环境。就保险产品而言，投保人的投保需求是潜在存在的，但是可能没被意识到，需要在某些刺激下才会变成显性的需求。例如,有些人可能看到朋友生病却无力支付医疗费,从而联想到自己的情况,产生健康保险的需求。

在这个阶段,保险营销者的主要任务是寻找投保人。通过了解人们的生活现状,分析可能的潜在保险需求,挖掘潜在保险需求者,使他们成为未来的准投保人。所以,保险营销者要善于发现与分析风险,发现潜在保险需求,展开科学有效的宣传活动,使潜在的客户成为保险购买者。

(二)收集信息

一般来讲,投保人在主观上对某种保险产品产生了显性的需求,他会通过各种渠道收集相关的信息。投保人的信息来源主要有以下几种:个人来源,就是来自家庭、朋友、邻居和同事等的信息;商业来源,主要来自保险公司的各种广告和宣传活动,以及保险营销人员的推广和介绍;公共来源,指保险协会、大众传媒等;经验来源,主要是通过经历一些风险事故,获得一定的经验或教训等。

在这个阶段,保险营销人员的主要任务是与投保人保持一定频率的有效沟通,尽力将有关自己企业、保险产品、服务等信息及时有效地传递给潜在的投保人。例如,保险公司应该设立宣传网点,使人们能接触到公司的宣传活动;加强人员推销的力度,使人们在与保险营销人员的接触中了解保险公司和保险产品;进行企业形象设计,使保险公司能够在人们心中有明确的、良好的形象;完善网页设置和信息,为准客户从互联网上获取信息提供方便。

(三)比较评估

投保人对所收集的信息进行比较与分析,针对保险公司的信誉、财务稳定性、保险服务水平、产品功能、产品价格进行多方位的比较,最终做出购买决策。

首先,保险公司的信誉和财务状况是投保人最关心的问题,因为购买保险最重要的是能够在未来获得保障。如果保险公司的信誉不好,那么投保人的保险产品可能会白买了,投保人的理财计划会被严重打乱,甚至严重影响正常生活。所以保险公司的竞争也是品牌的竞争。而优秀保险品牌的核心是严格遵守最大诚信原则;优秀保险品牌是通过始终一贯的诚信积累形成的。

其次,投保人会考虑保险产品的保障功能是否最大限度地满足自己的保险需求,仔细研究保险产品的保险责任和除外责任。此时需要保险营销人员本着最大诚信原则,对保险产品的重要条款向投保人进行如实告知。

再次,在保险责任相同的情况下,投保人会比较保险产品的价格是否合理。关键是看保险费率和保险责任与被保险人的风险状况是否相对称,尽量做到经济实惠。

在这个阶段,保险营销人员的主要任务是“说服”投保人,获得投保人的信任,使投保人接受自己保险产品的优点，并最终选择自己所提供的保险服务；同时要力图减少投保人从购买意图到购买行动之间可能受到的各种干扰因素，促使投保人尽快采取行动。

（四）购买决定

消费者按照评估标准从被择集中进行选择，即做出购买决策。但是，这也常常会受到他人和意外因素的影响。在这一阶段，保险营销人员更要注重自己的言谈举止，要有一定的职业素养，不能给投保人留下丝毫不信任的感觉，从而坚定投保人的购买决心。

（五）保后评估

投保人在投保后会对所投保的保险产品进行评估，也会主动听取别人的评价。投保人主要是看自己所购买的保险产品能不能使自己满意。如果投保人对所投保的保险产品感到满意，他会继续选择该保险公司的其他险种或向别人推荐投保；如果感到不满意，不仅自己有可能退保，还会给保险公司和保险产品带来负面的宣传，严重时还会通过媒体或自媒体扩大自己不满意的感受。投保人的负面宣传往往会使保险公司的营销效果大打折扣。

在这个阶段，保险营销人员要尽力“留住”投保者，让投保人成为忠诚顾客，甚至是义务推销员。为此，要避免夸张不实的营销手法，坚守诚信原则，让投保人对保险产品建立正确的期望；设立投保人服务专线和信箱，由受过专门训练的客服人员负责处理投保人的问题，及时回答疑问；明确告知投保人的权利和义务；主动探求投保人对保险产品或保险服务的意见和建议；密切留意大众传媒所报道的投保事件，以便做出及时的处理。

第四节　企业保险需求及影响因素

一、企业保险需求的特点

企业保险是以机关、企事业单位或社会团体等组织为投保人的一类保险。企业保险既可以适用于财产与责任保险，也适用于人身保险。企业保险在人身保险领域已成为很多保险公司的优势业务，如美国的401K计划、中国香港的强基金（MPF）计划、中国内地的企业年金计划等。随着我国社会保障体系的改革和完善，医疗、养老等社会保障制度正逐渐向多层次体系发展，企业、个人都陆续参与其中，企业保险需求将进一步扩大。

企业是与个人完全不同的投保主体。因此，同个人保险需求相比，企业保险需求呈现出一些不同的特点：

（一）企业保险需求的数额大

作为保险产品的购买者，从数量上来看，企业投保人比个人投保人相对要少。但由于企业的经营规模和经营活动本身的价值就远高于家庭，因此企业一旦对某个保险产品产生了需求，往往会购买的保险产品金额巨大。比如企业财产保险的保险金额通常应该等于企业的固定资产总额。在人身保险中，企业的一张保单可以承保众多人数，保险金额一般较大。故企业保险的保单数虽然相对不多，但每张保单的保险金额和保险费比较高。

（二）企业保险需求的波动性大

企业的保险需求会随着经济形势、企业经营业绩的变化而变化。当然，这是指有效的保险需求。尽管企业都有购买保险的需要，但受购买力的影响，有效保险需求的波动性比较大。当经济形势好、企业经营业绩比较高时，企业的经济实力增强，有效保险需求会随之增加；反之，则会减少。比如，新冠疫情期间，企业都停工待产，亏损严重，此时尽管仍然有保险需求，但可能是无效的需求。

（三）保险需求的弹性小

作为保险产品的购买者，企业对保险费和费率的敏感性要弱于个人投保人。他们的保险需求不会因保险费、费率等方面的价格变化而发生明显的变化。比如，企业在购买企业财产保险、货物运输保险以及企业年金等时，不会因保险公司对费率调整，就终止已投保的保险产品或减少保险金额。

（四）费率水平相对略低

一般而言，由于企业保险的投保规模较大等原因，企业购买的保险费率水平通常都要低于个人保险的费率水平，特别是在各类人身保险中。这是由于多种原因所造成的。比如，企业购买的团体保险在一定程度上限制了被保险人自由选择的权利，降低甚至基本避免了逆选择风险；企业购买的保险金额较大，具有规模效应，投保手续简化，节约了营销费、管理费等开支，降低了附加保费；企业本身就是一个集合，风险较为稳定，波动性较小。当然，保险人也是在一个统一费率的基础上，根据投保企业的职业性质、年龄结构和过去的索赔经验再进行调整。通常，企业保险可以采取经验费率法，过去的索赔经历会影响到未来的保险费率水平。这给企业控制自己的风险提供了更多的财务激励。

（五）企业保险需求多样，保障并非首要

与家庭相比较而言，作为一个经济实体，企业的经济体量和经济能力都要大许多。

因此，企业算得上是名副其实的“富人”，理论上具有较强的风险自留能力。而且，企业在自己所属的行业经营多年，可能保险公司的风险经验、数据积累等还不及企业，尤其是对于特殊行业的企业。因此，企业通常无法从保险公司那里获得比较匹配的专业保险服务。综上，企业的保险需求不再如同家庭保险需求那么简单，仅为了寻求保障或寻求保障加投资的服务，企业可能更多的是为了在需要的时刻从保险公司那里获得融资。或者说，对于具有普遍性的风险，比如火灾、汽车事故等，企业保险需求的目标是保障；对于较为专业性的风险，比如输油管泄露、核电站爆炸等，企业保险需求的目标可能是融资。企业通过购买保险而获得了在需要时有权从保险公司进行融资的一项权利，故类似于期权。

（六）决策参与者较多且方案更加透明

企业的保险决策关系到企业自己、关系方和众多员工的利益。一个企业特别是大型企业的管理非常规范，各个互相联系的部门各司其职。因此，企业保险决策的形成和执行并非某一个人的意见，也并非其一个人所能决定。当然，可能有专门的部门负责制定和具体执行保险决策。但在企业形成保险决策的过程中，必然要集思广益，不但要根据国家和行业的相关规定，还要考虑交易方和关系方的合同要求，并且需要听取不同部门和不同层级员工的意见，才能形成保险决策的最初方案，然后经过层层审批，各部门一起探讨，才能最后定夺。有时还会采取招投标的形式来进行选择。因此要求企业的保险方案更加细致和透明。

（七）市场竞争更加激烈

由于企业投保金额较大，牵涉人数众多，在当地保险市场具有较大的影响，所以企业保险市场也是各家保险公司激烈竞争的焦点。在这样一场非常现实的“优胜劣汰”的较量中，保险公司的品牌、实力、服务能力和保险计划的优劣，往往是成败的关键。作为保险营销人员，在各家保险公司争夺企业保险的竞争中，如何以本公司品牌和差异化服务展示本公司的优势，如何与公司其他部门配合共同设计出一个令客户满意的“保险计划”，从而为本公司争得有利的业务空间，这是对保险营销人员各方面素质的严峻挑战。表2-1中列出了企业保险市场和个人保险市场的区别。

表2-1　　企业保险市场和个人保险市场的区别

	个人保险市场	企业保险市场
需求单位	个人、家庭	主要是组织
购买的保险金额	单均保额小	单均保额大
顾客数量	多	少

（续表）

	个人保险市场	企业保险市场
购买者地理位置	非常广泛	相对集中
保险需求的目标	保障、保障＋投资	融资、保障
有效需求的波动	较小	较大
价格弹性	较大	较小
分销结构	主要是间接销售	主要是直接销售
购买的专业性	个人性的	专业性的
对购买行为的影响	主要是个人决策	多方面影响的决策
交易磋商	简单	复杂
相互关系	较少	密切
主要促销方法	广告	人员推销

二、影响企业保险需求的主要因素

企业在投保决策的过程中，也面临着各种各样的影响因素。一般来说，企业的投保行为较之个人更加理性，更加注重追求利益的最大化。但是，由于在决策过程中，涉及许多部门和人员，如决策者、执行投保决策的人等，他们必然会受到人际关系、情感因素等的影响。因此，就企业投保行为的影响因素来说，可分为四大类：环境因素、组织因素、人际因素、个人因素。表 2-2 中列出了影响企业投保行为的主要因素。

表 2-2　　影响企业投保行为的主要因素

环境因素	组织因素	人际因素	个人因素
市场需求水平	组织目标	股东关系	年龄
经济前景预期	组织战略	交易关系	收入
利率水平	组织决策	合作关系	职位
法律规定	决策程序	从属关系	性格
竞争水平	管理制度		风险态度

（一）环境因素

市场环境和经济前景对企业发展的影响非常大，从而也必然影响企业关于财产保险、职工团体保险的投保计划。当经济前景好、企业发展有利时，企业会有意识地制订各项投保计划；反之，则会因缺乏支付能力而舍弃相关保险计划。

利率水平也会直接影响企业的保险决策与购买。利率实际上就是将来经济发展的信号,代表了货币政策的宽松程度。通常,企业会根据利率所释放出来的信号,判断自己未来资金需求以及满足资金需求的难易程度,从而结合各保险产品的保费水平、企业财务预算,最终决定应该投保的险种和保险金额。

法律规定对企业发展的影响也很大。有些保险属于强制性保险,是法律所规定必须购买的,比如机动车第三者强制性保险。有些保险虽然没有法律上的强制性,但在行业层面上具有准强制性的地位,比如环境污染责任保险、建筑工程保险以及部分特殊企业的团体意外伤害保险。在一个法律制度完善的国家里,企业必然依法购买相关保险产品,否则会受到监管机构的惩罚。

（二）组织因素

每个企业都有其组织目标、战略、决策程序、作业程序、组织结构和管理制度。这些因素必然对企业的投保决策产生直接影响。例如,企业文化中对员工福利的重视程度,对风险的偏好程度,经营管理的理念、公司愿景等,都会影响企业的保险决策。一个企业的组织目标明确、政策灵活、决策程序清晰、重视人文关怀等,对企业的投保行为将会产生积极的影响。

（三）人际因素

在企业的投保过程中,投保决策往往受到企业以外的各种人际关系因素的影响。企业也具有复杂的股东关系和各种交易关系,相关人员在工作中和生活中还具有复杂的人际关系。因此,企业的保险决策可能受到股东关系的影响,比如必须在关联保险公司购买保险;或受交易方的影响,比如必须购买某种保险产品;或受合作方或集团中其他公司、母公司的影响,比如合作方或其他公司的保险决策和保险方案等。与个人的投保决策相似,个人是社会人,企业也是社会的主体,深陷社会关系网,并深受其影响。

（四）个人因素

每个参与企业投保决策的个人,也是各有特征。每个人在这个过程中都要发挥作用。因此,难免会受到个人的价值观、年龄、受教育程度、职务、个性以及风险态度等因素的影响。各成员的权力大小、地位高低、情绪好坏以及说服能力的强弱等,乃至个人的风险态度和保险经验也都会在一定程度上影响保险决策的方向和内容。图 2-5 中显示了影响企业保险需求各因素之间的关系①。

---

① Webster Jr, Frederick E. and Yoram Wind. A General Model for Understanding Organizational Buying Behavior. Marketing Management (Winter/ Spring 1996): 54, Exhibit 2.

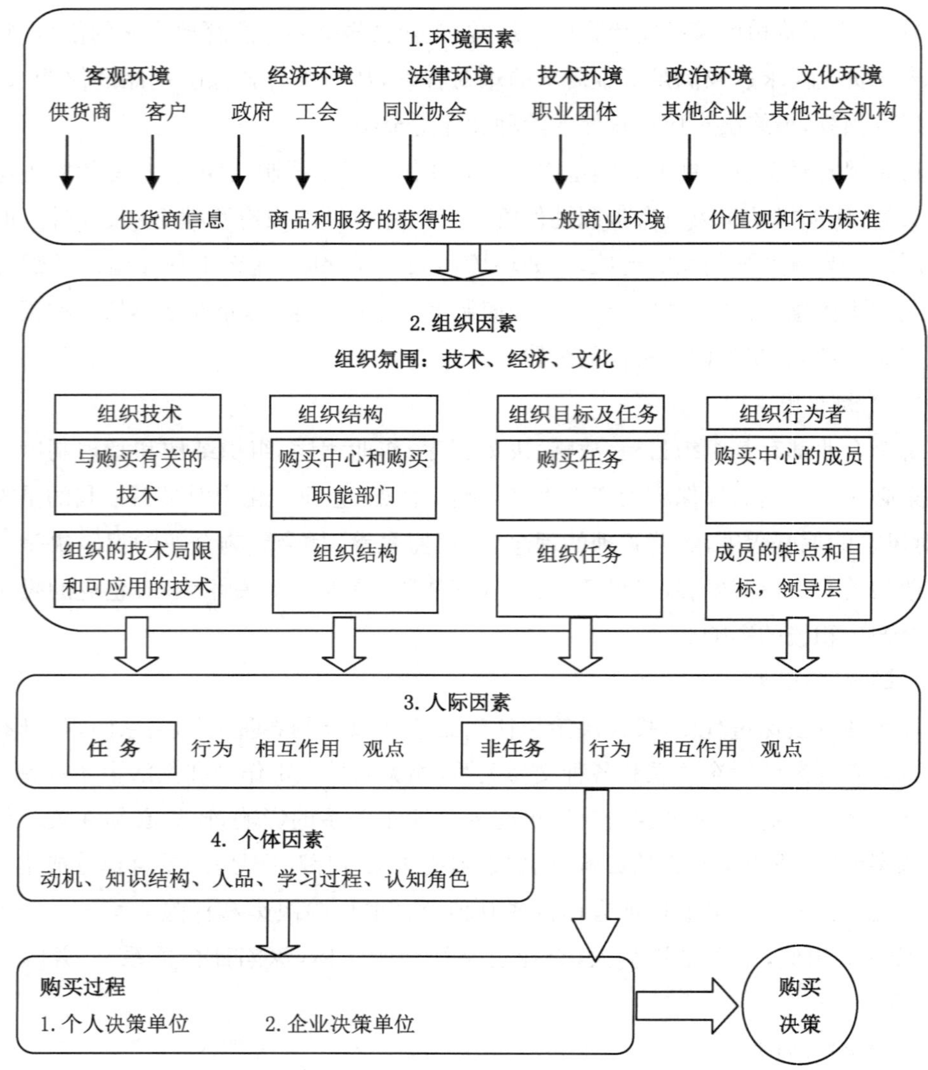

图 2-5 影响企业保险需求各因素之间的关系

第五节 企业投保决策过程

一、企业投保决策过程的参与者

在企业的投保行为过程中，有许多人具有影响力。这些具有影响力的参与者主要包括：

（一）受益者

受益者是利益的关系方。企业投保行为的发生，主要是为了满足实际使用者的需要，比如产品责任保险和产品质量保证保险中的产品进口商。因此，在保险决策的制定上，必然要听取他们的意见和要求。他们在享受保险服务的过程中，可以感受到实际服务与理想状态是否有差距。其中，可能会有两种直接的反应：满意或不满意。当他们将满意或不满意的信息反馈给企业保险的决策者和购买者时，就会影响下一轮的购买决策。

（二）影响者

在企业投保行为中，有一些人，如组织中的管理人员、员工等，虽不是最终的决策者，但他们却对企业的投保决策有很大的影响。他们通常协助选择险种、确定期限、确定保险金额和商讨价格，并提供对不同保险方案的评估信息。

（三）采购者

采购者是指被企业授予正式权力去购买保险的人。通常，采购者对所要投保的保险公司、险种性质、数量、保费、期限、服务等交易条件有直接的发言权和选择权。

（四）决策者

决策者是指拥有选择和决定供应者权力的人。一般情况下，决策者往往就是采购者，但在交易量大而复杂的情况下，往往由最高决策人或项目经理担任最后的“拍板人”。

（五）信息控制者

信息控制者是指有可能控制外界有关推销信息流入企业内部的人，如接线员、秘书、保安等。因为外界传递各种信息的人，如推销员，都可能先通过他们才能与企业内部有关人士取得联系。如果他们拒绝让推销员等进入，那么就有可能阻碍有关信息流入企业内部。

同样，在企业投保决策过程中，影响者、采购者和决策者具有比较重要的地位，信息控制者的地位虽然不是非常重要，但是其控制着信息的流向，保险营销人员如果不能很好地应付信息控制者，则有可能根本无法接触到具有重要地位的参与者。当然，在信息透明的时代，企业本着公平公正的原则，大多采取招投标的形式选择、评判并最终购买保险，因此，保险公司能第一时间获取投标信息就是迈向成功销售保险的首要条件。

二、企业投保决策过程的特点

（一）参与决策的人较多

在企业投保决策的过程中，参与决策的人有倡议者、影响者、决策者、购买者、受益者和信息控制者。每种类型所涉及的人都不只是一个人，有时可能是一群人。当然，决策者是关键人物，他对企业是否需要购买保险、买何种保险、买多少份保险以及何时买、由谁去买等具有决策权力。

（二）决策类型较为复杂

在企业投保人决策中，其决策类型有主动型购买决策、被动型购买决策、委托型购买决策。主动型购买决策是指企业本身意识到保险的重要性，并主动提出和实施包括险种、费率、代理商等一系列内容在内的购买计划。被动型购买决策则是由上级主管提出并决定所要购买的险种、费率、保险金额等，企业只是被动地执行。委托型购买决策是企业委托代理商或经纪人办理有关保险事宜、签订保险合同等。

（三）决策过程较为规范

企业投保人的决策过程相比个体投保人要正式化、规范化。其决策过程往往要经历主要决策者审议、上级主管审批、专人负责执行等较为规范的过程。在具体执行中，还要就所选择的保险公司、保险代理人的资格审核、保险险种的确定、费率、保险金额、售后服务等做进一步的决策。这个过程应该完全按照企业的议事规程进行，具有规范化的流程。

三、企业投保决策过程

企业投保决策过程与个人投保决策过程有很大的相似性，但也有一些区别，一般经历以下过程。

（一）确认需求

确认需求，使购买保险的行为更符合企业的实际需要。例如，企业可能会因生产过程中的事故或损失转变看法，将隐性需求转化为显性需求，或者因法律变化、劳资谈判而产生新的保险需求，或因为现有保险公司的劣质服务、保费上涨、雇员流失等原因而产生新的保险需求。

（二）收集信息

在确定了基本需要之后，企业投保人开始收集信息，以寻找合适的保险代理人。此时，信息的主要来源有：一是内部信息，如上级主管部门下发的统一保险通知、保险指南等，员工传递的有关保险代理人的信息等；二是外部信息，如保险营销员、代理人等上门推销或电话推销时传递的有关信息、新闻媒介传递的有关保险信息以及通过其他渠道了解到的有关信息。通过信息的收集，企业可以更好地了解保险公司所提供的险种、保险金额、费率、保险期限、服务方式等多种信息。

（三）评估选择

根据已收集到的信息，企业投保者需要从保险条款、保险责任、保险金额、保险费率、保险期限、服务方式等方面对主要的保险公司或保险代理人进行评估，比较各家保险公司在保险条款、保险责任、费率、服务方式等方面的差异，以便从中选择出符合本企业保险需求的合适的保险公司或保险代理人。并且，由于企业保险的价格是可以谈判的，因此，企业还会根据保险公司的报价进行选择。由于保险合同涉及经济利益，越来越多的企业出于公开公平公正而会以投标的方式采购保险。

（四）投保决策

经过企业相关部门的严格评估和选择，相关部门会做出适合企业的投保决策。这时的决策将具体涉及以下问题：选择哪家保险公司或代理人、买多少保险、按何种费率买、买多长期限的保险，由谁去买、在何时买、在何地买，以及付费方式、保险服务内容等。

（五）签订合同

在大多数情况下，企业投保人一旦选定了保险公司，保险公司就会指定专门团队定向为企业提供服务。专门团队后续会不断上门提供服务，负责有关保险产品咨询、保险合同的送达、保险合同的签署、保险合同生效等一系列事宜，从而使企业能够在减少干扰的情况下，顺利签署保险合同，并享受高水平的保险服务。

（六）保后评价

企业在投保之后，也会像个人那样，对所投保的保险产品、保险公司的服务水平进行评估。由于企业投保的保险金额巨大，因此，他们对投保后的售后服务、出险后能否得到及时有效的理赔服务等更为关注。因此，他们对投保后的评估，将关系到保险期满后是否续保等。一般来说，如果在投保之后，仍能得到保险专门团队的询问、关怀和持续的保险服务，在出险后能及时得到理赔服务等，投保人基本上就会对所选择的保险公司和专门团队感到满意。当投保人不满意时，可能会采取一些行动，比如重新选择保险公司或更换保险团队。下面列出了企业终止现有保险保障的可能原因：对现有保险服务或保单管理不满意，对保险公司和其服务团队失去了信心；有能力从其他保险公司或其他渠道以更低廉的费用获得相同或更好的保障；从另一家保险公司或其他供应商获得新的保障或增加的给付金额；对保险公司的理赔政策、流程和服务不满意；企业进行了兼并、重组等。

习题

1. 请解释需要和需求的区别。

2. 请简单介绍保险需求在马斯洛需求层次中所处的位置及其含义。

3. 保险需求具有什么特点？

4. 请简单介绍影响个人保险需求的人口因素，并详细解释为什么人口因素是影响个人保险需求的一个重要因素。

5. 请简单介绍影响个人保险需求的社会因素，并根据马斯洛需求层次理论详细解释为什么经济发展水平是影响个人保险需求的一个重要因素。

6. 请简述个体投保的决策过程。

7. 请简单分析个人保险需求与企业保险需求的区别。

8. 请简单介绍影响企业保险需求的几种因素。

9. 请简述企业投保决策的特点。

10. 请简述企业投保的决策过程。

第三章　保险营销环境

保险公司是一个由人、财、物、信息等既相互独立又相互联系的元素组成的系统。同时，保险公司又是外部更大的环境即更大系统的一个子系统。这些外部环境，从大的方面讲，由政治、经济、技术、社会、自然等因素构成。具体来看，保险公司处在特定的竞争环境之中，包括供应商、顾客、投资者、竞争者、协作者、国家管理机构、金融机构等因素。毫无疑问，保险公司的经营活动必然会受到这些环境因素的影响。环境因素会对保险需求、营销措施和营销业绩等产生影响。保险营销环境就是那些影响保险公司营销活动的各种内部和外部因素的综合。

第一节　保险营销的外部环境

一切营销组织都处于外部环境之中，不可避免地受其影响和制约。这些外部环境因素通常不由保险公司所控制，主要有经济环境、社会文化环境、人口环境、技术环境、政策法律环境、竞争环境等。图 3-1 表示了影响保险公司营销的外部环境因素。

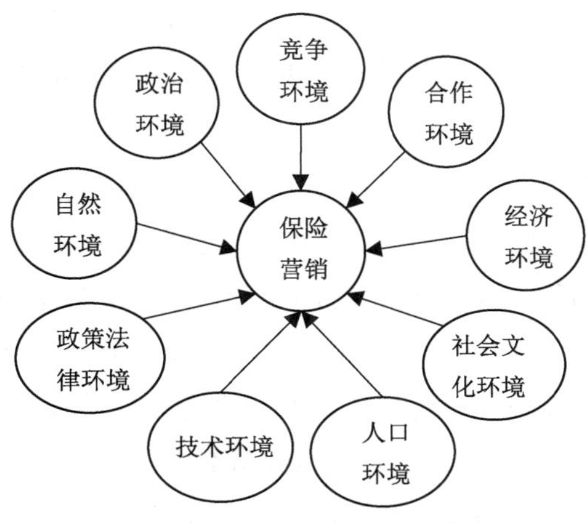

图 3-1　影响保险公司营销的外部环境因素

一、经济环境

经济环境可能是保险公司必须监控的所有外部环境中最为复杂的。经济环境主要是指经济周期、通货膨胀、经济发展水平、利率、社会购买力、居民收入、失业率和消费者购买意愿等多方面的变化。尽管保险经营者不可能控制这些因素,但这些因素对保险公司的经营却有着重要的影响。比如,一个正常经营的保险公司可能因经济萧条而倒闭。当然,从另一个角度来看,保险公司也可能会随着经济的起飞而蓬勃发展。保险公司可能会聘请很多专家收集和筛选大量的可用信息,分析并判别最可能影响保险业务的经济趋势。

(一)经济周期

经济周期是指整个国民经济具有的周而复始的变化过程,经济周期通常都超过一年。经济周期描述了一个国家的国内生产总值上升和下降的变化状况。一个经济周期通常包括上升发展期、高峰期、衰退期和萧条期四个阶段。

消费者支出以及企业的开支都是根据其在经济周期中的经济状况而异。例如,在上升发展阶段,所有的消费支出都会增加;而在萧条期,大多数消费支出会大幅下降,消费者很可能由于经济不景气、手头紧张而停止购买非必需品。所以,保险公司一般不会在经济萧条期制订大型营销发展计划。尽管经济周期并非完全有规律或可预测,但是作为经济总体趋势的标志,该经济周期中的相对经济状况以及对不同阶段期望持续时间的预测,对于市场营销计划制订者是很有帮助的。

(二)通货膨胀

通货膨胀是指经济中平均价格水平持续上升,严重的通货膨胀会影响社会购买力。在通货膨胀时期,寿险保单的价值会大幅降低,人们会发现保额与满足保障需求所需的价值之间存在着缺口,这些缺口常常成为通货膨胀期间营销努力的焦点。通货膨胀对保险公司(特别是寿险公司)的影响主要有以下几个方面:

1. 寿险公司竞争力下降

首先,寿险公司的长期险种,很多是采用固定的预定利率或提供最低保证利率。预定利率一旦确定,就不能也不会发生变动。预定利率一般以基准利率或银行年利率为标准而确定。但在通货膨胀时期,银行的年利率水平一般会升高,超过了之前确定的寿险预定利率。此时,寿险公司在与银行的竞争中就将处于劣势,特别是一些具有储蓄性和投资性的养老保险、两全保险、子女教育金等保险业务将受到巨大冲击。其次,在通货膨胀时期,客户预期收入会增加,物价总水平会上涨,从而人们的即期消费支出会大大增加。消费支出的增加会挤占保险预算,保险公司的新单保费收入可能会大大减少。再次,倘若原寿险合同的预定利率与通货膨胀时期的利率水平具有较大差距，则一些投保人会选择退保或中止交费而使保险合同失效。

2. 寿险投资收益下滑

按照保险监管部门的要求，保险资金的使用中，需要把安全性放在首位，以保证有效的偿付能力。因此，寿险资金多投资于债券或银行储蓄等。其中，债券所占的比重通常是最大的。在资本市场名义收益率非常高的水平下，寿险资金原定的投资回报就显得过低，其实际投资回报率甚至可能为负值。寿险公司的投资收益下滑，无疑将极大地影响寿险公司的盈利水平。

3. 公司财务状况陷于困境

由于新单业务可能减少和退保保单可能增加，以及诸多因素的影响，寿险公司很可能出现现金危机。保险公司为保证充足的现金流动而被迫准备较多的备付现金。这些备付现金只能以现金或银行存款的形式存在，将大大减少寿险资金运用的水平，从而进一步降低寿险投资的盈利水平。

因此，通货膨胀不仅使寿险公司财富贬值，也使其财务状况陷入困境。对于财险公司而言，由于财险产品都是短期的，而且以保障性为主，故受通货膨胀的影响应该不算大。

（三）经济发展水平

经济发展水平主要是通过提高消费者的收入从而影响保险市场的发展。当经济发展水平提高以后，消费者的收入随之提高，从而在满足了更低层次例如衣食住行等方面的基本生活需要之后，还有能力购买和支付保险产品，这样就产生了有效的保险需求。随着消费者收入水平的提高，消费者的消费模式会发生比较大的变化。恩格尔系数会不断减小，并对保险、旅游、文化娱乐、教育等其他方面产生有效需求。

除此之外，保险公司也要研究全球市场的经济趋势。随着经济全球化进程的不断推进，直接导致保险竞争的全球化。保险公司将在一个更大的环境中生存，并面临着更大的市场竞争压力。所以，全球的经济形势也是保险公司应密切注意的一个因素。

二、社会文化环境

社会文化因素主要是由价值观念、信仰、兴趣、行为方式、社会群体及其相互关系等内容所构成。例如，我国传统文化中以儒家文化为主，“生死有命，富贵在天”“养儿防老”“多子多福”等家庭保险思想大多根深蒂固，这种文化特质与商业保险所具有的在全社会范围内相互转移风险、分担损失的社会机制特性相矛盾，对保险公司营销活动的开展产生了重大的影响。

随着时代的发展，传统的富有人情味的社区文化逐渐走向衰落，传统的社区平衡被打破。在传统的社区，人们相互熟识，来往密切，关系融洽，极少有外来人口的打扰。

谁家生活中遇到困难，社区的其他居民往往倾力相助。但由于下列原因，这种社区文化正悄然发生变化：

首先是市场经济的发展。市场是商品交换的场所和渠道，市场交换活动受“看不见的手”控制，市场交换的主体具有“经济人理性”。“经济人理性”是指当个人在进行就业和闲暇选择时，在进行商品和劳务的选择与购买时，通常会追求个人效用满足的最大化；公司在进行要素组合和产品供求的决策时，也会追求公司利润的最大化。因此，传统人文价值的理念难免受到市场制度的冲击。

其次是城市化的发展。城市化是经济社会发展的必然趋势。城市化改变了人们传统的职业和生活方式，也改变了心态。城市化使市民享有更多的选择性，流动性更为频繁，市民们因职业或工作单位变动、求学、房屋拆迁、购置新房、多处房产等原因而较为频繁地流动。人们的生活压力增加，生活节奏变快，也没有时间与邻里进行交往和沟通。所以，传统社区的守望相助、亲如一家的人际关系在短时间内难以建立。

除此之外，还有机构组织的作用。要保持经济社会正常有序发展，就需要各种各样的机构组织。各种机构组织的有效运作，需要规范的制度和标准。庞大的现代机构组织的触角已经伸到社会的每一个角落，人们几乎无时无刻不与其打交道。社区居民在按部就班、照章办事的过程中渐渐淡化了感情。

这些因素逐渐淡化了中国传统思想中与商业保险相违背的部分观念，给商业保险以生存的机会。这种文化的变化有利于保险营销活动的开展。

三、人口环境

众所周知，我国幅员辽阔、人口众多，各地区间的自然条件和经济发展水平都有很大差别，而且近年来，这些差别还在不断地发展变化。这就必然导致不同地区之间人口的性别、年龄结构和死亡率有一定差异。正确认识这些差异，对于寿险业合理选择产品开发方向、分析险种盈亏，甚至正确厘定费率都会起到积极的作用。我国人口规模大、人口老龄化、家庭规模小型化、人口素质低等人口因素对我国的保险市场特别是寿险市场的影响巨大。

（一）人口规模

我国 2021 年的第七次人口普查结果显示，全国人口共 141 178 万人，与 2010 年的 133 972 万人相比，增加了 7 206 万人，增长 5.38%；年平均增长率为 0.53%，比 2000 年到 2010 年的年平均增长率 0.57%下降了 0.04 个百分点。[①] 这一结果表明，连续多年推行计划生育政策的结果，使中国飞驰的人口列车终于逐渐减速。中国的人

---

① http://www.gov.cn/guoqing/2021-05/13/content_5606149.htm。

口再生产类型已经转入了低出生、低死亡、低增长的发展类型，进入了世界低生育水准国家的行列。

（二）人口结构

性别和年龄是人口分组的最基本的标志，一国人口总体的性别构成和年龄结构，可以反映人口的出生、死亡、迁移等自然变动的发展过程和现状；而各种社会的、经济的、政治的因素对人口的性别、年龄结构也会产生重大影响。

2021 年的人口普查结果反映出我国人口的年龄结构也发生了较大变化。0-14 岁人口占 17.95%，15-59 岁人口占 63.35%，60 岁及以上人口占 18.7%，65 岁及以上人口占 13.5%。同 2010 年第六次全国人口普查相比，0-14 岁人口的比重上升了 1.35 个百分点，15-59 岁人口的比重下降了 6.79 个百分点，60 岁及以上人口的比重上升了 5.44 个百分点，65 岁及以上人口的比重上升了 4.63 个百分点。这说明了自我国改革开放以来，随着经济社会的迅速发展，人民生活水平和医疗卫生保健事业的巨大改善，计划生育政策的调整，使得人口生育水平有细微变化，但人口老龄化进程进一步加快。养老保险及附加医疗保险等在人们的养老问题中扮演着重要的角色，这种变化也将为寿险公司带来更多的市场机会。

人口性别结构是人口的基本构成之一，它反映为一定范围和一定时期内男女性别人口的比例关系。一般来说，男女人口性别结构是基本平衡的。衡量人口性别结构最常用的指标是人口性别比，它是一定时点上，人口中男性人数和女性人数之比，它以女性人口为 100 时相应的男性人口数来定义。2021 年的人口性别比是 105.07，比 2010 年的 105.20 有所下降。男性的比例有所下降。2021 年，中国男性占总人口的比重是 51.24%，女性的比重是 48.76%。

（三）家庭结构

家庭对保险需求的影响是十分重要的。一个人在生命周期的不同阶段，在家庭中所扮演的角色是不同的，所面临的风险也是不同的。人们在未成年阶段，生活上和经济上必须依赖父母，所面临的风险主要是抚养风险；进入成年阶段，生活和经济逐渐独立，所面临的风险主要是各种意外伤害风险和健康风险，并且需要承担自己的家庭责任和社会责任；进入老年阶段，年老体弱，所面临的主要是健康风险。因此，人们在家庭中的角色、地位不同，对保险产品的需求也不同。在我国，随着经济的持续发展和计划生育政策的持续推行，家庭规模持续小型化。平均每个家庭人口在 1980 年为 4.61 人，1985 年为 4.33 人，1990 年为 3.96 人，1995 年为 3.70 人，2000 年为 3.44 人，2010 年为 3.10 人，2021 年为 2.62 人。家庭规模的小型化使得仅依靠自己和家人难以抵御年老和疾病等风险，非常需要转向社会保险和商业保险，养儿防老的观念将被依靠社会养老和寻求商业保险的意识所取代。

（四）人口素质

人口素质影响着保险产品的需求。人口素质越高，其对保险产品的理解程度就越深，风险的防范意识就越强。并且，素质比较高的人口一般也扮演着比较重要的社会角色和家庭角色，从而需要更多、更高的保障。所以，人口素质是影响保险业发展的一个外部因素。

我国的人口素质普遍偏低，但是近年来，随着教育水平的提高，我国的人口素质有了比较明显的改善。表 3-1 中列出了在几次人口普查中有关人口素质的数据。

表 3-1 我国的人口素质

年份	每十万人拥有的各种受教育的人口数（人）				文盲人口及文盲率	
	大专及以上	高中和中专	初中	小学	文盲人口（万人）	文盲率（%）
1964	416	1 319	4 680	28 330	23 327	33.58
1982	615	6 779	17 892	35 237	22 996	22.81
1990	1 422	8 039	23 344	37 057	18 003	15.88
2000	3 611	11 146	33 961	35 701	8 507	6.72
2010	8 930	14 032	38 788	26 779	5 465	4.08
2021	15 467	15 088	34 507	24 767	3 775	2.67

资料来源：历年人口普查资料。

可以看到，尽管与发达国家相比，我国的人口素质还存在着很大的差距。但是纵向而言，我国的人口素质在短短十年时间里得到了很大提高。人口素质的提高必然会增大对保险的需求，从而促进保险的发展。

四、技术环境

技术是指知识，特别是科学知识的实际应用。技术是影响经济发展的重要因素，也是影响保险公司的最强大的力量之一。技术进步主要从以下几个方面影响着保险公司的发展。

首先，技术进步会产生许多新的保险需求。当人类能够发射卫星时便产生了卫星保险的需求，当人类开发海上石油时便产生了石油开发保险，当人们开始人工养殖水产品时便出现了水产养殖保险。所以，技术进步会产生许多新的保险需求，从而促进保险公司的发展。

其次，技术进步会增强保险公司的承保和理赔能力，并拓宽保险营销的渠道，甚至颠覆传统的保险经营模式。当互联网、电话、计算机、数据库、电子邮件、远程管理等技术应用到保险公司时，保险公司的经营管理能力迅速增加。技术进步可以改变一切，保险公司可以利用技术进步从事产品差异化的工作，及时向管理人员提供信息，探索新的分销渠道，降低管理费用，对市场需求的变化做出更加迅速的反应。技术进步已经带来了新的定价方法、新的管理方式、新的促销方式及各种分销体系的发展。保险公司营销组合的所有方面都已被技术改变。技术进步从各个方面影响着保险公司的运营。下面我们来详细讨论电子技术革命、生物技术革命和金融技术进步对保险行业的影响。

（一）电子技术革命

电子技术革命具体表现在以下几个方面：工业用机器人的出现，计算机在存储、速度、使用方面的便利性和软件方面的进展，互联网技术的发展以及远距离通信技术（如电话会议、传真技术、光缆和远程教育）的提高等。美国微软公司的创立者比尔·盖茨认为，电子技术变革将在全球范围内影响社会经济的每一个层面。所有的国家和个人，不论其社会地位有多大的差异，都能获得来自多媒体的信息，新的数字电信技术借助无数的与网络相联的计算机，可以快速、低价、方便地在全球范围内传送大量的资料与信息。这将增强我们处理和收集信息的能力，彻底改变保险公司营销与经营的方式。

电子技术对保险公司内部营销与经营策略的影响是不言而喻的。美国人寿保险营销及研究协会曾对北美的 71 家保险公司进行调查，其结果是新技术能使保险公司的决策更贴近客户，保险公司不仅能以更快的速度获取更多的资料，而且可以快速地对业务进行处理，并使经营成本降低，从而使保险这一无形服务产品的市场转变为全球性的产业。借助电子技术革命，保险营销系统在功能上也发生了巨大变化，互联网保险的发展非常迅猛。

电子技术突飞猛进也使保险公司面临大量的新风险。随着电子技术系统的日益复杂，人们的预测能力也变得非常不稳定，发生概率小而安全系数高的事件往往是复杂技术系统中的主要风险因素，高度交互、紧密稠合、高风险的技术系统增加了灾害性事件发生的可能性。例如，电子技术导致的欺诈行为（信用卡恶性透支、电信偷窃、自动柜员机偷窃）出现，电子邮件的内容涉及造谣与诽谤，计算机系统的记录遭受破坏，隐私权受到侵犯等，这些新型的网络风险都需要新的保险产品来提供保障，传统的保险合同无法补偿这类风险损失。

案例 3-1[①]　**保险科技及其对保险公司的影响**

保险行业已经从互联网保险时代跨入了保险科技时代。那么什么是保险科技呢？

---

① https://zhuanlan.zhihu.com/p/38671656。

云计算

云是网络、互联网的一种比喻说法。过去在图中往往用云来表示电信网，后来也用来表示互联网和底层基础设施的抽象。云计算是基于互联网的相关服务的增加、使用和交付模式，通常涉及通过互联网提供动态易扩展且经常是虚拟化的资源，客户按照需求支付费用，获取服务。它具有虚拟化、可扩展性及需求驱动性。云计算可以使个人用户从更加完善的互动平台和数据管理中受益，使企业用户享受到成本效益和劳动力流动性的提升。目前，保险业对云的需求正在积累，随着技术的不断完善，云计算的应用必将不断深入，对整个保险业的信息化建设产生巨大影响。

云计算的IaaS模式将助力中小保险企业的信息化基础建设，节省数据中心建设，如机房装修、设备购买、网络搭建等成本，及系统长期维护成本。SaaS模式的电子商务云，可以帮助保险（中介）公司拓展新的保险销售渠道，实现在线服务的按需使用、购买，比传统服务更具可行性、更便捷，加强了公司与客户之间的信息对称，提升了服务质量。PaaS模式的行业云，将各省平台资源与数据进行整合分析，实现跨行业的数据交互、挖掘与产品研发，如与医疗、车管等部门开展信息共享互动。这将大大提高行业的科技创新能力、行业管理水平及社会服务能力。

物联网（车联网）

物联网（IoT）是指物物相联的互联网，其核心和基础仍然是互联网。用户端延伸和扩展到了任何物品与物品之间，进行信息交换和通信。物联网主要包含智能感知、识别技术与普适计算等通信感知技术，是业务和应用。车联网是物联网的一种普遍形式，是由车辆位置、速度和路线等信息构成的巨大交互网络。通过GPS、RFID、传感器、摄像头图像处理等装置，车辆可以完成自身环境和状态信息的采集。车联网可以更好地了解人们的基本活动和流程。车联网可以使保险公司根据用户驾驶数据定制并开发新产品，实现用户定制化产品理念。

大数据

麦肯锡全球研究将大数据定义为：一种规模大到在获取、存储、管理、分析方面大大超出了传统数据库软件工具能力范围的数据集合。IBM提出，大数据具有5V特点：Volume（大量）、Velocity（高速）、Variety（多样）、Value（低价值密度）、Veracity（真实性）。从技术上看，大数据与云计算的关系密不可分。对大数据必然无法用单台的计算机进行处理，必须采用分布式架构。它的特色在于对海量数据进行分布式数据挖掘。但它必须依托云计算的分布式处理、分布式数据库和云存储、虚拟化技术。

大数据技术还处于成长期，现阶段的主要价值在于促进保险产品、业务模式的创新和升级，这部分价值对非寿险类业务的作用比较明显。总的来说，大数据技术对于保险公司节省营销成本、产品创新、理赔精算等方面有非常大的潜在价值。

人工智能

人工智能(Artificial Intelligence)，英文缩写为 AI。它是研究、开发用于模拟、延伸和扩展人的智能的理论、方法、技术及应用系统的一门新的技术科学。人工智能是对人的意识、思维的信息过程的模拟，不是人的智能，但能像人那样思考，也可能超过人的智能。人工智能的研究包括机器人、语言识别、图像识别、自然语言处理和专家系统等。人工智能从诞生以来，理论和技术日益成熟，应用领域也不断扩大，可以设想，未来人工智能带来的科技产品，将会是人类智慧的"容器"。

人工智能在保险行业的应用，可以优化产品定价、营销、业务运营与管理等流程，也可以帮助保险公司实现售前售后咨询、承保核保、理赔等流程的自动化，使保险公司更快、更稳定地与客户进行互动。保险公司可以通过以下方式利用虚拟客服代表：在联络中心处理更加复杂的咨询；以可负担的成本提供稳定的咨询服务；引导过程和相关交易。

区块链

区块链(Blockchain)是分布式数据存储、点对点传输、共识机制、加密算法等计算机技术的新型应用模式。区块中的数据一旦被记录下来，就不能篡改。除记录交易之外，区块链还可以包含一组编码的指示令集，指示令集将在预先设定的条件下自动执行，即智能合约。区块链具有去中心化、公开透明、不可篡改、能防伪溯源等关键特征。

对保险行业而言，区块链可以帮助保险公司进行用户身份管理，而不是像传统的模式一样，用户身份信息分布在保险中介公司、代理人等多个体系中。进而，更好实现保险产品创新、降低客户开发成本。另外，区块链还可以帮助保险公司更高效率地进行欺诈识别。

（二）生物技术革命

生物技术包括药学、医学、人造器官的制造、克隆技术，以及各种与生物学有关的技术。生物技术中最具革命性的进展是人类基因组工程。基因工程使治愈遗传性疾病的可能性越来越大，因为基因工程能够完整定位出人类的遗传密码，找到基因特性与疾病之间的联系。如果保险公司也知道投保人的遗传信息，在承保时利用遗传信息的理论把投保人进一步划分为具有相同期望损失的子群，这样每个子群的成员就可以支付“公平”的保险费。

生物技术中遗传研究方面的成果，对人类延长寿命、提高生活质量和治愈顽症具有深远意义，同时也创造了新的风险，即陷入伦理和道德的困境之中。由于遗传技术能够确定某些疾病发生的可能，虽然这些疾病可能要等很久才会显现症状，但是保险人利用遗传信息就可能不去承保这些带有已知遗传风险因素的投保人，或者要求他们支付额外费用。事实上，这就产生了遗传歧视，使那些具有可识别遗传基因的人在投保或找工作方面受到影响，甚至导致保险公司取消他们的寿险和健康保险保障。

此外，由于处理基因信息技术的法律和道德规范并不完善，从而引发了个人隐私权和保险人获悉权之间的争论。例如，保险公司是否有权要求投保人像做体检和血液检查那样获取投保人遗传方面的证明？如果投保人不同意做遗传检查，保险公司是不是应该拒绝承保那些不做遗传检查的人？因此，保险人、监管者、政治家、法官以及其他人都必须识别并解决新的遗传信息爆炸所提出的伦理、道德和法律问题。

（三）金融技术进步

金融技术的发展使得传统的风险管理工具（保险与再保险）与金融风险管理工具（金融互换、期货和期权）结合起来。保险人通过期货和其他金融衍生工具的套期交易来规避资产和利率敏感性债务的风险。例如，保险人利用某些特定商品的价格与风险的关系来减少风险，引进保险期权，更灵活地运用资本。保险期货在规避承保风险上有着巨大的潜力。从传统的利用再保险转移到现代的利用金融市场来保证盈利是承保风险证券化的一个发展趋势。尤其在巨灾保险期货和期权的市场上，保险人因缺乏承受灾害损失的能力而导致无力偿还债务的威胁会有所减少。

金融衍生工具的大力发展，也会给保险公司带来新的风险。当某个企业遭受因对金融衍生工具判断错误或因品质低劣的交易所导致的巨额损失时。保险公司传统的忠诚保险、职业责任保险是否还能承受赔偿责任？日本大和银行纽约分行和英国巴林银行所遭到的灭顶之灾已表明，如果对金融衍生工具不加以控制或对其所带来的风险认识不足，就会使保险公司遭受巨额损失，也会导致将来保费上涨。

五、政策法律环境

在任何一个社会制度下，公司的营销活动都要受到国家政策和法规的影响。政策法律环境是由那些对社会上各种组织和个人行为具有强制性影响的法律、法规和政府的各项方针所组成的。从政策方面来看，主要包括以下几种：

（一）公共管理政策

公共管理政策对公司的影响作用主要是通过税收政策而体现，税收政策包括对保险供给方和保险需求方两方面的政策。目前，许多国家一般对保险业实行较为宽松的税收政策，征收较低的营业税，通常为3%，且实行分险种纳税。相对而言，我国保险公司的税负相对较高。较重的税收会提高保险公司的经营成本，不利于保险业发展。

另外，个人所得税、遗产税、赠与税和投资收益等方面的税收政策也会影响保险行业的发展。例如，如果开征了遗产税和赠与税，则保险产品就可以充分发挥其合理避税的作用，父母可以通过购买保险而把财产转移给子女，从而避免缴纳遗产税或赠与税。如果对保险产品的分红和投资收益不征税，那么相比于其他投资渠道而言，保险产品的绝对投资回报会更高，从而具有更强的吸引力。在一些发达国家，为了充分发挥保险保障功能，鼓励消费者购买保险，都设置了各种税收优惠政策。比如，税延型养老保险、免税型健康保险等。我国也在这方面进行了一定的探索，增加保险的需求，促使消费者购买保险。

财政政策也是公共管理政策中的重要部分。国家对于社会福利、民政救济等方面的财政投入也会影响到保险需求。因为这些方面实质上对保险产品具有部分的替代作用。

（二）社会保障政策

社会保障对商业保险有一定的替代性，会直接影响到商业保险中人寿保险、养老保险、健康保险及意外伤害保险的需求。社会保障提供的是基本保障，但是，如果社会保障的水平比较高，那么相应地就会降低对商业保险的需求。所以，在一定的经济发展水平下，社会保障程度越高，它对商业保险的替代效应就越大。这种替代效应从两个方面刺激着保险行业的发展。一方面，替代效应会降低对商业保险的需求，这是显而易见的负面影响。另一方面，替代品的发展也会促进商业保险的发展，比如激发消费者的保险意识和保险需求，起到示范、引领商业保险的作用。

（三）货币政策

货币政策的影响主要是通过利率发生作用的。当利率上升时，保单持有者通常会办理保单抵押以取得现金，或直接退保后向其他投资渠道进行投资；反之，当利率下降时，由于保险公司调整保单利率具有滞后性，人们通常会积极投保，利用时间差购买保险产品。实际上，利率不但是保险产品特别是寿险产品定价中的重要变量，也是消费者衡量保险产品投资回报水平的标准。

（四）保险业的监管政策

政府及相关监管机构对保险公司的监管是依照法律法规的宏观监管，其目的在于建立和维护正常的市场秩序，促进保险公司稳健经营和健康发展。世界各国都有专门的保险法律法规。我国在1995年已颁布实施了《保险法》，并在2014年和2015年进行了修订。这是我国保险业经营、管理的根本大法。一系列配套法规相继出台。这些法律法规从两个方面影响着我国保险公司的发展。

首先,法律的发展为保险公司提供了一个较为完善的法律环境。保险公司的经营有法可依,保险市场的竞争有章可循,保险公司的风险也可以得到控制。完善的法律环境为创造一个稳定、安全、和谐的保险市场奠定了基础,从而可以促进保险市场的发展。

另一方面,法律规定中具体规定的变化,使保险公司的经营业务范围得到改变。例如,法律规定财产保险公司可以经营短期健康险和意外伤害保险,这就拓宽了财产保险公司的经营范围;法律规定保险公司可以自主厘定机动车辆保险的费率、自主设计机动车辆保险的保险制度,这样使保险公司可以根据细分市场设计差异产品。

总而言之,全球范围内,保险监管都朝着不断完善化、规范化和宽松化的趋势发展。因此,法律环境的变化一定会促进保险公司的发展,控制保险公司的风险,并释放保险公司自由发展的潜能。

六、自然环境

自然环境中的气候、灾害等对保险业的发展也起着比较重要的作用。最初产生保险的目的也是防范自然灾害和意外事故对人们生产和生活的侵扰。近年来,随着大量的二氧化碳排放,以及地球温室效应的增加,气候变得越来越奇怪,这对保险行业产生了巨大的影响。

首先,自然灾害的增加会导致保险需求的增加。当地震、洪水、暴雨以及极端天气更加频发时,人们会意识到自己生活环境的恶劣性,从而会产生更大的渴求保护和分散风险的愿望。保险需求由此上升。这是有利于保险公司发展的一方面。然而,不利的是,频繁的自然灾害会增加保险公司的赔付金额,从而增加保险公司的经营风险,影响到保险公司的生存。

七、政治环境

政治环境的稳定也影响着保险行业的发展。与自然环境一样,政治环境的不安宁一方面会导致保险需求的增加,促进保险行业的发展。但是,更为重要的是,它另一方面会大大增加保险公司的赔付金额,增大保险公司经营的不确定性。近年来,受新冠疫情影响,国际政治关系发生了较大变化,不稳定因素居多,这些都会给保险公司造成许多不利的影响。

八、竞争环境

几乎所有的公司都会面临竞争。对于一家公司而言,竞争者是在特定市场上提供或能够提供满足特定市场需求的产品及服务的任何其他公司。在竞争环境中，保险公司可以通过两种渠道来增加销售：一是将保险产品出售给更多的消费者；二是使消费者购买更多的保险产品。保险公司可以通过寻找新市场、扩展地理区域或吸引竞争对手的消费者等方式将保险产品出售给更多的消费者；也可以通过研发新产品、改进老的产品或促使消费者改变其购买行为来促使消费者购买更多的保险产品。保险公司必须对竞争对手的新产品、特殊促销手段、价格的调整、分销策略的变化以及其他行动有所察觉，从而在必要时修正自己的营销策略。

（一）市场结构

作为一个保险公司，其发展必然会受其行业规模、行业结构等的影响与制约。一般来说，行业结构包括销售商的数量、产品差异的程度、进入与退出该行业的障碍、纵向联合的情况、全球范围经营的情况等。经济学家通常描述四种基本的市场结构：完全竞争、垄断竞争、寡头垄断和完全垄断。表 3-2 中介绍了这四种市场结构的特点。

表 3-2　　四种基本市场结构的特点

特点	市场结构的类型			
	完全垄断	寡头垄断	垄断竞争	完全竞争
竞争者数量	无	少部分	多	大量
进入障碍	多	有一些	很少	几乎没有
集中销售	全部	每个卖方都占很大比例	大多数卖方占小比例	每个卖方都占很小比例
产品	无替代品	类似的，高度区别化的	类似的，高度区别化的	感觉不到区别
促销	不是非常重要	非常重要	非常重要	不太重要
分销	应有相当大的控制	相当大的影响	有些影响	几乎没有影响
价格	不太重要	重大影响，避免价格竞争	非常重要	不太重要

我国保险业是在垄断竞争下经营的，许多在保险市场中各自占有一小部分市场份额的保险公司，通过提供相似但又有差异的保险产品进行竞争。所以保险公司应该重视产品和服务以及营销组合上的差异化，吸引更多的客户。近年来，我国保险公司的数量保持了稳步的增长，这必将加剧保险行业的竞争程度。对那些资金、人才、管理手段等都比较缺乏的公司来说，竞争的加剧将是一个很大的威胁。此外，各保险公司所提供的保险产品之间的差异不是很大，其差异性主要表现为保险公司的形象差异和服务差异等。对于想跻身于保险行业的新公司来说，其主要的障碍是资金、人才和管理手段。

（二）市场中的竞争

竞争环境的一个最重要的方面是市场竞争的程度，市场经营者应该时刻注意正在进入和离开市场的竞争者和竞争产品。通常，竞争者离开会降低市场的竞争强度，并且会增大试图进入市场或留在市场中的公司达到营销目标的可能性。相反，竞争者进入市场会加剧竞争，使价格下降，公司的目标难以实现。

当市场存在很大的进入障碍时，参与竞争的保险公司进入保险市场的可能性很小。进入障碍一般包括以下几种：

（1）品牌忠诚。在产品差异非常明显的市场中，消费者经常对他们喜欢的特定产品的品牌表现得极为忠诚。例如，保险业中，顾客更倾向于购买知名公司的产品，而对名气较小的公司持怀疑态度。

（2）分销渠道。当用于特定产品的大多数分销渠道被行业中现有的大多数竞争者所占有或控制时，其他销售商进入该行业的成本将会很高。例如在过去，机场是销售航空意外伤害险的主要渠道，如果某些公司控制了机场的主要销售点，其他公司则很难进入或成功地销售。

（3）规模经济。当生产、促销、销售及分销产品的单位成本随着产品的售出数量增加而减少时，便产生了规模经济。由于只有在产量很大时才能形成规模经济，所以很多小公司进入行业是没有竞争力的。在保险业中，销售量较大并具备必要的、处理复杂事务的员工和技术的公司，与销售量较低的公司相比，在引入和支持相关产品上有较好的先天条件。由于规模经济的作用，销售量大的保险公司的单位固定成本相对较小。

正是由于这些进入障碍的存在，已有的保险公司有着一定的保护，但是仍然避免不了激烈的竞争。许多新的竞争者在市场的吸引下，排除一切障碍、努力地进入保险市场。尤其在中国的保险市场，中国如此巨大的人口和发展的潜力吸引了许多投资者驻足，想方设法进入中国的保险市场。中国的保险市场竞争也因众多新成员的加入而变得更加激烈了。

（三）替代品的状况

一家公司所提供产品的替代品越少，对公司经营越有利；反之，则越容易构成威胁。就保险产品来说，其替代产品主要有社会保障、银行储蓄、各种投资以及社会救济等。如果银行的存款利息率很高，人们会倾向于通过储蓄的形式积累资金，实现自我保障；反之，人们则会寻找其他更为保险的办法。同样，如果政府所提供的社会救济范围广、数量大，也会使人们更加倾向于政府和社会的救济，而不愿意采取商业保险的形式。特别是在计划体制下，政府大包大揽，使众多企业和个人滋生了依赖政府的思想，缺乏竞争意识、保险意识，这对保险公司来说，无疑是很大的威胁。同在一个市场经营的寿险公司是互为竞争者，寿险公司与银行、社会保障机构也是互为竞争者。因为这些产品相互都具有替代性。

九、合作环境

保险公司是整个经济中的一部分，其有许多合作伙伴。这些合作伙伴的态度和经营水平也是影响保险公司营销的主要因素。

（一）保险营销中介

保险营销中介是协助进行保险产品推广和销售，并将保险产品卖给最终消费者的公司或个人。它包括保险代理人、经纪人、公估人、广告代理商、咨询公司等。保险公司在经营过程中，不可避免地要获得这些营销中介的支持。比如，对市场需求的调查与预测离不开市场研究咨询公司，对险种与公司形象的策划和推广离不开广告代理商，公司险种销售市场的扩大离不开保险代理人和保险经纪人的支持与协助。保险公司与保险中介人客观上构成一种相辅相成、互助互利关系。因此，保险公司在经营过程中，还必须了解所面对的各种保险营销中介，与他们建立起良好的合作关系，以获得他们最大的支持。

在中国，保险代理、保险经纪和保险公估等许多保险中介行业仍处于起步阶段。相对于保险公司的发展水平而言，这些保险中介的发展比较滞后。而滞后的保险中介必然会阻碍保险营销的发展。

（二）其他金融机构

保险是金融的一部分，保险公司与其他金融机构是相互竞争又相互合作的关系。例如，保险公司与银行是竞争者，因为保险和银行存款具有相互替代的特点。但是保险公司又是银行的合作者，保险公司要通过银行代收保费、销售银行保险产品等。保险公司与证券公司是竞争者，因为保险和证券投资具有相互替代的特点。但是保险公司要通过证券市场进行投资，提高资金运用率和回报率，以此来吸引客户，所以保险公司和证券公司又是合作者。

（三）公众

公众是指对保险公司实现其市场营销目标构成实际或潜在影响的团体。保险公司必须了解各类公众的特点、公众对保险公司的态度等，以便与各类公众建立融洽的关系。公众主要包括以下几类：政府公众，即依法履行对保险公司监督管理职能的有关政府机构，如我国的银行保险监督管理委员会、税务机关、工商行政管理机关等；地方公众，即保险公司附近的居民、社区组织或地方官员等；金融公众，即影响公司获得资金能力的团体，如银行、投资公司等；媒体公众，由发表新闻、社论的机构所组成，如报纸、杂志、电台和电视台等；市民行动公众，即反映市民呼声的群众性组织或官方组织，如消费者权益保护组织、环境保护组织等；内部公众，即保险公司内部的员工、经理人员等；其他公众，如保险评级机构等。公众的存在可能会对公司的行为或营销活动给以支持或加以抵制。因此，公司在经营过程中，必须处理好与各类公众的关系。

第二节 保险营销的内部环境

内部环境是影响保险公司发展的较为密切的环境。正如人的素质影响其工作能力一样，保险公司的内部环境是制约其展业能力的最为核心和根本的因素。所以，保险公司的营销管理者不仅要重视目标市场的要求，而且要能够依公司所处的行业来思考环境的影响。保险营销的内部环境主要包括保险公司自身的一些因素，这些因素直接或间接地对保险公司的营销业绩产生影响。

一、影响保险营销的直接性内部因素

保险公司的直接性内部因素主要与现行营销战略的有效性有关，包括营销战略定位、营销组合策略（4P）和营销组织管理等方面。

（一）营销战略定位

营销战略定位是营销战略的核心和灵魂。保险公司的营销战略定位是否明确？是主动性还是被动性？其目标市场是什么？保险公司的营销战略定位决定了公司的营销方向和营销经验。例如，就目标市场而言，没有一家保险公司能向所有保险市场提供服务，每一家保险公司都有自己的目标市场。因此，当一家保险公司要拓展市场时，其所拥有的特殊市场经验会起到内部制约因素的作用。然而，当一家保险公司决定利用更多的现有市场需要的产品扩展它的产品线时，同样的特殊市场经验则会成为优势。

（二）营销组合策略

营销离不开产品、价格、促销、渠道及其组合。保险公司在这方面的策略影响到营销业绩。在产品方面，保险公司基本上也是集中营销一个或较少的保险产品种类。保险公司在该保险产品的开发、定价和产品服务方面积累了丰富的经验。类似地，经历过保险产品开发的保险公司，在试图增加新产品时会受益于自己过去的经验。如果公司试图改变营销组合，则其有限的产品开发经验便成为制约因素。在价格方面，保险产品的价格是否具有竞争性？是采用高价格培养顾客忠诚度，还是采用低价格占领市场？在促销方面，保险公司有哪些相关经验？有没有尝试采用新的促销策略？在渠道方面，保险公司所拥有的分销体系在公司内部环境中具有非常重要的地位。因为不同

类型的分销体系具有不同作用,针对不同的目标市场和保险产品。即使保险公司开发了某一新产品,但是如果没有相应的分销体系,也无法把保险产品传递给消费者。因此,当一家保险公司计划引进保险产品或进入适合其现有分销体系的市场时,这个分销体系则可以成为优势。然而当该保险公司希望向不适合其现有分销体系的领域进行拓展时,这个分销体系将变成制约因素。事实上,保险公司更多的是根据营销渠道来设计保险产品。

采用多种分销体系的计划也影响着保险公司的营销计划。仅有一种分销体系的保险公司会发现难以创建更多的分销体系。保险公司应该尽量尝试建立更多的分销体系。但是,这也受到公司规模和资源的限制。如果建立的分销体系过多,保险公司可能会因为规模太小、无暇顾及而没有使所有分销体系都发挥作用。所以,建立适当的分销体系是比较好的选择。

(三) 营销组织管理

营销组织管理包括营销计划、规章制度、工作程序、人员激励与顾客服务等。这是保证营销效率的关键。

二、影响保险营销的间接性内部因素

所谓公司的间接性内部因素,就是公司内部的、非营销职能的、对营销战略有影响的因素。包括公司总体战略因素、其他职能因素、公司领导因素、公司文化因素、公司的组织效率、公司的规模和资源等。

(一) 公司总体战略因素

营销战略是保险公司战略的一部分。前者是目,后者是纲。营销战略不能不受公司战略的影响和制约。如果保险公司战略的方向错误,那么随之而制定的营销战略必然也是错误的,势必会导致亏损。

(二) 其他职能因素

保险公司的其他职能对营销战略也有重要影响,也应作为营销战略规划的内部环境因素加以分析。有些营销战略问题主要受某一职能的影响,如产品主要受研究与开发部门影响。而有些问题则是其他职能综合作用的结果。从产品开发管理上看,开发不成功要增加成本,产品后续设计不当也要增加成本;从采购管理上看,办公用品采购价格高要增加成本;从财务管理上看,筹资方式不当要增加成本,资金管理不善也要增加成本。只有各个职能部门都共同努力控制成本,才能降低产品成本,才能使营销战略具有更大的价格运筹空间。

(三) 公司领导因素

毋庸置疑,公司领导特别是主要领导的智商、经验、热情、能力等对公司战略具有至关重要的影响，当然对营销战略也有影响。但对营销战略影响最大的还是公司领导关于营销战略的知识水平和对营销战略的态度。不具有营销战略理论知识或是掌握得不准确、不全面，公司就不会有好的营销战略。但仅有理论知识而在态度上缺乏对营销战略的正确认识，特别是对其地位与作用的正确认识，营销战略在公司战略中的地位就会摇摆，尤其是营销战略在执行过程中同其他职能战略相矛盾、相抵触时，领导者就很难做出正确的判断和决策。

（四）公司文化因素

如果说公司领导对营销战略的影响是容易察觉的话，那么公司文化的影响则是摸不到、看不见但确确实实在起作用的内部因素。

公司文化(Corporate Culture)是指由公司现有雇员共有的并向新加盟的雇员灌输的处世态度、价值观、信念和经验。营销部门的工作是通过创造顾客价值和满意度来吸引顾客并建立与顾客的融洽关系。但营销部门只是公司的部门之一，其工作需要其他相关部门的协助与配合，如最高决策层、产品开发部、核保部、理赔部、财务部、人事部等。这些部门有各自的职能定位，同时又需要相互协作，避免各自为政的"隧道视线"现象。营销部门与相关部门良好的合作关系有助于公司营销目标的顺利实现和营销力的提高。而促成公司内部各部门的通力合作，一条重要的纽带是适宜和有效的公司文化。

公司文化可以表现为优势，也可以表现为制约因素，这要根据具体情况而定。例如，如果公司文化是强调"一切借鉴前人的经验"，那么该公司是传统、保守型公司。公司在面对问题时会思考过去是如何处理类似问题的，或者别的公司曾如何对待这种情况。这时，公司文化就表现为优势，它不太可能重复错误或者为那些已经解决了的问题而浪费资源。但是另一方面，传统、保守型公司缺乏创新，当市场经营者想要抓住那些超出公司传统经验之外的机遇时，这种文化就成了制约因素。任何事物都具有两面性，公司文化决定了公司的经营风格。员工必须知晓自己公司的文化，并循着这种风格开展工作，否则势必碰壁。

（五）公司的组织效率

公司的组织效率也直接关系到营销目标的实现和营销效率的高低，越是有效率的组织，其拥有的机会越多。著名的麦金斯7S理论(见图3-2)认为，影响公司组织效率的因素包括7个方面：战略(Strategy)、结构(Structure)、制度(System)、员工(Staff)、风格(Style)、技巧(Skill)、共同价值(Shared Values)。保险公司必须制定适当的战略，明确公司的任务和目标；必须建立一个相当的组织结构，以便能够执行这一战略；必须制定有效的信息沟通、控制、报酬等制度，以保证战略的有效实施。此外，高素质的员工队伍是落实公司战略和公司发展的重要基础，他们在工作中所表现出来的风格和所运用的各种技巧，以及他们共同的价值观，都是保证保险公司稳定健康发展的重要因素。总而言之，采用先进的管理理念和管理技术，建立现代公司的管理制度是保证保险公司管理效率的最终法宝。

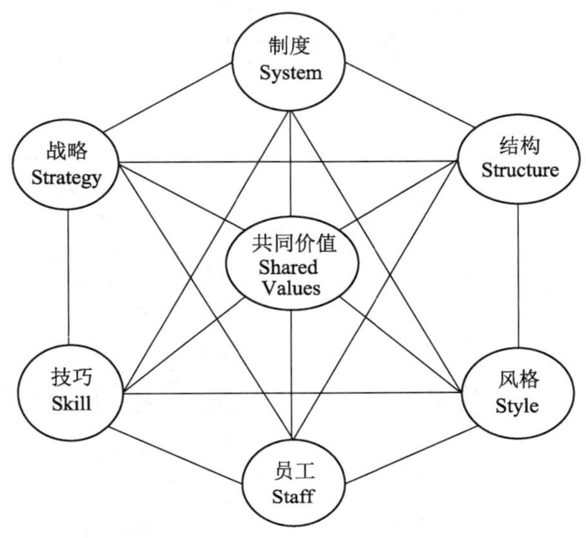

图 3-2　麦金斯 7S 理论

（六）公司的规模和资源

保险公司的规模也会限制或者增加营销机遇。大型保险公司拥有较多资源，比如财务、技术和人力资源等，使其能够进行较大投入并迅速占领市场。而小型公司的资源比较少，但比较灵活，有能力对环境变化做出反应和处理。

保险公司的资源，例如资本金、人员规模、分公司数量等，影响着保险公司最终的市场份额。尤其是当前的保险监管都是以偿付能力为核心，监管部门对保险公司的经营规模、保障能力等给予了严格的控制，对保险公司的财务情况进行了实时监控，并且把监控结果向社会各界披露。这些监控结果将极大地影响保险公司的营销。

第三节　保险营销环境的监测和分析

一、保险营销环境的监测

从市场营销管理的角度，仅仅知道保险公司所处的环境因素还远远不够，必须建立一套对环境变化进行监测、分析和预测的管理系统。它绝不仅是市场营销部门的责任和任务，而应当是整个公司的责任和任务。图 3-3 所示的环境监测模型对保险公司建立环境监测系统有一定的参考价值。

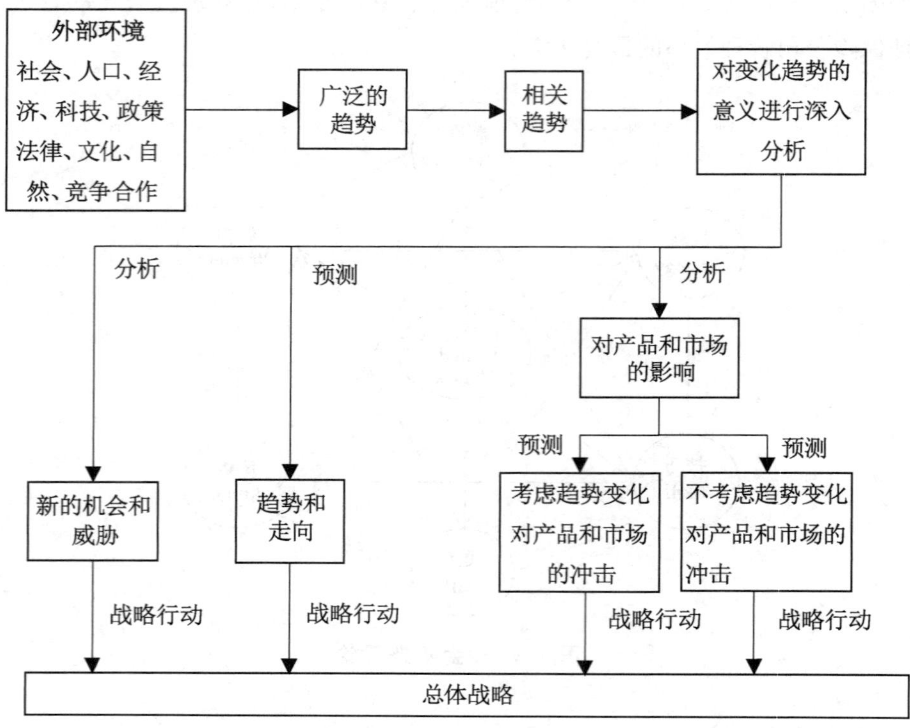

图 3-3　环境监测模型

保险公司对环境进行监测时，主要依据下面几个步骤进行：

(1) 环境监测要素，主要包括社会、人口、经济、政策法律、科技、文化、自然、竞争合作等诸方面。

(2) 从观测到的环境变化中找出对公司影响较为直接的相关趋势。例如对社会文化、人口结构的变化提高警惕，并找出对公司经营有影响的因素。

(3) 对这些趋势进行深入分析，通过分析找出对本公司现有保险产品和保险市场的影响，找出对公司的机会和威胁，并预测今后的走向。这些机会和威胁可能对公司现有产品和市场没有什么影响，但它很可能为公司提供一个新的发展领域，而如果公司不去开发这些领域，竞争者就会开发，反过来对公司形成威胁。

(4) 在分析变化趋势对公司现有保险产品和保险市场的影响之后，可以先不考虑这些趋势的影响，看看今后的发展情况如何，然后再考虑这些趋势的影响，从而判断这些趋势的影响强度。一般来说，变化都是渐进的。这种分析的目的就是要在确定趋势变化强度的情况下，决定公司应当何时采取行动、投入多少资源。

(5) 综合上述各方面，以此来制定和调整公司的总体战略。

二、保险营销环境的分析

保险营销环境分析常用的方法为SWOT法，它是英文Strength(优势)、Weak(劣势)、Opportunity(机会)、Threat(威胁)的简称。

（一）外部环境分析

1. 机会

环境机会实质上是指市场上存在的或者是潜在的消费需求。它既可能来源于宏观环境，也可能来源于微观环境。随着人类社会不断向前发展，人们也不断产生新的消费需求，这就需要不断有新的保险产品来满足不断增加的新需要，于是就产生了营销机会。

环境机会对不同公司是不相等的，同一个环境机会对一些公司可能成为有利的机会，而对另一些公司可能就造成威胁。环境机会能否成为公司的机会，要看此环境机会是否与公司目标、资源及任务相一致，公司利用此环境机会能否比其竞争者带来更大的利益。

市场营销机会是指环境变化给公司带来的机会，而公司营销机会则是指对公司的市场营销活动有吸引力的领域，公司具有竞争优势。根据机会的概率大小和吸引力可将这些机会加以分类。

2. 威胁

环境威胁是指对保险公司营销活动不利或限制营销活动发展的因素。这种环境威胁主要来自两方面：一方面是环境因素直接威胁着保险公司的营销活动。例如政府规定一个保险代理人只能够代理一家保险公司的产品。另一方面是保险公司的目标、任务及资源同环境相矛盾。例如，如果保险公司经营的主要产品是投资型家庭财产保险，但监管机构强调保险的保障性而禁止销售，那也只能即刻调整。保险公司所面临的环境威胁是指环境变化对公司产生的不利影响，这种影响可能会动摇公司的行业地位，可能会给公司带来毁灭性的打击。

（二）内部环境分析(优势与劣势)

保险公司能否识别环境中具有吸引力的机会是一回事，拥有抓住机会获取成功所必需的竞争能力是另一回事。每个保险公司都要定期检查自己的优势与劣势。公司高层管理者或公司外部的咨询机构都可定期检查公司的营销、财务、制造和组织能力。每一要素都要按照特强、稍强、中等、稍弱或特弱划分等级。保险公司不应也无法纠正自己的所有劣势，也不应对其优势不加利用。更为主要的问题是，保险公司应深入研究，自己究竟是应只局限于能发挥已拥有优势的机会中，还是应去获取和发展一些优势，以找到更好的机会。

主要用价值链分析法分析公司内部环境。价值链理论强调,战略管理不仅是方向、目标的管理,最根本的是每项具体活动的管理。战略管理应当是“方向—目标—途径—方法—具体活动”的完备体系。因此,把保险公司作为一个整体或几大职能、几个方面来看待,无助于理解竞争优势,必须在对每一项价值活动的考察中才能揭示出竞争优势的来源。保险公司的生产经营是一个创造价值的过程。公司的价值链就是公司所从事的各种活动:设计、销售、核保、理赔、客服以及支持性活动的集合体,它是由价值活动和边际利润组成的。价值链中的价值活动分为两大类,即基本性活动和支持性活动。基本性活动涉及保险产品、销售及售后服务等;而支持性活动是以提供生产要素投入、技术、人力资源以及公司范围内的各种职能等来支持公司的基本活动。保险公司应分析每项价值活动,发现存在的优势和劣势以及价值链中各项活动的关系。

(三)综合评价

在分析和评价了营销环境之后,可能会出现四种不同的结果,如图 3-4 所示。

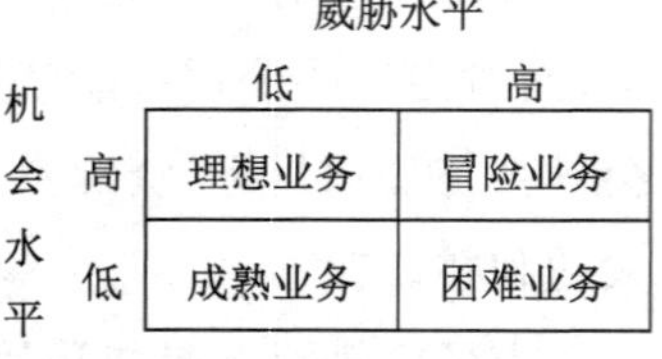

图 3-4 环境分析综合评价

保险公司不仅要分析自己所面临的市场机会,而且还要深入分析机会的性质,以便及时寻找和把握最有利的市场机会。市场营销机会包括以下类型:

1. 环境市场机会与公司市场机会

环境市场机会实质上是未满足的消费需求。伴随着需求的变化和产品生命周期的演变,就会不断出现新的环境市场机会。但对不同保险公司而言,环境市场机会并非都是最佳机会,只有理想业务和成熟业务才是公司寻找的最佳机会。

2. 行业市场机会与边缘市场机会

保险公司通常都有其特定的经营领域。出现在本公司经营领域内的市场机会,称为行业市场机会;出现于不同行业之间的交叉与结合部分的市场机会,则称之为边缘市场机会。比较而言,进入边缘市场机会的业务难度要大于进入行业市场机会。但保险公司必须清醒地认识到,在行业与行业之间的边缘地带,有时会存在市场空隙,保险公司可以发挥自身的优势,及时进入和占领这一市场空隙,发展壮大自己。

3. 目前市场机会与未来市场机会

从环境变化的动态性来分析,保险公司既要注意发现目前环境变化中的市场机会,更要面对未来,预测未来消费倾向的发展趋势,以便及时发现和把握未来的市场机会。

4. 全面的机会与局部的机会

市场从其范围来说,有全面的大范围市场和局部的小范围市场之分。全面的机会是在大范围市场,如国际市场、全国性市场上出现的机会;局部的机会则是在小范围市场，如某个特定地区出现的没有满足的需求。全面的机会对各个保险公司都有普遍意义，因为它反映环境变化的一种普遍趋势；局部的机会对进入特定市场的保险公司有特殊意义，因为它意味着这个市场的变化有着自己鲜明的个性。

（四）公司市场营销对策

在环境分析与评价的基础上，保险公司面对威胁与机会水平不等的各种营销业务，要分别制定不同的对策。

（1）对于理想业务，保险公司必须看到机会难得，稍纵即逝。因此，这就要求保险公司必须果断决策，抓住机遇，迅速行动；否则就会丧失机遇，后悔莫及。

（2）对于冒险业务，保险公司必须清醒地认识到高利润与高风险并存的客观现实，既不宜盲目冒进，也不应迟疑不决，坐失良机；而是应全面分析自身的优势与劣势，扬长避短，创造条件，积极介入，争取有所作为。

（3）对于成熟业务，机会与威胁都处于较低水平，应作为保险公司的常规业务，用以维持保险公司的正常运转，并为开展理想业务和冒险业务准备必要的条件。

（4）对于困难业务，保险公司要么努力设法改变，以便走出困境、减轻威胁；要么立即转移，摆脱无法扭转的困境，开辟新的业务。

习题

1. 请简单解释保险营销环境的概念和特性。
2. 保险营销环境的外部因素主要包括哪些方面？
3. 请详细解释人口环境对保险营销环境的影响。
4. 请详细解释竞争环境对保险营销环境的影响。
5. 保险营销环境的内部因素主要包括哪些方面？
6. 保险公司应如何监测环境的变化？
7. 保险公司应如何分析和应对环境的变化？

第四章　保险营销的计划、调研和市场细分

凡事都要有计划，保险公司在各个层次和各个领域内都要制订计划。战略计划是公司发展的最高计划，而营销计划是战略计划不可缺少的一个重要部分。制订计划的首要工作就是把握机会。要准确地把握机会就必须进行市场调研。在市场调研之后，还必须进行市场细分，结合保险公司自身的发展目标与资源条件，选择适合自己的目标市场。

第一节　保险营销的计划

保险公司为了稳健发展，需要在各个层次和各个领域内制订许多相关的计划，例如公司的战略计划、生产计划、产品开发计划、营销计划、市场拓展计划等。其中，公司的战略计划是有关公司整体的长期发展的计划，是公司最高层次的计划。营销计划是公司战略计划的一个方面，其内容和宗旨必须与公司的战略计划相吻合。

一、战略计划

战略计划是指保险公司所设定的长期经营目标，以及为了实现这些目标而需要遵循的总体方针。保险公司在制订战略计划时，通常都着眼于未来，对公司的定位、整体形象进行长远打算。例如，某些保险公司的战略计划就是要把公司发展成为专注服务于中国最杰出人士的保险代理公司，是成功人士值得信赖的保险专家。这就勾画出了公司的定位和长远的战略发展计划。首先，该家公司的定位是保险代理公司，其主要业务是从事保险代理业务。其次，该公司是为中国最杰出人士服务，而不是为所有的消费者服务。因此把目标客户定位于高端客户，而不是所有的客户。

当然，这只是公司的战略目标。实际上，战略计划的内容比这句话的内容要广泛得多。公司在制订战略计划时，通常要进行四项基本活动：确定公司愿景、进行环境分析、确定公司目标、制定公司策略（见图 4-1）。然后在整个战略计划的基础上，才能制订营销计划。

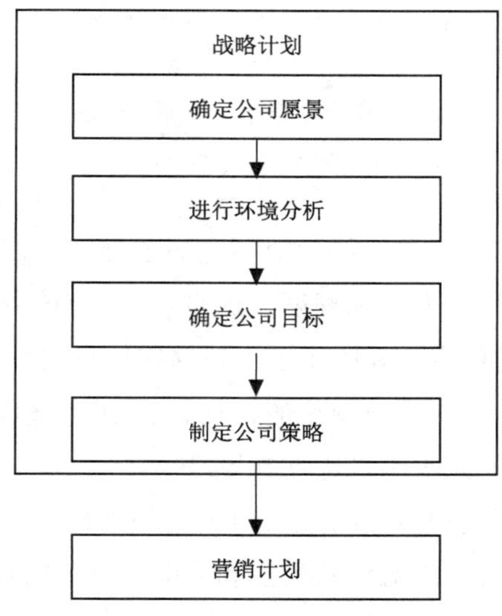

图 4-1 战略计划的制订过程

公司愿景是关于一个公司的基本目标或其存在原因的表述。许多公司都对自己的愿景进行了正式的描述，其目的在于向所有员工提供一个有关公司目标和方向的清晰统一的概念。例如，案例 4-1 中就是华泰集团下属各家公司的愿景。通常，公司的愿景还会随着公司的重大事项的发生而发生一些变化。

案例 4-1① **华泰的愿景**

华泰集团的愿景

以客户为中心，成为一家出色的、提供优质专业风险保障和财富管理服务的金融保险集团。

华泰财险的愿景

全力发展 EA 模式，做优做强商险，积极探索互联网保险，为中国千万家庭、百万企业提供综合金融保险服务，旨在成为细分市场领导者。

华泰人寿的愿景

为中高端客户提供人生保障和财富管理解决方案，成为一家效率领先、服务为上、具有竞争力和市场影响力的寿险公司。

华泰资产管理的愿景

以机构客户为中心，通过专业、创新、高效的投资与投行服务，为客户提供长期稳定的回报，成为保险资管行业的领先者。

① http://www.ehuatai.com/huatai/about/index06.shtml.

华泰保兴基金的愿景

秉承“稳健、创新、勤勉、专业”的宗旨，为客户提供持续、稳定的投资回报，成为管理资产规模为行业前30%的基金管理公司。

环境分析是收集并综合公司外部营销环境的各种因素以及因素之间相互联系的信息，并分析其对公司的影响方式和程度。通常，公司应该分析前面第三章中所介绍的各种内部和外部环境的信息。在收集了上述这些信息之后，还要预测这些信息的变化趋势。公司因此而估计未来环境变化的特征、变化程度和时间，预测这些变化对公司运作和经营的影响，从而减少不稳定性和风险。

公司目标是公司为了实现自己的愿景而确定的目标。公司目标能够增进公司决策的连续性，并加大公司管理层对经营的控制力度。公司的目标构成了公司各个职能部门目标的基础。与精算、财务、投融资、核保、人力资源、理赔管理、信息管理以及其他职能部门一样，保险公司的营销目标也是建立在公司目标的基础之上。当公司的目标被转化为职能部门的目标时，它将变得更加具体，并更加容易计划和控制。

公司策略是公司计划实现公司目标而应长期采取的措施。但并不是确切概述了公司实现目标的途径和方法。公司策略可以涉及市场经营者的所有方面。为了实现公司目标，保险公司必须制订涉及目标市场识别、定位和差别化、产品开发、价格、促销和分销的战略计划。除此之外，公司还应该制订应急计划，以备各种环境因素发生突变时的需要。

二、营销计划

营销策略是公司策略的一个主要部分。营销是公司与客户之间的主要桥梁。同时，公司的主要目的是通过满足客户的需求以实现自己的目标。制订战略计划需要大量的营销信息，因此，战略计划的制订必须建立在各种营销要素的基础之上。营销计划的制订是公司就战略计划中有关的营销问题制订计划的过程。营销计划是一系列特殊详细的有关营销行动和营销战术的计划，主要处理保险公司为实现市场目标和满足市场需求而推行的产品、价格、销售及促销等问题。营销计划在公司中的地位和作用如图4-2所示。

制订营销计划能在以下各个方面对公司起到积极有利的作用。首先，营销计划能够使公司所有层次的员工之间、公司各个职能部门之间的信息交流更加便利，并使管理人员能够监督公司各部门行动的一致性。其次，营销计划可以使员工有的放矢，有目标地开展工作。在拟订营销计划的过程中，员工们可以一起探讨所关心的问题，并判断公司的焦点问题。营销计划还能帮助人们对整个目标保持高度的注意力。当繁

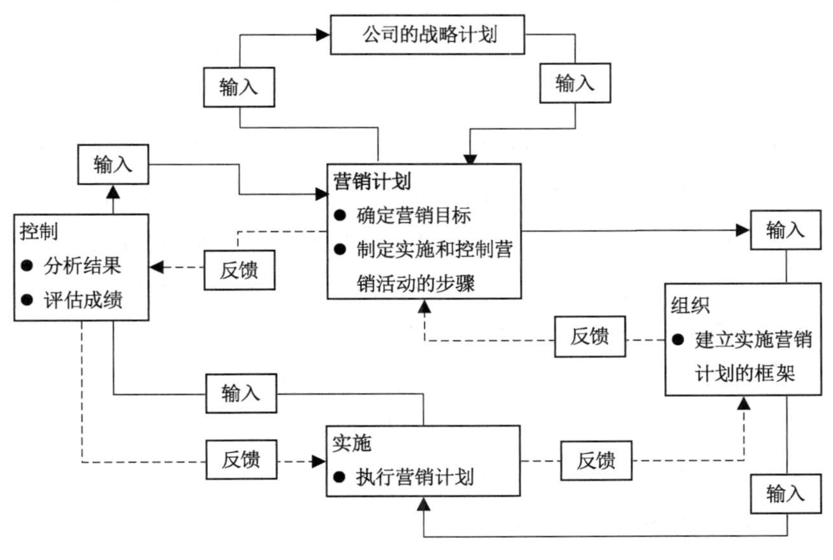

图 4-2　营销计划的地位

杂的事务扰乱了员工的注意力时，营销计划可以不断提醒他们向原有方向继续前进。除此之外，制订营销计划可以使员工将营销计划的目标与现实情况进行比较，准确评估公司的业绩。因此，制订营销计划的过程本身也同样具有价值。

各个公司的营销计划各不相同。小公司可能会制订一项涉及全部营销管理的营销计划，而大公司则通常为每个职能部门或每个产品系列乃至每个产品制订一项营销计划。但是，大多数营销计划都应该包括以下内容：计划纲要、环境分析、营销目标、营销策略、行动方案、预算、评估和控制。

营销计划纲要体现整个营销计划本质的要点。其中应该清楚地阐述营销计划的意图、营销计划建议的成本和营销计划预期达到的结果。通常，营销计划纲要应该采用表格的形式，以便管理人员能够快捷地获取相关的信息。

前文提到，制订公司的战略计划时必须进行环境分析，同样，制订营销计划时也要进行环境分析。但是，此时的环境分析特别强调当前产品、产品系列、市场或计划所涉及的一些外部和内部的营销环境。包括市场情况、险种情况、竞争状况、营销渠道情况、保险营销的环境状况等。例如在环境分析中，要清楚市场范围，各险种的市场占有率、保费收入、利润，竞争对手的动向，各种营销渠道的费用和优势，客户消费习惯的变化等。环境分析还要考虑可能影响当前营销形式的各种问题和机遇。并且，在识别和分析可能发生的问题和机遇之后，营销计划还应该加入一项应急计划，以应付不利因素和利用机遇。例如，在资本市场不景气、银行利率比较低的情况下，保险作为一项证券投资和银行存款的替代品，具有很好的发展机遇。但是，保险产品注重的是保障，如果保险产品能够给保户带来不低于银行利率的回报，并还提供一定的保障，那么这种保险产品必然会受到消费者的欢迎。这是一个机遇，当然公司应如何实施却面临着实际情况的挑战。

营销计划中所确定的营销目标来源于公司战略计划中所确定的公司营销目标。营销目标是营销计划的核心部分，是在分析营销现状并预测未来营销机会的基础上制定的。通常，公司应该以定量的术语来表达欲实现的目标和所需要的时间。营销计划包括全部的产品目标、产品系列目标或市场目标。营销计划还应该为每个营销部门规定完成计划所需要的更为特殊具体的目标，例如在广告、分销、招募新员工、签发许可证、培训、定价以及促销等方面。保险公司在营销计划中用作度量目标的因素通常包括保费总收入、新保户数、续保率、市场份额、代理人数、新代理人数、代理人收入、代理人平均业绩、新产品数量、代理人的佣金与费用比等。

营销策略是实现营销目标的计划。公司可以采用一种或多种营销策略来实现特定的营销目标，包括目标市场的选择、市场定位、产品价格策略、产品组合策略等。本书将详细介绍保险公司可以采用的各种营销策略。公司所采用的营销策略必须与公司整体策略相互协调，不但要为营销计划所涉及的每一个产品、产品系列和目标市场制定营销策略，还必须为分销、保险代理人、广告宣传、促销、定价以及其他市场营销的要素制定策略。

营销计划中的行动方案将会产生一些相应的市场反应。行动方案规定了具体行动的步骤，把营销策略转化成具体的行动措施。例如，应该采取什么行动，在何时、何地、如何采取，每一个行动的负责人，每一个行动的成本，行动的结果以及影响程度，可能会发生的不确定因素，以及评估行动结果的方法。行动计划注重营销组合中每个因素在营销计划中的角色。

在特定的计划制订阶段，为了决定资金的划拨，管理人员需要知道应该使用哪些财务资源来执行营销计划，以及何时需要这些资源。因此，需要对营销计划所需要的资金进行预算。同时，预算也便于公司能够合理高效地运用这些财务资源，有利于经理监督行动方案的执行，确定他们仍然处在适当的成本之内。并且，预算为管理人员提供了预测营销计划的成本和利润的手段，以及评价并挑选各种营销计划的手段。由于公司的资源都是有限的，需要通过预算来比较成本和利润，从而进行抉择。营销计划预算通常包括销售预测、营销成本、盈亏平衡分析、现金流量预测等。

控制是对营销计划执行过程的控制。由于在营销计划的实施过程中将会发生许多意想不到的情况，所以营销管理者必须连续不断地控制和监督各项营销活动，以保证保险营销活动顺利进行。保险公司的各个职能部门都将从自己的职能出发，对营销计划的实施进行控制。例如，公司高层领导人主要对年度计划进行控制，检查目标是否实现；公司高层领导人还要对战略进行控制，检查公司是否抓住了机遇；财务部门主要对盈利率进行控制，检查盈利的险种和亏损的险种；营销部门主要对营销效率进行控制，评价提高费用支出是否取得了既定的效益，对营销计划的评估则主要是从进度和成本方面入手。目标的实现情况和预算的遵守情况是评估时考虑的主要对象。

三、保险营销计划的制订方法

制订营销计划的步骤与其他计划基本相似，通常都要经过以下八个步骤（见图4-3）。

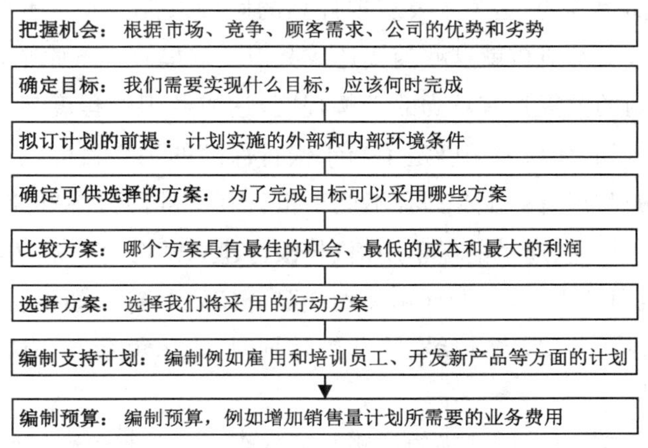

图4-3　制订营销计划的步骤

（一）把握机会

把握机会实际上应该在编制营销计划之前进行，故从严格意义上讲，这并不属于编制营销计划的组成部分。但是，留意外界环境和公司内部机会是编制营销计划的真正起点。应初步看一看将来可能出现的机会，并清楚而全面地了解这些机会；应该知道自己的优势和劣势、所处的地位、希望能解决的问题以及解决这些问题的原因；还应该知道自己期望得到什么。要根据对上述各方面的准确认识而确立切合实际的目标。例如，2002年左右，我国的资本市场低迷，银行利率又一直处于比较低的状况，消费者通用的投资工具的回报率都比较低。另一方面，银行贷款风险比较大，银行产生了惜贷的想法，而更愿意从事表外业务收取代理费。从保险公司的内部来讲，对投资分红型产品已经具有了比较丰富的经验，并且投资分红产品的保单用语、经营管理已经比较成熟。保险公司了解到这一内部和外部的信息，的确也把握住了这一机会，开发银行保险产品，银行保险渠道也日趋完善。因此，把握机会实际上需要对环境进行调研，只有知己知彼，才能洞悉先机。

（二）确定目标

在安排一个重大计划时，第二个步骤是要确定整个公司的目标，然后确定每个下属部门的目标，以及确定长期和短期目标。目标设定了预期的结果，并且说明了应该做的工作，目标强调的是工作的方向，以及通过策略、预算等要完成的任务。

例如，如果公司认为目前的内外部条件都对发展银行保险比较有利，因而应该抓住这个机会大力发展银行保险，那么公司就可以确定当年银行保险的销售目标。随即，各分公司、子公司乃至业务部、保险代理人都应该根据总公司的总目标设定自己的目标。

（三）拟订计划的前提

编制营销计划的第三个步骤，是就编制计划的关键性条件取得一致的意见。这些前提是通过预测而得到的，是关于要实现计划的假设条件。非常重要的是，所有参与编制计划的主管人员都应该就这些前提达成共识。这里有一条原则，如果承担编制计划的每个人对计划的前提具有较高的理解程度，达成共识的程度越高，那么实施计划时就会越协调。例如，如果公司确定了当年银行保险的销售目标，有关部门的主管人员分析完成目标的前提有：开发具有不低于银行利率的回报率并兼具保障的银行保险产品；设计简单、易懂、通俗的保单用语；与银行建立密切的关系，尽可能多地争取更多的银行网点；培训销售人员，设计相关的产品介绍资料等。如果各部门的主管人员对这些前提都达成了共识，当开始实施营销计划时，大家就会齐心协力、各司其职，共同实现计划的目标。

通常，在确定前提时进行准确的预测非常重要。一般要预测下面这些问题：将有什么样的市场？销售量多大？什么价格？什么产品？具有哪些技术？成本多少？佣金率水平如何？税率和政策如何？红利政策是什么？政治和社会的环境如何？长期趋势如何？但是，由于将来还具有许多不确定的因素，未来的事情是如此复杂，要对一个营销计划在将来可能面临的环境中的每个细节都做出准确假设，这是不切实际的。因此在实际中，所要确定的前提仅限于那些对营销计划来说非常关键或具有策略意义的假设条件。也就是说，限于那些最影响营销计划贯彻实施的假设条件。

（四）确定可供选择的方案

编制营销计划的第四个步骤，是寻求可供选择的行动方案。现实中，每个营销计划都有几个可供选择的方案，不可能只有一个方案。有趣的是，往往一个不起眼的方案却可能是最佳方案。其实，所面临的问题并不是寻找可供选择的方案，而是如何减少可供选择方案的数量，以及如何分析最有希望的方案。因此，计划工作者通常必须进行初步检查，缩小范围，以便发现最有成功希望的方案。

（五）比较方案

在找出了各种可供选择的方案，并检查了它们各自的优缺点后，紧接着就应该根据前面所设定的目标和前提来权衡各自的轻重，并对它们进行评估。然而，由于将来是不确定的，并且还有许多制约因素，因此对各个方案进行评估并非易事。实际上各个方案可能各有千秋，有时很难说哪一个方案更好。例如，为了实现银行保险的销售目标，必须对销售人员进行培训。有关培训的分计划有许多可供选择的方案，比如，可以招募熟悉银行保险的新员工，这样就省去了培训的时间；或者可以对现有员工进行培训，这样就不用招揽新手；或者可以对银行员工进行培训，这样就不用向每个银行营业部派出保险公司自己的销售人员。这些方案各有优劣，或效果最好，或节约时间，或节约了成本，非常难以取舍。此时，可以借用运筹学或其他一些数学方法来定量分析和比较各个方案。当数学方法也不能解决问题时，有时候就是凭着管理人员丰富的经验依直觉进行选择。

（六）选择方案

选择方案是采用计划的关键，或者说是决策的关键。在进行了方案的比较之后，我们通常已经对各个方案的优缺点一目了然。然而，选择方案也不是一件容易的事情。通常只能选择较好的方案，而根本无法得到最佳方案。并且，由于是在某一个时间点上做出的决定，这会受到当时环境因素的制约。因此，只能选择当时看来是最优的方案。

（七）编制支持计划

做出决策并选定方案之后，营销计划的工作并没有完成，还需要制定许多相关的支持计划。一个基本计划肯定需要各个派生计划的支持。比如，如果决定对银行的员工进行培训，就可以节约保险公司的人力，并且银行柜员是直接在柜台工作的，他们直接与消费者接触，比较容易消除消费者的疑虑，解决一些突发事件。在选择了这样一个方案之后，还要制订许多派生的支持计划，例如，培训内容、培训时间、培训地点、培训讲师的聘用等方面的详细计划。实际上，对银行员工进行培训这个分计划就是实现银行保险销售目标的一个支持计划。计划是由粗及细，并最终落实到真正可以实施的每一个行动中。

（八）编制预算

在做出决策和确定营销计划后，最后一步就是要把计划转变为预算，使营销计划数字化。对于每个分计划都要进行预算，主要是费用的预算。然后再将小计划的预算汇总，最终形成营销计划的总预算。通常，一个好的预算可以成为汇总各个计划的手段。并且，比较各个方案的预算也是选择方案的一种方法。

第二节　保险营销的调研

无论是制订公司的战略计划还是营销计划，制订计划的一个前提就是对公司的内部和外部环境有着清晰的了解。因此，保险营销调研在保险公司中具有非常重要的地位。一次成功的调研能够使保险公司了解外部环境的变迁，洞悉消费者的变化，从而察觉机会，为抓住机会、拓展市场、提高自身的管理水平提供信息。保险营销调研是收集各种信息，并用其将消费者、客户与市场经营者连接起来，从而达到以下目的：识别和确定营销机遇或问题，发起、改善和评估营销行动，监控营销结果，并增进对营销过程的理解。在保险营销调研的过程中，通常要确定解决问题所需要的信息，选择收集信息的方法，管理和完成数据收集，最后分析并传达调研的结果。

一、保险营销调研的内容

保险营销调研主要是收集那些对保险市场有间接或直接影响的信息。实际上，也就是调查对保险需求有影响的各种公司内部和外部的因素。当然，由于保险营销调研的项目不同，在调研的时候，对各种因素也有所取舍和侧重。

- 保险市场和销售趋势：主要是分析保险市场的现实需求量和潜在需求量，例如保险购买量和各险种的需求量。通常，可以调查各险种的保费收入、人均保费等数据。不但要调查某个时点上的静态数据，还要调查这些数据随时间的变化程度和趋势。
- 本公司销售策略：主要是针对公司的各种产品、价格、促销和销售渠道等方面的调查，通过调查了解策略的实施情况，提出改进措施，以利于扩大销售。例如，保险代理的分布情况、佣金率、业务流程、保险公司广告的反映、某种销售方式的影响、本公司保险产品费率的竞争能力，等等。
- 竞争者信息：主要是调查竞争对手的数量、规模、开发的产品、市场占有率、竞争产品的质量和价格、开发新产品的情况等。这里的竞争对手不但包括同行业的其他保险公司，而且包括生产和提供保险替代产品和服务的公司以及外国保险公司等。
- 消费者信息：主要调查消费者的购买动机和购买行为以及影响消费的各种因素。例如人口分布特点的变化，教育水平的变化，家庭结构、人口年龄结构的变化，就业情况，收入变化，消费习惯，常用的投保方式，对保险销售的看法及变化等。
- 其他不可控制的因素：主要指保险公司无法控制的政治、经济、法律、社会文化环境以及技术发展等因素，这些因素通常会对保险需求产生非常大的影响。例如，文化对保险消费观念的影响，监管政策的变化，社保政策、强制性保险制度的变化，家庭收入、社会平均收入变化，消费储蓄水平，气候变化，灾害发生频率变化，各地经济建设的发展变化等。

二、保险营销调研的方法

总的来讲，营销调研通常是为了发现问题、阐述形势或解释特殊事件的原因。在不同的目的下，采用的营销调研方法也不同。通常可以使用定性和定量两种调研方法。

定性调研是检测人们对研究对象的看法和感受，通常用于有关问题性质上的探索，评估人们对某一个特定对象的态度和看法。定性调研所处理的信息很难用数字形式表示。与小样本对象进行访谈是定性调研中常用的方法。定量调研的特点在于其所处理的信息可以用数字形式进行定量分析。定量调研具有数字化的特征，因此与定性调研具有不同特点和适用范围(见表 4-1)。常用的定量调研方法有调查、观察和实验。

表 4-1　定性调研与定量调研的主要区别

区别之处	定性调研	定量调研
调研目的	洞察问题的性质，并确定解决问题所需考虑的变量	提供市场状况的信息，以及识别某目标变量的所有相关因素
主要服务目标	对调研问题做初步了解，以便为进一步研究提供指导	建议行动过程
信息收集方法的特点	使用非结构化的比较主观的方法，访谈对象的样本比较小	使用结构化的比较客观的方法，样本量比较大
常用信息收集方法	核心群体访谈、深入访谈和想象技术	调查、观察和实验
结果	比较有限，只能提供深入理解	如果样本足够大，则可概括至整个总体
调研实例	定性调研	定量调研
产品计划和促销	增进消费者对利息敏感型产品的深入理解	确定哪些是目标市场中大客户最想获得的利益
广告	收集创意，如保险公司如何在电视广告中完美展示某个概念	确定两个不同杂志广告中哪一个对引导潜在消费者更加有效
个人销售	识别消费者如何看待代理人在销售产品和提供服务中的作用	确定哪种销售渠道对产品销售最具有效力
消费者态度	探索消费者在考虑保险需求时面对的问题	确定消费者面对死亡和疾病时最困难的问题，在个人销售渠道中，如何以最好的方式就这些话题与消费者沟通

(一) 访谈

根据被访谈的对象人数不同，访谈可以被分为核心群体访谈和个人深入访谈。核心群体访谈是一种非正式的讨论会议，与会人员就某些特定问题进行深入讨论，发表自己的观点。被邀请的与会人员是与讨论主题相关的人群。这种讨论方法有利于保险公司了解消费者对产品、服务、广告等方面的感受，通常还用于提供新产品创意、进行产品定位等方面。个人深入访谈的对象通常是某一领域中的专家，例如公司或行业中的高级管理人员、金牌保险代理人、学者教授等。这类人具有丰富的经验、曲折的经历以及渊博的知识。通过了解他们的看法，可以得到关于调研课题的更多信息。

(二) 调查

调查是使用结构化的调查问卷，从被研究的对象中收集数据。在调查之前通常要确定一个具有代表性的样本，然后分发预先设计的调查问卷，当回收问卷之后，再对问卷中的信息进行汇总和分析。这种方法可以用于描述某个总体的特征，测试假定的变量关系，并阐述变量之间的关系。随着通信技术的发展，调查从面对面调查发展为邮寄调查、电话调查以及网络调查。这些不同的通信方式降低了调查的成本，并使更多的人能参与调查。但是，由于调查者的参与程度不同，这些调查方法具有不同的特点（见表4-2）。

表4-2　　主要调查方法的比较

	面对面调查	邮寄调查	电话调查	网络调查
询问方式的通用性	强，调查者可根据调查中发生的情况调整问题	弱，使用高度标准化的格式，只限于简单、措辞清晰的问题	适中，通用性比邮寄强，比个人访谈弱	弱，适用于习惯上网的人群
信息量	大量	少量、适中或大量	少量或适中	少量
所需时间	适中，取决于样本的规模	可能长，设计调查问卷和邮寄时间可能长	短	短
收集信息的成本	通常最高，主要是调查者的费用	通常最低，假定回复率较大时；反之则高	不高	通常最低
数据的精确性	不稳定。对敏感问题的反应最不精确，误解问题的可能性较小，调查者对被调查者的影响较大	不稳定。对敏感问题的反应最准确，误解问题的可能性较大，调查者对被调查者的影响较小	不稳定。对敏感问题的反应适中，误解问题的可能性适中，调查者对被调查对象的影响一般	不稳定。对敏感问题的反应最准确，误解问题的可能性较大，调查者对被调查者的影响较小

（三）观察

观察是指调查人员在现场从旁观察，记录被调查者的活动，从而收集信息的方法。调查者可以公开地进行调查，即被调查者知道正在被观察，但几乎感知不到；也可以秘密地进行，不让被调查者察觉。观察的优点是调查结果的准确度比较高，缺点在于观察不到被调查者的内在因素。因此，观察常常用于无法或不方便直接进行询问的情况。神秘顾客是在营销调研中使用观察法的一个典型例子。神秘顾客是假扮成顾客的调研人员，调查客户与销售人员之间的接触情况，并记录自己的观察。在选择银行保险的银行营业网点时，有时候也需要使用观察的方法。调查者在银行营业网点观察和记录光临该网点的各种客户的数量，从而判断应该在此处销售何种银行保险的产品。

（四）实验

实验是指在实际市场上先试用某个产品或某种策略，观察并分析效果后再决定是否可以大规模推广的一种方法。其主要用于确定营销变量之间的关系。例如，可以用实验来帮助理解改变某产品销售佣金率对产品销售的影响，或者分析某种促销手段的影响效果，或者分析销售培训的影响效果等。实验可以在实验室或者现场进行。在实验室中进行实验时，调研人员可以自主设计一些变量，控制那些在真实世界中无法控制的变量。也正是由于这个原因，实验对象的反应可能与真实世界中不同。现场实验是在现实环境中进行小范围的试用。现场实验常用于新产品和新促销手段的营销测试。例如，公司在一个测试区域试用某个策略，然后再衡量它的成功性。通过这种小范围的实验，公司可以降低大规模使用该策略可能带来的不利影响。保险公司经常对保险产品进行营销测试，测试消费者对新产品的反应程度。这也是保险产品自身的特性所决定的。

三、保险营销调研的程序

营销调研的程序一般可以分为三个阶段、五个步骤（见图 4-4）。

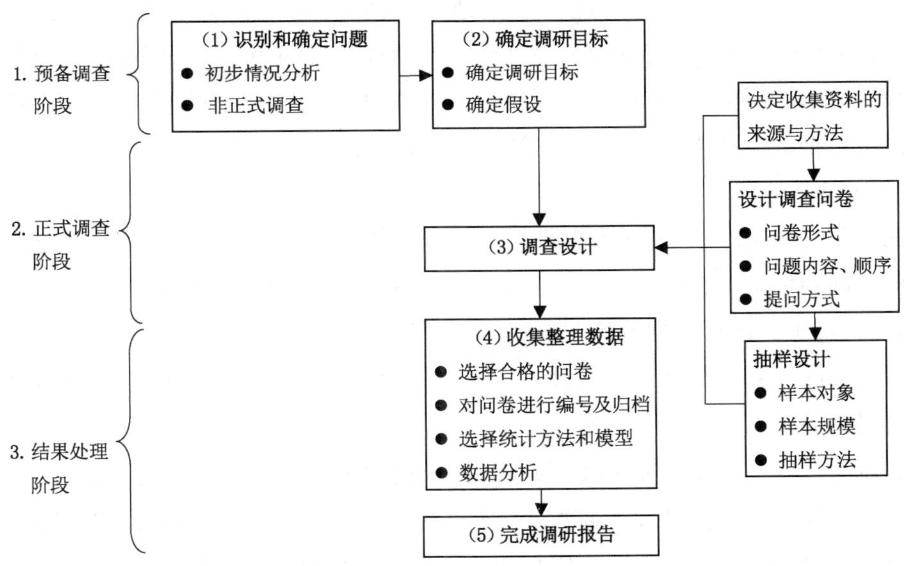

图 4-4　营销调研的程序

（一）预备调查阶段

在调研开始之前，首先应该察觉营销中所存在的问题，并确定调研的主题和范围。要确定问题，通常需要收集公司内部和外部的有关资料并进行初步的情况分析。然后进行非正式调查，通过向公司内部和外部对所调查问题十分精通的人员征求意见，以使调查的主题范围更加准确。在明确了所存在的问题之后，市场经营者应该确定他们究竟想通过调查和研究问题实现什么目标，也就是要确定调研目标。如果经营者能够明确所存在的问题和调研目标，就为以后的调研步骤提供了指导和方向。

（二）正式调查阶段

在正式调查阶段，主要是要完成调查设计，要详细地考虑调查方法、调查内容、调查对象、组织管理等许多细节方面的问题，准确确定从事调研的步骤。

首先，要决定收集资料的来源和方法，是在公司内部进行调查，还是在公司外部进行调查；是对个人用户进行调查，还是对企业用户进行调查；是采用调查的方法，还是访谈的方法；等等。

其次，要设计调查问卷，设计所想要问的问题和提问的方式、问题的顺序等。这些形式的采用在很大程度上取决于调研设计中所确定的资料收集方法。通常，在调研中最为广泛使用的是调查问卷。这里要注意的是调查问卷中的提问方式，有时是采用带有答案的选择题形式，而有时是采用没有答案的开放式提问。同时，问题的顺序应该与人的逻辑思维一致，问题与问题之间应该有过渡性的语句，不要具有太大的跳跃性。问题的措辞应该清楚，没有歧义。还要对调查人员进行培训，确保他们也知晓调查的所有细节问题。通常，为了预防被调查者理解不清，在调查前要进行多次的预调查和测试，对一些实验对象进行试调查，然后根据他们在问卷理解方面的问题进行更正。

最后，要确定样本。必须确定所调查的样本对象、抽样方法和样本大小。抽样时应该确保所抽取的样本具有一定的代表性，不含有任何主观色彩。

（三）结果处理阶段

在收集完数据之后，要对数据进行整理。例如，选择合格的问卷，将不完整或真实性较低的问卷剔除；对整理过的资料按适当的标准编号并归档；将答案输入电脑；进行数据分析；等等。进行数据分析时，通常要选择适当的统计技术和决策模型，并对事先没有考虑到的因素进行合理的假设。然后，当用统计模型进行分析之后，就得到了初步的调研结果。

调研的最后一个步骤就是撰写调研报告，把初步的调研结果进行整理，以口头或书面的形式提交给营销经理。通常，书面报告应该简洁，并包括一个说明调研主要结果和建议的摘要。这个摘要的作用是使营销经理清楚地获得调研目的、设计和结论概况，而不必核实其中的调研过程和数据分析的正确性。

第三节 保险营销的目标市场细分

一、市场细分的概念

1. 市场细分的含义

市场细分是指根据消费者对产品的不同的欲望、需求、购买行为和购买习惯，把整体市场分割成不同市场或相同的小市场群，即“异质市场”或“同质市场”。“异质市场”是指消费者的需求千差万别，而“同质市场”是指消费者对产品的需求大致相同。市场细分是现代市场营销的核心概念之一，它是伴随着经济发展和营销实践的进步而出现的。市场细分是美国市场营销学家温德尔·斯密在总结营销经验的基础上于20世纪50年代中期提出来的。正如前所述，任何一家保险公司没有能力也没有必要满足所有的市场需求，而市场细分则可以增加公司目标的准确性。近年来，社会经济和技术发展趋势已经使市场细分变得更为普遍。

2. 保险市场细分的必要性

保险市场细分是在市场调研的基础上，按照对保险产品的不同需要、爱好、购买能力等将保险市场区分为不同的投保群体，从中选择适合保险公司为之服务的目标客户群的过程。保险市场细分具有很强的必要性。

(1) 客户的不同需求决定了多样的市场和产品。消费者对保险的需求是千差万别的，但有相似需求的消费者会形成自愿消费人群，这就为保险人进行有差别的营销创造了客观条件。在面临各种风险的情况下，有的消费者对某些风险，如对机动车辆所面临的风险具有较高的认知，而有些消费者则可能对年老多病的风险具有较高的认知，从而导致他们具有不同的保险需求。在面临相同风险(如养老风险)的情况下，有的消费者收入水平高，可以多缴多保，而有的消费者可能因收入水平较低，只能少缴少保。因此，保险经营者通过对保险市场和保险产品的细分，可以更好地满足不同消费者的需要。

(2) 有限的保险公司资源决定了有针对性的市场。通常来说，保险公司的资源是有限的，而投保人的需求是无限的，任何保险公司都不可能有能力满足市场上的所有需求，因此，保险公司必须对市场进行细分和再细分，使保险公司将自己的资源集中在最有效的业务上，“好钢用在刀刃上”，使保险公司资源达到最合理的配置。比如，保险公司可以集中自己的力量经营机动车辆保险，或集中经营年金保险。

(3) 激烈的市场竞争决定了保险公司必须要有所舍弃。市场竞争实质上是保险公司所拥有的各种竞争优势在市场上的较量。一般来说，任何保险公司不可能在所有领域都具有竞争优势。保险公司必须能正确评价自己的优、劣势，从中选择最具竞争优势的保险业务。因此，对于希望长期占领保险市场的保险公司来说，必须对保险市场进行细分，并在此基础上有所选择，有所放弃，集中保险公司的资源在保险市场上充分地发挥优势，这样才有可能实现保险公司的战略目标。

(4) 市场细分有利于保险公司发掘新的市场机会。哪里有未满足的需求，哪里就有市场机会，只要能找到消费者没有被充分满足的需求，就可以发现市场机会。通过市场细分，保险公司可以准确地发现市场需求的差异性及其满足程度，发掘客观存在的市场机会，并结合自己的资源状况和市场环境条件，选择适合自身发展的目标市场。针对目标市场的特点设计恰当的营销组合方案，从而占领目标市场。市场细分有利于保险公司正确制定营销组合策略。通过市场细分，保险公司可以更清楚地了解市场的结构，了解市场上消费者的需求特点，制定有针对性的营销策略。市场细分有利于提高保险公司的竞争能力。通过市场细分，保险公司可以更好地了解每一个细分市场上竞争者的优势和劣势，把握环境变化带来的机会，明确在这个细分市场上能否有效利用和发挥本公司的资源优势。保险公司把自己有效的资源优势集中到与自己优势相适应的某个市场上，有利于保险公司形成优势，提高保险公司的竞争力。

二、市场细分的目的与原则

（一）市场细分的目的

市场细分有三个主要目的：

（1）当保险公司研制开发一种新产品时，市场细分可以为产品设计提供依据；

（2）当保险公司准备把某种已经在经营的保险产品打入新市场时，市场细分可以为选择新市场和制定相应的策略提供依据；

（3）当保险公司现有市场出现竞争或经营出现问题时，市场细分可以为探察市场变化、制定新策略提供依据。

（二）市场细分的原则

实际上，每一个消费者都与众不同。因此，理论上每个市场都可以无限地细分下去，直到把每一个消费者都看作一个细分市场为止。显然，把市场看作一个无差异的整体，或者是把市场细分为每一个个体，都是对待市场的极端的态度。市场细分的任务就是要在两种极端之中寻找折中点。它应该遵循以下四个原则：

1. 可衡量性

用来划分细分市场的特性必须是可以识别和衡量的，这样划分出来的细分市场范围才有可能比较明晰，才有可能对市场的规模做出判断。因此，凡是保险公司难以识别、难以衡量的因素或特性，都不能作为细分保险商品市场的标准。

2. 可进入性

细分市场应是保险公司通过营销努力可以有效进入并为之服务的市场。对保险公司来说，应是保险公司能够对消费者产生影响、能够更好地为其服务的市场。这主要表现在两个方面：一是保险公司能够通过一定的广告媒体将有关保险产品的信息传递到该市场中众多的潜在客户；二是保险产品能经过一定的销售渠道抵达该市场。比如，可以通过保险营销员的上门服务与潜在客户接触；通过电话、邮寄等手段与潜在客户取得联系等。如果潜在客户拒绝与保险营销员接触，或潜在客户不愿意提供有关投保人和被保险人的真实资料和信息，那么这样细分出来的市场就难以接近。

3. 可营利性

细分市场的规模要足够大，要有足够的消费者数量和购买力，能够保证保险公司在这一细分市场上有利可图。如果细分市场十分窄小，销量有限或潜在消费者太少，就难以构成一个有效的细分市场。保险公司在考虑进入这样的市场时就应慎重。因此，在进行市场细分时，保险公司必须考虑细分市场上的消费者数量、购买能力和购买频率。一个细分市场应该是值得为其设计同一套营销方案的、尽可能大的同质群体。

4. 差异性

不同细分市场的消费者对同一市场营销组合和方案应具有差异性反应，或者说对营销组合方案的变化，不同的细分市场会有不同的反应。进行市场细分的假定前提是不同细分市场的需求是异质的，而在某一细分市场内部是同质的。如果对同一市场营销组合方案，各细分市场的反应是相同的，那么这样的市场细分本身是没有任何意义的。

同时，市场营销者在对市场进行细分时要注意以下事项：市场细分的经常化，细分标准的动态化，市场细分的消费者中心化，对潜在细分市场判断的科学化。

三、市场细分的程序

实际上，每个人都有市场细分的经验，买西装要到大商场，买袜子则随便哪家小店都可以。所以，消费者对市场细分都比较容易理解，但真正要基于保险产品对保险市场进行细分，可能就不是想象中的那么容易。有些产品市场比较容易细分，有些产品则困难得多。通常，市场细分的程序包括以下几个步骤。

1. 选择准备研究的市场或产品范畴

市场方面，可能是保险公司已经在提供产品和服务的市场，也可能包括保险公司正准备开发的市场。产品方面，可能是保险公司已在销售的产品，也可能是正在开发准备投入市场的新产品，还可能包括更为广泛的相关产品。范畴的确定是根据公司市场细分的目的而定。

2. 探察、确定市场细分变量

这个阶段也称为尝试性调查阶段，目的是探察可能影响消费者购买决策的因素。调查方法主要是开放性的面谈。将所有可能的影响因素收集起来以后，市场研究人员根据直觉、创造力和市场知识，从中选择较为重要的因素作为进一步深入分析和定量调查的变量。

3. 正式调查

根据已确定的变量设计正式的调查问卷，设计抽样样本，开展正式调查。

4. 统计与预测分析

对正式调查的问卷进行分析。一方面要找出各个细分市场之间的差别，主要方法是因子分析和聚类分析；一方面要预测各个细分市场的潜力。

5. 描绘细分市场轮廓

应当包括细分市场的规模、增长潜力、品牌状况、潜在利润等，还应当包括各种变量如个性变量、心理变量、社会变量、文化变量、消费者决策行为等在各个细分市场中的重要性和影响方式。最后，要为每个细分市场用最显著的差异进行命名。

6. 进一步认识各细分市场的特点

保险公司要进一步深入考察各细分市场的需求特点，以确定有无必要作进一步细分或将某些细分市场加以合并。

7. 测量各细分市场的规模

通过从统计部门、市场研究部门收集资料，或通过专门机构测量各细分市场上潜在消费者的数量及其购买力，以了解每个细分市场的可获利性。

四、保险市场细分的依据

保险市场上存在个人保险市场和企业保险市场，根据人们的投保动机、需要、购买力等方面的不同，可以按不同的标准和依据进行市场细分。

（一）个人保险市场细分的依据

1. 地理因素

地理上的差异对保险公司所采用的营销组合有强烈的影响。处于不同地理位置的投保人对保险产品有不同的需求与偏好，对保险公司所采取的营销战略和措施的反应也不相同。例如，通常人口稀少的地区比人口稠密的地区更需要不同的保险产品、分销和促销行为。人口和人口增长率的差异，给不同地区带来不同的潜在市场。仅就人们所面临的风险而言，居住在江边与居住在山区的居民所面临的风险是不一样的，所需要的保险产品也是不同的。根据城市与农村消费者的消费观念、生活习惯、收入水平等的不同，开发有针对性的险种，如城市居民的医疗保险、养老保险、再就业保险等。

地理因素便于识别，按照地理因素细分市场，有助于保险公司把握不同地区消费者的需求特点，以便将有限的资源投向自己所具有优势的地区市场。但是，同一地理环境的消费者也会存在很大的需求差异，还需要根据其他变量做进一步的市场细分。

2. 人口因素

根据人口统计变量将市场划分为不同的同质群体。具体的人口统计细分变量包括年龄、性别、职业、收入、家庭规模、家庭生命周期、文化程度、宗教、民族等。人口统计变量通常在市场细分中最为常用,主要是因为这些变量与消费者的产品需求和购买行为密切相关。而且,对于人口统计变量比较容易进行观察和测量。按人口因素对个人保险市场的细分如表 4-3 所示。

表 4-3 按人口因素对个人保险市场的细分

根据生命周期进行的市场细分
- 家庭
  - 传统家庭(夫妻双方只有一个人在外工作)
  - 双收入家庭(有受抚养人)
  - 双收入家庭(无受抚养人)
  - 单亲家庭(男性)
  - 单亲家庭(女性)
- 单身者
  - 老年人(一直未婚)
  - 年轻人(可能以后会结婚)
  - 大学生
  - 退休人员

根据职业、社会或文化团体进行的市场细分
- 小公司所有者
- 医院的雇员和医务人员
- 工厂或蓝领工人、专业职业者、农民、军人或其他职业者
- 非营利性组织的雇员

根据收入进行的市场细分
- 高收入家庭
  - 非专业职业者
  - 公司所有者
  - 有继承遗产者
- 中收入家庭
- 低收入家庭

根据购买行为进行的市场细分
- 家庭所有者
- 其他借款者
- 直销购买者
- 多种/重复购买者

根据健康情况进行的市场细分
- 优良风险市场
- 次标准风险市场

3. 心理因素

按照投保人或被保险人的投保动机、对保险的认知、生活方式、个性等心理变量来细分保险市场。心理细分标准主要有社会阶层、生活方式、个性等。在人口因素相同的消费者中,可能存在着比较大的心理差异,从而影响着人们的需求和偏好。与人口因素不同,心理因素与地理因素可以通过保险公司的营销努力来改变。但是,心理因素比较难以测量,有关资料也不容易收集,因此其实际应用受到了一定的限制。

4. 社会阶层

社会阶层是指一个社会相对稳定和有序的分类，每类成员有相似的价值观、兴趣和行为。目前，按收入水平大致可以分为富有阶层、富裕阶层、中低收入阶层和贫困阶层。按收入水平设计人寿保险和财产保险，将有利于满足不同收入阶层对保险产品的需求。

(1) 富有阶层是随改革开放先富起来的一部分人，他们大多是经商者，或文艺界著名影星和歌星，或体育界明星等。他们对一般的人身保险兴趣不大，而对与自己切身利益相关的险种比较关心，因为他们的支付能力比较强。为此，国外有的保险公司专门为这类人群开办了特殊保险，如演奏家的手指保险、歌唱家的金嗓子保险、运动员的双腿保险等。

(2) 富裕阶层是一部分在企业工作的高级职员或从事金融、房地产、证券投资等活动的高收入人群。他们虽不像富有阶层那样富有，但生活富裕、有保障，并有一定的超前消费意识。这些人大多缺乏各种稳定的福利保障。他们既担心社会治安不稳定使家庭财产受损，又担心重大疾病发生而使收入减少并要自己承担高额的医疗费用，也为自己老年生活水平下降而担心。因而，他们对家庭财产、医疗、养老等保险较为关注，并努力寻找较为理想的减少风险的途径。

(3) 中低收入阶层。目前，中国大多数人属于这一阶层，他们中的大部分人能维持基本的生活需要，并有一定的存款。他们对子女在成长中可能面临的风险较为关注，对自己因社会保障制度改革而逐渐失去的公费医疗、就业保障等有所担忧。他们对保险产品的需求更注重保障，并要求保费经济划算。

(4) 贫困阶层。这是少部分收入极低，甚至有时连基本生活都难以维持的人群。他们虽也有各种转移风险的需要，但缺乏转移风险的能力。因此，从一定意义上讲，对这部分人群提供风险保障已经不属于商业保险的范畴。

5. 生活方式

生活方式是人们在衣食住行、劳动工作、休息娱乐、社会交往、待人接物等物质生活和精神生活中所体现出来的价值观、道德观、审美观以及与这些观念相适应的行为方式和生活习惯等。它反映了人们在日常生活领域中各种活动的典型特征和基本走向。具体包括消费生活方式、闲暇生活方式、日常交往方式和家庭生活方式四个方面的内容。人们对保险产品的需要和兴趣受他们生活方式的重大影响。保险公司可以根据消费者的生活方式来细分市场，从而发现新的市场营销机会。一般而言，中国传统的生活方式下，人们的生活消费层次不高，闲暇生活较为单调，受血缘、地缘关系的限制，交往方式简单，交往范围狭窄，家庭生活承担着多方面的社会功能……因此，这些传统对保险需求具有一定的抑制作用。现代生活方式在上述四方面都对传统生活方式进行了提升和拓展。由于人们的独立性提高和更加追求自我，生活方式正在呈现多样化的趋势，为保险的需求开拓了更大的空间。

6. 行为因素

消费者已经存在的保险消费行为会影响其以后的消费行为，因此消费者的行为因素是影响其消费行为的重要因素。行为细分的主要因素是指消费者对产品的认知、购买、使用和评价等因素，包括购买和使用情况、忠诚程度、利益追求、所持态度等。行为因素被认为是市场细分的最佳起点。行为因素的主要方面如下：

（1）时机

某些保险产品在不同时间的消费者需求具有较大的差异。进行时机细分，对于一些时效性较强的保险产品有特殊意义，如节假日的旅游意外伤害保险。时机细分有助于保险公司扩展保险产品的使用范围，还有助于在特定事件中寻找营销机会。例如，为消费者的婚姻、购房、伤病、求职等方面提供及时的保险服务。

（2）利益

不同的消费者购买和使用保险产品可能有不同的利益追求，如追求价廉、质优、特殊功能、售后服务等。利益细分就是根据消费者的利益追求将其划分成不同的群体。保险公司运用利益追求进行市场细分，首先要了解消费者购买和使用保险产品追求的是什么利益；其次要了解追求该利益的消费者是哪些人；最后要了解市场上的现有产品满足了哪些利益追求，还有哪些利益追求尚未满足。据此改进自己现有的保险产品，或者推出某种新产品，以迎合市场上尚未满足的利益追求。

（3）购买者情况

保险产品的购买者可分为从未购买者、曾经购买者、潜在购买者、首次购买者和经常购买者 5 个群体。针对不同的购买者群体，应该采取不同的营销策略。对经常购买者要采取稳定的策略；对潜在购买者要采取吸引的策略，设法使他们成为现实购买者；对竞争对手的用户要设法争夺。还要通过保险产品的改进和创新来吸引从未购买者、首次购买者和曾经购买者，使之转变为经常购买者。

（4）品牌忠诚度

按品牌忠诚度细分，可以将消费者分为以下不同群体：单一品牌忠诚者；多品牌忠诚者，即忠诚于两种或三种品牌的消费者；转移型忠诚者，即由某种品牌的忠诚者转为另一种品牌的忠诚者；非忠诚者，即对任何一种品牌都不忠诚的消费者。对品牌忠诚度不同的消费者进行分析与研究，有助于发现营销中存在的问题，以采取措施改进工作。

（5）购买准备阶段

消费者的购买准备过程可分为以下几个阶段：根本不知晓有某种产品，已经知晓有某种产品，已经了解该产品的有关信息，已产生购买欲望，正准备购买。对于处在不同购买准备阶段的消费者，保险公司应采取不同的营销策略，以便有效地促使其尽快进入下一阶段，直至最终采取购买行动。

(6) 态度

依据消费者对某种产品的态度进行市场细分，可将消费者划分为持有热情、肯定、无所谓、否定和敌视态度等不同的群体。对持不同态度的消费者，应分别采取不同的营销策略。

(二) 企业保险市场细分的依据

许多用于个人保险市场的细分依据也可用于细分企业保险市场。但由于企业保险市场有不同于个人保险市场的特点，因此还有必要补充一些新的细分变量。企业保险市场最重要的细分依据是用户因素，主要有用户行业、用户规模和用户地址等。比如，按地理因素，可以将市场分为城市中的国有公司、私营公司、外资公司、股份制公司，农村中的乡镇企业、合作企业、个体经营者等。此外也可根据企业需求、企业规模、企业性质等进一步细分市场。

1. 行业细分

确定保险公司应重点为哪个行业服务。企业保险市场上的客户购买保险产品，通常是为了保障自己的生产能顺利进行。例如，运输行业需要货物运输保险、运输工具保险等。因此，用户所处的行业不同，其保险需求会有很大的差异，特别是在非寿险领域。

2. 企业规模

企业规模决定了其购买力的大小。在现实的市场上，存在着三种不同规模的客户，即大型客户、中型客户、小型客户。大型客户虽然数量少，但由于其企业规模大，投保的数额相对就大；而小型客户的数量虽多，但购买力并不大。因此，保险公司可针对用户规模的大小，采取不同的营销策略。比如，对待大型客户，要通过切实有效的战略和策略，如直接联系并专人服务等，与他们建立长期的投保关系；对待中型客户，要通过人员联络和信息沟通，使之成为自己的目标消费者；对待小型客户，要通过促销策略，促使其成为自己的目标消费者。

3. 企业性质

企业性质大多是根据资本属性来区分的，可以有国有、股份制、外商独资、合资、私企等。不同性质的企业有着不同的资本背景和实力，其风险意识和管理水平是不一样的。因此，可以按企业的性质，将市场区分为不同性质的投保群，并根据不同性质投保企业群的需求，实施相应的营销策略。

4. 企业的投保途径

不同的企业，其投保途径也有所不同。有的企业通过上级主管的统一安排，统一投保，有的企业则可能通过专门负责人与保险营销员的直接联系进行投保，也有的企业可能通过委托代理的方式进行投保。按这种标准细分市场，有利于针对不同的投保途径，迅速找到投保决策者，并因势利导地提供相应的保险服务。

五、保险目标市场的选择

（一）保险目标市场选择的概念与原则

目标市场的选择就是在诸多的市场细分中选择最适合公司的细分市场作为保险公司目标市场的过程。由于保险市场是无限的，而保险公司的能力却是非常有限的，保险公司只能够将有限的能力服务于有限的市场。同时，由消费者需求所构成的总体市场的确可以根据需要、购买力、产品、地理、消费行为方式等因素细分为各具特点的细分市场。而且，消费者对满意的要求越来越高，竞争的压力也越来越大，保险公司不得不集中资源在有限的目标市场中作战。所以，保险公司必须进行目标市场的选择。

在选择目标市场时，保险公司应该考虑以下因素：拟作为目标市场的细分市场必须是规模适当和具有开发潜力的；目标市场的竞争应当相对较小，竞争对手比较弱；目标市场应该与本保险公司的长远目标一致。此外，选择每个目标市场时，还要考虑保险公司的资源状况，即保险公司是否有能力进入这个市场，是否可以在这个细分市场中建立持久的竞争优势。同时在选择过程中，保险公司应遵循适度、协调、相符的原则。

（二）保险目标市场选择的策略

在选择目标市场的基础上，保险公司可以对不同的目标市场制定营销策略。选择的方法通常有三种：

1. 无差异目标市场策略

无差异目标市场策略，就是把整个市场看作一个毫无差别的大市场，并对市场的各部分同等看待，通过求大同存小异，求得共同发展。就采用这一策略的保险公司来说，它是把潜在的投保者看成具有相同需求的投保整体，并力图吸引所有的投保者，其所设计的险种和营销方案是针对广大的潜在投保者。例如，养老保险业务中不区分地区的差异性，对各地区都出售同一种保险产品，费率相同，营销方法也相同。

这一策略的最大优点在于它具有较强的经济性。因为保险产品的品种、规格单一，有利于降低生产成本。并且使用广泛的销售渠道和统一的广告宣传内容，有利于标准化和大规模的销售，降低营销成本。而且，这一策略没有进行市场的细分，减少了市场调查、产品管理等方面的费用。但是这一策略的不足之处在于，可能由于过分强调无差别，而不能满足不同投保者的需求，最终被市场淘汰。

2. 差异性目标市场策略

差异性目标市场策略是指保险公司选择两个或两个以上的子市场作为目标市场，

分别设计不同的产品和营销组合，以满足不同保险需求者。例如，在利率具有上升趋势的背景下，平安保险公司根据投保者的投保动机在传统的保险产品基础上开发了投资连结保险，在保险产品原有的保障功能基础上增加了投资功能，从而增加了一个子市场的业务。

差异性目标市场策略的优点在于，产品具有针对性，甚至个性化，更好地贴近消费者的需求，再借助其他有效的营销方法，有可能取得较好的营销业绩。并且，保险公司不依赖单一的市场和单一的产品，有利于降低经营风险。

采用差异性目标市场策略需要对市场进行细分，并对各个细分市场分别进行市场调研，研发和生产多种产品，并制订多种营销方案。这将使得保险产品的设计和营销管理更为复杂，大幅度增加了研发、生产和促销的费用，要求保险公司必须具有比较雄厚的人力、物力和财力资源。所以，这一策略的不足之处就在于产品开发成本和市场营销成本较高。

这一策略适用于资本雄厚、选择能力强、所能提供的险种和服务多样的保险公司，这些公司能结合个人营销、团体营销以及银行代理和网点代理等手段求得发展。为了减少差异性目标市场策略的不利影响，保险公司在进行市场细分时不能够分得过细，同时也不要卷入过多的细分市场。

3. 集中性目标市场策略

集中性目标市场策略是指保险公司集中所有力量，将一个或少数几个性质相似的子市场作为目标市场的做法。保险公司集中全部力量进入某个细分市场，提供一种产品，设计一种营销组合方案，并实行高度专业化的生产和销售。

集中性目标市场策略所追求的不是在较大的市场上占有较小的份额，而是力图在较小的市场中占有较大的市场份额。这样有利于准确把握消费者的需求，有针对性地开展营销活动，有利于降低生产成本和营销费用。但是，这一策略的缺点是经营风险比较大。一旦目标市场的需求发生变化，或者比自己更强大的对手进入时，保险公司可能会因为没有回旋余地而陷入严重困境。因此，采用该策略的保险公司必须密切注意目标市场的动向，做好充分的应变准备。

（三）保险目标市场选择的影响因素

上述三种目标市场策略各有利弊，并非所有的保险公司都可以任意选择。要想取得好的效果，还需要综合考虑保险公司、产品市场和竞争对手等多方面因素。

1. 保险公司的实力

保险公司的实力主要是指人力、物力、财力及管理能力等，它是保险公司在市场竞争中获胜的物质基础和保证。如果保险公司实力雄厚，管理水平高，那么它就有能力也有可能选择差异性营销策略或无差异营销策略；反之，若保险公司资源有限，无力将自己的资源覆盖整个市场或几个细分市场，则适宜采用集中性营销策略，即通过将有限的资金用在“刀刃”上，集中力量打歼灭战，最大限度地发挥自身的优势，从而在激烈的竞争中占有一席之地。

2. 保险产品的特性

保险产品的特性即保险产品的差异性。有些保险产品的差异性很小，可把它看作一种同质商品。比如满足消费者基本保障需求的一些保险产品就是同质商品。例如，基本的交通意外伤害保险就是一种同质商品，消费者的需求基本上没有什么区别。但是，有些保险商品的差异性比较大，是一种异质产品。例如，高端的意外伤害保险就是异质产品。爱好滑雪、赛车、蹦极等高风险活动的消费者就需要高端的意外伤害保险。一般而言，对同质产品宜采用无差异性的目标市场策略，而对异质产品则宜采用差异性和集中性目标市场策略。总体而言，绝大多数保险产品都属于异质产品。

3. 保险市场的同质性

市场同质性是指各细分市场上消费者需求、购买行为等方面的相似程度。如果消费者在一定时期内的需求和偏好比较接近，并且对市场营销刺激的反应相类似，则市场的同质性较高，比较适合于实行无差异市场营销；反之，如果市场需求和偏好的差别较大，则市场同质性低，宜采用差异性营销或集中性市场策略。对于保险市场而言，如果投保者的需求比较接近，偏好大致相同，购买数量大体相同，对销售方式的要求差别不大，就可以采用无差异营销策略；相反，如果市场需求差别很大，投保者选择性较强，就宜于采用差异性营销策略或集中性营销策略。

4. 保险产品的生命周期

处于不同生命周期阶段的保险产品也具有各自的特点。保险公司应根据不同阶段的保险产品，采用不同的营销策略。对处于介绍期的新保险产品来说，由于刚刚进入市场，投保者对其不熟悉，竞争者也较少，这时，宜于采用无差异营销策略，以激起可能的目标消费者的兴趣。当保险产品处于成长期和成熟期时，应采用差异性或集中性营销策略，开发有别于竞争对手的保险产品，以便更好地有针对性地满足目标消费者的需要。当保险产品处于衰退期时，则宜于采用集中性营销策略，以尽可能地延长保险产品的生命周期。当然，由于保险需求的长期性，保险产品通常也具有较长的生命周期。

5. 竞争者的目标市场战略

如果市场上竞争者的数量很少，市场竞争不是很激烈，那么保险公司完全可以通过采用无差异营销策略控制市场和占领市场。如果市场上竞争者的数目较多，市场竞争非常激烈，保险公司为了进入市场并占领市场，就需要寻找市场上的空白点和缺口。这时就宜于采用差异性营销策略或集中性营销策略。当然，为了竞争，保险公司也可以“反其道而行之”。当竞争者采用差异性营销策略时，不妨采用集中性营销策略；当竞争者采用无差异性营销策略时，不妨采用差异性营销策略。

习题

1. 战略计划的含义和内容是什么？
2. 通常，公司的发展策略可以采用哪些类型？
3. 营销计划应该包括哪些内容？
4. 应该如何编制营销计划？
5. 保险营销调研的内容是什么？
6. 怎样进行保险营销调研？
7. 在设计调研问卷时，应该注意哪些问题？
8. 市场细分的含义是什么？
9. 保险公司对个人保险市场进行市场细分时主要应该考虑哪些因素？
10. 在细分市场后，保险公司应如何选择目标市场？
11. 在选择目标市场的基础上保险公司可以选择哪几种营销策略？

第二部分
保险营销策略

第五章　保险竞争策略

保险市场是一个竞争非常激烈的市场。由于保险公司的资本实力、经营规模、产品开发能力、营销能力、营销渠道等都不一样，因此，任何一家保险公司都无法与其他保险公司抗衡。保险公司只有在激烈的竞争中找准自己的位置，采用恰当的竞争策略，才能够在夹缝中求生存，从而谋求发展。

第一节　基本竞争策略

在第三章中，已经分析了保险公司面临的外部环境和内部环境因素。其中，竞争环境是外部环境中比较重要的一个因素。在认识了竞争环境后，应当对整个保险市场的情况有了全面的了解，例如，对保险公司的数量及产品差异程度、保险市场的进入与流动障碍退出与收缩障碍以及纵向一体化等各个方面有了全面的了解。同时，对竞争者的战略和目标、优势与劣势也有了基本的了解，确定了公司在整个市场中的地位，并认识了公司与其他竞争者之间的关系。然后，保险公司应该根据自身的情况选择竞争策略。如果保险公司之间的竞争无序，就很容易导致恶性竞争，从而使整个保险市场受害。

美国的迈克尔·波特在《竞争策略》一书中指出，在与竞争力量的抗争中蕴涵三类成功的竞争策略，即总成本领先战略、差异化战略、目标集中战略。保险公司应当根据自身在保险市场中的地位选择恰当的竞争策略。

一、总成本领先战略

总成本领先战略是指保险公司应尽可能降低自己的经营成本，在同行业中取得领先优势。在保险业中，降低成本的优势具体体现在以下方面：同样降低成本，其他保险公司可能微利或亏损，而本公司则可以保持较高的利润水平；能够对潜在的保险市场进入者构成进入障碍；在与其他对手竞争时掌握着价格的主动权，还能够有效保护自己免受其害。

实行总成本领先战略，就必须设法保证本公司的成本处于较低的水平，就需要千方百计地降低各项成本。保险公司已经精通了费用分析的方法，应灵活运用这些专门知识来降低营业费用。保险公司成本是指保险公司在一定时期内经营保险业务所发生的各项支出。这些支出可归纳成两大部分：第一部分是因承保风险发生保险事故所进行的赔付支出，第二部分是在经营过程中发生的营业费用。保险公司内部各种费用之间的关系如图 5-1 所示。

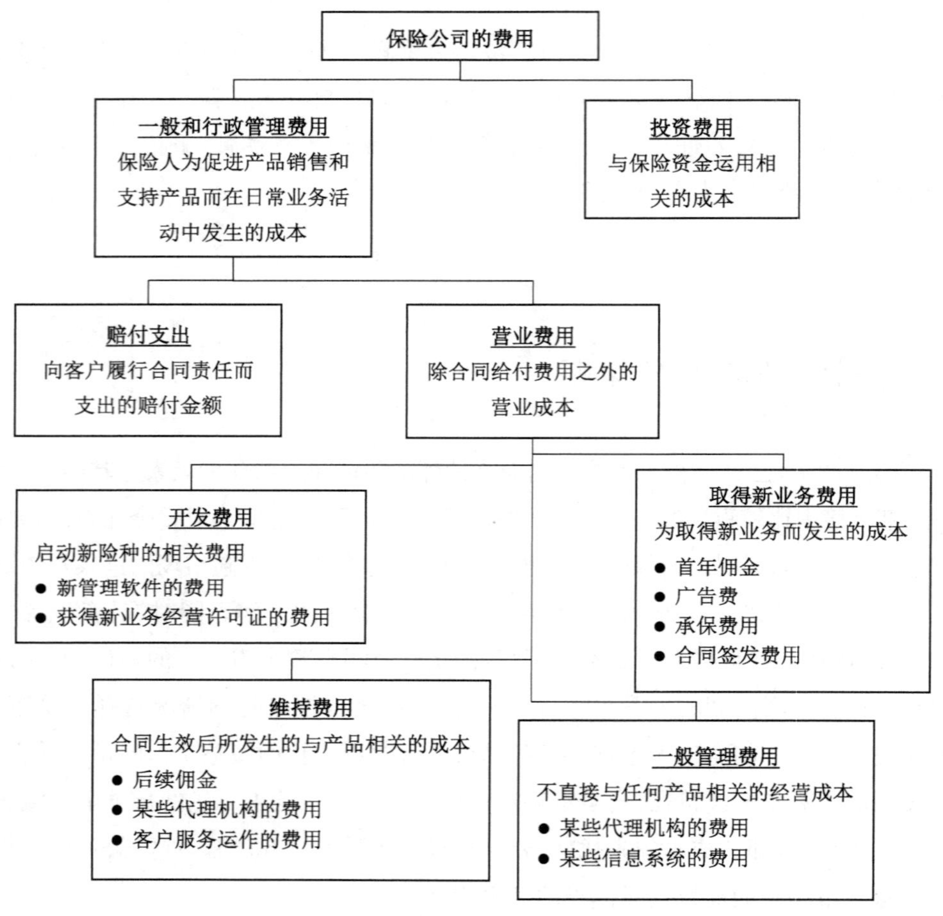

图 5-1 保险公司中费用的关系①

第一部分的赔付支出在整个费用中占有绝大比重。它是由技术因素所决定的，带有一定的客观性，又带有一定的偶然性。这部分费用的降低潜力在于对承保风险的控制上。例如，保险公司可以提供比较好的风险管理服务，降低出险的概率和损失程度；或者提高理赔的质量，防范保险欺诈，控制道德风险。据相关的统计数据显示，保险公

① Susan Conant. *Product Design for Life Insurance and Annuities*. Atlanta: LOMA, © 2001. 41.

司开办的某些险种因保险欺诈而导致的赔款支出最高可达保费收入的50%，而作为全部保险业务平均比例的数值大约为10%- 30%。一项调查显示，我国这个数字大约为10%- 20%。因此，如果能够很好地防范保险欺诈，就能够在一定程度上降低赔付金额。第二部分支出则与保险公司的管理水平密切相关，保险公司应该如同其他一般性公司那样，努力提高管理效率，降低管理成本。表5-1中列出了一些降低费用的措施。

表5-1　　降低保险公司的成本

控制分销费用	● 用均衡佣金明细表和均衡化佣金明细表代替传统的佣金制度 ● 建立可供选择的其他分销系统，例如银行保险、直接营销或网络营销等
控制管理费用	● 开展对组织的工作流程进行综合、系统的分析和重新设计的改造工作 ● 充分利用比较优势，雇用外方公司实施业务职能的行为，比如维护信息系统和管理投资 ● 让计算机或人工智能取代员工完成日常工作，从而降低人工费用 ● 取消组织内不必要的员工或岗位，实行精简 ● 进行合并或者收购，实现规模经济
发挥员工的作用	● 让员工分析工作流程，并提出提高生产力和减少重复或低效率工作的改进建议 ● 让员工检查有关与客户或卖方交往的不正常记录，并报告涉及欺诈或不必要支出的事件 ● 让员工采用最低成本和最为有效的工作方式，并购买服务和进行采购 ● 让员工运用团队导向的合作态度改善工作流程和程序
反欺诈	● 防范内部欺诈和外部欺诈
加强事前防范，降低理赔费用	● 提供风险管理的服务和建议 ● 提供体检的机会 ● 定点修理汽车或其他维修 ● 定点就诊，或者与医院签订协议

二、差异化战略

差异化战略是指从产品定位、费率、营销渠道、促销以及其他营销竞争因素造就差异，形成公司对整个行业或主要竞争对手的“独特性”。差异化战略的基本表现形式是产品差异化和服务差异化。即产品或者服务的独特性必须为独具的，而且必须为客户所认同。

差异化竞争战略的作用是：

(1) 构筑保险公司在市场竞争中特定的进入障碍，有效抵御竞争对手的攻击。一旦保险公司在营销中形成差别，如品牌的高知名度和特色、险种的独特功能、专有的营销渠道等，其他竞争对手就难以模仿，要打入本公司已占领的目标市场也绝非易事。

(2) 形成客户的购买偏好。客户从接受差异中形成了某种偏好，认准某一险种的行为一经确立，就不会更多地转换购买其他保险公司提供的类似险种。

(3) 保险公司可获得超额利润。品牌差异化使公司几乎独霸某险种的细分市场，形成了该险种的大规模经营，产生规模经济效应。同时，由于购买偏好的形成，即使该种保险以稍微高出竞争对手同类险种的价格销售，销售额也不会受到影响，因此获得一个较高的溢价。

差异化竞争战略所存在的最大问题就是竞争对手的模仿，特别是保险公司所推出的新险种。因为在保险市场中没有"专利"保护，竞争对手很容易仿效，从而使差异性消失，给首推这种保险的公司带来的差异优势也就消失了。

差异化战略的成功关键是使用户及时发现和认识到本公司新险种的独到之处，并尽快接受。为此，保险公司应巧妙地利用广告等各种宣传手段，突出地列举本险种的相对优点，促使潜在用户在短时间内知晓本险种优点并产生购买兴趣。也就是说，要有效运用产品差异化，不是让用户自己去发掘产品的独特性，而是先由保险公司明确地提出来，然后再设法说服客户相信、认可这些独特性，这样才能迅速利用差异带来的好处。

案例 5-1　　农村小额保险的差异化战略

随着保险市场的发展，各保险公司在城市里面的竞争已经进入白热化的地步。随着国家对"三农"问题的重视，2010 年，中央 1 号文件第一次明确提出了"发展农村小额保险"。中农办、国务院研究室、财政部、中国人民银行、原银监会等会同原保监会也都到广东和安徽等地对农村保险进行调研，对小额保险给予肯定，并建言应加大对小额保险各项具体政策的支持力度。

2008 年，中国人寿就已经开始试点农村小额保险产品了。2008 年 8 月 12 日，中国人寿举行了"农村小额保险试点启动暨新产品上市会议"，这标志着备受关注的中国农村小额保险项目正式进入试点阶段，也宣告首批真正意义上的农村小额保险产品面市。这次推出的"中国小额保险第一款"系列包括四款个人险、三款团体险，除此之外，还有两款小额贷款产品，一共包括九个产品。这些产品主要有四个特点：一是价格低廉。农村居民的各项发生率(意外伤害和死亡发生率)要高于城市居民，但小额保险不以获取利润为目的，因而最终费率水平比市场现行类似产品低 20%左右，农民买得起。二是保额较低。低保额将直接降低保险费水平，符合农民的支付水平，农村小额意外险和定期寿险保险金额在 1 万元到 5 万元之间。三是保险期间短。此次推出的全部是保障型产品，并以短期险为主，投保人可以在保险期满后自主灵活地决定是续保还是选择其他产品。四是条款简单明了，核保理赔手续简便。同时，中国人寿迅速在全国各地建立网点。

最终，中国人寿凭借其数量多、分布广且深入农村市场的服务网点，一直在我国农村小额保险市场中占据了一家独大的地位。

但是，保险公司采用差异化战略时也要承担开创市场的风险。因为消费者对任何新鲜事物都需要一段时间去认识和接受，而保险公司在这段时间内几乎完全是投入，没有利润或者利润很低。当消费者接受保险公司的差异化产品并开始大量购买时，其他保险公司可能已经模仿成功，并开始享受这已经被培育成熟的市场了。

案例 5-2　　银行保险的差异化战略[①]

1996 年就在上海成立银行保险部的中国平安保险是银保模式的最早实践者，当时的业务量比较小而且不规范。但是平安保险看到了中国银行保险的前景，并不遗余力地培育着这个市场。1998 年，它又在深圳总部成立银行保险事业部。在经历了四年的培育和发展之后，2000 年 10 月起平安在全国范围内大面积推广银行保险，2001 年第一季度即完成全年指标(5 亿-6 亿元)，全年进账 20 余亿元，首年保费占平安寿险的近 1/3，一举成为平安寿险的三大支柱之一。到 2002 年，平安已经将四大国有商业银行和十余家股份制银行“尽收囊中”。当时平安银行保险有关负责人曾告诉记者，平安在全国共有合作签约银行网点达一万多之巨。

但也正是在 2002 年，平安的竞争对手悉数跟进，不但销售几乎没有差异的银行保险，而且进行了恶性竞争。平安在银行保险业务的先发优势——尤其是网点优势一度缩水。2002 年 8 月，工商银行北京市分行将原先由平安包揽的银行网点进行了切割，与另外数家保险公司签订了新的代理协议，平安因此痛失 300 多个网点。同一时期，在平安银行保险的大本营上海，人口最密集、产能最高的杨浦、闸北、普陀等区，平安银行保险的网点亦惨遭蚕食。

为救平安银行保险于水火之中，2002 年中国平安集团董事长马明哲曾亲自挂帅，屡屡进京，以主办行、资金清算和结算以及平安海外上市主承销商为代价，与工行行长姜建清及时任中行行长的刘明康秘商深度合作事宜。2002 年 10 月 17 日，平安如愿以偿，最终与中行达成为期八年的深度合作协议：中行方面承诺，将在三年之内在(全国)70%的优质网点独家销售平安保单。至此，平安—中行原先建立在简单“代理销售保险产品协议”(期限 1-2 年)基础上的短期利益关系被重塑。

然而，马明哲似乎亦未能力挽银行保险于狂澜中。2003 年 1-10 月份，上海银行保险保费收入 42.04 亿元，2002 年同期数据为 30.7 亿元，同比增长接近 37%；其中平安 12.59 亿元，而 2002 年同期为 1.98 亿元，同比负增长 2%多。

---

① http://www.nanfangdaily.com.cn/southnews/gl/zl/200312230099.asp，经作者整理并补充。

2003 年，平安保险银行保险事业部负责人陆敏就已经表露，“平安已经开始谨慎地发展银行保险业务了。我们培育的银行保险市场在竞争对手的跟进下已经没有任何明显的优势了。当时的银行保险市场已经太不正常了”。“一方面是产品同质化，另一方面银行并不清楚保险公司的产品利润空间”。《保险法》放开“1+1”限制后，一家银行网点可以代理多家保险产品，在手续费率有差异的情况下，“银行当然要求向最高者看齐”。太平人寿保险（分管银行保险的）副总经理严峰则认为，尽管 2003 年国内银行保险仍旧呈高速增长态势，但考虑到保险产品的保险期限短、分红低，基本上是趸缴业务、保障功能低，导致保险产品内涵价值低，“是低水平的高速增长”。

并且，在银行—保险公司的零和博弈中，掌握资源的银行往往独占主导地位。与银行代理保险手续费收入节节攀升形成强烈反差的，是银行保险网均产能和人均产能低下，“国内银行保险事实上已经落入‘无利润’的商业模式陷阱”。2005 年，随着平安保险银行保险事业部各主要负责人纷纷离去，平安的银行保险差异化战略在众多竞争对手的恶性跟进中几乎已经鸣金收兵了。

现在，对于各家保险公司而言，银行保险已经不再是新鲜事物，而是基本上稳定为各家保险公司的一个常规的营销渠道了。银行保险与个人营销渠道、团体营销一起，成为保险公司不可缺少的三个主要的营销渠道。而平安在银行保险方面的差异化战略和优势已经完全不存在了。

三、目标集中战略

目标集中战略是指主攻某个客户群、产品系列的一个细分市场或某个地区市场。目标集中战略可能涉及少数几个营销组合因素。其主要特点是所涉及的细分市场是特定的或专一的，其战略含义是集中力量以更高的效率为某一狭窄的对象提供保险商品。

目标集中战略的不足之处是，首先，当覆盖整个保险市场的那些竞争对手因为规模经济的好处大幅度降低成本时，可能导致采用集中战略的公司由于缺少产品特色或无成本优势而使其战略意图难以达到；其次，采用了集中的做法，使得转移到产品其他的细分市场相当困难；而且，在过度细分的市场上，市场容量小，使得使用目标集中战略的公司获益不明显。

根据保险公司在整个保险行业中所处的地位，美国的市场营销专家菲利普·科特勒把它们分成了四类，即市场领导者、市场挑战者、市场追随者和市场补缺者。通常，市场领导者的市场份额应该为 40%以上，而市场挑战者则以 30%的市场份额尾随其后，市场追随者有20%的市场份额，余下的10%由市场补缺者填补空白。当然，保险公司处在不同的竞争地位，也应该采取不同的竞争策略。

第二节　市场领导者竞争策略

市场领导者是指占有最大的市场份额，在价格变化、新产品开发、分销渠道建设和促销战略等方面对保险行业其他公司起着领导作用的公司。市场领导者要击退其他公司的挑战，保持第一位的优势，必须从以下三个方面努力：扩大总需求、保护现有市场份额、扩大市场份额。

一、扩大总需求

市场领导者占有的市场份额最大，在市场总需求扩大时受益也最多。扩大总需求的途径是开发产品的新用户、寻找产品的新用途和增加使用量。

（一）开发新用户

1. 转变未使用者

即说服那些尚未使用保险产品的人开始使用，把潜在客户转变为现实客户。比如，大多数消费者习惯用储蓄的方式来保持退休之后的生活水平，或者还有“养儿防老”的养老观念，因此，保险公司可以针对这些采用传统方式养老的消费者展开宣传攻势，让他们认识到养老保险的重要性，从而将这部分潜在购买者转变为现实购买者。

2. 进入新的细分市场

新的细分市场是指该细分市场的消费者使用保险行业的产品，但是不使用其他细分市场的同类产品。例如，专门针对青少年的学生平安意外伤害保险，针对乘坐飞机的航空意外保险，针对旅游的旅游意外保险，针对日常交通工具的一般交通意外保险。这些细分市场是相互分开的，而且交叉性非常小。因此保险公司可以在原细分市场的需求饱和后设法进入新的细分市场，稍微改变一下原有产品，吸引新细分市场的消费者使用本产品。

3. 地理扩展

地理扩展是指寻找尚未使用本产品的地区，开发新的地理市场。例如，人寿保险在城市已经比较普及，特别在经济比较发达的城市和地区，保险公司可以把业务向中小城市乃至农村渗透。当人们的收入水平达到一定程度时，农民也能够购买人寿保险。

（二）寻找新用途

寻找新用途是指设法找出产品的新用法和新用途以增加销售。比如，人寿保险产品的基本用途是保障，但是由于其长期性，保费收入和赔付之间时间的滞后性，人寿保险产品还具有投资的功能。保险公司宣传保险产品的投资性，就扩大了保险产品的使用范围。另外，保险产品除了能够保障自己之外，还可以作为礼物送人，这样不但可以为自己购买，还可以为别人购买。例如，爷爷奶奶为孙子、孙女购买教育年金保险，相当于送了一份长期的礼物。这样不但非常体面，而且很时尚。

实际上，很多产品的新用途都是消费者发现的。保险公司应该把握消费者的消费动机，从中寻找购买行为的真正目的。所以，保险公司应该不断地发现保险产品的新用途，并不断地用广告等媒体来宣传保险产品的新用途，以扩大影响力。

（三）增加使用量

1. 提高使用频率

保险公司应设法使客户更频繁地使用产品。例如，保险营销人员应说服人们不仅在乘坐飞机时购买航空意外伤害保险，在平时也要拥有交通意外伤害保险的保障。

2. 增加保单数目和保险金额

例如，保险公司可以计算每个人的一生中应该具有多大的保险金额才能够真正地保障风险，然后说服消费者在人生阶段中随着财富的增加而购买多份保单，或者增加保险金额等。

二、保护现有市场份额

占据市场领导者地位的公司还必须时刻注意保护自己的现有业务免遭竞争者入侵。最主要的防御方法是发动最有效的进攻，不断创新，永不满足，掌握主动，成为本行业的先驱。即使不发动主动进攻，至少也要加强防御，不给挑战者可乘之机。防守战略的基本目的是减少受到攻击的可能性，或将进攻目标引到威胁较小的区域并设法减弱进攻的强度。主要防御战略有以下五种。

1. 阵地防御

阵地防御，是指围绕保险公司目前的主要产品和业务建立牢固的防线，根据竞争者在产品、价格、渠道和促销方面可能采取的进攻战略而制定自己的预防性营销战略，坚守原有的产品和业务阵地。阵地防御是防御的基本形式，是静态的防御，在许多情况下是有效而必要的，但是单纯依赖这种防御则是一种“市场营销近视症”。保险公司更重要的任务是技术更新、新产品开发和扩展业务领域。

2. 以攻为守

以攻为守，是指在竞争对手尚未构成严重威胁或在向本公司采取进攻行动前，抢先发起攻击以削弱或挫败竞争对手。这是一种先发制人的防御，公司应正确地判断何时发起进攻可获得最佳效果，以免贻误战机。有的保险公司在竞争对手推出新产品或推出重大促销活动前抢先发动进攻。

3. 反击防御

反击防御，是指市场领导者受到竞争者攻击后采取反击措施。要注意选择反击的时机，可以迅速反击，也可以延迟反击，弄清竞争者发动攻击的意图、战略、效果和其薄弱环节之后再实施反击。反击战略主要有：

(1) 正面反击，即与对手采取相同的竞争措施，迎击对方的正面进攻。市场领导者凭借雄厚的资金实力和卓著的品牌声誉开展以牙还牙的正面反击，可以有效击退对手。

(2) 攻击侧翼，即选择对方的薄弱环节加以攻击。例如中国人保曾经在各保险公司都在降低机动车辆保险的价格时却提高了车险价格，同时宣传了正确消费机动车辆保险的一些观念，并揭示了保险行业中一些不正当的做法。这一措施不但没有使其份额下降，反倒有所回升。

(3) 钳形攻势，即同时实施正面攻击和侧翼攻击。比如，竞争者对机动车辆保险产品削价竞销，则本公司不仅也降价，同时还推出五花八门的新附加产品，从多条战线发动进攻。

(4) 退却反击，是指在竞争者发动进攻时我方先从市场退却，避免正面交锋的损失，待竞争者放松进攻或麻痹大意时再发动进攻，收复市场，以较小的代价取得较大的战果。例如前面所介绍的平安保险的银行保险业务就采取了退却反击策略。

4. 机动防御

机动防御，是指市场领导者不仅要固守现有的产品和业务，还要扩展到一些有潜力的新领域，以作为将来防御和进攻的中心。例如，中国人保为巩固自己的市场份额不断推出新险种，尤其是责任保险等一些新兴险种。

5. 收缩防御

收缩防御，是指保险公司主动从实力较弱的领域撤出，将力量集中于实力较强的领域。当保险公司无法坚守所有的市场领域，并且由于力量过于分散而降低资源效益的时候，可采取这种战略。其优点是在关键领域集中优势力量，增强竞争力。比如一些中小型财险公司基本上将业务集中于车险，少有涉足其他财产保险领域。

三、扩大市场份额

一般而言，如果单位产品价格不降低且经营成本不增加，由于规模效应，保险公司的利润会随着市场份额的扩大而提高。对许多产品而言，市场份额每个百分点的价值往往是数千万到数亿元。所以，扩大市场份额是每一个保险公司所梦寐以求的。保险公司采取的所有策略的最终目的都可以说是扩大市场份额，在此不再赘述。但是，切不可认为市场份额提高就会自动增加利润，还应考虑以下三个因素：

1. 经营成本

许多保险产品往往有这种现象：当市场份额持续增加而未超出某一限度的时候，利润会随着市场份额的提高而提高；当市场份额超过某一限度仍然继续增加时，成本的增加速度就会大于利润的增加速度，利润会随着市场份额的提高而降低。主要原因是用于提高市场份额的费用增加。如果出现这种情况，则市场份额应保持在一定限度以内，不要盲目扩张。

2. 营销组合

如果保险公司过分降低价格，过高支出公关费、广告费、渠道拓展费、销售员和营业员奖励费等促销费用，承诺过多的服务项目等，则市场份额的提高反而会造成利润下降。保险公司应对此进行精确的财务核算。

3. 反垄断法

为了保护自由竞争，防止出现市场垄断，许多国家的法律规定，当某家公司的市场份额超出某一限度时，就要强行分解为若干个相互竞争的小公司。市场领导者如果不想被分解，就要在市场份额接近临界点时主动加以控制。目前在中国，尚未有类似的法律规定。

第三节 市场挑战者竞争策略

市场挑战者是指在保险行业中占据第二位及以后位次，有能力对市场领导者和其他竞争者采取攻击行动，希望夺取市场领导者地位的公司。市场挑战者有可能是仅次于市场领导者的大型保险公司，也有可能是刚刚进入市场还没有引起大家注意的小公司。当然，不同的细分市场可能有不同的市场挑战者。

一、确定战略目标与竞争对手

大多数市场挑战者的目标是增加自己的市场份额和利润，减少对手的市场份额。战略目标与所要攻击的竞争对手直接相关。军事上的"目标原则"主张：每次军事行动必须有一个明确规定的、决定性的和可以达到的目标。

（一）确定进攻目标

当市场挑战者具有下列条件时，就可以在市场上发起进攻，或者攻击市场领导者比较弱的细分市场，或者攻击比自己小的保险公司。

（1）本公司在保险行业中有一定声望。例如，多年来，中国平安保险公司的平安人寿为中国第二大寿险公司，平安产险为中国第二大产险公司；依此声望，平安保险公司一直都在以挑战者的身份向排名第一的保险公司发起攻击。在某些年份、某些城市或某些产品上，平安保险公司的市场份额还曾稳居市场第一。

（2）偿付能力充足，承保能力富裕。

（3）主要的竞争者可能是市场领导者，也可能是一个与自己地位差不多的市场挑战者，所实行的策略与本公司类似。例如，长期以来城乡居民对家庭财产保险的需求较强，但真正投保家财险的比重却很小，原因是难觅合适的险种。2000年下半年，中国太平洋保险公司率先在全国范围内推出了全新的“安居综合险”，随后，中国平安保险公司也在沪推出了“新世纪系列家庭保险”，它们都是地位差不多的市场挑战者。

（4）主要竞争对手在经营决策上失误，或正在犯其他错误，造成可乘之机。例如，在一个城市，当某家分支公司的总经理投资决策失误、损失惨重、班子改组时；当某家分支公司的领导任人唯亲、众叛亲离、人心涣散时。例如，当年的新华保险事件就给其他保险公司造成了可乘之机，安邦的误入歧途也给其他公司提供了机会。

（二）选择攻击对象

（1）攻击市场领导者。当市场领导者在其目标市场的服务效果较差而令客户不满，或对某个较大的细分市场未给予足够关注时，采用这一战略带来的利益更为显著。这一战略风险大，潜在利益也大。

（2）攻击规模相同但经营不佳、资金不足的公司。公司应当仔细调查竞争者，将在产品、价格、渠道、促销等方面存在缺陷的公司作为攻击对象。

（3）攻击规模较小、经营不善、资金缺乏的公司。攻击这类竞争者比较容易取得胜利，但是带来的潜在利益相对也小。

（三）固守目标

市场挑战者在下列情况下应该采用固守目标策略：

（1）当保险市场总需求缩小时。

（2）虽然发现了新的细分市场，并且潜力巨大，但对新领域的承保风险不能准确估计时。例如，中国商业健康保险市场潜力巨大，前景广阔，但在当前不太完善的医疗制度下，健康保险的道德风险很难控制。所以一些保险公司没有贸然全面进入健康保险市场，而是先稳固住大病医疗保险、住院补贴保险这个阵地，伺机再谋求更大的发展。

（3）主要竞争对手调整了竞争战略，或制定了新的营销目标，一时难以摸清对手意图时。

二、选择挑战战略

选择挑战战略应遵循“密集原则”，即把优势兵力集中在关键的时刻和地点，以取得决定性的胜利。

（一）正面进攻

正面进攻是指向对手的强项而不是弱项发起进攻。比如，以更好的产品、更低的价格、更大规模的广告攻击对手的拳头产品。决定正面进攻胜负的是“实力原则”，即享有较大资源（人力、财力和物力）的一方将取得胜利。当进攻者比对手拥有更大的实力和持久力时才能采取这种战略。正面进攻具体有以下一些策略：

（1）险种较量。市场挑战者可以开发新险种，给消费者更大的选择空间，也可以在其他竞争者推出新险种后仿效研发，展开针锋相对的竞争。

（2）广告较量。使用与竞争者相同的广告媒介，拟定有针对性的广告语言，向市场领导者发起进攻，在树立和提升自己品牌的同时，冲淡竞争者在消费者心目中的形象。

（3）费率较量。费率较量即价格战，它是传统的竞争手段，也是市场挑战者在比较极端的情况下仍会考虑的竞争策略。

价格战有两种做法：一是保险产品的定价低于竞争者，或将保险产品的价格调整到低于竞争者的价格水平。如果竞争者没有采取降价措施，而消费者认为各家保险公司提供的险种功能是一样的，则此法奏效。

二是采用相对降低价格的做法，即在保险费率不变的前提下，扩大保险责任，增加服务项目。价格战对保险公司的经营管理提出了较高的要求，即提高管理水平，降低保险成本，以维持较大的费率降低空间。否则，就无法打价格战，勉强而为之，必将陷入亏损泥潭。我们在后面再详细介绍保险产品价格策略。但保险产品的价格是隐性的而并非显性的，如何展示自己公司的产品价格具有优势也是个值得思考的问题。

（二）侧翼进攻

侧翼进攻是指寻找和攻击对手的弱点。寻找对手弱点的主要方法是分析对手在各类产品、地理市场和细分市场上的实力和绩效，把对手实力薄弱或绩效不佳或尚未覆盖而又有潜力的产品和市场作为攻击点和突破口。当市场挑战者难以正面进攻或正面进攻风险太大时，往往考虑侧翼进攻，侧翼进攻有两个攻击点：

（1）地理市场战略方向，即向同一地理区域市场范围内的竞争对手发起进攻：一是在竞争对手所经营的相同市场范围内建立营销网点，以“拦截”竞争对手的客户；二是在同一地理区域内寻找竞争对手没有覆盖的市场“空白点”，并占领这些区域。

（2）细分市场战略方向，即从细分市场上发现市场领导者尚未服务的市场需求，冲入这些细分市场。例如，以保险的功能是否包含投资理财可把寿险分为传统寿险和创新性寿险，创新性寿险市场在 1999 年 10 月之前还是一片空白，1999 年 10 月 23 日中国平安保险公司推出投资理财保险，率先进入该市场。之后，创新性寿险市场得到了长足的发展，成为中国保险市场中不可缺少的重要部分。

侧翼进攻使各保险公司的保险业务更加完整地覆盖了各个细分市场，进攻者较易收到成效，并且避免了攻守双方为争夺同一市场而造成两败俱伤的局面。侧翼进攻体现了营销目的就是发现需要并为之提供服务，其成功概率高于正面进攻，特别适用于资源较少的攻击者。

（三）包抄进攻

包抄进攻是指在多个领域同时发动进攻以夺取对手的市场。比如向市场提供竞争对手所能提供的一切产品和服务，并且更加质优价廉，配合大规模促销。其适用条件是：

（1）通过市场细分未能发现对手忽视或尚未覆盖的细分市场，补缺空当不存在，无法采用侧翼进攻。

（2）拥有绝对的资源优势，制订了周密可行的作战方案，有能力摧毁对手的防线和抵抗意志。

（四）迂回进攻

迂回进攻是指避开对手的现有业务领域和现有市场，向对手尚未涉足的业务领域和市场发起进攻，以壮大自己的实力。这是最间接的进攻战略，主要有三种方法：

（1）多元化经营与竞争对手现有业务无关联的产品；

（2）将现有产品打入新的地区市场；

（3）用竞争对手尚未涉足的新产品取代现有产品。例如，用万能寿险取代传统寿险等。

（五）游击进攻

游击进攻是指向对手的有关领域发动小规模的、断断续续的进攻，逐渐削弱对手，使自己最终夺取永久性的市场领域。主要方法是在某一局部市场上有选择地降价、开展短期的密集促销、向对方采取相应的法律行动等。游击进攻能够有效骚扰对手，消耗、牵制并误导对手，瓦解对手的士气，打乱对手的战略部署。其适用于小公司打击大公司，前提是对方的损耗将不成比例地大于己方。采取游击进攻之前，必须在开展少数几次主要进攻还是一连串小型进攻之间做出决策。通常认为，一连串的小型进攻能够形成累积性的冲击，效果更好。

第四节　市场追随者和市场补缺者竞争策略

一、市场追随者的竞争策略

市场追随者是指那些在产品、技术、价格、渠道和促销等大多数营销战略上模仿或跟随市场领导者的公司。追随者获得的利益是，让市场领导者和挑战者承担新产品开发、信息收集和市场开发所需的大量费用，减少自己的支出和风险，并避免因向市场领导者挑战可能带来的重大损失。

实际上，并非所有行业中弱于市场领导者的公司都是挑战者。因为他们明白，市场领导者对于他人想从其手中争夺客户的行为不会掉以轻心或置之不理。如果挑战者的策略是以降低费率、完善服务、增加险种为诱饵，那么市场领导者可以马上找到适当的对策以瓦解挑战者的攻击。在这种竞争中，可能会使双方两败俱伤，也可能是市场领导者利用雄厚的资金实力、先进的承保技术和先进的管理手段击垮挑战者，使其败下阵来。所以挑战者决定进攻之前必须三思而后行。常见的做法是，为了不招致市场领导者的报复，一些保险公司甘愿当追随者，而不做市场挑战者。他们仿效市场领导者的做法，为客户提供类似的保险产品，或者选择一条不会招致竞争者报复的道路。

市场追随者的竞争策略可分为以下三类：

1. 紧密跟随

紧密跟随者是指在各个细分市场和产品、价格、广告等营销组合战略方面模仿市场领导者，完全不进行任何创新的保险公司。他们利用市场领导者的投资和营销组合策略去开拓保险市场，自己跟在后面分一杯羹，被看作依赖市场领导者而生存的寄生者。有些紧密跟随者甚至发展成为“伪造者”。

2. 距离跟随

距离跟随者是指在基本方面模仿领导者，但是在广告和价格上又保持一定差异的保险公司。如果模仿者不对领导者发起挑战，领导者不会介意。在不容易差异化的保险产品上，这种追随战略使用得最为普遍。因为不易差异化的产品唯一可以使用的竞争手段就是降价。但降价有可能引发价格大战，造成两败俱伤的局面。多数公司避免采用，而是效仿市场领导者的产品、价格、服务和促销战略，保持市场份额的高度稳定性。

3. 选择跟随

选择跟随者是指在某些方面紧跟市场领导者，在某些方面又自行其是的保险公司。他们先接受领导者的产品、服务和营销战略，然后有选择地改进。他们避免与领导者正面交锋，选择其他市场销售产品。这种跟随者通过改进并在别的保险市场壮大实力后，有可能成长为挑战者。

虽然采用追随策略不冒什么风险，但是也存在明显缺陷。研究表明，市场份额处于第二、第三和以后位次的公司与第一位的公司在投资报酬率方面有较大的差距。

二、市场补缺者的竞争策略

（一）市场补缺者的含义与补缺市场的特征

市场补缺者是指专门为规模较小的或大公司不感兴趣的细分市场提供产品和服

务的保险公司。市场补缺者的作用是拾遗补缺、见缝插针，虽然在整体市场上仅占有很少的份额，但是比其他保险公司更能充分了解和满足某一细分市场的需求，能够通过提供高附加值而得到高利润和快速增长。规模较小且大公司不感兴趣的细分市场称为补缺市场。当保险公司处于发展初期尚比较弱小时，大多采用这种策略。美国战略计划研究所在研究了数百个业务单位后发现，小市场的投资报酬率平均为27%，而大市场为11%。补缺者盈利的主要原因是比其他大众化营销的保险公司更好地了解和满足了消费者需要，当大众化营销者取得高销量的时候，补缺者得到了高毛利。

理想的补缺市场具备以下特征：具有一定的规模和购买力，能够盈利；具备发展潜力；强大的保险公司对这一市场不感兴趣；本公司具备向这一市场提供优质产品和服务的资源和能力；本公司在消费者中建立了良好的声誉，能够抵御竞争者入侵。

（二）市场补缺者竞争策略的选择

市场补缺者发展的关键是实现专业化，主要途径有以下几种：

(1) 最终用户专业化。保险公司可以专门为某一类型的最终用户提供服务。例如各种专业保险公司，如天平汽车保险公司、安信农业保险公司等，都采用的是最终用户专业化策略。

(2) 垂直专业化。保险公司可以专门为处于某一业务循环周期的某些垂直层次提供服务。例如，专门针对出口货物提供产品责任保险。

(3) 客户规模专业化。保险公司可以专门为某一规模的客户群服务。市场补缺者专门为大公司不重视的小规模客户群服务。

(4) 特殊客户专业化。保险公司可以专门向一个或几个大客户销售产品。许多小公司只向一家大公司提供其全部产品。

(5) 地理市场专业化。公司只在某一地点、地区或范围内经营业务。

(6) 产品专业化。公司只经营某一种产品或某一类产品线。比如，汽车保险公司只经营机动车辆保险。

(7) 产品特色专业化。公司专门经营某一种类型的产品或者产品特色。

(8) 服务专业化。公司向大众提供一种或数种其他公司所没有的服务。

市场补缺者是弱小者，面临的主要风险是当竞争者入侵或目标市场的消费习惯变化时有可能陷入绝境。因此，市场补缺者的主要任务有三项：创造补缺市场、扩大补缺市场和保护补缺市场。保险公司要争取不断地创造多种补缺市场，而不是坚持单一补缺市场。如果能够在多种补缺市场上稳定发展，保险公司就避免了风险，增加了生存机会。

保险公司在密切注意竞争者的同时，不应忽视对客户的关注。在现代市场中，保险公司在制定营销战略时既要注意竞争者，也要注意客户，实现客户导向与竞争者导向的平衡。此外，为了谋求长期发展，企业不仅需要制定和运用竞争战略与策略，而且有必要考虑合作，有时甚至与竞争对手进行合作。

习题

1. 什么是总成本领先战略，保险公司应该如何做到？
2. 请举例说明差异化战略的优点和缺点。
3. 请举例说明市场领导者应如何扩大总需求。
4. 请举例说明市场竞争者应该如何进行正面进攻。
5. 请比较市场追随者的紧密跟随、距离跟随、选择跟随三个策略各自的优缺点。

第六章　保险产品策略

保险产品是保险公司获取利润的根本途径。但是，保险产品并不是只有一个或者一种，而是有许多种类。因此，如何制定保险产品策略，在最大限度满足消费者的同时获取最大的利润是保险营销中非常重要的一个策略。通常，通过对不同保险产品的组合，可以运用各种产品组合策略，还可以根据保险产品所处的特定生命周期来选择不同的产品策略；同时，每个保险产品有着特定的自身外延，必须灵活调动保险产品的一切因素，才能使每个保险产品都能物尽其用，尽可能赚取更多的利润。

第一节　保险产品组合策略

一、保险产品组合及产品组合分析

（一）保险产品组合的概念

在市场营销学中，对“产品”的概念可以从范围和内容两个方面来分析。产品范围是指哪些东西可以称为“产品”。市场营销学中的产品是指能够提供市场，以引起人们注意、获取、使用或消费，从而满足需要的一切有形和无形的因素。因此，产品的特征在于“提供市场”“满足需要”。产品内容是指产品包括核心产品层次、形式产品层次和附加产品层次三个层次。这三个层次合起来就形成了整体的产品概念。因此，需要从市场营销的角度来理解保险产品并进行保险产品的营销。

保险产品组合也称为保险产品配备，是保险公司销售的全部保险产品的结构，即所有产品线和产品品目的组合。保险产品组合有一定的宽度、长度、深度和相容度。

(1) 保险产品组合宽度也称为保险产品组合的广度，是指保险公司具有多少条不同的产品线，即保险公司经营和承接的风险种类。例如财产保险公司中的财产保险、责任保险、保证保险、运输工具保险等，人寿保险公司中的人寿保险、养老保险、健康保险和意外伤害保险。

(2) 保险产品组合长度是指保险公司在每一个产品线下的险种数。比如，责任保险中有公众责任保险、产品责任保险、职业责任保险和雇主责任保险等;人寿保险中有定期寿险、终身寿险、两全保险、投资连结保险、万能寿险等。

(3) 保险产品组合深度是指保险公司每一个险种中的保险产品数。比如公众责任保险中还有许多保险产品,如电梯责任保险、场所责任保险、环境污染责任保险等;定期寿险中还有五年期、十年期、二十年期等不同的定期寿险。当然,每一种保险产品下面还可能有不同的险别,比如财产保险中有基本险、综合险、一切险、附加险等。人寿保险中有分红型与不分红型等。

(4) 保险产品相容度也称为保险产品的组合密度,是指各产品线最终体现于销售渠道、销售方式、消费者群体或其他方面相互关联的程度。例如,家庭财产保险、人寿保险、年金保险、机动车辆保险、意外伤害保险等都是针对个人和家庭而提供的保险,这些产品线之间就具有比较高的相容度。

保险产品组合的宽度、长度、深度和相容度分别从四个方面对保险产品组合进行了衡量,为保险公司确定产品战略提供了依据。保险公司可以从这四个尺度分别设定保险产品组合,从而形成保险公司营销的特色。如保险公司可以增加新的产品线,以扩大产品组合的广度,从而在更大的市场领域内发挥作用,承保更多种类的风险。保险公司也可以聚焦现有产品线并不断延伸,注重挖掘保险产品组合深度,围绕某一类产品线去开发更多的险种和保险产品,就可以满足不同层次的保险需求,吸引更多的客户,成为该产品线更加完整的公司。保险公司还可以使产品线有较多的相容度,就可以有更强的营销力量去占领保险市场。

案例 6-1　　某寿险公司的产品组合宽度和产品线长度

	产品组合宽度(广度):产品线							
	人寿保险		年金保险		健康保险		意外伤害保险	
产品组合长度:险种	定期寿险	5	定额年金	4	门诊费用保险	4	航空意外伤害保险	2
	终身寿险	4	变额年金	4	住院费用保险	6	交通意外伤害保险	4
	两全保险	7	税延型年金	1	手术费用保险	6	一般意外伤害保险	4
	投资连结保险	2	反向抵押年金	1	重大疾病保险	6	特殊意外伤害保险	10
	万能寿险	1			特殊疾病保险	2		
					长期护理保险	2		
					失能收入保险	2		

- 组合宽度:4 条产品线,承担了四类风险。

● 产品组合长度：险种数是20个。由此可以算出该公司产品线的平均长度为20/4,每个产品线平均约有5个险种。

● 产品组合深度：每个险种下的保险产品数,如定期寿险有5个保险产品。最长的产品组合深度为特殊意外伤害保险,有10个保险产品。当然,同一个保险产品中还有不同的险别,如分红与不分红,基本险、综合险、一切险、附加险等。

● 保险产品相容度：这些保险产品中,有部分保险产品都是针对个人和家庭的,组合密度较强,因为最终的接受对象都一样,故销售方式有着较大的重合。

保险公司根据市场需求、公司的承保资源和经营能力,以及市场竞争等因素,确定保险产品的组合方式。保险产品组合关系到保险公司的产品开发计划,也关系到保险公司的经济效益和发展前途,必须予以重视。因此,在进行保险产品组合时不能随意组合,应该遵循一定的原则。

首先,保险产品组合是为了满足客户转移风险的需要。每一种保险产品组合的形式都是以保险需求为基础的,都是为了更好地满足客户的需要。例如,各种投资连结保险和分红保险,就是在传统的保障型产品的基础上,为了抵御通货膨胀风险而设计的。而其他许多财产保险都是在传统的单一火灾保险的基础上,增加了许多其他风险保障而产生的。其次,保险产品组合的基础是保障。保险产品的基本功能是提供安全保障。因此,保障是保险的基础。任何保险产品或者保险产品的组合都只是在保障的基础上扩展和衍生,而不能脱离保障功能。一旦脱离,就不能称之为保险产品。例如,尽管现如今有五花八门的投资连结险和分红险,但是其基本功能是保障,而不是投资或分红。再次,组合后的保险产品应该更加有利。也就是说,把保险产品组合在一起应该能给消费者或保险公司带来某些好处。比如,能降低消费者的保费负担或提高保障;或能降低保险公司的营销成本、降低风险、增加保费收入等。最后,保险产品组合要符合监管部门规定的要求。比如某些国家的监管部门规定,每增加一个新的产品线,保险公司的资本金要求必须相应增加。所以,保险产品组合的最终目的是在合规的前提下提高保险公司的效益。因此,在进行保险产品组合时,保险公司要科学确定保险责任范围和保险费率,并选择合适的销售渠道和销售方式。

（二）保险产品组合的分析

通过对保险产品组合的分析,可以识别目前主要保险产品线、主要险种以及主要保险产品的具体销售情况。这种分析可以在产品线、险种、产品或险别的层级上展开。比如以险种层面的分析为例,可以深入分析在市场竞争的情况下可能成为主要盈利的险种；或过去效益最好、销量最大的险种可能会变成销路逐渐萎缩的险种；销路尚未完全失去，仍然可能继续经营的险种；已经失去销路，或者销路尚未打开就已经衰退，但可以将其改革成为未来的主要险种。

1. 保费收入和利润

可以通过每个险种的保费收入和利润，来决定哪一个险种需要发展、维持或者放弃。同时也要了解每个险种的市场轮廓。

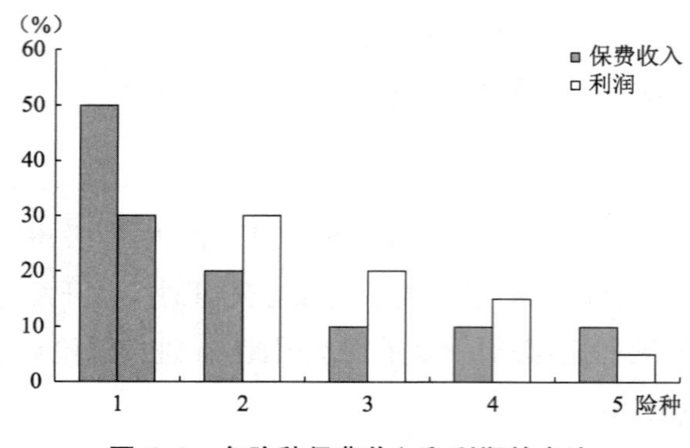

图 6-1 各险种保费收入和利润的占比

图 6-1 列举了对某家保险公司的 5 个险种的保费收入和利润的分析。由图 6-1 可见，第一个险种占总销售量的 50%，占总利润的 30%。前面两个险种共占总销售量的 70%和总利润的 60%。如果这两个险种突然受到竞争者的打击，产品的销售量和利润就会急剧下降。因此，保险公司一方面应该采取切实措施，巩固第一和第二个险种的市场地位。但是，由于第三和第四个险种的利润率比较高，因此保险公司另一方面还应该根据市场环境变化加强对第三和第四个险种的市场营销。第五个险种的保费收入份额不高，利润率也不高，如果发展前景不大，保险公司可以考虑停止销售这个险种，以便集中力量加强其他险种的营销或者开发新产品。这个例子说明，把销售高度集中于少数几个险种之上，则意味着险种经营具有脆弱性，务必小心翼翼地监视并保护好这些险种。

通过保费收入和利润的贡献率的分析，可以了解目前主要险种的销售状况，为保险产品组合提供重要依据。通过分析，可以了解到在市场竞争情况下哪些可能成为盈利险种，哪些可能是逐渐萎缩的险种。之后，可做进一步的分析，了解尽管是盈利的险种，但仍有可能具有萎缩的趋势，销路还未打开看似萎缩的险种，可以通过打开销路、增加营销手段来提高它的保费收入和利润的贡献率。

2. 险种的市场轮廓

除了对公司自身险种的分析，还应该充分了解该险种在市场上的地位和竞争情况，全面衡量各险种与竞争对象的市场地位。这时候可以分析险种的市场轮廓而获得相关信息，以确定险种的定位。

假设有 A、B、C、D 四家保险公司，每一家保险公司都可以向企业出售 4 个险种。暂且用三个销售领域来举例，构造出如图 6-2 所示的险种定位。

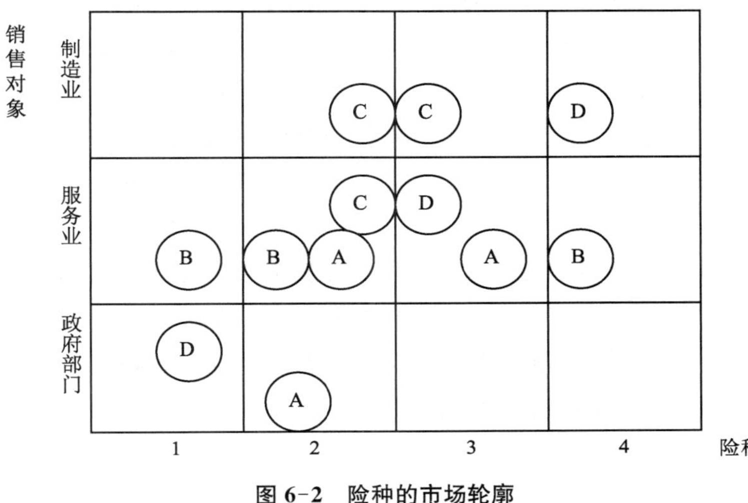

图 6-2　险种的市场轮廓

由图 6-2 可见，在团体保险方面，A 公司有三个竞争者 B、C、D，图中列明了它们各自的险种定位情况。A 公司主要在服务业和政府部门的第 2 和第 3 个险种上做得比较好；B 公司专攻服务业的团体保险，涉及了多个险种；C 公司主要做制造业和服务业的第 2 类险种，并开始做制造业的第 3 类险种；D 公司则比较分散，主要做政府部门的第 1 类险种，以及服务业的第 3 类险种和制造业的第 4 类险种。

产品险种分布图对设计产品营销战略具有指导意义，可以通过它了解目前主要险种的状况，同时挖掘剩余的市场空间。该图表明了哪些竞争者的险种在与 A 公司进行竞争。例如，在服务业的第 2 类险种方面，A 公司就会与 B 和 C 公司展开竞争，但是 A 公司在政府部门的第 2 类险种却没有直接的竞争对手。除此之外，还没有哪家公司涉及政府部门的第 3 和第 4 类险种，以及制造业的第 1 类险种，因此这就为可能出现的新险种提供了启示。A 公司可以根据自己的资金和营销实力来开发这些市场。

3. 险种深度

在以上对险种分析的基础上，可以考虑对险种深度进行改善。这里会涉及一个问题：什么是险种的最佳深度。如果能够通过增加产品种类来增加利润的话，那么就说明现有的险种太短；如果能够通过削减产品种类来增加利润的话，那么就说明现有的险种太长。

当然，险种深度受到公司销售目标的影响。正在试图寻求较高的市场份额的公司希望具有完善结构的险种。此外,市场成长也会要求公司具有较深的险种结构。而追求高额利润的保险公司宁可具有“经慎重挑选的”保险产品组成的险种组合,而不愿意具备很深的险种结构。因此,如果一些保险产品无法提供利润,它们就会被忽视并最终放弃。

同时,险种具有不断加深的趋势。生产能力过剩会促使开发新的保险产品。营销队伍也希望险种结构更为全面,以满足不同消费者的需求。为了追求更高的保费收入和利润,经理们也希望增加同一险种中的产品种类。但是当保险产品的种类增加后,有一些费用也相应上升。例如相应的产品开发和设计费用、新产品的促销费用等。此时,可能会由于资金短缺或者营销能力不足而冻结一些新产品的开发和营销,从而产生不利的影响。

同理,上述立足于险种层面的分析也可以在其他层次展开,比如基于产品线的层次展开,确定保险公司各个产品线的取舍和发展方向。或者基于同一个险种下的保险产品层面展开,讨论保险产品的结构和决策。或者基于同一保险产品下的不同险别展开,考虑是否要保留完整的险别结构等。

二、保险产品组合策略

(一) 扩大产品组合策略

扩大保险产品的组合,包括拓展产品组合的宽度和加强产品组合的深度两方面的内容。在横向上可以通过增加保险产品组合的宽度,即增加新的产品线来达到目的;在纵向上可以通过增加保险产品组合的深度,即增加险种数量、保险产品和险别的数量,使保险产品系列化和综合化。此外,还可以二者并举,即同时增加保险产品组合的宽度和深度。

当保险公司预测现有保险产品的销售与利润在未来有可能下降,或不足以实现保险公司的发展目标时,就应该考虑在产品组合中增加产品线,扩大保险产品的经营范围。新增的产品线可以与原来的产品线具有紧密联系,也可以与原有产品线关联不大或者没有关联性。当保险公司打算为更多的细分市场提供保险产品时,则可以通过在原有产品线中增加新的险种以及新的保险产品来实现。这样还有可能迅速占领某一保险细分市场。此时,保险公司应该使新增加的保险产品与原有保险产品有显著差异,以避免新旧保险产品之间的相互残杀。扩大产品线,可以使保险公司充分地利用公司资源,分散风险,提高保险公司的竞争能力。但是,由于保险公司在新的产品线上几乎没有承保经验可言,因此,如何借鉴其他保险公司的承保经验并有效控制承保风险就非常重要了。

(二) 险种延伸策略

险种延伸策略即增加保险产品组合的深度,在同一个产品线中开发出更多的险种和保险产品,使保险产品更加系列化。也就是说,把原有的险种扩充成系列化险种,充分满足消费者就这一风险而产生的各种不同的保障需要。例如:

● 保险公司可以在同一产品线下设计新的险种。例如,保险公司以前只经营传统的寿险产品,包括定期寿险、终身寿险和两全保险,都是向客户承诺固定回报率的保险产品。当宏观环境进入升息通道时,这些传统保险产品就可能不太受消费者青睐。此时就可以在同一产品线下延伸新的险种,开发出创新型的具有投资功能的险种,如万能寿险和投资连结保险,从而使人寿保险的险种结构更加完善。

● 保险公司还可以就同一险种设计不同的保险产品,针对各种不同的消费群。例如,专门为低收入阶层设计简易人寿保险,其属于定期寿险,保险金额和保费都比较低,保险期限也比较短。为中等收入阶层设计保费和保额较高、保险期限较长如二十年的定期寿险。同样都是在固定的保险期限内保障死亡风险,但是由于针对不同的人群,从而扩展了保险产品,增加了保险产品组合的深度。

● 在基本的保险产品基础上,增加一些选择性条款,附加一些险种,扩充保险责任范围。比如,在财产保险中,通常每个保险产品都有基本险、综合险和一切险,还有许多附加险。保险公司可以扩充附加险的范围,给消费者更多的选择。例如,在机动车辆保险进行市场化改革后,各家保险公司纷纷推出了各具特色的附加险,有的保险公司提供的附加险条款甚至可以达到几十种以上。

● 保险公司还可以将不同险种、不同保险产品进行组合促销,从而可以节约销售费用,提高利润率,并且给消费者提供更高层次的保险规划。这些组合销售的产品一般相容度比较低,即关联度比较小。比如财产保险和人身保险的组合、财产保险和保证保险的组合、财产保险和责任保险的组合等。例如,有的保险公司将驾驶员意外伤害保险与机动车辆保险相结合,而有的保险公司将家庭财产保险与家庭成员的意外伤害保险相结合等。

通过保险产品的系列化、组合化和多样化,一方面能使保险消费者的需求获得更大的满足,消费者能够选择更多的产品,也有可能购买与自己收入相符合的产品;另一方面彰显了保险公司的服务水平,销售人员不仅仅是销售单个保险产品,而是从更高层次提供了保险规划的服务;除此之外,还增强了保险公司经营的稳定性,使保险公司的风险分散,能占领更多的保险细分市场;保险产品组合的优化,使各险种相互关联、相互影响、相互促进,有利于保险公司化解风险。

(三)缩减险种策略

缩减保险险种策略,是指保险公司缩减保险产品的宽度以及降低深度,主要是减少一些利润低、无竞争力的保险产品、险种或者产品线。

通过对保费收入及利润贡献率的分析,会发现一些竞争力较差的保险产品,如果通过进一步的分析，发现其没有较强的增长潜力，甚至可以考虑将这一销售呆滞的保险产品撤掉，或者进行一些新的产品组合来改善，使其能发挥更大的作用。倘若某一个险种的表现都不佳，则可以撤销整个险种，乃至撤销整个产品线。撤销掉萎缩的保险产品、险种或产品线之后，可以使保险业务人员集中精力推销保险需求高的保险产品，提高保险推销的效率和服务质量。这是在保险市场处于饱和状态、竞争激烈、保险消费者缴费能力下降的情况下，保险公司为了更有效地进行保险销售，或者集中精力进行专业化经营，取消某些市场占有率低、经营亏损、保险消费者需求不强烈的保险产品而采取的策略。但是，由于保险产品特别是人寿保险产品具有长期性，要想完全地退出某一产品线，可能并非易事。为了保护消费者的利益，监管方面对此也有详细的规定。

三、组合保险产品的方法

总体而言，保险市场上各险种的保险责任都比较单一，所保障的风险比较集中。当然这是出于精算和风险限定的目的。但是，这一特征为保险产品的组合规划提供了广阔的空间。而且，从消费者的角度来看，消费者面临着各种各样的风险，风险还会随时间而变化，故消费者也需要进行保险产品的组合和搭配。所以，保险公司一定要充分运用保险产品组合的方法，对不同险种进行各种各样的组合，并上升到保险规划的层面。采取保险产品组合的策略，从保险公司的角度来讲，具有增加销售量、缩减销售费用、减少逆向选择、凸显服务水平、留住优秀客户等诸多优点；从消费者的角度来讲，具有满足各种保障需求、降低总保费水平、方便快捷的优点。然而，如何进行保险产品的组合是一个具有一定技术含量的问题，其涉及保险规划的范畴，值得深入探讨和学习①。通常应遵循互补原则，立足于消费者的保障需求，通过保障功能互补、时间互补、家庭责任互补等切入点，形成不同特色的组合方案，满足客户的不同需求。

（一）保障功能互补

针对不同的保险条款所提供的保险责任进行组合，突出不同保险产品保障功能的互补作用。既注重所保障风险的拓展，又突出主要责任的比重，如定期寿险＋住院医疗费用保险＋意外伤害保险，投资连结保险＋重大疾病保险＋意外伤害保险等。这些组合满足了消费者对生老病死残的保障需求，可以全方位满足消费者的各种风险保障需要。在财产保险方面，同样也可以根据保险产品的不同保障功能进行组合。例如机动车辆保险＋意外伤害保险，家庭财产保险＋意外伤害保险等。

企业的保险需求更多样，更需要在对企业进行风险分析的基础上，进行保险产品

---

① 有关家庭保险产品的组合和规划，可以参照粟芳的《家庭保险规划》，清华大学出版社 2012 年版。

的规划和搭配，这涉及更高层次的企业全面风险管理和风险规划的范畴。

（二）时间互补

人在不同人生阶段中，具有不同的家庭责任和社会责任，所需要的保障重点也会发生变化。可以针对不同年龄段消费者的不同需求，设计阶段鲜明又连贯互补、突出重点的保险产品组合方案。例如，单身期（20-30 岁）的年轻人，主要以自身保障为主。但此时的收入不高，并且还有建立家庭的重任，故应该考虑保险费不高、但保障高的产品组合，如定期寿险＋住院医疗保险＋意外伤害保险，慢慢再搭配终身寿险。当逐渐成长并进入已婚中年期（40-50 岁）的中年人，此时人们处于事业的高峰，收入比较高，不但要考虑自身的保障，还要考虑退休后生活水平的保障。这时的最佳保险产品组合是终身寿险＋住院医疗保险＋意外伤害保险＋养老保险。保费负担比较高，保障也比较高，比较全面。

对于企业而言，企业的保险大多是短期的，一年一规划，所以可以基本视为静态规划，在某个时点上满足当下的保障需求即可，无须考虑时间上的互补。

（三）家庭责任互补

家庭是社会的基本单位，根据每个家庭的不同特色以及家庭成员在家庭中所扮演的角色和承担的责任不同而进行保险产品的组合。承担不同责任的家庭成员发生意外之后给家庭带来的影响程度是不同的。比如，非经济支柱的家庭成员如发生不幸，所带来的主要是精神打击；而经济支柱的家庭成员如发生不幸，则整个家庭将陷入财务困境。营销人员可以分析家庭成员的不同角色，在设计保险产品组合方案时，注重不同家庭成员之间的保险产品组合。

第二节　保险产品生命周期策略

一、保险产品生命周期

产品生命周期是指产品从进入市场到退出市场的周期化过程，它不是指产品的使用寿命，而是指产品的市场寿命[①]。保险产品生命周期是指一种新的保险产品从进入保险市场开始，经历成长、成熟到衰退的全过程。保险产品的生命周期包括引入期、成长期、成熟期和衰退期四个阶段。典型的产品生命周期可以用图 6-3 表示。

产品生命周期的阶段划分是由新产品的市场扩散或消费者采用过程（见图 6-3）所决定的。革新者是思想开放、敢冒险、敢于“领导潮流”的人。新产品初上市时，往往

① 晁钢令主编：《市场营销学》（第二版），上海财经大学出版社 2004 年版，第 223 页。

是他们首先采用。由于他们人数少，只占潜在消费者总数的 2.5%，所以此时新产品的销量小，增长缓慢，处于引入期。如果革新者使用产品后认为效果良好并传播，就会带动早期采用者购买。早期采用者占 13.5%，且购买时间比较集中，所以此时产品的销量大，增长速度快，从而进入成长期。早期大多数是思想趋于革新、乐意顺应潮流的人，虽然不愿先冒风险，但愿接受新事物。晚期大多数是思想趋守旧、不冒风险、具有“从众”心理的人。革新者和早期采用者使用后会带动早期大多数加入购买，早期大多数又会带动长期观望等待的晚期大多数。这两部分人数占 68%，所以此时产品的销售量很大。但由于购买的时间不集中且销售量基数较大，因而销售增长速度放慢，产品进入成熟期。后随者是思想守旧、不愿接受新事物、总是落在潮流后面的人，占 16%。当后随者也加入购买时，产品的市场潜力就逐步消失，销售量逐步下降，愈往后下降愈快，进入衰退期。消费者转向购买更新的产品。

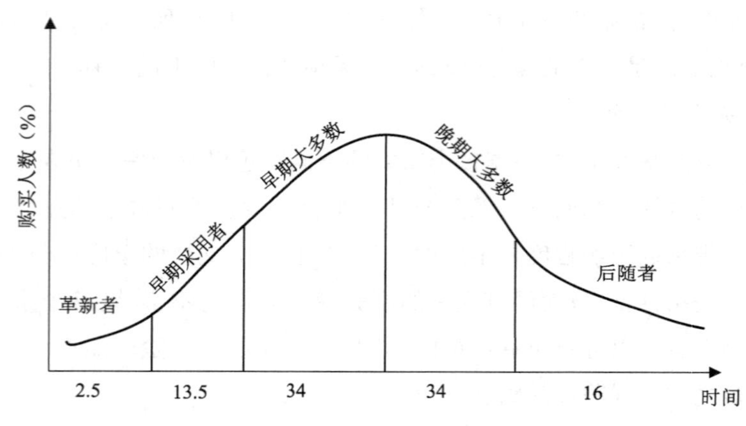

图 6-3 消费者采用新产品的过程

1. 引入期

引入期是指保险产品进入保险市场的开始阶段。在此期间，由于保险消费者对新的保险产品还没接受，往往表现为保费收入增长缓慢，销量比较小，且销售费用比较高。因此，在引入期，新险种利润一般为负，保险公司在此阶段无利可图。

2. 成长期

成长期是指新的保险产品经过宣传促销，为大批购买者所接受，销售量迅速增长的阶段。这一时期，由于销路已经打开，规模效应开始显现，产品的单位成本下降，于是销售利润也开始不断增加。但是，竞争者此时介入的可能性较大。

3. 成熟期

成熟期是指由于产品的市场趋于饱和，或者已经出现强有力的替代产品的竞争，新的保险产品的销售量增长率开始趋缓，并逐步趋于下降的阶段。在此时期，由于保险产品已被大部分潜在的购买者接受，为了应付日益加剧的竞争，保险公司要适当增加营销费用，巩固市场份额。在此期间，保险公司为维持市场所投放的销售费用开始上升，所以产品的利润也开始下降。

4. 衰退期

衰退期是指由于新的保险产品已不适应保险市场需求，或替代品已经占领市场，竞争力衰弱，销售量大幅度萎缩直至退出市场的阶段。在此期间，保险产品销售量呈现严重下降的趋势，保险公司利润降低。

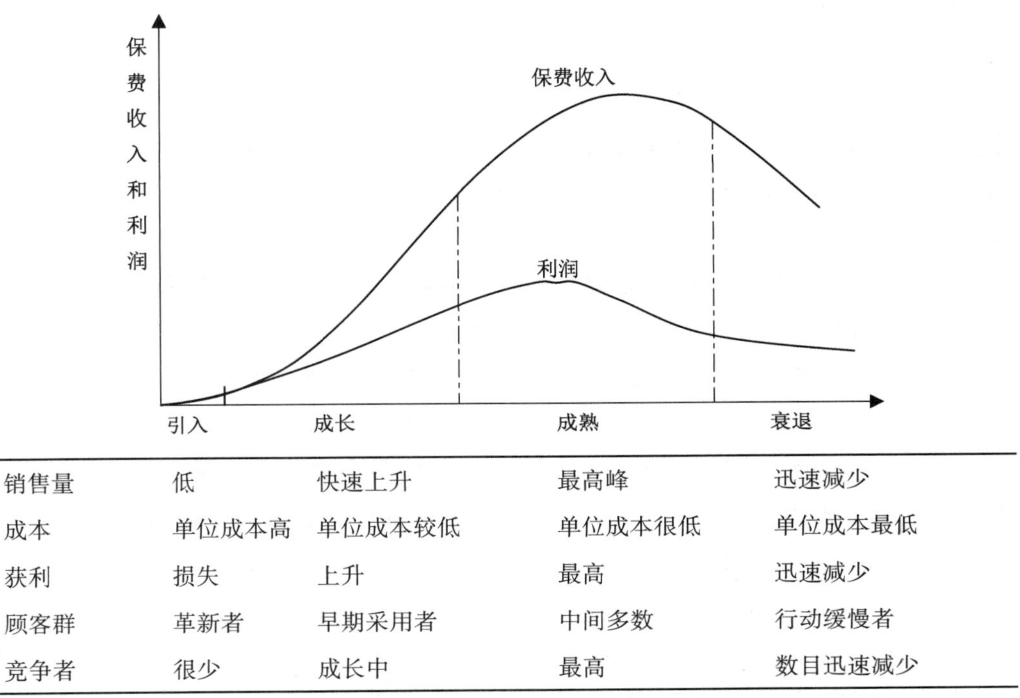

销售量	低	快速上升	最高峰	迅速减少
成本	单位成本高	单位成本较低	单位成本很低	单位成本最低
获利	损失	上升	最高	迅速减少
顾客群	革新者	早期采用者	中间多数	行动缓慢者
竞争者	很少	成长中	最高	数目迅速减少

图 6-4　保险产品生命周期及各期特征

图 6-4 表示的是理论上标准的产品生命周期曲线，是从所有产品市场生命发展过程中抽象出来的一般规律。但是，每一个具体产品的生命发展过程由于受到种种因素的影响而各不相同。同时，产品生命周期依其对产品线、险种、保险产品和险别的适用程度也都不同。相比较而言，产品线的市场生命最长，很可能在成熟期中无限延伸下去，属于“无限型”。险种的市场生命较产品线的生命短。保险产品的市场生命较险种的生命短，并最接近于标准的产品市场生命周期。而险别的市场生命周期非常不规则，随着营销和竞争状况不同而形态各异，有的险别甚至是昙花一现。

要完整准确地描绘产品生命周期曲线并区分各个阶段，只有在该产品市场生命结束以后才有完整准确的资料，然而这对该产品的市场营销已经没有意义了。如果希望保险产品生命周期的分析能对市场营销活动起指导作用,就必须在产品生命周期发展过程中区分各个阶段。但是,尽管营销学界对此进行了大量的研究,但迄今还没有理想的办法。目前的方法主要是依据主观经验,辅以少量的数据计算,仍然用定性的方法进行分析。在知晓保险产品所处的生命周期阶段之后,就可以依据各阶段的市场特征,选用不同的营销策略了。

二、保险产品生命周期的营销策略

(一) 引入期的营销策略

在保险产品投入保险市场的引入期中,保险消费者对新的保险产品有个接受过程,同时保险公司对新的保险产品也有检验过程。这一阶段的市场特征是:(1)保险产品的设计尚未定型,技术不够完善,质量不稳定;(2)保险公司对承保风险缺乏了解,积累、掌握的风险资料极为有限,保险费率的制定不尽合理;(3)承保的保险标的数量极为有限,风险分散程度较低;(4)分销渠道狭小,保险产品尚未被市场接受,代理商大多不愿在没把握的情况下经销该产品,短期内保险公司也无力开拓广泛的渠道;(5)产品不为人知,促销费用大;(6)消费者还有一个接受的过程,保险产品的销售量小,增长缓慢,利润薄,亏损现象比较普遍;(7)竞争者少,新产品市场前景如何,竞争者还在观望,即使前景看好,由于种种因素影响,竞争者也难以立即进入市场。

从引入期市场特征的分析可知,只有竞争者少是有利因素。故保险公司应根据这个特点扬长避短,首先树立引入期营销策略的基本指导思想,然后再围绕基本指导思想制定具体营销策略。在引入期,营销策略的基本指导思想是采用各种办法加快保险产品扩散的速度,利用竞争者少的有利时机抢先占领市场。因此,在这一阶段,保险公司要加强产品的设计和完善工作,保证产品的合理性和稳定性;综合考虑价格与促销。如果把价格和促销费用分为高、低两个档次,二者搭配起来就可以产生四种营销策略(见图 6-5)。

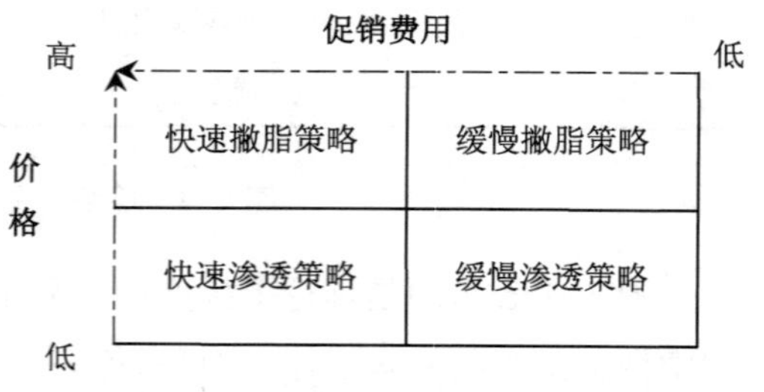

图 6-5 引入期的价格与促销策略

1. 快速撇脂策略

快速撇脂策略是指以高价格和高水平的营销费用推出新保险产品的策略。保险公司提出高价格,是为了尽可能地在每个单位的销售中获得高利润。保险公司在促销方面耗费巨资,目的是加快市场扩散,塑造产品"高效用、功能多"的形象,弥补高价格的缺陷,使保险市场上的客户相信用高价格购买保险产品会得到相应的回报。采用这种营销策略时保险市场应具备的条件是:该保险产品的市场潜力较大,潜在的大部分客户还没有意识到该险种；保险消费者对此产品需求强烈并有能力接受高的价格；市场上的竞争对手较少；保险公司有建立这个品牌的偏好。

2. 缓慢撇脂策略

缓慢撇脂策略是指以高价格和低水平的促销费用将新的保险产品投入保险市场的策略。高价格是为了尽可能地回收每单位产品的毛利，低促销费用则可以减少费用开支，降低成本。两者结合，可以从市场上获得大量利润。这是最为理想的策略。但是实行这种策略也必须具备以下市场条件：保险市场规模有限；市场上大部分消费者已经了解这种保险产品；保险消费者愿意出高价购买这种保险产品；潜在竞争的威胁比较小，由于各种原因，竞争者难以进入市场。

3. 快速渗透策略

快速渗透策略是指用低价格和高水平的销售费用推出新保险产品的策略。保险公司采用这种策略时投入最多，其目的是以最快的速度渗透市场，并取得最高的市场份额。采用这种策略应具备的市场条件是：保险市场规模大；市场上的保险消费者不了解新保险产品；大部分保险消费者对价格敏感，不愿意接受高价格；市场潜在的竞争威胁很大；保险公司大范围承保该保险产品使经营成本降低，能获得一定的收益。

4. 缓慢渗透策略

缓慢渗透策略是指用低价格和低水平的营销费用推出新保险产品。低价格会刺激保险市场尽快接受这种保险产品，保险公司保持低促销费用能降低营销成本，获得更多利润。采用这种策略的保险市场条件是：市场规模大；保险消费者非常了解这种保险产品；保险消费者对低价格特别敏感；存在着潜在的竞争对手。

在引入期，促销活动的重点应该从以下两方面考虑：一方面，利用各种促销手段使消费者购买，促销手段有赠送礼物、折扣优惠以及提供各种保证等；另一方面，利用各种促销手段促使代理商愿意经销，如给予优惠价格、提供合作广告津贴、派人协助推销、帮助培训职工等。广告重点则是提高产品知名度，即让潜在顾客都知道本产品的存在，而不要求对本产品有很多了解。

（二）成长期的营销策略

在保险产品经过试销后，销售额急剧上升的时期为保险产品的成长期。与其他各阶段相比，成长期的市场特征是：(1)产品已经定型，技术日趋完善。该险种的条款设计日趋完善，保险费率更加合理。在此基础上，保险公司开始注意产品更新。(2)承保的保险标的数量增加，风险分散程度较高。(3)销售渠道增多。产品已为市场接受，代理商也乐于销售，销售渠道已经打开。(4)促销费用可能维持不变，也可能稍微增加，但促销费用与产品销售额的比例明显降低。(5)销售量多，增长迅速。(6)利润量多。主要原因是产品成本降低及促销费用与销售额比率降低。(7)竞争者多，在广阔的市场和高额利润的吸引下，竞争者纷纷进入市场。

与引入期刚好相反，在成长期中，所有因素都是有利因素，只有竞争者多是不利因素。引入期的市场是等待保险公司开发的“新大陆”；而成长期的市场好像是一块块“领地”，大多数已被占领，保险公司要“钻”和“挤”才有可能进入。在这一时期，营销策略的基本指导思想是：在竞争中开拓市场，扩大产品的市场占有率。因此，保险公司可采取以下策略，尽可能保持该产品在保险市场上长久地增长，使这一时期尽可能地延长：

1. 产品方面

在不断地完善保险产品、突出强调其特色的同时，使之更适应保险需求，并提高保险产品的竞争能力，力争创出名牌。通常，在同类竞争性产品很多的情况下，名牌产品往往一枝独秀，所以创造名牌是增加销售的根本保证。

2. 价格方面

分析竞争者的价格策略，维持原价或在适当时机降价以吸引对价格敏感的保险消费者。

3. 渠道方面

适应保险市场需求多样化的需要，积极开发新的销售渠道，使产品销售面更加广泛。

4. 促销方面

除继续开展各种促销活动外，广告宣传的内容要依据保险消费者需求的变化而变化，从险种知名度的建立转移到说服客户接受和购买的层次上。成长期的广告不仅要使潜在顾客知道本品牌存在，更重要的是了解本品牌的质量、性能、特点以及优势。

5. 市场方面

积极寻找和进入新的市场。进入新市场的主要方法之一是实行产品差异化。产品差异化是在产品基本作用相同的条件下寻找不同品牌之间细微的或想象的差异。因此，保险公司要根据保险需求的变化，适时地开发相关的附加险条款，不断扩大承保范围。

6. 服务方面

努力做好保险售后服务，留住现有的客户，吸引更多的消费者加入。这对于树立保险公司的良好形象，增进社会对保险公司的信赖是十分有利的。

保险公司如果采用以上一种或数种营销策略，将有利于提高在竞争中的地位，提高市场占有率。如果大量投资于产品改良、促销和开辟销售渠道，则会使成本上升，利润率下降。因此保险公司面临着高市场占有率与高利润率的选择。从长远的观点看，为了在以后的阶段中继续保持优势，宜采用提高市场占有率的方法。

（三）成熟期的营销策略

一个保险产品的销售增长率在达到某一点后，将放慢增长步伐，并进入相对成熟的阶段。这一阶段的持续期将长于前两个阶段。成熟阶段仍可分成三个小阶段。第一阶段是成长中的成熟，此时由于分销饱和而造成该保险产品的销售增长率开始停滞并趋于下降。虽然一些落后的购买者还会进入市场，但已没有新的分销渠道可开辟了。第二阶段是稳定中的成熟，由于市场已经饱和，该保险产品的销售量增长与人口增长呈同一水平。大多数潜在的消费者都已购买该保险产品，而未来的销售正受到人口增长和重置需求的抑制。第三阶段是衰退中的成熟，此时该保险产品销售的绝对水平开始下降，消费者也开始向其他产品和替代品转向。

与其他阶段相比，成熟期的市场特征是：(1)保险产品不断改革，更完善的替代产品开始出现。(2)保险市场上出现承保能力过剩的情况，而承保能力过剩又引发保险市场更加激烈的竞争。(3)降价比较普遍。由于销售困难和竞争影响，只有降低价格才能吸引价格敏感型消费者。(4)促销费用提高。(5)销售量在初期缓慢上升，到达饱和点后又逐步下降，市场呈饱和状态。(6)利润率降低，总利润趋于下降。(7)强手如林，竞争空前激烈。比如，机动车辆保险就已经进入了成熟期，市场竞争空前激烈。保险公司都是在抢占市场上做足了文章。

成熟期的市场特征几乎都是不利因素，保险公司面临重重困难。保险公司营销策略的基本指导思想是维持和提高产品市场占有率，并尽可能地延长保险产品生命周期。首先维持已有的市场占有率，不要被竞争对手挤出市场；在此基础上争取提高市场占有率，扩大销售；最后要设法延长产品生命周期，避免保险产品过早衰退。此外，在成熟阶段，许多公司会放弃一些弱势保险产品或险别，认为最好的办法是把资金投入到更有获利能力的保险产品和新产品。但这是一种忽视新产品的低成功率和老产品仍有高潜力的做法。因此，此时保险公司采取的策略主要有：

1. 市场改进

(1) 进入新的保险细分市场。保险公司可以设法寻找新的目标市场，开发新的地理市场。如养老保险原来主要以城市人口为对象，现在可以在农村大力开展养老保险业务。

(2) 在原有地区中创造新顾客。在某地区中，本保险产品原先只有某一固定消费者群购买，现通过营销策略，设法使其他消费者群也加入购买。可分为两种途径：第一，转变未使用者。指通过营销活动促使未使用这类保险产品的人转而使用。例如，许多消费者是以储蓄的方式来防范人身风险，因此可以通过详细解释和说明，并增强攻势，使他们转而以保险的方式来保障风险。第二，争夺竞争者的顾客。保险公司可以通过营销工作，吸引竞争对手的客户来了解他们的保险产品，进而通过服务等其他方式把竞争对手的客户吸引过来。此外，对于向其他保险公司投保同一保险标的投保人，保险公司可采取适当降低保险费率或提供优质服务来吸引他们，使他们转为向本公司投保。

2. 产品改进

(1) 保险产品的重新组合：对于出现销售萎缩的保险产品，可以尝试从功能方面或者上面提到的一些组合方法方面进行重新组合，以发掘其新的增长潜力。

(2) 保险产品功能的开发与改进：对现有的保险产品进行修改、完善，以增加其作用和特征，如在承保一些特殊保险标的时，适当增加保险责任，达到保持和提高该保险产品市场占有率的目的。

3. 营销组合改进

营销组合改进是指改革保险产品的营销因素以刺激需求。

(1) 价格改革。成熟期一般采用的价格策略就是降价，以打入新市场并吸引同类竞争者的客户。

(2) 渠道改革。力争进入各种类型的、更加广泛的销售渠道，灵活使用各种直接和间接的销售渠道。

(3) 促销改革。包括销售促进改革(优惠、折扣、附奖等)，加强售后服务和保证，加强人员推销力量，增加广告力度等。广告策略的重点是“新奇”，以引起消费者的注意与兴趣，建立消费者对品牌的信任与忠诚。

(四) 衰退期的营销策略

大部分保险产品的销售量最终都会下降。这种销售衰退也许是缓慢的，也许是迅速的，也有可能会下降到零。譬如，一些在特定历史条件下所产生的保险产品，当其所赖以生存的特殊环境不复存在时，该保险产品会立刻消亡。还有的是因为出现了更完善的替代保险产品，旧的保险产品便逐渐失去市场。

与其他阶段相比，衰退期的市场特征是：(1)保险产品已经陈旧老化，被更新的保险产品所取代。(2)促销费用和促销活动减少。(3)保险产品销售量急剧下降。(4)保险产品利润急剧减少。(5)竞争者们纷纷有计划地撤出市场，将人力、物力、财力投入其他更有利的保险产品市场，继续留在市场中的保险公司也逐渐将保险产品从较少的市场中撤回。

衰退期的市场特征并非都是不利因素。因此保险公司营销策略的基本指导思想是有效地处理衰退期保险产品。首先分析保险产品是确实进入衰退期还是由于某些内部或外部原因造成暂时的销售减少，如果肯定保险产品确实进入衰退期，则应在继留策略或丢弃策略中选择其一。继留策略是指保险公司决定，在保险产品衰退时不应盲目地立即撤退，而应首先观察市场。由于竞争者相继撤出市场，继续留在市场内的保险公司往往可接收他们留下的顾客而暂时增加销售量。丢弃策略是指保险公司决定在保险产品衰退期丢弃产品，撤出市场。产品衰退期到来时，保险公司也不应盲目坚持或犹豫不决，否则可能在收效甚微的保险产品上消耗过多的人力、物力、财力，增加经营成本、减少投资效益、降低企业信誉，并丧失更好的投资机会。所以，保险公司主要应采取以下稳妥的策略：

1. 确认疲软的保险产品

前面提到可以根据保费收入/利润贡献率的比较来分析保险产品的情况，但要简单地通过这个方法来鉴定是不够的。保险公司应该成立一个产品审查委员会，拟定一套确认疲软产品的制度。通过对该保险产品的市场规模、市场份额、价格、成本和利润方面的分析，确定出可能疲软的保险产品；之后再通过销售疲软的年数、市场份额趋势、宏观市场情况分析、毛利和投资报酬等指标来辨认其是否为疲软的险种。

2. 继留策略

如果保险公司决定在产品衰退期继续留在市场内，则有以下三种策略可供选择：一是连续策略，即过去的营销策略维持不变，市场、价格、渠道、促销等与过去完全相同。二是集中策略，即将人力、物力和财力集中于一些最有潜力的市场与销售渠道，开展比以前更强的全力以赴的促销活动。三是收割策略，即大幅度降低促销费用，减少促销人员，价格维持不变甚至稍有提高。虽然这会加速产品衰退，但可以增加眼前利润。在消费者对本品牌高度信任与忠诚的条件下，实行这种策略也能维持以往的销售水准，从而增加利润。

3. 丢弃策略

如果保险公司决定在产品衰退期丢弃产品、撤出市场，则应解决以下两个问题：一是丢弃方式，保险公司必须决定是停售保险产品，但继续为原有客户服务，还是把原来的所有已售产品都通过再保险的方式或其他方式从公司业务中剥离出去。二是丢弃时机。保险公司必须决定是立即快速停售保险产品，还是逐步减少销售量，有秩序地撤出保险市场。

无论怎样，当一家保险公司决定要放弃某个已经衰退的保险产品时，同时必须决定为已投保该保险产品的客户做好服务。特别是对于长期的人身保险产品，一定要做好后续的服务。不要仓促收兵，而是逐步地、有计划地限制推销，直至停办。还要避免感情用事，不忍心放弃自己的保险产品。另外，保险公司应该有预见性地、有计划地开发新的保险产品。这样做可以再一次将那些寻求保险替代品的消费者吸引过来，并重新启动保险市场，尽可能缩短保险产品衰退期，以达到保险公司稳定经营的目的。

第三节 保险附加产品策略

产品附加策略即对产品的包装、品牌和服务制定策略。这些因素虽然不是产品的关键因素，但是重要因素，直接影响着消费者对保险公司和保险产品的印象，还关系着消费者是否能继续做出购买更多产品的决策。所以，保险附加产品策略是除产品组合策略和产品生命周期策略以外，保险公司可以运用的另一个重要策略。

一、包装

（一）包装的定义

包装是产品成败的关键因素。一般认为"包装"是围绕在有形产品外的容器或包裹物，但是实际上也适用于无形产品。尽管大多数无形产品所具有的包装并不是通常意义上的包装，但所有无形产品均被某些因素所包围，而这些因素已成为其本身的重要外延。这些重要因素包括与保险产品相关的形象、符号或消费者期望，提供服务的环境设置，以及伴随保险产品的物质的或有形的东西。这些就是从服务营销的观点出发所得到的包装定义。实际上，对于保险服务等无形产品而言，包装的定义就是这些对产品进行包装的因素——形象、符号、消费者期望、环境设置等。

对于服务性产品，包装也能够对客户在服务产品质量的感觉上产生巨大影响。对于保险产品这种特殊的无形商品而言，包装包括以下方面：

(1) 在保险产品以及相关的所有附属服务中，以图形或文字方式表现出来的保险公司标志、产品标识、信件、宣传小册子、投保单、购买指南、保单摘要、销售说明、保费通知单以及保险合同本身。这些文字所依托的纸张质量、颜色、印刷质量、文稿质量以及其中的遣词造句均是产品包装的一部分。

(2) 销售或提供服务的保险代理人或保险公司其他代表的形象——这些人员的办公室外观和这些人员的谈吐、着装、行为与对咨询的反应，处理技术性事务的方式，表现出的知识或专业技术，对消费者的关心和参与程度，以及对消费者需求的了解。

(3) 对不断发展的客户营销关系的管理方式，销售人员或总公司雇员（例如客户服务部和理赔管理部人员）的服务态度。

(4) 提供保险产品的公司形象和声誉。例如，如果一家保险公司正在营销某一保险产品，该保险产品涉及较高金额的保费，对象是高收入人群。但是，该保险产品的印刷材料或与产品相关的其他要素准备不足，文笔粗糙，形象庸俗，纸质低廉，或者保险代理人的衣着不当，形象不洁，态度怠慢，解释不清，那么消费者对这一保险产品肯定会产生负面的印象。所以,这些要素及其产生的感觉是该保险产品本身有形的表现或外延。由此可见,包装可以强烈影响准客户对保险产品的态度;包装将从一开始就影响人们购买还是拒绝该产品,是仅仅保留这份保险还是最终购买更多的保险产品。当然,随着社会的进步和市场竞争的激烈,现在保险公司已经非常看重自己的公司形象、员工形象和公司声誉,在保险产品包装方面,做得都非常不错。

（二）包装的设计

包装要体现出应有的作用。包装的设计应符合下列要求:

（1）造型美观大方,图案生动形象,不落俗套,不恶意模仿,尽量使用新图案、新形状。

（2）包装要能够显示商品的特点和独特风格。例如对于人寿保险,其保障的是人的死亡风险,祈求的是平安健康,因此,在相关保险产品的包装上凸显平安、吉祥、家庭责任等蕴意;而对于分红保险,其有着积聚财富的功能,则在相关保险产品的包装上展现金玉、富贵、发财等内容;对于健康保险,则可以采用体现健康、平安、顺利、幸福等风格。

（3）包装上文字的设计要求能够增加消费者的信任感,并且能够指导消费。要能直接回答购买者最关心的问题,同时也要考虑购买者可能存在的疑虑。

（4）包装上所采用的色彩、图案要符合消费者的心理要求,并且不能和民族习惯、宗教信仰发生抵触。对于具有不同心理和爱好的消费者而言,同一色彩或图案的含义可能截然不同。例如,中国人在喜庆节日喜欢用红色,而日本人却喜欢互赠白毛巾;埃及人喜欢绿色,忌用蓝色;法国人最讨厌墨绿色,偏爱蓝色。不同年龄的人也有不同偏爱,如老年人喜欢冷色(蓝、紫、绿),年轻人喜欢暖色(红、橙、黄)。

（5）在设计包装的色彩与图案时,要避免与民族习惯、宗教信仰相抵触。例如在信奉伊斯兰教的地区忌用猪做装饰图案;法国人视孔雀为祸鸟;瑞士人以猫头鹰作为死亡的象征;乌龟的形象在很多地区都代表丑恶,而在日本则代表长寿。包装设计人员必须积累和具备世界各地市场上的不同爱好和禁忌知识,以提高包装设计的质量。

（三）包装策略

保险公司可以采用的包装策略有类似包装策略和分类包装策略。

1. 类似包装策略

类似包装策略是指在保险公司所有产品的包装物上都采用相同或近似的图案、色彩等,使消费者通过类似的包装联想起这些保险产品都是同一保险公司的,都具有同一质量水平。采用类似包装策略的好处是可以节省包装设计费用,有利于保险公司树立公司整体形象、扩大影响,有利于保险公司利用已有的产品形象和信誉推广新产品。但是其缺点是产品特色和个性不明显。

2. 分类包装策略

分类包装策略是指保险公司依据产品的不同档次、用途，在不同的细分市场采用不同的包装设计。采用分类包装策略的好处是，可以针对产品的特点、目标顾客的要求设计出合适的包装设计。但缺点是设计费用比较昂贵，并且无法体现公司的整体形象。

可以看出，这两种策略互相弥补了对方的不足，并没有一种是最好的包装策略。因此，究竟选择何种包装策略还要视具体市场条件而定。目前，我国大多数保险公司基本采用的是类似包装策略，各保险产品之间没有较大差别。

二、品牌

（一）品牌与商标

1. 品牌

制定品牌是保险公司标识自身及其产品的过程。制定品牌是公司的营销努力可获圆满成功的一个重要因素。保险公司可通过使用品牌名称、品牌标识和商标来为保险产品制定品牌。

品牌是利用名称、数字、术语、标识、符号、图案或其组合来标识一家保险公司的一种或多种产品，以区别于其他竞争产品。品牌是产品制造商或销售商的标识。品牌的两个组成部分是品牌名称和品牌标识。品牌名称是可用语言表述的字或词语。品牌标识又称商标，是任何可以识别但无法用语言表述的符号、图案、鲜明的色彩、独特的风格或其组合体。

制定品牌对消费者和销售商都有好处。品牌能够吸引消费者对新产品的注意力，并表明产品的质量。通过帮助树立公司及其产品的形象，制定品牌还能使消费者更有效地选购产品。通常，消费者会更倾向于购买其所熟悉的品牌，而不是那些不熟悉的品牌。对于销售者而言，制定品牌能改善保险公司的形象，减少综合销售产品所耗用的时间。

2. 商标

商标是已经合法注册的品牌或品牌的一部分，当注册的产品为服务时，也可使用服务商标。品牌与商标都是用以识别不同生产经营者的不同种类、不同性质产品的商业名称及其标识。它们既相互联系又有不同之处。品牌是一个商业名称，是产品和服务在市场上通行的牌子，它强调与产品及其相关的质量、服务等之间的关系。品牌实质上是保险公司对消费者在产品特征、服务和利益等方面的承诺。商标是一个法律名称。商标是产品生产者和经营者在其生产或经销的产品上所采用的，或服务提供者在其所提供的服务上采用的，用以区别产品或服务来源的，具有显著特征的标识，通常由文字、图形或其组合所构成。一般而言,可以把品牌的一部分或全部作为商标进行注册。商标是品牌的一部分,所有商标都是品牌,但品牌不一定是商标。

商标是指受到法律保护的品牌或品牌的一部分。正是由于商标受到了法律的保护,因此,商标除了起到一般品牌所能起到的作用外,还可以保护商品经营者的利益,在保险公司的产品形象被别人利用时,保险公司有权要求追究责任并得到赔偿;商标还可以保护消费者的利益,它能够尽量让消费者买到自己想买的产品,避免上当受骗。

保险公司应该考虑注册自己的品牌和商标。好的商标不仅难以获得,还在宣传产品和公司时具有极高的价值。进一步说,进行注册可使保险公司避免使用其他公司已经使用的品牌、符号或标语。

(二) 品牌和商标的设计

好的品牌有赖于对品牌的精心设计。很多保险公司都不惜重金聘请著名的设计单位为自己设计品牌。一般来说,品牌设计应遵循如下的原则。

(1) 简洁醒目,好记易读。

(2) 选材合理,独创性强。要考虑保险公司本身的意愿,考虑保险产品的特点,还要考虑其他一些诸如原创性、独特性要求等因素。

(3) 构思巧妙,暗示属性。品牌设计要使消费者根据保险产品的品牌就能够推测到保险产品的特点、属性和定位。

(4) 符合法律规定,遵守习俗。应该考虑到本国和主要国家的法律规定。

(三) 品牌策略

为了使品牌在市场营销中更好地发挥作用,就应采取适当的品牌策略。品牌策略一般包括如下内容:

1. 品牌化策略——是否使用品牌

使用品牌无疑对保险公司有许多好处,为了保险产品的信誉,应使用品牌。但是,如果保险公司是属于刚开始的新创企业,还没有定型,这时可以考虑不使用品牌,等时机成熟后再建立品牌。

2. 品牌使用者策略——使用谁的品牌

一旦决定使用品牌,就要考虑使用谁的品牌。保险公司是使用代理机构的品牌,还是自己的品牌?对于财力比较雄厚、技术和经营管理水平比较高的保险公司一般力求使用自己的商标。但在竞争激烈的市场条件下,在短时间内创立一个有影响力的品牌并非易事,因此,在有些情况下保险公司也可考虑使用别人已有一定市场信誉的品牌。

3. 品牌数量策略——使用多少品牌

对于不同险种或同一险种下的不同保险产品,到底如何使用品牌?通常有以下四种策略可供选择：

（1）个别品牌策略。即保险公司为自己不同的保险产品分别使用不同的品牌。这一策略的优点是使保险公司能针对不同细分市场的需要，有针对性地开展营销活动；缺点在于品牌较多会影响广告效果，易被遗忘。

（2）统一品牌策略。即保险公司的所有保险产品都统一使用同一品牌。采用此策略的好处是可减少品牌设计费，降低促销成本，同时，如果品牌声誉很好，还有助于新产品推出。不足之处是某一保险产品的问题会影响到整个品牌形象，危及保险公司的信誉。

（3）分类品牌策略。即保险公司依据一定的标准将其保险产品分类，并分别使用不同的品牌。这样，对于同一类别的保险产品实行同一品牌策略，对于不同类别的保险产品实行个别品牌策略，以兼收统一品牌和个别品牌策略的益处。

（4）企业名称加个别品牌策略。各种不同的保险产品分别使用不同的品牌，但每个品牌之前冠以保险公司名称。目前大多数保险公司都采用这一策略。例如平安分红险的名称曾采用过平安鸿鑫终身、平安世纪同祥、平安鸿祥两全、平安世纪彩虹、平安鸿利两全、平安鸿盛终身等。这样可以使新保险产品系统化，借助保险公司的信誉扩大品牌影响。

目前，我国大多数保险公司都有品牌意识，努力建立和维护保险公司的形象，并把保险公司的名称广为宣扬。例如在后面要提到的广告语“太平洋保险保太平”“平安村”“平安街”“平安里”等。并且，各公司也非常重视产品品牌和商标策略的运用。

案例 6-2　　太平保险的品牌建设

“太平”是 1929 年在国内创立的，解放初在海外经营，之后在 2001 年又回到国内复业，是一家老店新开的企业，中间经历了 46 年的断裂。品牌管理人员在老店新开的名义之下需要构建一个全新的品牌，做了下面这些工作：

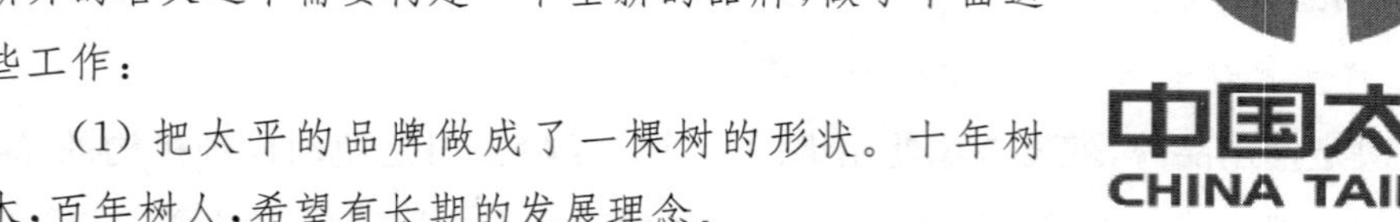

（1）把太平的品牌做成了一棵树的形状。十年树木，百年树人，希望有长期的发展理念。

■ “太平”二字为象形的根植大地、拥抱蓝天、枝繁叶茂的参天大树，寓意中国太平充满活力，永续经营。

■ 太平蓝象征天空的广阔与博大，诠释了中国太平通过诚信优质的理财服务和保险保障，为客户营造一片安宁祥和的生活空间。

■ 太平绿象征大地的生机与活力，寓意中国太平热爱自然、关爱生命的美好愿望以及积极进取、持续创新的企业风貌。

■ 整体的造型为圆形，强化了“中国太平是中国保险行业第一家跨国公司”的个性特点。

(2) 发掘和整理公司历史和资料。对内让员工了解公司的历史积淀，对外给客户、给社会建立可信赖的本土化的亲近感。

(3) 从大量的史料中提炼企业文化和企业的精神，展现强烈的社会责任感和特定历史时期的民族性和企业精神。

(4) 将太平的品牌、企业名称和中国传统文化结合起来，传达中华民族对于太平和小康的理想。例如，《春秋》说天下太平万物安静。宋代的张载则说，为天地立心，为生民立命，为往圣继绝学，为万世开太平。太平把这些都写入企业的诗歌中，内化了内心世界的东西，获得精神上和情感上的激励。

三、服务

(一) 服务的定义

1960 年，美国市场营销协会首先给服务下的定义是“服务是用于出售或者是同产品连在一起出售的活动、利益或满足感”。而菲利普·科特勒认为：“服务是一方能够向另一方提供的基本上是无形的任何活动或利益，并且不导致任何所有权变更的产品。它的生产可能与某种有形产品联系在一起，也可能没有联系。”

总而言之，服务提供的是无形的活动。消费者购买服务是为了满足需求，获得利益。对于保险行业而言，保险产品是一种无形产品，因而服务更加是保险产品不可分割的组成部分。实际上，保险产品本身就是一种服务。这种服务包括了提供保险保障、咨询、防灾防损等。其中，提供保险保障可以被称为核心服务，而其他服务则是附属的扩散性服务。

在保险市场，服务是提高保险公司声誉和产品竞争能力的重要手段。保险公司之间的竞争越来越激烈，在保险责任、保费等条件基本相同的情况下，服务就成为重要的竞争内容。谁能够为消费者提供最好的服务，就可以在竞争中占有优势。另外，独特的服务可以形成产品差异，为树立保险公司形象和产品形象奠定基础。

(二) 服务的内容

按照保险营销的过程，保险服务体现为售前服务、售中服务和售后服务。

1. 售前服务

售前服务是指销售保险产品之前为消费者提供的涉及保险方面的服务。即在消费者未接触保险产品之前，采用各种方法刺激消费者购买欲望而提供的各种服务。主要包括以下内容：

(1) 购买咨询服务：在投保之前了解各种有关信息，例如保险公司的现状、保险产品、保单条款的内容等。

(2) 风险规划与管理服务：帮助消费者和企业认识、识别和评估风险，并协助选择防范风险的措施，做好财务规划。

2. 售中服务

售中服务是指在保险产品的买卖过程中，直接为销售活动提供的各种服务。这是销售实现的关键环节。售中服务的主要内容有：

(1) 迎宾服务：售前和售中服务的中间环节，是销售操作的第一程序。

(2) 承保服务：从业务接洽、协商、投保、审核、检验、接受业务、制单、收取保费到复核签章、清分发送、归档保管的一系列活动。

(3) 技术性服务：对客户进行保险业务指导，协助填写投保单，并提供快捷有效的服务。

(4) 建立保户档案。

3. 售后服务

售后服务即在保险产品出售后为客户所提供的服务。其主要内容有：

(1) 营销员个人的售后服务：主要体现为把握一切机会与客户保持密切的联系，从而占据他的心灵，并不断给保险公司介绍更多的业务。

(2) 保险公司的售后服务：防灾防损服务、理赔服务、附加价值服务和保单保全服务。防灾防损服务，即为减少保险事故的发生或在保险事故发生后尽量减少损失而采取的各种措施。理赔服务，即在保险标的发生保险事故之后，保险人根据保险合同规定履行赔偿或给付责任，处理被保险人提出的索赔。附加价值服务，即保险公司所提供的与保险保障没有直接关系的服务。保单保全服务，即保险公司为了维护已经生效的保单而进行的一系列服务，例如保险合同变更等。

实际上，保险服务的质量更多地体现在售后服务中。许多消费者对保险公司产生不良印象的原因就是保险公司的售后服务不好。“卖出保险产品之后就再不服务了”“投保容易理赔难”等，都是因为保险公司的售后服务不好。并且，良好的售后服务还可以降低保险公司客户的出险率，提高保险公司的利润。所以，售后服务更加重要。

(三) 服务策略

服务策略主要体现在服务的差异化上。从保险公司的角度来说，解决价格竞争的办法是发展差别供应和建立差别形象，进而获得差别利益。简而言之，就是提供更好、更快、更全面、与众不同的服务来战胜对手。服务差异化策略有：服务内容差异化、人员差异化和形象差异化。

1. 服务内容差异化

这就是说在具体服务项目上形成自己的特色。例如给所有寿险客户提供体检和健康咨询的服务等。但是，服务内容的差异可以使保险公司在短期内区别于对手，但这些服务项目很容易被模仿。

2. 人员差异化

在服务过程中，保险公司通过人员、环境和过程实现服务的传送。前台的服务人员直接与消费者接触，服务人员的态度、技能、精神面貌、仪表都直接影响服务的质量。如果服务人员不精通业务、责任心不强，消费者就马上感觉到服务水平有问题，很可能转移到竞争对手那里购买服务。由于服务内容很具体、细致，每个消费者的要求也不一样，所以仅仅靠服务规范是不够的，这就要求服务人员有很强的适应能力。前台服务也需要后台人员的支持，后台人员的技术水平、工作态度会直接影响前台服务的质量。所以，聘用比竞争对手更优秀的员工，并加强培训和继续教育，建立有效的考评激励制度，通过人员差异化来实现服务差异化，能取得长久的效果。

3. 形象差异化

保险公司的形象是长期不懈努力的结果，是保险公司的无形资源。保险公司应当注意通过沟通和实实在在的行动，致力于塑造公司或品牌的个性，提升保险公司的形象，从而达到吸引消费者、促进销售的目的。

习题

1. 请解释产品生命周期的概念，并说明产品为什么会具有生命周期。

2. 请举例说明如何进行险种的市场轮廓分析，以及市场轮廓分析具有哪些作用。

3. 请解释扩大产品组合策略、险种延伸策略和缩减险种策略各自适用的市场条件。

4. 请举例说明应如何进行客户需求层次互补的产品组合。

5. 请举例说明应如何进行时间互补的产品组合。

6. 保险产品在生命周期的各阶段分别具有哪些市场特征？请比较说明。

7. 请比较快速撇脂策略、缓慢撇脂策略、快速渗透策略和缓慢渗透策略的区别和各自适用的条件。

8. 对于保险产品这一特殊商品而言，包装包括哪些方面？

9. 请解释品牌和商标的区别。

10. 请解释保险产品售后服务的内容。

11. 请比较三种服务差异化策略的优劣。

第七章　保险促销策略

保险促销策略是保险公司利用非价格手段进行竞争的重要策略之一。由于大多数保险产品都是长期产品，消费者需要在对保险公司产生完全信任之后才会购买，而且保险产品的价格又是隐性的，因此促销策略对保险公司显得尤其重要。保险公司可以利用各种促销手段建立和维护保险公司的形象，宣传公司的企业文化，从而使消费者建立高度的信任感。另一方面，由于保险产品的特殊性，因此其促销策略与其他产品并不完全一样。

第一节　促销策略概述

一、促销的含义和作用

促销是保险公司向消费者传递有关保险公司及其保险产品的信息，刺激消费者的购买欲望，并促使其产生购买行为的活动。信息沟通是促销实施的手段和前提。促销对于保险公司非常重要，因为促销具有如下重要作用：

(1) 促销有助于消除保险公司和消费者之间的信息分离矛盾。消费者需要购买保险产品，以满足个人或组织的需求，但他们可能不清楚谁在提供，以及何时、何地、以什么样的价格能买到所需的保险产品。通过以信息沟通为手段的促销活动，保险公司可以将有关公司本身及其产品的信息传递给目标客户，最终达到满足消费者需求的目的。

(2) 促销有助于突出产品差异，促进产品销售。产品差异是保险公司进行产品定价并影响产品销售的一个重要手段。通过促销活动，保险公司可以突出宣传自己产品的特点，使消费者认识到本公司产品与同类产品之间存在的差异，确立产品的差别优势，从而促进销售。

(3) 促销有助于树立良好的公司形象，增强公司竞争力。在有众多保险公司的市场中，消费者选择购买哪个公司的产品，不仅仅取决于产品本身，在很大程度上还取决于保险公司的形象。通过信息沟通，可以帮助消费者了解保险公司，赢得消费者的信赖，在消费者心目中树立起良好的公司形象，从而促使他们选购公司的产品。

二、促销组合

（一）促销组合的含义

促销方式有两大类：一类是非人员促销方式，主要包括广告、公共关系和销售促进等；另一类是人员促销方式，主要是指人员推销。

1. 广告

保险公司通过付费的方式利用特定的广告媒介和消费者进行信息沟通。广告是一种高度大众化的信息传递方式，渗透力强，可以多次重复同一信息，便于记忆。

2. 公共关系

促销只涉及公共关系中很小的一部分，公共关系是保险公司为了协调与营销环境中各部分公众的关系、树立良好公司形象而进行的信息沟通活动。公共关系具有比较高的可信度，传达力比较强，容易使消费者接受。

3. 销售促进

销售促进是保险公司为了刺激需求而采取的短期促销措施。例如通过提供奖励或优惠起到直接的激励和招揽作用。

4. 人员推销

人员推销是保险公司利用推销人员直接和消费者进行信息沟通。直接沟通可以应变迅速，人与人的沟通可以培养保险公司与消费者之间的感情，也能够迅速反馈意见和要求。

促销组合就是保险公司对广告、公共关系、销售促进、人员推销四种促销方式的选择、搭配和运用。保险公司可以利用的主要促销手段见表 7-1。

表 7-1　　保险公司的主要促销手段

广告	公共关系	销售促进	人员推销
各种媒体广告	新闻资料	销售竞赛	销售说明会
寄发海报和宣传单	防止损害的演讲	赠品奖项	销售会议
广告板	防灾研讨会	博览会与商展	电子行销
重要地点陈列	年度报告	大型音乐会	
展示商标	慈善捐赠	高客活动	
创造格言	公共关系	续保通知	

（二）促销组合决策的影响因素

由于各种不同的促销方式具有不同的特点，保险公司开展促销活动时应尽量实现各种方式的组合和综合运用。促销组合决策就是对各种促销方式进行选择、搭配和运用的相关决策。不同的促销组合会产生不同的促销效果，因此保险公司要充分考虑各种促销方式的特点和影响因素，灵活地选择促销组合方式，以取得预期的促销效果。影响促销组合决策的主要因素有以下五种：

1. 保险产品类型

对于不同类型的保险产品，不同促销方式的相对重要性是有差异的。这可能是影响促销组合决策最为重要的因素。大多数保险产品是复杂产品，需要人员推销和面对面的介绍，才能达成销售。而对于意外伤害保险等相对简单的保险产品，则广告就能够起到一定的作用。整体上来讲，广告比较适合于购买者多而分散、购买频繁但单次购买量少、产品单价较低且技术性较低的保险产品和市场；人员推销比较适合于购买者少而集中、购买次数少但金额大、产品单价高且技术性强的保险产品和市场。销售促进和公共关系在进行促销活动时都居于次要地位。

2. “推”或“拉”式策略

“推”式策略是指保险公司利用代理商和代理人把保险产品推销给消费者。“拉”式策略是指保险公司针对最终的顾客，利用广告和公共关系等促销手段，刺激消费需求，经过反复强烈的刺激，消费者将向代理人指定购买这一产品。在“推”式策略中偏重于人员推销方式的运用，比较适合于消费者较难意识到自身需求、较难产生主动购买行为的保险产品和市场；而在“拉”式策略中则偏重于广告这一方式的运用，比较适合于消费者容易产生主动购买行为的保险产品和市场。

3. 消费者购买过程的阶段

消费者购买过程可分为五个阶段：认知、理解、信服、购买、再次购买。在不同的购买阶段，不同促销方式有不同的成本效应（见图 7-1）。

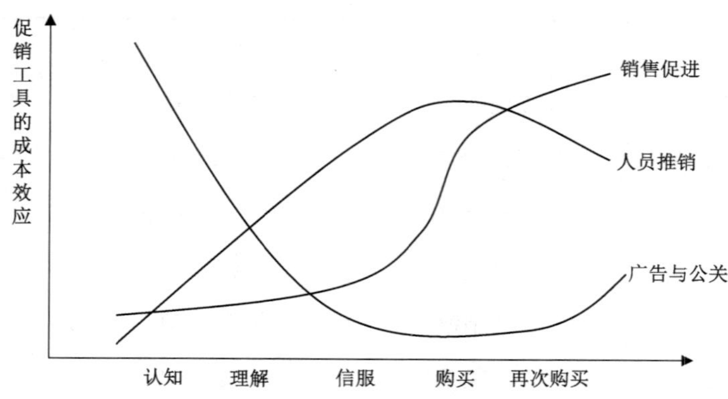

图 7-1　各种促销工具在消费者购买过程不同阶段的成本效应

在认知阶段，广告和公共关系活动对于扩大保险公司和保险产品的知名度起着十分重要的作用。在理解阶段，消费者主要受广告和公共关系活动的影响。消费者在信服阶段主要受人员推销的影响，广告和销售促进对他们的影响则较小。消费者做出实际购买的决策时，主要受人员推销和有力的销售促进的影响，广告在某种程度上也起到了提醒购买的作用。显然，广告和公关活动在消费者购买过程的最初阶段具有很大的作用，而人员推销和销售促进在购买过程的较晚阶段作用较大。

4. 产品生命周期的阶段

在产品生命周期的不同阶段，各种促销方式有着不同的效果(见图 7-2)。在引入期，广告和公共关系活动对于扩大保险公司和产品的知名度作用很大。销售促进和人员推销也有一定的作用，能吸引消费者了解和试用产品。在成长期，由于市场快速增长，各种促销方式的作用都有所减弱。这时仍应以广告和公共关系活动为主、以销售促进和人员推销为辅来开展促销活动。在成熟期，保险公司应以广告和销售促进为主要的促销手段，同时加强销售促进，以吸引原有的消费者和增加新的消费者，维持和提高保险公司的市场占有率。在衰退阶段，应以销售促进为主要促销手段，同时保持适当的提醒性广告，以尽量增加在这一时期的产品销量。

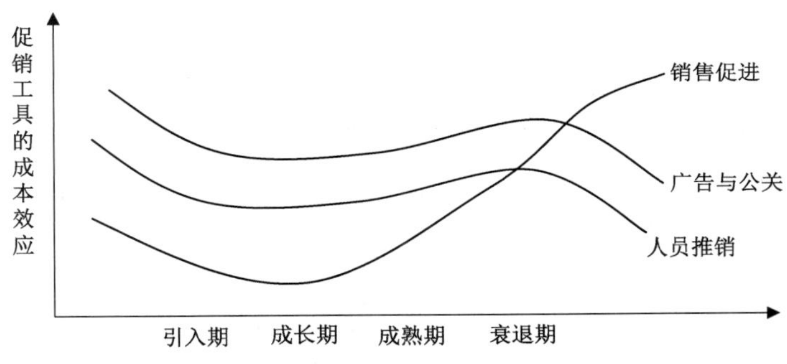

图 7-2　各种促销工具在产品生命周期不同阶段的成本效应

5. 促销预算

保险公司的促销组合，当然还要受到促销预算的制约。不同的促销方式需要不同金额的促销费用，而保险公司的促销支出一般也不是没有限制的。因此，在考虑促销组合时，促销预算的约束不容忽视。

第二节　保险广告促销策略

一、广告及广告决策

广告乃是公司用以对顾客和公众进行直接说服性传播的主要工具之一。标准的广告定义包括以下几个要素：第一，广告是一种有偿的沟通形式，但公益广告宣传使用的是免费时段和免费版面。第二，不仅仅传达信息是有偿的，其出资人也是特定的。第三，虽然有些广告只是使消费者认识某种产品或某个公司，但大多数广告都在极力说服或影响消费者去做些什么。第四，信息通过各种大众传媒进行传播，并传达给大批作为潜在消费者的受众。最后，由于广告是一种大众沟通的形式，所以它是非个人化的。

因此，广告的定义是：广告是一种由某个特定出资人发起的，通过大众传媒进行的非个人化的有偿沟通方式，其目的是说服或影响某类受众。

在当今信息社会，广告作为一种积极有效的信息传递活动，越来越起着积极重要的作用。广告能够传送信息，沟通供需；能够创造需求，刺激消费；能够树立形象，利于竞争；能够指导购买，扩大销售；还能美化人民生活，因为一则好的广告能使人得到美的享受。

在制定广告方案时，营销决策者首先必须确定目标市场和购买者动机。然后，才能制定广告方案所需的 5 项主要决策，也就是 5M：

- 目标——Mission，广告的目的是什么？
- 预算——Money，打算花多少钱在广告宣传上？
- 信息——Message，要传送什么信息给消费者？
- 媒体——Media，使用什么媒体？
- 评估——Measurement，如何评价宣传效果？

在图 7-3 中对这些决策以及它们之间的关系做了一些简单的描述，下文将围绕 5M 讨论保险公司的广告促销策略。

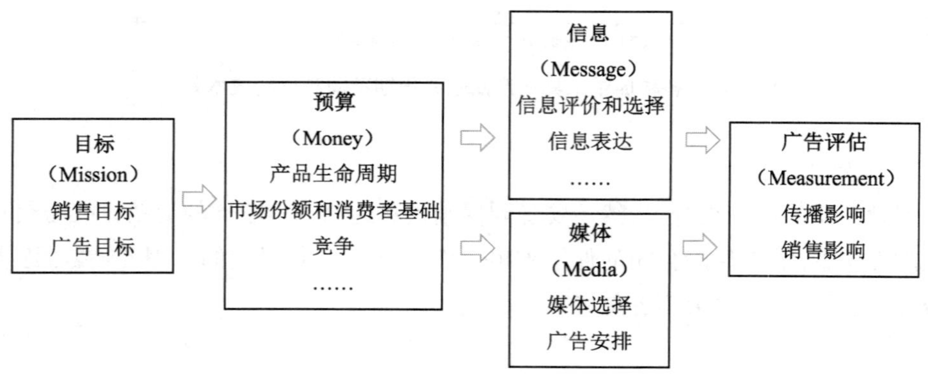

图 7-3　广告的 5M 决策

二、确定广告目标

广告策划的第一步就是确定广告目标。这些目标必须服从先前制定的有关目标市场、市场定位和营销组合等相关决策。

许多特定的传播和销售目标都可以转给广告。按照广告具体目的的不同，可将其分为显露广告、认知广告、竞争广告和扩销广告。显露广告是以迅速提高知名度为目的，着重突出品牌等简单明了、便于记忆的文字或符号等信息，而对商品和公司则不做具体的介绍。认知广告是为使受众全面深入地了解商品，详细介绍其特性、用途、优点的广告，其目的是增加受众对商品的认知度。竞争广告是指与竞争对手的广告等其他促销手段针锋相对、有意识地展开攻击或进行防御，是一种针对性极为明显的广告。扩销广告是在短时期内为推动销售量急剧增加而实施的广告，如有奖或优惠销售的广告等，这类广告的刺激性较强。

广告目标的确定，首先取决于其经营目标和市场状况，如产品所处的生命周期、竞争对手策略、公司的市场定位等，以此明确广告活动的目的，然后再根据广告活动的目的来选择和确定广告的目标。在广告活动中，广告活动的目的体现了公司经营目标和市场竞争的要求，相对比较抽象；而广告的目标则是把广告活动的目的具体化、数量化，比较实际。一般而言，完整的广告目标包括以下五个方面的内容：

（1）时间跨度，即广告活动的规划期，从何时起至何时止。

（2）地域界限，即广告活动传播的地域范围。

（3）目标受众，面向哪一部分广告受众进行宣传，这也应在广告目标中明确界定。

（4）性质描述，即期望通过广告活动达到什么样的效果，比如，是销售量上升还是美誉度提高。

（5）数量指标，这也是广告实施后进行效果评定的重要依据。例如，保险公司在广告活动中确定的销售导向目标可能是定期寿险6个月的初年度保费收入增长10%。

三、广告预算决策

（一）影响广告预算的因素

广告是有偿地使用传播媒体进行宣传的手段，因此广告必须投入大量的费用。公司在广告策划时必须根据其广告目标和自身能力对广告费用的提取和使用做出预算。在制定广告预算时一般要考虑以下五个因素：

1. 产品生命周期的阶段

对处于引入期的新产品一般要投入大量的广告费用，以扩大产品的影响，建立知名度和取得消费者的试用。而已建立了较高的品牌知名度的产品，或已处在成长期的产品广告费用在销售额中通常较低。

2. 市场份额和消费者基础

市场份额已经比较大的公司不需要利用广告去拓展更大的市场，而只需维持一定的市场份额，因此从预算占比来看，一般比市场份额较小公司的广告投入略少一些；同样已建立了一批忠实顾客群体的公司比那些仍需要去建立自己的忠实顾客群体的公司的广告投入占比少一些。而通过增加市场份额或从竞争者手中夺取份额来提高市场份额的公司，则需投入占比较大的广告费用。

3. 竞争与干扰

如果市场竞争者众多，对于公司广告宣传的干扰因素就较多，那么公司就需要投入较多的广告费用。只有加强宣传的力度，才可能抵御各种干扰。

4. 广告频率

广告只有达到一定的重复次数，才能给受众留下较深的印象。所以根据受众的接受规律，安排一定的广告宣传频率，也就决定了所需投入的广告费用。

5. 产品的替代性

对于有大量同类品牌的产品，为了突出产品的差异性特征、争取更多的顾客，就需要投入大量的广告费用进行促销宣传。而对同类替代产品比较少的产品可以少做一些广告。在保险市场上，保险产品的差异性不大，因此，需要投入较多的宣传费用。

（二）确定广告预算的方法

保险公司确定广告预算的方法主要有以下四种：

1. 量力而行法

即保险公司在分配了其他市场营销活动的经费后，再根据所剩余的资金来确定广告预算。这种方法只考虑了保险公司的财力，没有充分考虑广告的促销作用，也没有考虑到需要多少广告投入才能保证公司经营目标的实现。当市场竞争激烈、竞争者广告投入大或急需扩大产品知名度以打开市场时，广告投入不足会给公司造成重大损失，所以这种方法具有一定的片面性。

2. 销售比例法

即按销售额的一定比例来确定广告预算。这种方法的优点是考虑了销售目标和广告投入之间的关系；计算方法简便；能使公司管理人员结合单位产品广告成本、产品单价和单位产品利润之间的关系来进行决策；如果互相竞争的公司都采用这种方法来确定广告预算，就能够促进竞争的稳定性。但它的不足之处在于：将保费收入看成广告支出的原因而不是结果，混淆了因果关系；没有考虑可能存在的市场机会，因此可能因投入不足而导致丧失可利用的市场机会；广告投入随销售额的波动而变动，不利于长期广告促销计划的制订；比率的确定可能缺乏科学依据且带有一定的随意性；没有考虑不同产品和不同地区的具体情况。

3. 竞争对等法

即为了保持公司在市场上的竞争地位，根据竞争者的广告支出来确定公司的广告预算。这种方法的出发点是认为竞争者的广告支出的确定方法比较科学，只要公司和竞争者的广告预算与它们之间的竞争地位相适应，那么公司就能保持原有的市场份额，并且能避免广告战。但实际上，竞争者广告支出的确定方法并不一定更科学，公司之间存在信誉、资源、机会和目标等方面的差异，使得其他公司不能仿效成功的广告预算确定方法，而且采用竞争对等法也不一定就能消除广告战。

4. 目标任务法

采用这种方法，首先必须确定公司的广告目标，然后确定为达到这一目标必须完成的任务，再估算完成这些任务所需要的支出，最后将这些支出加总就得到公司的广告预算。这种方法仔细地研究了各项广告支出，因而使广告预算的确定更为科学。

四、广告信息选择

广告是传送产品和服务信息的手段，必然会面临传送什么信息和怎样传送信息的问题。这里就涉及广告信息的选择和广告设计的问题。

（一）信息选择

广告信息的选择主要是涉及公司想告诉目标受众哪些事情。保险供给者通过广告可以向需求者传递的信息很多，概括起来有三类：一是理念信息，即有关公司的精神、经营宗旨、管理风格和管理水平方面的信息。二是服务信息，包括服务项目、服务内容、服务方式、服务方法等方面的信息。三是视觉信息，诸如公司名称、徽标、建筑、办公条件、员工服饰等方面的信息。保险广告对第一和第二类信息的传递有利于提升保险公司的信誉，对第三类信息的传递有助于提高保险公司的知名度。但在广告中只能选定一种信息传递给消费者，如果什么都说，则不能给人留下深刻的印象。

案例 7-1　　CIGNA 医疗保险公司传递的理念信息

第一次微笑，第一次理发，第一个单词，第一个生日，第一次跳跃，第一次摔跤，第一个朋友，第一天上学直至第一次工作，所有生命路途中带给你的事情，都有我们为你计划。因为每个人都应有让梦想变成现实的机会。就像你的妈妈，总在你最需要的一刻温情地出现。

CIGNA 医疗保险公司广告
——帮助、生命路上的挚友

（二）广告设计

广告设计是营销人员根据公司所要传递的产品和服务信息，结合公司营销的内外部环境，运用广告艺术手段来塑造形象、传递信息的创作活动。广告设计的基本内容主要包括主题设计、文稿设计、图画设计和技术设计四个部分。

1. 主题设计

广告主题必须明确，应当以广告的诉求为取向。明确的诉求才能达到说服受众的目的。假如主题含糊不清，那么受众就不知所云，难以产生共鸣及购买欲望。广告主题应当唯一且突出。尽管一个公司或产品的不同广告作品可以拥有多个主题，但每一则广告的主题却只能是唯一的。它不可能包罗广告内容的所有信息，但必须传递最主要、最富特色或优势的信息。广告主题应包含目的、优势、承诺三个基本要素。从消费者角度来讲，消费者更关心的是商品或公司能给自己带来的利益和给予的承诺，所以主题还应考虑承诺，以赢得消费者的好感和信服。

2. 文稿设计

广告文稿是表现广告主题和内容的文字材料，在广告的实际制作中，常与广告主题一起统称为广告文案。广告文稿是传递广告信息的主要部分，一般由三方面要素构成，即广告标题、口号和正文。广告标题即广告的题目，其作用是引起受众的注意，概括引导和提示广告内容，同时能在一定程度上美化版面，活跃布局。广告口号，又称为广告语，是反映商品基本特征或公司形象的一种相对固定的宣传语句。广告口号是广告文稿的重要内容。好的广告口号不仅能够传递信息，还会因脍炙人口而在大众中广为流传，成为公司或产品的特定标志。广告正文是广告的主体部分，其主要功能是把标题提示的内容进一步具体化，说明产品的基本功能、特征，直接向受众传达信息，以期引起购买商品的欲望。在结构上，广告正文一般包括开头、主体、结尾三个部分。在表达题材上，正文经常采用陈述式、对话式、论述式、幽默式、文艺式等。

案例 7-2　　优秀的保险公司广告语

好的广告语可以提升公司形象，给人很强的冲击和影响，产生抛砖引玉的效果。广告语没有最好，只有更好。创意是广告的灵魂和永恒追求。广告的成功法则就在于出奇制胜，不鸣则已，一鸣惊人。以下是一些保险公司的优秀广告语。

- **财务稳健，信守一生(美国友邦)**

强调“稳”和“信”。前者说明公司实力雄厚，后者则强调公司服务质量优良。文字凝练，短短八个字，集精华于一体，概括了保险公司取信于客户的两个最重要因素。

● **95519,服务到永久(中国人寿客户服务热线)**

采用通俗的语言及谐音的表现手法,读起来朗朗上口,容易为普通百姓所接受和记忆。

● **95518,人保服务送到家(中国人保客户服务热线)**

浮泛藻饰之词反而不易为受众所理解和接受,该句朴实自然,人情味浓,富有亲和力和感染力,给人以温馨的感觉。

● **人生无价,泰康有情(泰康人寿)**

对偶的手法常在广告创作中运用。与美国友邦的广告语相反,这句广告语着重从感性的角度对目标客户进行诉求。首先提出一个被大众普遍认可的论点,即“人生无价”,一方面起到迎合受众心理、给客户亲切感的效用,另一方面暗示受众珍惜生命。最后顺理成章地揭示主题:投我们泰康的保险吧!这是一种渐进的诉求方式。首先取得受众的认同和信任,然后表明观点,趁热打铁推销自己,很含蓄地告诉人们保险的必要,应该说是一种较成功的宣传案例。

● **平时注入一滴水,难时拥有太平洋(太平洋保险)**

这句犹抱琵琶半遮面,以比喻与双关的双重手法,形象地道出了投保与保障之间的关系。告诉人们现在只要付出微小的投入,将来就会拥有巨大的保障。既宣传了公司形象,又揭示了保险的重要意义。从侧面出击,激发受众无限遐想,顷刻间便虏获客户的心。文字清奇,生动活泼,含义隽永,富有深意,耐人寻味。

● **天地间,安为贵(天安保险)**

这句广告语的目的在于,让客户认同一种观点的同时,下意识地认同观点的提出者,即广告主。同时一语双关,又向客户推销了自己。

● **专业·价值(平安保险)**

目标明确,简短有力,内涵深刻,重点突出,一字千金。兵不在广而在精,内容冗长的广告语非但无法在最短的时间内走进受众大脑,还容易遭到受众的厌弃。成功的广告语必然要经过反复锤炼,“千淘万漉虽辛苦,吹尽黄沙始到金”。

● **盛世中国,四海太平(太平人寿)**

回环的应用是其一大特色。除此之外,语言大气雄浑、气势磅礴,也是其独特之处,大气、双关。

3. 图画设计

广告图画,是广告艺术化的突出反映,指运用线条、色彩组成图案,对广告主题进行表达。在平面广告中,图画通常以绘画或摄影的形式来表现;在电视或电影广告中,图画则以摄制的画面为载体,并几乎占据了广告的全部。无论哪一种广告,图画的作用都是不言而喻的,主要作用在于三个方面:一是吸引受众注意,强化受众记忆;二是显露广告的主题和内容;三是愉悦受众精神,美化社会环境。

案例 7-3　国外某保险公司的广告——让男人买保险的理由

4. 技术设计

技术设计是广告设计中的最后一道环节,是由广告设计向广告制作的过渡。不同的广告形式,技术设计的重点也不一样。就平面广告而言,技术设计的重点体现在版面布局上。版面布局的主要任务包括:确定广告面积的大小,确定广告版面的基本形状,确定广告各部分的位置,勾画广告的装饰轮廓等。广播广告的一个突出特点是其听觉效果非常强,由此技术设计的基本内容主要指音响与文字的和谐搭配,包括广告歌词的谱曲、背景音乐的选择及播音或对话语气的界定等。电视广告中,技术设计偏重于场景的布置、人物的造型、音乐的穿插等。霓虹灯或 POP 广告则注重空间的结构、灯光的烘托等。总的来讲,技术设计就是将广告设计中的所有元素进行最佳组合,使广告效果尽可能地理想化。

(三) 广告创意

广告设计的成功关键在于广告的创意,即广告的艺术表现手段。广告创意是广告设计人员对广告的主题思想和表现形式所进行的创造性的思维活动,它指导着广告的设计和创作。与普通的创意相一致,广告创意的关键也在于一个"新"字,一定要有所突破,而且能给予受众愉快、兴奋的艺术享受。然而,广告创意与一般创意又有所不同。它必须符合公司的广告目标,在受众心目中塑造公司所期望的形象。一切都是为广告的现实目的——激发消费者的购买动机服务。所以,广告的创意具有很强的目的性,就是要寻求最佳广告诉求的表现形式。广告创意在广告活动中占据着重要的地位,它对广告活动的全过程都有指导作用,其成败直接影响着广告的总体效果。

案例 7-4　　香港某家保险公司的广告宣传:寓言故事

彼得梦到了上帝。上帝与他一起散步。天际显出一幅图像,显示出彼得的一生。他每走过的一段路程,都留下了两双脚印,一双是他的,一双是上帝的。但当最后一幅图像显示的时候,路面上却只有一双脚印。那段时间正是彼得一生中最暗淡、最悲哀的岁月。

彼得问上帝:"主啊,你答应我,只要我跟随你,你就永远支持我,可我在最艰苦的时候,你却弃我而去。"上帝回答:"孩子,当时,我把你抱在了怀里,所以只有一双脚印。"

广告最后一句话,"当你走上坎坷的人生之路时,本公司陪伴着你。当你遇到不测时,本公司助你渡过难关。"

五、广告媒体的选择

广告从本质上来讲是一种沟通信息的传播活动,它的实现往往需要借助一定的传播媒体。广告媒体就是介于广告发布者与接收者之间、用以传递信息的手段与设施。

(一)广告媒体的类型

总的来看,现代广告媒体主要包括以下八大类型:

1. 印刷媒体

印刷媒体即在广告的制作和宣传中利用印刷技术的媒体,包括报纸、杂志、书籍、宣传册及其他各种印刷品。

案例 7-5　　某保险公司设计的计划书

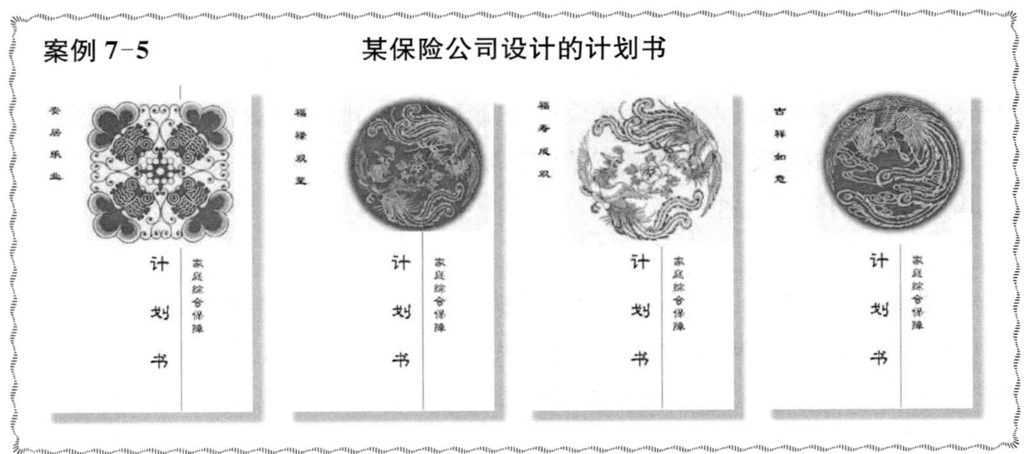

2. 电子媒体

电子媒体是利用电子技术进行广告宣传的媒体，如电视、广播、电影、互联网、公众号、手机 App 等。这一类媒体在近年来的发展与变化尤其突出。特别是互联网发展使新媒体的运用更加广泛与便捷。

3. 直复媒体

直复媒体是指直接邮递广告以及电话、电视和网络直销广告等。此类媒体担负着广告和直接推销的双重功能，即宣传者和销售者合二为一。由于可根据消费者的购买行为掌握和分析消费者对广告的反应，所以这种形式的广告媒体体现了广告发布者与接收者之间的双向沟通。

4. 户外媒体

在户外公共场所，使用广告牌、霓虹灯、灯箱及邮筒、电话亭等公共设施进行广告宣传。一般来讲，这些媒体总是要和城市的整体布局及周围的环境融为一体，也具有装饰市容和美化环境的作用，但与此同时又要求能够“跳出”环境，以吸引人们的注意。

5. 售点媒体

售点媒体是指在销售现场及其周围用以广告宣传的设施和布置，包括商店的门面、橱窗、商品陈列及店内外的海报、横幅、灯箱等，这类媒体在消费者最后的购买决策中体现了较为明显、直接的沟通及引导作用。

6. 包装媒体

包装媒体是指同时兼有广告传播效应的包装纸、包装盒、包装袋等。这在我国是较为悠久的一种广告媒体，在古代就有通过在包装纸上的简单印刷来介绍产品或扩大店铺影响的广告方式。而现代包装与古代相比有了巨大的飞跃，不仅制作材料多样，形状花样繁多，而且功能更是不断得以扩展。除了便于运输、维护使用价值等包装的初始功能外，许多包装在完成“第一使命”后还可以继续发挥价值，如用作装饰品、器皿、手袋等。由此也使其广告宣传的作用得到较长时间的延续和更广泛的传播。另一方面，尤其对于有形的产品，自选服务式商业的兴起也推动了对包装这个广告媒体的加强和重视，它甚至兼具人员推销的效用，抢眼的色彩易吸引消费者的注意，美观的设计易赢得消费者的喜爱，而很多老产品也常常是通过改头换面——新颖的包装来再度唤起新老顾客的购买兴趣。

7. 交通媒体

交通媒体是指在广告中利用车、船、地铁等交通设施进行宣传，表现为汽车或火车、船等交通工具内部的产品和品牌广告，以及一些汽车的车体广告，即通过汽车外部的装饰或图画进行传播。尤其是后者，已获得了公众的普遍欢迎，被誉为城市中“流动的美术”，因其目标较大，容易引起受众的注意，但是却由于视线停留时间不长，不宜对产品内容做详细的介绍。除了流动人口较多的旅游或商业中心城市外，公交车或出租车的传播地域一般只能局限在本市范围之内，长途交通工具的广告媒体效应却恰恰相反，往往可以超越地理界限，信息覆盖面较广。

8. 其他媒体

广告的触角深入世界的各个角落，似乎任何存在的事物都具有被广告媒体选中的可能性。例如，烟雾广告，即用飞机在空中喷出的字体或色彩进行宣传，这种媒体鲜艳夺目，在 20 公里范围内都看得清清楚楚；写云广告，即通过激光将广告语打在云层之上，与前一种媒体有异曲同工之处；空中飞艇广告；服装媒体广告，商标或广告语绘制在衣服上突出宣传也成为一度的流行……不仅这些，甚至动物及人体或大自然本身，如岩石、海滩等，也曾有被用作广告媒体的经历。

在以上各类媒体中，报纸、杂志、广播、电视是公认的四大传统广告媒体，互联网及其相关媒体则视为新媒体。它们都是以“大众传播”为基础原理的传播媒体，共同特点是传播面广、表现力强、持续性好、影响力大，所以往往成为最常用的广告媒体。但是，各种媒体具有不同的特点（见表 7-2）。下面针对报纸、杂志、广播、电视，以及目前比较流行的直邮、户外和焦点媒体，具体讨论它们的优势和劣势。

表 7-2　　不同类型的媒体比较

	优势	劣势
报纸	适用于各种规模的广告。黑白仍是最有力的配色组合。信息及时，反馈也及时，成本容易计算。可根据地区强调推销重点，变动广告也容易。	缺乏精确性、逼真性，特别是半口语化。难以控制广告在版面上的具体位置。纸质版的受众越来越少，年龄偏大。
杂志	高质量的生产与制作，有权威性。准确的人文信息分类，色彩效果好，且空白、字形等的使用富于变化。	发行量有限，周期比较长，不灵活，缺乏及时性，有堆积广告的倾向。纸质版的受众越来越少。
电视	产、形、动兼备，在一个时间里只出现单个广告，能提供产品示范，可信性强，注目率高。广告效果往往是其他媒体的 3-5 倍。电视本身具有权威性，消费者一般认为能上电视做广告的产品必是佳品。	没有足够时间传递众多信息，有时整个画面信息零乱，费用高。电视收视率受互联网冲击较大。收视者可以选择性跳过广告。
广播	声音富于表现力，幽默，有亲切感。听众较稳定，每个人只喜欢固定电台。信息改变快，也很容易制作。	缺乏视觉刺激，注意力易转移，听众的时间和习惯不确定，信息短暂，易消失。
网络	跨越时空的限制，无论何时何地都能够接收到；并且可以将文字、音频和视频进行完美的结合，充分展现保险产品的功能；顾客大多是主动地寻求相关信息和资料。	受网络条件和消费习惯的影响，具有非常高的透明度，由于网络安全而具有一定的道德风险。对受众的保险意识和理解力有一定要求。只能坐等，难以主动。
直邮	易制作，能使用三维效果，针对性强，效果容易测定。	对邮寄广告有很多政策限制，难以避免“垃圾邮件”之嫌。

（续表）

	优势	劣势
户外	容易制作，有色彩，规模大，高逼真制作，简单、直接、视觉效果好。	媒体信息扩展和变化有限，特别是交通广告到达的范围有限。
焦点	有三维效果，富于动感，富于新技术。	难以准确针对目标受众。

（二）广告媒体选择的要素

保险公司应根据所要传递的保险信息的不同要求选择广告媒体，具体的广告选择策略有：

1. 根据保险信息的特点选择媒体

保险公司是承保风险的公司，以信誉为本，所以保险广告传递的信息，主要是有关保险公司信誉、财力、险种方面的信息。对公司信誉信息的传递，应选择覆盖全国的媒体，像中央电视台、面向全国发行的报纸、杂志等大众传播媒体。

2. 根据公众接受媒体的习惯选择媒体

保险公司面对的公众，不管是法人组织还是个人，接收信息的都是人。不同性别、年龄、职业、收入、文化水平的人，其情趣、爱好、生活习惯不同，对媒体的接受习惯也不同。如老年人好静，爱看电视、爱听广播、看报纸；年轻人好动，喜欢看电影、电视和青年杂志，喜欢上网和刷微信；知识分子经常翻阅各类专业杂志；年轻女性喜欢看画报、逛街。保险公司可针对公众接受媒体的习惯，选择公众易接受的媒体做广告。

3. 根据传播时间选择媒体

广告媒体传播信息的时间也影响广告效果。如电视传播在“黄金时间”，即每晚7-10点，收视率高，广告效果好；报纸传播也有时间性；而互联网媒体则可以跨越时空，没有任何限制。

4. 根据保险公司的支付能力以及成本效益分析选择媒体

利用广告媒体传递保险信息的费用是很高的，一般来说，媒体覆盖面广、黄金时段播出的广告费用最高，地方性媒体或非黄金时段播出的广告费用较低。保险公司的财力如果不是很强，恐怕只能选择后者来传递保险信息了。

六、广告效果评估

保险公司取得的绩效，如承保金额上升、保费收入增加等，是保险广告与其他营销努力共同作用的结果。然而广告发挥作用的时间很难确定，因此，对广告效果的评估也存在一定难度。

（一）广告预测

在决定开展广告活动之前，可以针对广告进行效果预测。广告预测有三种主要方法：

1. 直接评分

该方法要求顾客对广告依次打分。其评分表用来估计广告的注意力、可读性、认知力、影响力和行为等方面的强度(见图 7-4)。虽然这种测量广告效果的方法不够完善,但如果一个广告获得高分,也可说明其具有潜在的有效性。

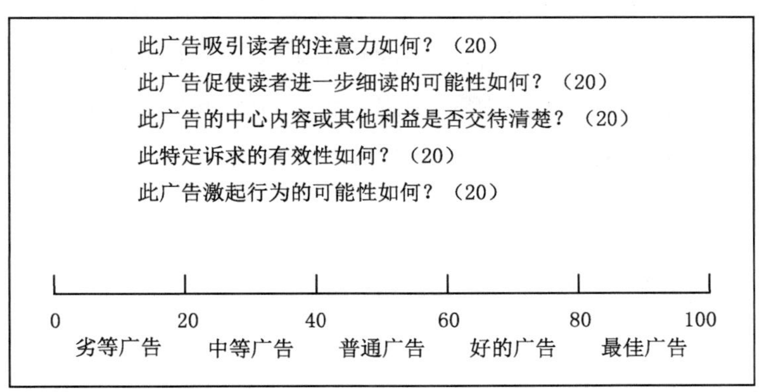

图 7-4　广告评分表

2. 组合测试

组合测试是请消费者观看一组广告,而且他们愿看多久就看多久。然后请他们回忆所看过的广告,能记住多少内容就回顾多少内容。问者可以提示,也可以不提示。其结果表明一个广告突出的地方及其信息是否易懂、易记。

3. 实验室测试

有些研究人员利用仪器来测量消费者对于广告的心理反应的情况,如心跳、血压、瞳孔放大以及流汗等情景。这类试验只能测量广告的吸引力,而无法测量消费者的信任、态度或者意图。

(二) 事后测评

事后测评即对广告活动进行之后的状况予以评定与检查,主要方法有：

1. 阅读率、视听率、记忆率测试方法

$$阅读率=\frac{阅读广告人数}{报刊发行量}\times 100\%$$

$$视听率=\frac{收看或收听广告人数}{电视机或收音机拥有量}\times 100\%$$

$$记忆率=\frac{记住广告的人数}{接收到广告信息的人数}\times 100\%$$

这些比率能说明广告的吸引力和易读、易记性问题。还有网页的点击率、网页的滞留时间等,也能测评和分析互联网广告。

2. 回忆测试法

即让通过媒体接收过广告信息的测试对象回忆广告内容,以评价广告的吸引力和易读、易记性。

3. 理解度测试法

即对通过某一具体的媒体接收广告信息的人进行抽样调查,请选定的测试对象说出在该媒体上所发布的企业的广告,这样的测试可将公司的广告分为不引人注意、能使人注意、还记得名称、记得中心内容、记得一大半内容等几种类型,从而评价接收者对广告的认知和理解程度,也可以评价该媒体的有效性。

第三节 保险公共关系促销策略

一、公共关系与保险

(一) 公共关系概述

公共关系,从静态看是一种状态,即一个组织所处的社会关系状态和社会舆论状态;从动态看是一种活动,即一个组织为创造良好的社会关系环境争取舆论支持的协调、沟通、传播活动。

保险公共关系,是保险公司用传播的手段使自己与公众相互了解、相互适应,维护和提高公司形象和声誉,以促进公司目标实现而进行的一种活动或职能。由此,保险公共关系与其他公共关系一样具有三个重要特点:它是一种"公众"关系,是一种传播活动,是一种管理职能。

(二) 公共关系的特征

公共关系不是一般的促销活动,它具有以下基本特征:

(1) 公共关系是保险公司与相关公众之间的相互关系。保险公司的相关公众包括公司外部公众和公司内部公众。保险公司必须将协调这些关系的行为纳入管理的轨道,有组织、有计划地通过各种信息沟通渠道与各种公众进行沟通。

(2) 公共关系不仅仅是用来推销公司的产品,而是塑造良好的企业形象。一家企业的形象和声誉是其无形财富。良好的形象和声誉是保险公司生存与发展的基础和保障。保险公司通过公共关系活动,可以宣传保险公司的经营理念、价值观念、企业文化,让公众了解公司并认同公司,从而提升保险公司的价值和形象。

(3) 公共关系活动以平等互利、共同发展为基本原则。公共关系以一定的利益关系为基础,这就要求保险公司必须本着平等互利的原则,谋求公司利益和公众利益的同步提高。只顾公司利益而忽视公众利益，在交往中损人利己，必然“众叛亲离”，断送保险公司的声誉和前途。

(4) 公共关系的手段是信息沟通。公共关系的传播手段比较多，可以利用各种传播媒体，也可以进行各种形式的直接传播。公共关系对传播媒体的利用，通常是以新闻报道的形式。保险公司要善于运用现代信息传播的理论与方法，有效地利用各种传播工具和沟通途径，将保险公司的方针、政策和行动等方面的情况及时地传递给社会公众。同时在公共关系活动中，保险公司要广泛地了解公众对公司的看法、意见和建议，并及时反馈给公司有关部门，促使公司及时做出调整，从而达到公司内部和外部各种关系的和谐统一。

(三) 保险公共关系的职能

1. 沟通信息

保险公司在开展公共关系活动时，一方面通过各种沟通渠道将保险公司及其产品的信息传递给公众，使公众了解和认识保险公司；同时又收集与保险公司及其产品的形象有关的各种信息，包括公众对保险公司产品的质量、性能、价格、用途等方面的看法和改进意见，公众对保险公司有关部门、公司的管理水平、员工素质、顾客服务等方面的评价，以改进保险公司的营销活动。

2. 塑造形象

保险公司形象是指保险公司在公众心目中的地位、知名度和信誉，它是公众对保险组织的印象与评价。良好的公司形象是保险公司的无形资产，可以给保险公司带来滚滚财源，有利于保险公司经济效益和社会效益的提高。保险公司通过信息沟通和建立公共关系，能使公众全面、正确地了解和认识保险公司，同时通过收集保险公司及其产品的形象信息，掌握保险公司及其产品在公众心目中的位置，在此基础上进行形象重塑、修正或巩固的设计和实施工作，改进和完善保险公司及其产品的形象。

3. 协调保险公司内外部关系

任何组织都处在广泛的联系中，保险组织也不例外，面临着各种各样的关系。这些关系就构成了保险公司的内外部经营环境。对这些关系处理得好坏，影响着保险公司经营目标的实现和保险事业的发展。这就要求保险公司必须开展广泛多样的社会交往活动，处理好各种内部和外部关系。保险公司内部的公共关系活动有助于建立融洽的人际关系，激发员工的创造性，增强保险公司的凝聚力。保险公司通过公共关系活动，能够协调与保险公司外部各种公众的关系，增进与公众之间的感情，创造一个轻松、融洽、友爱的环境，减少产生误解的可能性。协调保险公司与公众之间的关系，争取公众对保险公司的理解和支持，使公众与保险公司处于一种和谐的状态，为保险公司创造一个良好的内外部营销环境。

(四) 保险公共关系的对象

保险公共关系的对象是指与保险公司公关行为主体相关的公共群体,即公众。一般来讲,公众是指与保险公司公共关系主体利益相关并相互影响和作用的个人、群体或企业的总和。换句话说,也就是公共关系传播沟通活动的目标对象。它具有群体性、共同性、多样性、变化性、相关性等显著特征。对于保险公司而言,保险公司必须正确认识公众,分析和研究自己的公众对象,这是做好公共关系工作的前提。保险公司的公共关系对象通常包括顾客、媒体、政府机构、公司职工、协作单位、社区和竞争者等。

1. 顾客关系

顾客是上帝,顾客是公司的衣食父母,顾客总是正确的,这类在业界流传多年的名言反映了顾客关系的重要性。日本协荣生命保险公司给员工灌输的是"宁可丢保单,不可丢顾客"的服务理念。保险公司如没有大量的忠诚顾客,就难以有大的发展。建立良好的顾客关系的基础是提高保险产品的市场适应性、提高保险服务质量。

2. 媒体关系

保险公司与报纸、电台和电视台建立良好的关系,有助于争取新闻舆论对公司的支持。因此,保险公司应经常与媒体沟通。对保险公司发生的重大事件,如公司庆典活动、大额赔付、产品或服务项目的创新、管理新举措等,可及时、客观地向新闻媒体寄发资料并进行有效报道。如顾客对某种保险产品或服务不满意或误解,也可通过新闻媒体及时做出客观、公开的解释,以提高顾客的满意度,消除误解。

3. 政府关系

与监管机构、地方政府部门保持良好的关系,有利于保险公司获得政府部门的支持和理解。作为公司,应自觉地接受政府的监管和指导,依法经营,同时又要与政府部门主动沟通信息,通报情况。

4. 员工关系

员工是公司的内部顾客,公司领导理应善待员工,激发他们的工作热情和首创精神。搞好员工关系,要了解员工,承认和尊重员工的个人价值,要在公司领导与员工之间建立正规的联系渠道,要对员工进行业务能力的培训,注重人力资源开发,开展各种联谊、福利活动。

5. 协作单位关系

保险公司在日常业务中,经常会与银行、交通部门、医院、公安部门、商业机构和公估机构等发生联系。如通过银行、交通部门、商业部门代理销售保险产品,出险后需要取得公安部门、医院或公估机构的证明,与消防部门建立"客户防灾档案"等。保险公司应与这些机构保持正常的良好的关系,这样十分有利于开展市场营销活动,提高营销效率，减少骗保骗赔事件的发生率。

6. 社区关系

每一家保险公司都是生存于某一个具体的社区。现代市场营销理论认为，保险公司应该与社区居民保持和谐融洽的关系，以取得社区居民的理解和支持，并争取将社区“商圈”内的居民变成现实顾客。

7. 竞争者关系

竞争者市场营销的理想状态是，各保险公司之间既是竞争对手，又是合作伙伴和战略伙伴。在从事自身业务的同时，应与竞争者开展必要的合作，共享信息。如保险公司可以共同建立信息中心，将新发生索赔与已有索赔进行核对，以查出具有欺诈性的重复索赔；保险公司也可以合作建立防灾防损教育培训机构等。

二、保险公共关系决策

在公共关系决策时，即考虑何时与如何运用公共关系时，保险公司管理部门必须建立营销目标，选择公关信息和公关媒体工具，实施公共关系策略，谨慎执行公关计划，并评估公关效果。

（一）公共关系的目标

营销公关对实现以下目标发挥着重要作用：

（1）提高知晓度：可利用媒体来讲述一些情节，以吸引人们对某项产品、服务、组织或构思的注意力。

（2）树立可信性：可通过社论性的报道来传播信息，以增加可信性。

（3）刺激销售队伍和经销商：公共关系对于刺激销售队伍和经销商的热情非常有用。在新产品投放市场之前先以公共宣传方式披露，便于帮助销售队伍将产品推销给零售商。

（4）降低促销成本：公共关系的成本比直接邮寄和广告的成本要低得多，越是促销预算少的公司，运用公共关系就应越多，以便能深入人心。

（二）公共关系的工具

在建立营销目标之后，应合理地选择营销工具来达到公共关系的营销目标。营销公关的主要工具有公开出版物、事件、新闻、演讲、公益服务活动和形象识别媒体等。

1. 公开出版物

保险公司可以依靠各种传播材料去接近和影响目标市场，包括年度报告、小册子、文章、视听材料以及公司的商业信件和杂志等。在向目标顾客介绍产品是什么、适合人群、特征、如何理赔等，小册子往往起很重要的作用。保险公司撰写的富有思想性的文章可以引起目标客户对保险公司及其产品的注意。保险公司的商业信件和杂志也可以树立公司形象，向目标市场传递重要新闻。视听材料如电影、幻灯、视频和音频等也越来越多地用于促销。视听材料的成本通常高于印刷材料，但是给人的印象也更深刻些。

2. 广告宣传

保险公司的公共关系活动也包括利用广告进行宣传，这就是前文所提及的公共关系广告。公共关系广告同一般广告之间的主要区别在于，其以宣传保险公司的整体形象为内容，而不仅仅是宣传保险公司的产品和服务；其以提高保险公司的知名度和美誉度为目的，而不仅仅是为了扩大销售。公共关系广告一般又可分为以直接宣传保险公司形象为主的声誉广告，以响应某些重大社会活动或政府某些号召为主的响应广告，以及通过广告向社会倡导某种风气或提倡某种观念的倡议广告。

3. 事件

保险公司可通过安排一些特殊事件来吸引对其新产品和该公司其他事件的注意。这些事件包括记者招待会、讨论会、郊游、展览会、竞赛和周年庆祝活动，以及运动会和文化赞助等，以接近目标公众。例如，从 2009 年开始，中国太平洋保险携手具有一百多年历史的上海交响乐团举办了“音乐至心，服务至诚”为主题的“乐行天下”全国交响乐巡演。“乐行天下”是中国太平洋保险倾力打造的品牌化活动，它通过交响音乐巡演及多种形式的客户服务活动，将太平洋保险的关爱和呵护送到客户身边，为客户带来更高层次的体验。2010 年，“乐行天下”活动还被评为“中国最佳品牌建设案例奖”。

4. 新闻

保险公司可通过新闻报道、人物专访、记事特写等形式，利用各种新闻媒体对公司进行宣传。新闻宣传不用支付费用，而且具有客观性，能取得比广告更为有效的宣传效果。但新闻宣传的重要条件是：所宣传的事实必须具有新闻价值，即应具有时效性、接近性、奇特性、重要性和情感性等特点。所以保险公司必须十分注意提高各种信息的新闻性，使其具有被报道的价值。同时，新闻的编写要求善于构思出故事的概念，广泛开展调研活动，并撰写新闻稿。比如，当发生了重大灾情，如 2008 年 5 · 12 汶川大地震、2021 年郑州洪水、2022 年 3 · 12 东航坠机等，保险公司总是在第一时间派出救援和理赔人员，赶赴灾区抢险救灾，这本身就是非常有正能量的新闻报道。

保险公司可以通过新闻发布会、记者招待会等形式，将保险公司的新产品、新措施、新动态介绍给新闻界；也可有意制造一些新闻事件，以吸引新闻媒体的注意。制造新闻事件并不是捏造事实，而是对事实进行适当加工。如利用一些新闻人物的参与，创造一些引人注目的活动形式，在公众所关心的问题上表态亮相等，都可能使事实的新闻色彩增强，从而引起新闻媒体的注意并予以报道。一个好的公关媒体负责人应清楚，新闻界需要的是有趣而及时的情节、文笔漂亮和能吸引注意力的新闻报道。媒体负责人必须尽可能多地结识新闻编辑人员和记者。与新闻界的交往愈多，公司获得较多较好新闻报道的可能性也就愈大。

公共关系的宣传活动还包括对不良舆论的处理。如果在媒体上出现了对保险公司不利的报道，或在社会上出现了对保险公司不利的流言，保险公司应当积极采取措施，及时通过媒体予以纠正或澄清。当然若确因保险公司经营失误而导致不良舆论，则应通过媒体表示诚恳的歉意，并主动提出改进措施，这样才能缓和矛盾，重新获得公众的好感。

5. 演讲

演讲是创造产品及保险公司知名度的另一项工具。保险公司负责人应经常通过宣传工具圆满地回答各种问题，并在同业会议和销售会议上演说。保险公司应谨慎挑选公司发言人，并使用专门起草人和演讲辅导员，以帮助提高演讲效果。

6. 公益服务活动

保险公司可以通过向某些公益事业捐赠一定的金钱和时间，以提高其公众信誉。大公司通常会要求其经理支持其办公和工厂所在地的一些社区活动。在另一些场合，保险公司则为某项特定的事业捐赠金钱。越来越多的公司正在运用一种所谓的“事业相关营销”，以建立公众信任。比如，2004 年，中国人寿保险股份有限公司携手 SOHU 等公司开展全国范围内的“白领健康生活主张”大型公益活动。活动旨在倡导健康的生活观念，并提供中国人寿为白领量身定做的健康保障计划。

7. 形象识别媒体

在一个高度交往的社会中，公司不得不努力去赢得注意。公司至少应努力创造一个公众能迅速辨认的视觉形象。视觉形象可通过公司的持久性媒体进行传播，比如广告标识、文件、小册子、招牌、公司模型、业务名片、建筑物、衣服标记、网站、微信公众号、App、小程序等。

8. 社会交往

保险公司应通过同社会各方面的广泛交往来扩大保险公司的影响，改善保险公司的经营环境。保险公司的社会交往活动不应当是纯业务性的，而应当突出情感性，以联络感情和增进友谊为目的。如对各有关方面的礼节性和策略性的访问，逢年过节发礼仪电函、送节日贺卡，进行经常性的情况通报和资料交换，举办联谊性的活动等，甚至可以组建或参与一些社团组织，如联谊会、俱乐部和研究团体等，同社会各有关方面发展长期和稳定的关系。

（三）公共关系策略

保险公共关系的策略可分为三个层次：一为公共关系宣传，即通过各种传播媒体向社会公众进行宣传，以扩大公司影响；二为公共关系活动，即通过支持和组织各种类型的社会活动来树立公司在公众心目中的形象，以获得公众好感；三是公共关系意识，即公司营销人员在日常经营活动中所具有的树立和维护公司整体形象的意识。公共关系意识的建立，能使公众在同保险公司的日常交往中留下深刻的印象。从这个意义上讲，公共关系经常是融于保险公司的其他促销策略之中，与推销、广告、营业推广等手段结合使用，从而使促销的效果得以增强。

公共关系在促进销售方面的效果不如其他促销手段那样立见成效。但一旦产生效应，其作用将是持久和深远的，对于根本改善保险公司的营销环境具有特殊的效应，是保险公司促销策略组合中不可忽视的重要策略之一。

三、公共关系的评估

由于公共关系常与其他促销工具一起使用，故很难衡量公共关系的使用效果。如果公共关系是在其他促销工具行动之前使用，则使用效果较容易衡量。有效营销公关最常用的三种衡量方法是：展露度；知名度、理解和态度方面的变化；销售额和利润贡献。

（一）展露度

衡量公共宣传效益的最简易方法是计算与保险公司有关的信息在媒体上的展露次数。展露度的这种衡量方法并不是十分令人满意的。它不能明确实际上到底有多少人读了或者听到某种信息，以及后来他们又想了些什么。无法精确知道信息触及的受众净人数，因为有些媒体的受众可能是有重复的。

（二）知名度、理解和态度方面的变化

一个较好的衡量方法是考察由公共宣传活动而引起的公司或产品的知名度、理解或态度方面的变化，也可以在考虑了其他促销工具的影响之后使用。这需要调查这些变动的前后水平。

（三）销售额和利润贡献

销售额和利润的影响是一种较好的衡量方法。该方法比较直观。一次公共关系活动所起的促进作用能立竿见影地通过销售额和利润反映出来。

第四节　保险销售促进

销售促进的手段非常多，例如保险公司提供的各种小礼物等。将这些促销物品散发给消费者是希望他们能够加深对公司的印象，继续使用现在的保险产品，以及更多地尝试公司其他的保险产品。所以，销售促进实际上是给予消费者一种激励或刺激，

鼓励或诱导他们做出购买的决定，或继续坚定购买行为。销售促进的重要性在于，它有效地刺激了消费者的购买欲望。通常，销售促进和广告、公共关系以及人员推销等其他方法结合起来使用，能得到比较好的效果。但由于保险产品的特殊性，并不一定是所有销售促进的手段都适用于保险产品。保险产品的销售促进有着自己的独特之处。销售促进主要有同业促进和消费者促进两种类型。

一、同业促进

同业促进是指针对营销渠道各成员所举办的销售促进活动。通常，由于保险产品的特殊性，保险公司所采用的大多数销售促进手段都是针对同业促进的。同业促进有许多方法，但是其主要目的都是为了实现下列三个目标。

1. 使销售更加容易

保险产品是一个复杂的金融产品，对于这一点在前面已经进行了深入分析。因此，保险销售人员所面临的最为困难的工作就是如何用浅显易懂的话语向准保户解释保险产品的含义。保险产品保障的是风险，会涉及一些消费者不愿意提及的损失、死亡、残疾等不吉利的话题。另外，复杂的保险产品可能无法用言语表示清楚，必须借助于许多资料和图表。因此，保险公司同业促进的目的之一就是帮助销售人员进行销售，使保险产品的销售更加容易。可以通过以下方法提供销售辅助：

（1）比较直观的小册子和其他纸质和网络的宣传资料，解释保险产品的保险责任、各种选择权等。

（2）销售中需要使用的PPT、录音、录像、演示小程序等。

（3）用各种图表列明长期保险产品在每一年中的可能情况。

要注意的是，尽管这些销售辅助资料最终不是正式保险合同的内容，但按照法律规定，保险公司也必须保证这些资料的真实性和合法性。

2. 促进保险产品的销售

保险公司经常组织销售人员举办一些促销奖励活动，目的在于刺激保险销售人员努力地销售。例如，每家保险公司在每年年初都要进行所谓的“开门红”比赛，鼓励保险销售人员在新年伊始努力销售保险产品，通常，在这一期间销售产品，可以得到更高的佣金或其他奖励。

销售竞赛是保险公司经常采用的一种方法，即根据销售情况可以获得额外的奖励或奖赏。例如，象征销售业绩的领带、“金牌代理人”称号、“优秀代理人峰会”、外出旅游团建的机会等。这些奖品是保险销售人员在一般的商场购买不到的产品，具有荣誉的象征。

销售竞赛的指标总是基于保险销售人员总的保费收入，而并非某一个保险产品的保费收入。因为,保险公司希望销售人员能够根据保险消费者的需求提供保险产品,即需求导向型。如果保险公司希望能促进新保险产品的销售,则可以比较某一特定保险产品的销售业绩,采用产品导向型的竞赛。另外,在保险销售人员销售竞赛中,保险公司为了创造平等的竞争条件,会为新老保险代理人制定不同的标准,或者为新代理人设定一定比例的销售指标,激励新代理人不断地进步。保险公司会经常不断地举行各种销售竞赛,不断促使保险销售人员刷新业绩。

3. 了解、鼓励和培训营销人员

保险公司还可以利用这些销售促进的方法了解、鼓励和培训销售人员。最常使用的两种手段是公司的刊物和销售会议。

保险公司的刊物是了解保险代理人的销售金额和其他销售人员业绩的最佳媒介。许多保险公司编制了销售人员月刊,由业绩较高的销售人员来交流销售经验。表彰会议则是一种比较正式的全国性会议,销售人员必须取得了一定的销售业绩才能出席,并且在会议中所坐的位置与业绩也密切相关,这些无形的荣誉将激励销售人员不断前进。

除此之外,保险公司还举办许多会议,让优秀的销售人员进行经验分享和交流沟通。这些会议给销售人员提供了相互交流和学习的机会。

二、消费者促进

保险公司面向消费者和企业购买者所举行的销售促进活动通常被称为消费者促进。由于保险产品的特殊性,保险公司很少使用这些促进方法。但是,保险公司也在努力摸索,尽量采用更多的销售促进方法。下面是保险公司采用消费者促进的一些例子。

- 新年给客户寄发日历或记事本,还别出心裁地印上每个客户的姓名,体现“用心做好每一件事”。
- 举办一些保险产品博览会与展览,宣传保险理念和保险产品。
- 给消费者提供保费融资,解决消费者资金困难的难题。
- 举办大型音乐会、舞剧或话剧,邀请客户参加。
- 有计划地持续发出续保通知,并声明如果进行续保可以得到的优惠,提醒客户进行续保。

习题

1. 促销对于保险公司有什么重要作用?

2. 促销组合决策受到哪些因素的影响?
3. 广告决策主要涉及哪些内容?
4. 公共关系具有哪些作用?
5. 保险公司的公共关系的对象有哪些?
6. 销售促进在保险公司中具有什么地位?
7. 保险公司主要采用的销售促进手段有哪些?

第八章　保险关系营销策略

大多数保险产品是长期产品，保险公司需要长期与客户发生关系。并且由于保险产品能满足消费者的许多需求，而同一家保险公司又能够同时提供许多不同的保险产品，因此与一般消费品不同的是，保险公司应非常注意采取吸引“回头客”的策略，不但让消费者购买公司的产品，而且让消费者再次购买公司产品。如果公司的产品和服务能够占据客户的心灵，那么他同时还会带着自己身边的人也来投保。所以，关系营销对于保险公司而言尤其重要。

第一节　保险关系营销概述

一、关系营销的含义及重要性

（一）关系营销的定义

关系是交换过程中形成的社会的和经济的联系，它包括市场营销者与客户、销售商、供应商甚至竞争者等之间的联系。市场营销正在从追求每一笔交易的利润最大化，转向追求各方利益的长期最大化。在中国的市场营销活动中，“关系”一词的历史也比较悠久，而且是最为重视的一种营销方式。中国人重交往、重感情，甚至把市场营销也看作一种感情交往方式。中国的一句古话“买卖不成仁义在”就蕴涵了很强的“关系”。

综合各位学者的定义，针对保险产品这一特殊的服务性产品，保险关系营销的对象可分为以下四大类。

（1）客户伙伴关系。客户是保险产品的购买者。客户伙伴关系包括代理商关系、政府市场关系、非营利市场关系和最终客户关系。

（2）供应商关系。供应商是指保险公司所需资源的提供者。供应商关系包括服务提供者关系、资金提供者（金融部门）关系等。

（3）横向伙伴关系。横向伙伴是指与保险公司无直接业务关系，但对保险公司业务活动产生影响的个人和组织。横向伙伴关系包括竞争者关系、传播媒介关系、社会公众关系和政府部门关系等。

(4) 内部伙伴关系。内部伙伴关系是指保险公司内部各职能部门之间和员工之间的关系。

（二）关系营销与交易营销的异同

传统的以实现短期交换为目的的市场营销被称为“交易营销”,它与“关系营销”有着千丝万缕的联系,但是也存在着显著差异(见表 8-1)。

表 8-1　　关系营销与交易营销的差异

	关系营销	交易营销
目标不同	造就忠诚客户	吸引和获取客户,实现单次交易
观念不同	交易中获得的利益是双方共同创造的	在交易中追逐自身利益最大化而不考虑对方的利益
手段不同	除开展有效的售前营销以吸引客户外,在产品售出以后仍做出承诺	重视售前营销

关系营销与交易营销的差异主要体现在以下三个方面。

1. 目标不同:体现为单次交易与长期交易的差异。交易营销的目标是实现单次交易,重视每笔交易与利润之间的关系;往往只考虑如何吸引和获取客户,而很少考虑保留客户;在交易中存在着一种机会主义倾向。关系营销的目标是造就忠诚客户,长期维持和发展业务;在与关键客户和供应商的交换中比竞争者享有优先权;强调不同层次的关系水平与保险公司利润之间的协调;不仅重视客户的吸引和获取,更重视客户的保留。

2. 观念不同:体现为单方利益和双方利益的差异。交易营销持有以自我为中心的“个人主义”观念;在交易中追逐自身利益最大化而不考虑对方的利益;把交换双方的关系看作一种对抗性关系,认为一方得到的利益是另一方丧失的。关系营销持有以双方利益为基础的合作观念;认为交易中获得的利益是双方共同创造的,是互相给予的,要获得对方给予的利益,必须同样给予对方利益;不是采取对立的态度抢夺固定大小的“馅饼”,而是通过双方的信任与合作力争把“馅饼”做得更大,实现“双赢”;从追求每一交易利润的最大化转变为追求与其他各方利益关系的最大化。

3. 手段不同:体现为售前营销与售后关系的差异。交易营销以获取客户为目的;重视售前营销,依据每笔交易同利润之间的关系选择营销策略;只对客户做出有限承诺以实现短期效益;产品售出后不重视维系客户关系,不主动提供售后服务,不关心客户是否满意。关系营销以保留客户为目的;注重分析关系水平与利润之间的联系,以维持合理的关系水平,获取长期利润为依据确定营销策略;除开展有效的售前营销以吸引客户外，在产品售出以后仍对客户做出承诺以实现长久的关系收益；依靠优质产品、优良服务、公平价格和双方组织之间密切的经济、技术和社会的联系，同对方建立长期的、相互信任和互惠互利的关系。关系营销信奉的原则是：与利益伙伴建立良好的关系后，有利的交易自然会随之而来。

交易营销是关系营销大观念中的一个组成部分。关系营销是在交易营销基础上发展而来，是交易营销长期改进后所达到的观念上的突破。交易营销与关系营销有时能够达成一致的营销策略。但当需要提供的服务水平较高和单次交易难以获利时，关系营销者同交易营销者的做法会有很大不同。从交易营销策略向关系营销策略过渡是非常困难的，而从关系营销向交易营销过渡是极其容易的，正是从这个意义上说，关系营销包含交易营销。

（三）关系营销的重要性

通常而言，对于保险产品这类服务性产品，都应该采用关系营销策略。关系营销对于保险公司具有比较重要的作用。

1. 降低经营风险。关系营销可以降低保险公司的经营风险。关系营销的重点是保留客户，维持相对稳定的客户群体，在激烈的市场竞争中形成可靠的市场基础，保证产品销路和利润水平，减少经营中的不确定因素。根据赖克海德和萨瑟对 240 个行业 10 多家公司调查分析后得出的结论，客户流失率降低 5%，利润就能增加 25%-85%；对于银行业，利润会增加 35%；对于保险经纪人，利润会增加 50%；对于汽车维修店，利润会增加 30%。

对于保险产品这一特殊的服务而言，保留客户的更为重要的原因是可以留住风险比较低的优质客户。这样也降低了经营风险。例如，机动车辆保险中通过无索赔折扣，使风险比较低的客户留在公司续保，这就优化了被保险人群体，降低了风险。

2. 降低经营成本。关系营销可以降低保险公司的经营成本。这主要体现在以下两个方面。

第一，可以降低交易成本。在交易营销中，保险公司与客户的交易关系是短暂的、一次性的、偶然发生的。因此，每次交易之前都要大量收集对方的信息，交易中都要就风险、保险责任、是否可保、现场检查、体检、公司情况等内容反复考虑，增加了成交的难度，也增加了交易成本和时间。在关系营销中，保险公司与客户的关系是长期的、稳定的，客户和保险公司相互都比较了解。这样可以减少交易成本和时间，在最佳状况下，交易可以从每次都要协商变为惯例化，例如自动续保。

第二，保留客户的成本低于吸引新客户的成本。据统计，吸引一个新客户所耗费的成本是保持一个现有客户成本的 3-5 倍。因为关系营销可以使获取客户的成本在较长时期内分摊，并且进攻性营销比防守性营销的成本更高，前者要耗费更多的精力和费用去劝导那些对现有保险公司感到满意的客户转移到本公司。

3. 及时反馈信息。关系营销可以及时地向保险公司反馈信息。实施关系营销的保险公司与客户有着密切的交流，能够直接、及时地获得客户需求、希望、满意度和未来目标等相关信息，及时改进营销规划和策略。

4. 塑造良好形象。关系营销可以塑造保险公司的良好形象。关系营销依靠优质产品、优良服务、公平价格和多方面的联系造就了忠诚的客户。这些忠诚客户的"口碑"效用会在社会公众和潜在客户中塑造良好的公司形象和产品形象，起到吸引新客户的作用，扩大保险公司的客户群体。

正如一位资深的保险营销专家所说的，保险公司在开展营销时，第一步是要吸引消费者坐下来聆听有关保险产品的解释；第二步是能吸引消费者做出购买保险产品的行为；第三步是鼓励消费者再次购买保险公司的保险产品；而最终并且最难的一步就是要占据消费者的"心灵"，让他成为保险公司的忠实客户，并自发地为保险公司进行宣传，让自己周围的人都成为保险公司的客户。所以，关系营销实际上是营销的最高境界，是考虑如何把客户留住并降低客户流失率的营销策略。

二、关系营销的过程

关系营销的实施过程可分为明确营销目标、市场结构分析、选择目标市场、确定关系层次、提供所需利益、制定营销策略、执行营销策略、测试营销效果和改善营销规划九个步骤。

（一）明确营销目标

关系营销的最终目标是增加保险公司的销售额和利润，但是具体目标有多种。例如，可以是促使客户提高保险金额或多购买其他产品，或是防止老客户转向其他保险公司，或是吸引新客户等。然而最主要的目标是提高客户忠诚度，即心态忠诚和行为忠诚。"忠诚"的关键在于，"忠诚"并不表示客户百分之百地倾向于某一保险公司的产品，而是表现出强烈的公司偏好，使保险公司拥有交易优先权。理性客户的忠诚不是盲目的，而是从自身利益出发做出的明智选择。当条件变化使他感到某些不满意并达到一定程度时，就可能改变选择。

（二）市场结构分析

市场结构分析包括客户分析、竞争者分析、销售渠道分析和产品分析。

1. 客户分析。关系营销并非适用于所有客户，对不同客户有不同效果。保险公司应当在市场调查的基础上分析现实客户和潜在客户的关系价值以及影响购买行为的有关因素，为目标市场的选择提供依据。例如对客户关系价值分析、客户追求利益分析、客户转换成本分析和客户性格分析等。

2. 竞争者分析。如果市场竞争激烈，则宜于开展关系营销；当市场竞争微弱，则宜于开展交易营销。

3. 销售渠道分析。如果保险产品的销售渠道少，则宜于开展关系营销，以增加竞争能力、降低风险；如果销售渠道多，则宜于开展交易营销。

4. 产品分析。相对而言，对于保险期限短、技术含量比较低的简单保险产品，实行关系营销的效果稍逊一些，因为客户的转换成本较低。而对于保险期限长、技术含量比较高的复杂保险产品，实行关系营销易于奏效，因客户的转换成本高。例如，对于20元一份的航空意外伤害保险，其保险期限非常短，仅几个小时。购买这种保险产品的消费者在购买时通常没有选择保险公司，而是仅考虑便利而已。因此，保险公司对于航空意外伤害保险就不必采用关系营销。而对于长期寿险、医疗险等险种（或者是保险期限比较长，保险公司需要长期与客户保持联系，客户每年都需购买或续保；或者是产品技术含量高，比较复杂，消费者需要良好的售后服务等），保险公司应该采用关系营销的策略，不但可以让他们继续购买本公司的这一产品，有可能还可以让他们成为忠实客户，继续购买其他保险产品。

（三）选择目标市场

在客户分析的基础上，按照客户关系价值、追求利益、转换成本和个性等因素细分市场，然后结合自身条件、市场竞争状况等因素选定保险公司关系营销的目标市场，并选定相应的目标市场策略。一般而言，关系营销不宜采用无差异性目标市场策略，应采用差异性或集中性目标市场策略，把有利可图的客户作为目标客户。有利可图的客户是指能使保险公司不断产生利润的个人、家庭、公司或其他组织。这里的利润是指长期利润，不是仅指一笔交易的利润。

关系营销所要求的市场细分和目标市场比一般的营销更加精细，并且划分市场的依据也与一般营销不同，例如根据前面所介绍的客户关系价值分析、客户追求利益分析、客户转换成本分析以及客户性格分析等。它运用更为详细的资料，把所有现实客户和潜在客户分割为许多细小的需求不同的群体。有时甚至把一个客户作为一个细分市场或目标市场，并分别制定不同的关系营销策略，而不像一般营销那样对细分市场和目标市场做比较粗糙的划分。

（四）确定关系层次

保险公司对不同类型的客户群体保持不同层次的关系，在关系成本投入、关系管理方式、关系营销策略等方面都有显著差别。保险公司与客户之间的关系可分为以下五个不同层次。

（1）基本型。销售人员售出保险产品后不再与客户接触。

（2）反应型。销售人员售出保险产品，并鼓励客户，如有问题或不满意就与公司联系。

(3) 可靠型。销售人员售出保险产品后就给客户打电话，了解其对保险产品的看法和有关改进的建议，帮助解决保险期限中可能发生的问题。

(4) 主动型。销售人员售出保险产品后经常与客户联系，讨论改进保险产品用途和开发新保险产品的建议，帮助解决所出现的问题。

(5) 伙伴型。保险公司在保险产品售出后一直与客户在一起，以找到影响客户花钱的方式或帮助客户更好行动的途径。

保险公司究竟与客户建立何种层次上的关系，受到多种因素影响。其中，客户数量和单位产品利润是最重要的因素。表 8-2 中列出了选择不同层次关系营销时应该考虑的因素。

表 8-2　　不同层次的关系营销

	高	中	低
客户或销售渠道很多	可靠型	反应型	基本型或反应型
客户或销售渠道一般	主动型	可靠型	反应型
客户或销售渠道少	伙伴型	主动型	可靠型

客户与分销商越多，单位产品的利润越低，保险公司在保持关系方面投入的精力和成本就越少，反之越多。例如旅游意外伤害险等短期产品的保费比较低，单位产品利润低，保险公司不可能给每一个购买者打电话或保持联系，只能建立基本型或反应型的关系，否则，所获利润将不够支付关系营销的成本。而年金、长期寿险、投资连结险的单位产品的保费收入高、利润高，保险公司与客户的关系多为可靠型或主动型。对于客户很少而利润很高的产品，保险公司大多是开展伙伴型营销。比如，针对一些高收入人士提供的高端保险产品，保险公司在产品设计的过程中就要与客户密切合作，以保证全面满足其需求。

(五) 提供所需利益

关系营销必须以利益为纽带，坚持向客户提供较多的利益，才能保持长期稳定的关系。向客户提供的利益主要有以下三种。

1. 财务利益。财务利益是指给客户提供一定的物质利益或资金利益，比如赠送奖品、礼品、价格优惠等。这些措施能够赢得客户好感，但容易被竞争者模仿，难以保持公司的差别优势。

2. 社交利益。社交利益是指了解客户的个人需求和爱好，将公司的服务个人化、私人化，增加情感交流，加深友谊和客户的归属感。

3. 结构性利益。结构性利益是指为客户提供从别处无法获得或付出高昂代价才能获得的附加利益，如出险后的定点维修、出险后的代为处理损失、每年定期体检等。换言之，结构性利益是客户同保险公司建立结构化的整体联系后所获得的利益。这种结构性联系是依靠保险公司的整体力量而建立，而不是单纯依靠个别营销人员的个人公关技能；其减少了保险公司对一线销售人员的依赖，降低了经营风险。比较而言，向客户提供结构性利益比财务利益和社交利益更为有效。

此外，客户与保险公司保持长期稳定的关系，还给客户提供了心理利益，即不必担心保险产品存在问题，不必冒险进行其他未知结果的选择，增加了安全感。同时提供多种利益将增强关系营销的效果。

（六）制定营销策略

明确了向客户提供的利益之后，要制定相应的规划，选择有效的方式，使客户得到这些利益，并意识到自己享受的某些特权和优惠，促使其重复购买和增加购买。具体做法如下：

1. 人员联系。人员联系是指通过营销人员与客户的密切交流增进友情和强化关系。但是，通过人员联系开展关系营销具有一定的缺陷，其可能使保险公司过分依赖长期接触客户的营销人员，增加管理的难度。

2. 频繁营销规划。频繁营销规划也称为老主顾营销规划，是指向经常购买或大量购买的客户提供奖励的规划。频繁营销规划用于向客户提供财务利益。但是其缺陷是：第一，竞争者容易模仿。频繁营销规划只具有先动优势，首家实施的保险公司获利最多，尤其是当竞争者反应迟钝时；如果多数竞争者加以仿效，就会成为所有实施者的负担，只增加支出而难以增加销售。第二，客户容易转移。由于只是单纯价格折扣的吸引，客户易于受到竞争者类似促销方式的影响而转移购买。第三，可能降低服务水平。单纯价格竞争容易忽视客户的其他需求。

3. 俱乐部营销规划。俱乐部营销规划是指建立客户俱乐部，吸收购买一定数量的产品或支付会费的客户成为会员。保险公司可以为客户建立俱乐部，提供有关保险的最新资讯、体检服务和国际救助服务等。当前，保险公司建立的一些养老社区就是采用了这种俱乐部营销规划。

4. 客户化营销。客户化营销是指及时洞悉客户的需求，通过提供特色产品、优异质量和超值服务满足客户需求，提高客户忠诚度。这种方式主要用于提供结构性利益。

5. 数据库营销。客户数据库是指与客户有关的各种数据资料。数据库营销是建立、维持和使用数据库中的数据进行交流和交易的过程。数据库营销具有极强的针对性，是一种借助先进技术实现的“一对一”营销，可看作客户化的特殊形式。唐·皮伯斯(Don Peppers)和玛莎·罗杰斯(Martha Rogers)区分了大众营销和“一对一”营销(见表 8-3)。

表 8-3　　大众营销与"一对一"营销的对比

大众营销	"一对一"营销	大众营销	"一对一"营销
一般客户	单个客户	大众促销	单独激励
匿名客户	客户形象化	单项信息传播	双向信息交流
标准产品	客户化产品	规模经济	范围经济
大量生产	客户化生产	分享市场份额	分享客户
大量分销	单独分销	面对所有客户	面对有利可图的客户
大众广告	单独广告	客户吸引	客户保留

从表 8-3 可知，数据库营销是极为典型的关系营销方式。数据库中的数据包括以下几个方面：现实客户和潜在客户的一般信息，如姓名、地址、电话、传真、电子邮件、个性特点和一般行为方式；交易信息，如投保次数、索赔次数、索赔金额、退保、投诉、服务咨询等；促销信息，即保险公司开展了哪些活动，做了哪些事，回答了哪些问题，最终效果如何等；产品信息，客户购买何种产品、购买频率和保险金额等。数据库维护是数据库营销的关键要素，保险公司必须经常检查数据的有效性并且及时更新过时的数据。近年来，大数据时代的兴起使得数据库营销更为普遍。

6. 退出管理。"退出"是指客户不再购买保险公司的产品或服务，终止与保险公司的业务关系。退出管理是指分析客户退出的原因，相应改进产品和服务以减少客户退出的过程。降低客户退出率更能收到事半功倍的效果。退出管理可按照以下步骤进行：测定客户流失率；找出客户流失的原因；测算客户流失造成的公司利润损失；确定降低客户流失率所需的费用；制定留住客户的措施。

上述种种营销策略的实质是把顾客作为客户看待，但顾客与客户是有差别的：对于保险公司来说，顾客可以是没有名字的，而客户则不能没有名字。顾客是作为某个群体的一部分，而客户则是以个人为基础的。对于顾客，可以是公司的任何人为其提供服务，而对于客户，则是指定专人服务的。

案例 8-1　　保险精准营销

精准营销(Precision Marketing)是在精准定位的基础上，依托现代信息技术手段建立个性化的顾客沟通服务体系，实现企业可度量的低成本扩张之路，是有态度的网络营销理念中的核心观点之一。

精准营销是时下非常时髦的一个营销术语，是基于大数据技术和互联网技术而发展的新型营销方式。其充分利用各种除报纸、杂志、广播、电视等传统媒体之外的新式媒体，将营销信息推送到比较准确的受众群体中，从而既节省营销成本，又能收到最大化的营销效果。精准营销的含义如下：

(1) 精准营销就是通过可量化的精确的市场定位技术突破传统营销定位只能定性的局限。

(2) 精准营销借助先进的数据库技术、网络通信技术及现代高度分散物流等手段保障和顾客的长期个性化沟通,使营销达到可度量、可调控等精准要求。精准营销摆脱了传统广告沟通的高成本束缚,使企业低成本快速增长成为可能。

(3) 精准营销的系统手段保持了企业和客户的密切互动,从而不断满足客户个性化需求,建立稳定的企业忠实顾客群,实现客户链式反应增值,从而达到企业的长期稳定高速发展的目标。

(4) 精准营销借助现代高效广分散物流,使企业摆脱繁杂的中间渠道及对传统营销中模块式营销组织机构的依赖,实现了个性关怀,极大降低了营销成本。

(5) 与现今大数据营销思路相辅相成。

比如,消费者刚刚到达机场,保险公司的系统就检测到消费者的手机定位于机场,立刻给消费者发出有关航空意外伤害保险或旅游意外伤害保险的推送,和消费者当时所处情景的保险需求完全契合。消费者顺手点击,即刻完成投保。这就是典型的精准营销。推行精准营销时,应慎重考虑有关个人隐私保护方面的法律规定。

(七) 执行营销策略

营销策略的执行包括建立机构、委派人员、制定和运用沟通策略等。

1. 建立关系管理机构。选派业务能力强的人任该部门总经理,下设若干关系经理。总经理的职责是确定关系经理的职责、工作内容、评价标准和资源能力。建立高效的管理机构是关系营销方案得以落实的组织保证。

2. 为每个主要客户选派关系经理。关系经理是客户所有信息的集中点,是协调公司各部门做好客户服务的沟通者,要经过专业训练,具有专业水准,对客户负责。其职责包括制定长期和年度的客户关系营销计划,定期提交报告,明确目标、责任和评价标准。实际上,许多保险公司可以直接把保险代理人作为每个客户的关系经理,但应对保险代理人进行这方面的培训,并制定相应的考核机制。

3. 制定沟通策略。通过报纸、杂志、广播、电视、邮件、电话、互联网和派人等形式广泛宣传,使目标客户了解保险公司的各项措施以及提供的利益,建立和维持与保险公司的关系。

(八) 测试营销效果

测试的目的是了解目标客户的满意度、保留率、关系营销方案的成功与不足、方案执行过程中的成绩与问题等。测试不应局限于短期，应经常性、长期性地进行，并与实施过程同步。客户满意度测试是关系营销效果测试的最重要内容，在测试中要注意以下几个问题：

（1）全面了解客户满意水平。伍德罗夫（Robert B. Woodruff）认为，测试客户满意度，必须了解客户对产品特征、使用效果和客户目标三方面的认识，也就是说，客户满意不仅包括对产品使用性能的满意，还包括对产品使用效果的满意和对实现客户预期目标的满意。从保险公司的角度来看，不应仅仅关心客户对产品性能优劣的评价，还应关心产品及服务是否取得令人满意的效果以及是否实现了客户的预期目标。

（2）找出客户对产品和服务满意或不满意的具体原因。

（3）关注影响客户满意因素的未来变化趋势，为制定改进措施争取时间上的优势。

（4）了解客户对竞争者产品和服务的评价。竞争者提供的价值水平影响客户的期望水平和满意水平。

（九）改善营销规划

及时纠正规划中的缺陷和执行过程中的问题，持续不断地改善规划，保证规划在合理的成本水平内达到目标，在高度竞争的市场中建立和加强客户忠诚度。若客户对产品价格有不满意之处，应设法降低产品成本，从而降低价格，或提供低价而实惠的品种；若对产品有不满意之处，应尽量增加产品的功能；若对服务不满意，应加强对保险公司服务人员的培训，提高服务技能，增加服务项目，改善服务态度；若对保险公司的社会表现不满意，要真诚地纠正以往的错误行为，积极承担社会责任和社会义务，关心公益事业，注重环境保护，改善自身的社会形象。保险公司采取的各项措施必须真正从客户利益出发，真正关心客户。西方学者的研究结果表明，有三分之二的客户是因为感到公司并非真正关心他们的利益从而转向竞争者的。

第二节　客户关系营销

与客户建立密切的关系是保险公司开展关系营销中的一个重要措施。1890 年，圣雄甘地（Mahatma Gandi）在南非约翰内斯堡对印度移民演讲时曾经说道："客户是我们办公地点的重要来访者。他并不依赖于我们，而是我们依赖于他。他并没有打扰我们的工作，而是我们工作的对象。他并不是我们业务的旁观者，而是我们业务的一部分。我们并没有通过向他提供服务而给他以恩惠，而是他给我们为之服务的机会从而给我们以帮助。"所以，客户是保险公司最重要的资源。本节将讨论与客户建立密切关系所应采取的各个步骤。通常，保险公司应该首先识别有价值的客户，然后使客户满意，并培养忠诚客户。保险公司只有通过培养忠诚客户，才可能建立起良好的客户关系。

一、识别有价值的客户

广义地来讲，保险公司的客户一般可以分为内部客户和外部客户。保险公司的内部客户即公司雇员。因为雇员也可能购买本保险公司的保险产品，享受本公司服务。保险公司的外部客户即广大的消费者，他们使用或购买保险公司的保险产品，或者向其他消费者介绍保险产品。保险公司想要识别最有价值的客户，必须考虑所有的客户，以及他们怎样才能为公司创造利润。

实际上，识别公司最有价值的客户与公司确定目标市场非常相似。正如前面所介绍的一样，为了使保险公司的效率更高，大多数保险公司都会确定目标客户的数量和类型。例如，保险公司可能专门针对企业年金市场，或者只做汽车保险等。英国航空公司原总裁 Colin Marshell 曾经这样说："并非所有的潜在客户都会在乎我们的服务，或者认为我们的服务有价值。即使是在整体市场业务中，你也不能奢求吸引和保留每一个人。对我们而言，关键是首先识别和吸引那些认同我们的服务有价值的人，然后将他们作为客户留住，并赢得他们有生之年最大可能的业务份额。"有研究表明，大多数企业 80％的利润是来自 20％的客户，因此保险公司应该集中力量满足这 20％的有利可图的客户，而不必去取悦那 80％的没有价值的客户。

的确如此，如果保险公司试图满足所有客户的需求，就有可能损害公司的财务业绩。什么都有，可能什么都没有，什么都不精。如果某个消费者根本不赞同保险公司所提供的保险产品和服务，而保险公司却努力试图满足他的需要，那么这家保险公司可能会蒙受巨大的费用损失。例如，通过直销方式提供保险产品的保险公司，就不能满足那些需要大量感情培养和需要保单建议的消费者。在这种情况下，保险公司只能牺牲一些客户，让那些通过代理体系销售保单的保险公司去更好地满足这类消费者需求。如果保险公司仍试图满足这类消费者需求，仍然抱住这些消费者不放，那么经营成本就会很高，或者需要完全设立新部门，放弃自己原有的定位。所以，保险公司与其致力于满足这类消费者，还不如保持自己的业务方向，继续致力于和那些能被本公司满足需求且业务可靠又有利可图的消费者建立稳固的关系。

二、建立密切的客户关系

（一）吸引客户

客户为什么会购买本保险公司的产品呢？保险公司有什么能吸引客户的呢？这

里面有多种原因。例如，一些消费者可能因为保险公司保险产品的功能、分销体系的便利、促销的诱导、产品价格的竞争力或服务质量而被吸引。总之，保险公司要有吸引客户的地方，而客户将选择能够为其提供最大价值的保险公司。

在购买者决策过程中，消费者对各个保险公司和保险产品所提供的价值产生了较为深入清晰的认知。然后消费者会选择提供了最高客户传递价值的保险公司。客户传递价值是指客户总收益与客户总成本之间的差额。客户总收益包括客户从购买中得到的产品、服务、人员和形象等收益。客户总成本是指客户在购买产品时发生的财务成本、时间成本、精神成本及心理成本等。

客户传递价值并不是可以客观定义的，也无法量化。正如前面所介绍的影响消费者保险需求的因素一样，处于生命中不同阶段的人有着不同的考虑，会对一些因素的重要性有不同的认识。在某人看来毫无疑问非常有价值的东西，可能对另一个人来说却一文不值。彼之砒霜，吾之蜜糖。正是出于这个原因，保险公司才必须集中对认可其保险产品和服务价值的消费者进行营销努力，而不是努力满足那些永远都不会认同公司价值的消费者。

客户对于价值的认识也不是固定不变的，而是随着消费者的阅历、年龄和所经历的事情发生变化。消费者可能会重新认识保险公司，改变自己原来的看法。因此，保险公司能够做的就是树立自己的特点和风格，提供具有吸引力的保险产品和服务，把营销努力集中在那些能认同公司价值的消费者，吸引他们做出购买决策。保险公司如果想做得更好，就应该试图超越客户的价值期望。因为，超过预期标准的保险产品和服务会大大提高客户的满意度和忠诚度。

（二）使客户满意

保险公司可以通过满足甚至超越客户的期望价值，从而使客户满意。使客户满意即通过满足客户的需求，从而使他感觉公司的服务和产品达到或超过了自己的期望价值，对公司留下美好的印象，从而产生进一步的购买行为。

1. 使客户满意的重要性

对于保险公司而言，使客户满意具有以下的益处：

（1）帮助公司建立长期的客户忠诚。对公司的保险产品和服务感到满意的客户会继续保持现有保险产品，并不断更新或丰富现有保险产品，还会不时地从公司购买其他的保险产品。

（2）增加保险公司吸引新客户的能力。满意的客户会向朋友、家人和同事推荐这一保险公司和保险产品，从而带来新客户。

（3）帮助保险公司招募和保留销售人员。保险公司使客户满意的程度越高，则声誉越高，并拥有大量忠实的客户群，而这一切都将如保险产品、价格、合同条款及佣金率一样吸引着销售人员，让他们为有声誉的保险公司服务，从而使销售人员也具有高度的忠诚。

(4) 有助于保险公司塑造保险产品的特征。保险是一种无形的产品，而各保险公司保险产品之间的差异性是比较难以区分的。保险公司通过使客户满意，从而塑造了公司产品的特征，并有别于其他竞争对手的保险产品。客户就会认同这一公司的保险产品具有的其他公司所没有的特殊价值。

(5) 提高保险公司的经营能力和盈利能力。保险公司使客户满意之后，可以减少许多因低质服务而带来的错误和费用，从而提高经营能力。并且由于留住了客户和销售人员，提高了服务水平，公司的盈利能力也大大增强。

所以，如果保险公司能把使客户满意作为自己的经营目标，那么一切都能够进入一个良性循环的轨道。可能在短期内，保险公司的利润率并不是非常高。但长期而言，保险公司将进入一个良性发展的轨道。

2. 衡量客户满意的水平

保险公司的客户满意水平越高，公司实现的收益就会越大。日本品质控制专家Noriaki Kano根据以下三种水平描述客户的满意水平：

(1) 期望品质：即为使客户能够继续购买公司的产品及服务而必须达到的客户基本满意的水平。这是个非常低的水平。这一标准是客户的心理水平，如果仅满足了这一标准，客户不会有兴奋的感觉。但是如果连这一标准都没有达到，客户就会产生强烈的不满。例如，客户生病住院，在提出索赔并按规定提供相关材料之后，希望能在一个月中按照保单条款得到一定的赔付额。如果的确是这样，那么就满足了客户的基本期望品质；而如果等了一个月，保险公司最终却只给出拒赔的决定，那么客户就会非常生气和失望。

(2) 理想品质：即指当提供该品质时，客户满意程度会增加，而不提供该品质时，客户满意程度会减少的某些品质。例如，客户生病住院，在提出索赔并按规定提供相关材料之后，希望能在一个月中按照保单条款得到一定的赔付额。但保险公司在接到索赔申请后的一个星期内就支付了全部赔付金额，还派了保险代理人把赔款送到客户手中。这种服务水平超出了客户的预期，客户会非常高兴，满意程度明显增加。

(3) 兴奋品质：指极度感动客户的某些品质。不兴奋的客户并不一定是因为不满意，因为客户并不知道自己究竟有什么损失。但是，兴奋的客户必然是极为满意的。例如，客户生病住院，在提出索赔并按规定提供相关材料之后，希望能在一个月中按照保单条款得到一定的赔付额。但是，保险公司在客户入院后，通过医院与保险公司的合作平台得知客户住院的信息，立即派保险代理人到医院探望，还送来了一部分预付赔款，或者告知客户费用将由保险公司和医院进行自动结算，无须客户付费。由于客户根本没有想到保险公司的服务会如此方便快捷、温暖人心，因此留下了非常深刻的印象。保险公司的服务水平深深地打动了客户的心。但是，如果每一家保险公司都提供类似的服务，那么兴奋品质很快就会变成行业标准，从而弱化为期望品质了。

所以，期望品质建立了客户基本的满意水平，理想品质在服务或特色有所改善的同时也提高了客户满意水平，兴奋品质使客户觉得惊喜。然而，在竞争激烈的保险市场，保险公司都在采用各种策略提高客户的满意程度，所以兴奋品质很快就会弱化为期望品质。比如，机动车辆保险的竞争非常激烈，保险公司都提供了自动与4S店结算费用的服务。各家保险公司的服务水平和服务内容都相似，逐渐就形成了行业标准。此时，倘若哪家保险公司未提供类似的服务，则必定会使客户不满意，并将失去客户。

3. 影响客户满意度的因素

每当保险公司与某一客户接触时，客户都会根据自己内心的期望对保险公司的服务质量进行评价。所以，要使客户满意，保险公司必须时时刻刻确保客户同公司人员之间的接触是积极的，并采取适当措施来确保客户期望的实现。

客户对服务质量的期望水平，在很大程度上受到一些营销宣传的影响，如广告、公众宣传、保险代理人的介绍和促销等。因此，客户期望实际上在一定程度上是可以控制的，而不是可望而不可即的。而客户对服务质量的满意度则受客户与保险公司之间接触的影响。客户在与保险公司接触的过程中，通常从以下几个方面来对保险公司的产品和服务进行评价。

(1) 可靠性。保险公司是否会长期存在，保险代理人是否会长期存在，保险公司的产品是否可靠，是否能达到预定利率，是否能得到保证的给付金额等，保险公司应该用有形的措施来辅助证明这一切的可靠性。

(2) 能力。即保险代理人是否真正理解保险产品，是否正确解释保险产品，保险产品的设计是否合理，是否满足了自己的需求等。

(3) 沟通渠道。即客户与保险公司的联系是否容易和方便，是否能方便地联系保险代理人等。

(4) 礼貌。即保险公司的员工是否有修养，保险代理人是否有修养，是否能有礼貌地接待所有客户等。

保险公司要注意到客户评价产品和服务的这些因素，然后从这些方面入手，不断满足客户的需要。合格的服务会建立起相互的信任，而信任又能建立起给公司带来收益的长期客户关系。但公司应特别注意的是，不要向客户承诺高于其可能提供的客户服务质量。保险公司的承诺就是客户的预期。当服务质量没达到保险公司的承诺时，客户会更容易失望和不满，从而对公司失去信任。

(三) 培养忠诚客户

关系营销的大部分内容都涉及确定客户认为什么有价值。当公司所提供的产品和服务超出了客户期望水平时，客户就可能对公司非常忠诚。客户忠诚是指客户始终忠于一家保险公司，购买其保险产品和服务，并帮助保险公司改进形象和经营。由于忠诚的客户能刺激收益和业务增长，所以大多数保险公司努力追求能培养忠诚的客户。

对于保险公司而言，忠诚的客户不仅会续签保单，而且还会继续购买其他的保险产品，并可能将保险公司介绍给其他消费者。这样，保险公司就节省了三种成本——争取新客户的成本、新保单的销售成本以及满足现有客户需求的成本。同时，因为维持并销售了更多的保险业务，保险公司的市场份额和保费收入也会提高。保险公司增加的收益又可以用来增加客户的价值，从而进入良性循环的轨道。

除了培养忠诚的外部客户以外，培养忠诚的内部客户也可以进一步提高公司的收益和业务水平。例如，可以把因外部客户忠诚而增加的收益部分用于提高雇员的工资水平，从而能改善雇员的士气和增加雇员愿意承担的义务，并导致雇员的保有率、工作效率和满意程度提高。满意的雇员对保险公司更为忠诚。并且由于其增加了学识、经验和愿意承担的义务，他们更可能和客户之间营造有价值的关系。这样，客户忠诚度又会进一步提高。整个保险公司的运作就走上了良性循环。

保险公司可以通过分析以下两个因素来衡量客户的忠诚度：(1)保持率，指始终坚持在一家保险公司购买产品的客户比例；(2)购买份额，指该客户的业务占公司拥有的特定产品种类或产品系列的比例。提高客户对公司的保持率，可以对公司的盈利能力和业务增长产生深远影响。由于保费收入提高了，但相对应的销售费用却没有提高，因此保持率的提高会使公司获利。购买份额也是客户对公司忠诚的重要标志。通过确定客户的保险业务占保险公司某一业务量的份额，保险公司便能确认客户眼中的公司优势和劣势。比如，如果发现某一核心客户同时还拥有另一家公司的年金产品，保险公司就应该拜访这位客户，询问具体的原因，从而知道自己的不足。

三、建立客户关系的手段

为了有效建立客户关系，保险公司可以尝试采用以下的方法：

(1) 在公司的使命说明或一系列明确阐述的经营守则中，增加关于公司关系营销理论的明确阐述。

(2) 利用高层管理和中层管理的影响来加强和推进整个公司进行关系营销的热情。

(3) 营造以客户和发展客户关系为中心的企业文化氛围。确保雇员在与客户接触时能表现出可靠、负责、礼貌、有能力以及其他积极的行为。

(4) 确定每一客户群或目标市场所需的服务水平，并向各部门宣传这些客户需求。

(5) 为所有的客户服务活动和运作建立具体的服务和质量标准以及目标。

(6) 收集关于竞争者在服务运作方面的情报。

(7) 为了加强服务质量，并提高自身及产品对客户的吸引力，积极寻找新的附加价值因素或公司所能提供的其他利益。

(8) 向客户宣传他们应期望从公司获得什么服务，从而控制客户的期望水平。

(9) 认真解决那些认为自己没有得到合格服务的消费者所提出的问题。

(10) 时时监控公司是否满足了客户的期望，并在需要时采取一些措施来矫正。

(11) 为那些与客户建立密切关系的雇员提供适当的奖励制度。

第三节　保持续保性

大多数保险产品的保险期限比较长，而且费用都集中在前期，保险产品至少在销售了 5-7 年以后才会给保险公司带来利润。因此，保险公司非常需要采取一些措施来确保保单持续有效，确保客户持续缴纳保费。保险公司可以通过实行关系营销来提高保单的续保性，而关系营销是需要保险代理人和保险公司共同努力的系统性工程，本节将讨论保险公司要提高保单的续保性，应该采取哪些措施。

一、续保性概述

1. 续保性的重要性

续保性对于保险公司具有重要的作用，保险公司必须不断地监控保险产品的续保情况。对于如人寿保险等长期保险产品而言，续保性具有以下重要性：

(1) 续保性对保险产品的营利性有很大影响。很多保险期限较长的保险产品需要经历较长的时间才可能产生利润。特别是人寿与健康保险公司，很少能在出售产品的时刻就获得利润。大多数保险产品的盈利取决于最初购买这一保险产品的客户是否能持续地缴纳续期保费。所以，虽然销售新保单比较重要，但是保持原有保单的续保性也是公司盈利的一个主要因素。

(2) 续保性对公司产品的定价会产生很大的影响。因为定价时采用的是根据经验失效确定的预定失效率，保费厘定是在这一前提下进行的计算。如果实际失效率高于预定失效率，那么公司的许多成本和费用无法分摊，从而面临亏损。

(3) 续保性是客户对一种保险产品、一名保险代理人或一家保险公司满意程度的有效指示器，也是这种保险产品对客户需求适应程度的指示器。因为当客户不满意时，他们续保的可能性就很小。因此，保险公司的续保率也是衡量客户满意程度的有效方法。

对于财产保险公司而言，续保性能优化保险公司的客户群体。保险公司可以通过续保留住风险比较小的客户，而摒弃风险比较大的客户，从而使公司的实际赔付率低于行业的平均水平。同时，保险公司非常了解续保的客户，这样还可以避免信息不对称带来的风险。当然，保持比较高的续保率也能够降低财产保险公司的经营成本。

2. 衡量续保性的指标

对于人寿保险而言，保单失效率是衡量续保性的一个重要指标。保单失效率是指在特定时期内，因未缴费而终止的业务量与最初有效业务量的比率。例如，最初承保了100份保单，而在给定时期内，由于未续缴保费而失效的保单有20份，那么，这段时期该组保单的失效率就是20%。计算失效率时，不包括由于保单所有人死亡、保单期限结束、定期转换或者由于保险金到期给付而终止的保单。作为对续保性的一种短期衡量工具，营销人员一般用13个月失效率来反映失效率。13个月失效率实际上是指新保单中未续缴第二年保费的保单比例。采用13个月失效率而非一年失效率，是因为大多是年缴保费的保单。

通常采用13个月失效率的原因是，在保单首年度争取新客户时发生的成本最高。因此，在保单第二年就失效比在保单以后年度失效对产品的营利性更加有害。并且，优质的业务比较容易续保，可以将13个月保单失效率作为检验所出售业务是否优质的有效指示器。而且，13个月保单失效率能使保险公司充分认识到保险产品或分销渠道中可能存在的问题，以便及时采取措施纠正。

对于财产保险而言，续保率是表现续保性的指标。续保率是来年继续在本公司投保该保险产品的客户比率。计算财产保险公司的续保率，要比计算人寿保险公司的失效率更为简单。

二、影响续保性的因素

影响续保性的因素有很多，除了保险产品的保险期限长短以外，消费者、保险产品、销售过程和保险服务都影响着保险公司的续保性。

1. 消费者

消费者特征必然会影响保险产品的续保性。例如，有学者的研究表明，续保性会随着保单所有人收入水平的提高而改善。由妇女、高技术工人及从未有过寿险保单失效经验的人所拥有的保单可能会有更高的续保率。另外，被保险人年龄越大，保单续保有效的概率越高。例如，LIMRA国际部的研究显示出根据签发年龄统计的传统终身寿险的失效率（见表8-4）。

表 8-4　　根据签发年龄统计的终身寿险中等保额保单的失效率(25 家公司)

保单年数	签发年龄			
	20-29 岁	30-39 岁	40-49 岁	50-59 岁
1	22.6%	14.2%	12.7%	9.3%
2	10.3%	8.7%	7.1%	6.1%
3-5	8.2%	6.0%	6.0%	5.2%
6-10	6.4%	5.5%	4.9%	4.1%
11+	4.4%	4.3%	3.8%	3.7%

2. 保险产品

保险公司保险产品的特征也会影响续保性。例如，终身寿险会比定期寿险有更高的续保率。表 8-5 显示出根据险种统计出的各种保险产品的失效率。可以看到，养老金的失效率平均较高。这是因为养老金的缴费期限较长，而且保费收入的水平也较高，同时与其他的投资理财和储蓄产品具有较大替代性。因此养老金业务非常容易受到外界投资环境和消费者个人收入水平的影响。

表 8-5　　根据产品类型统计的各种保单的失效率(24 家公司)

保单年数	所有产品	传统终身寿险	利率敏感型终身寿险	个人养老金	年缴保费均衡定期寿险	其他均衡定期寿险
1	14.1%	16.0%	16.1%	13.4%	14.8%	13.3%
2	11.3%	9.1%	16.2%	17.8%	15.0%	13.2%
3-5	9.0%	6.4%	9.0%	16.9%	12.0%	12.5%
6-10	6.6%	5.2%	6.5%	13.9%	8.1%	7.7%
11+	3.8%	3.7%	7.2%	8.2%	7.3%	6.2%

除此之外，保单的保险金额也会影响续保性。通常，保险金额越大，持续有效的可能性就越大，这是因为失效的成本太高。另外，缴费频率低也会使续保率提高。因为每次缴费都给了客户一个拒绝购买这种产品的机会。当然，首期保费的数量也影响着保单的续保率。

3. 销售过程

销售过程对保险的续保性具有更加重要的影响。例如，如果是代理人进行了缜密的保险需求分析并根据客户实际财务能力而设计的保单，就比那些没做需求分析的保单更易续保。严谨的销售过程，可以让客户在购买之前对保险产品进行充分的了解，并解决可能存在的各种问题，从而做出谨慎的购买决定。这种投保行为是理智的，而不是仓促的；是真诚的，而不是被骗的；是清醒的，而不是糊涂的；是合理的，而不是生硬的……因此更能够经受时间的考验，具有较低的失效率。类似地，如果保险代理人将保单亲自交给客户，向客户仔细解释保险特点和给付情况，并时常提供咨询服务，则可能效果会更好。

4. 保险服务

消费者购买保险的目的就是为了保障。如果在投保之后，客户在保险期限内发生了保险事故，保险公司在处理保险事故的过程中，在服务态度、服务效率、服务便捷度、服务反馈等方面存在任何瑕疵，在赔偿金额方面未达到消费者的预期并未进行合理有效的解释等，这些都将给消费者留下非常差的印象。客户通常会果断放弃并拒绝续保，并决绝地转向其他保险公司。而且，最为严重的是，客户会将自己不愉快的经历广而告之，不但在将来继续拒绝该保险公司的所有保险产品，而且会向身边的人不断进行保险公司的负面宣传。当然，反之亦反，如果保险公司和代理人满足了被保险人的售后服务期望，提供了无微不至的风险管理服务，则保单更易续保。

三、改善续保性的策略

不同产品、不同目标市场、不同保险代理人和不同保险公司的续保率都会有很大差异。保险公司之间续保率的差异受到保险公司销售产品的质量、公司保存现有保单的效果和客户服务质量的影响。保险公司可以采用多种策略来提高保单的续保率。通常，保险公司可以针对消费者、代理人采取不同的策略，同时保险公司自己也要采取相应的策略。

（一）针对消费者的策略

保险公司可以针对消费者采取下列策略来提高保单的续保性。

1. 承保优质业务

研究表明，确保保单续保性的最佳办法就是承保优质业务。优质业务有三个特征：保险公司或保险代理人能识别客户的特定需求，并且客户也认识到这些需求是重要的；保险产品确实满足了这些需求；客户有能力支付保费。只要具备了这三种特征，就是优质业务，优质业务保持有效的可能性很高。因此，如果保险公司在销售过程中一直保证仅承保优质业务，那么失效率就会比较低。

为了确保所销售的保单都是优质业务，保险公司应该努力保证消费者了解他们所购的保险产品。保险代理人和保险公司在消费者购买之前要详尽解释保单；在保单交付时要重述保单内容；要认真回答客户的所有问题，并提供优质的售后服务。

2. 财务奖励和惩罚

保险公司可以对使保单持续的保单所有人提供财务奖励，而对任何保单失效的保单所有人进行财务惩罚。例如，有些销售万能寿险保单的保险公司会在第五或第十个保单年度向保单所有人支付续保津贴；有些保险公司会对终身寿险保单提供续保津贴;有些保险公司对机动车辆保险1年以上的续保提供保费的直接折扣等。

保险公司还可以在产品设计中附加一些条款和措施,惩罚那些解除保单的人。例如,企业财产保险中终止保险合同并退还保费时,并不是按保障时间的比例退费,而是有一定的惩罚。如果提前半年终止保险合同,则只能够退还保费的40%,而不是50%。这有一定的精算道理,也具有一定的惩罚性质。

(二)针对保险代理人的策略

在许多保险公司中,保险代理人或其他分销渠道中的成员与客户的联系最为密切,保险代理人的形象就是保险公司的形象,保险代理人的服务就是保险公司的服务。因此,保险公司要刺激和鼓励保险代理人努力提高保单的续保性。

1. 保险代理人培训和鼓励

保险公司一般采用宣传单、会议和培训等方式来使销售人员认识到保单续保的重要性。保险公司在这些活动中应强调承保优质业务和与客户保持联系的重要性。一些保险公司还设置了续保光荣榜,让一直承保优质业务的保险代理人或业务部门成为明星和焦点。有的保险公司还设计了一些图表,来显示保险业务的持续是如何有利于提高保险代理人收入或代理机构负责人的收入。保险公司可以在部门管理中记录下业务续保性特别好的保险代理人,以及业务续保性特别差的保险代理人。保险公司还可以在每位个人代理人的佣金说明书中显示出其由于保单失效而导致的佣金损失金额。另外,美国的保险业还设立了几个行业奖项,如"美加续保率奖"(National Quality Award)和"健康保险续保优良奖"(Health Insurance Quality Award),用于奖励业务续保率高的代理人。

2. 财务奖励和处罚

最有效的刺激还是财务奖励和处罚。有的保险公司基于保单续保率对保险代理人和代理机构的管理者进行财务奖励。有些保险公司会改变保单津贴率,当续保性高于平均水平时就提高保单津贴率;而当续保性低于平均水平时就降低保单津贴率;当续保性非常低时,保险公司还会取消保单津贴。有的保险公司还成立了由保险代理人拥有部分所有权的再保险公司,为其保险代理人承保的一些业务提供再保险。这样,好的续保性会使保险代理人从保险业务中获得更多的收益。

3. 保险佣金制度

有些保险公司采用不同的佣金制度,鼓励保险代理人持续提供优良的服务,并提高保单的续保性。本书第十四章将详细介绍保险代理人的佣金制度。一般而言,应该采用均衡佣金或均衡化的佣金制,而不是采用传统的非均衡佣金制度。均衡和均衡化的佣金制度在保单初年提供较低的佣金,而在保单以后年度却持续地提供佣金,甚至提供较高的佣金。因此,这种佣金制度更鼓励保险代理人将更多的注意力放在使其客户保持保单的持续有效上。

（三）针对保险公司的策略

保险公司还可以采取多种办法来保持续保性。当保险公司得知一份保单可能失效时，保险公司应派保险代理人与其联系，采取各种方式留住保户。保险公司可以建议保单持有人不解除保单，并选择其他方法满足客户的需求。

如果保单解除的原因是保单所有人遇到暂时的财务困难，无力支付现有保费，保险公司则可以建议保单所有人用保单现金价值或累积红利支付保费，或者把交费期延长，降低每期应缴保费，或者降低保险金额，或者缩短保险期限等。

如果保单持有人打算进行保单更换，则保险公司应该尽量说服保单持有人用本公司的产品进行更换。即进行内部更换，留住保单持有人。但是，保险公司必须认真考虑打算采用的任何内部更换计划的财务后果，包括费用、税收等各个方面，不能按照两份保单来考虑。

如果保单失效了，保险公司也可以通过复效来保留保单和客户。保险条款中一般包括复效期，供客户挽回失效保单。无论怎样，保险公司和保险代理人在努力保留保单时，都会向保单持有人说明使保单继续有效的好处。

然而，影响保险公司保单续保性的一个重要原因就是保险代理人频繁跳槽。事实上，许多保险业务发生失效和更换的原因，都是因为为保单所有人提供服务的保险代理人终止了与保险公司的合作关系。“孤儿保单”缺乏保险公司的后续服务而失效或更换，或者保单所有人随着保险代理人的跳槽而更换保单。所以，保持一支稳定的保险代理人队伍，并维系与客户的关系非常重要。

习题

1. 什么叫“关系”？什么是“关系营销”？
2. 保险公司的关系营销包括哪几类？
3. 关系营销和传统的交易营销的联系和区别是什么？
4. 关系营销对于保险公司具有哪些重要性？
5. 应如何有步骤地实施关系营销？
6. 关系营销中的客户分析与目标市场细分中的客户分析有何不同？
7. 请举例说明如何才能满足客户的兴奋品质。
8. 忠诚的客户对保险公司而言具有什么重要性？
9. 保持比较高的续保性对保险公司而言具有什么重要性？
10. 哪些因素影响着保险公司的续保性？
11. 保险公司可以采取哪些措施来保持比较高的续保性？

第三部分
保险营销渠道

第九章　保险营销渠道

营销渠道是销售的又一个重要环节。它决定着保险公司与客户交流的方式和途径。一个适当的营销渠道能使客户与保险公司之间具有畅通的联系,双方能及时了解彼此的信息,并能有效促进保险产品的销售,使保险公司为客户提供更为及时、便利、优秀的服务。然而,选择适当的保险营销渠道并非易事。保险营销渠道有许多不同的类型,它们各具特色。因此还应根据不同保险产品的特征进行保险营销渠道的决策,选择不同的营销渠道。同时,营销渠道之间的利益关系也比较复杂,保险公司还应承担起协调作用,促进各种营销渠道的合作。

第一节　保险营销渠道概述

一、保险营销渠道的概念

营销渠道又称为销售渠道和分销体系,是指为了完成市场交换活动而进行一系列营销活动的组织和个人所形成的系统。保险营销渠道就是指保险产品在从保险公司转移到客户的过程中所经历的途径,它也是由一系列的组织和个人所形成的一个完善的系统。也可以说,保险营销渠道实际上是保险公司就向保险客户提供销售服务的主体、时间、地点等方面进行的决策,是就保险公司与保险客户之间沟通方式所进行的决策。保险营销渠道具有信息流的特色。

从根本上讲,营销实际上是一种转移产品的过程,是产品的一种流向。保险营销渠道的起点是出售保险产品的保险公司,其终点是购买保险产品的各种客户。参与这个保险产品从保险公司向客户转移过程的每个人和每个组织都是保险营销渠道的组成部分。因此,一个完整的保险营销渠道不仅仅包括保险产品的生产者(保险公司)和消费者(客户),还包括为把产品从生产者转移到消费者而提供便利的一切组织和个人。可以把这些组织和个人称为营销渠道成员。这些处于中间地位的组织和个人是保险营销渠道的重要组成部分。

对任何产品而言，基本的营销渠道无非只有两种——直接营销和间接营销。直接营销是指保险公司直接把产品出售给客户；而间接营销是指保险公司通过一个或几个、一层或几层中间商而把保险产品出售给客户。这些中间商在营销渠道中处于中间的地位，他们不生产产品，而仅仅专门推销产品和行使营销职能。

前面曾经分析过，保险产品是一种无形的商品，是一种复杂的金融产品。保险产品的这些特殊性决定了保险营销渠道的种类、方式、管理等方面与一般商品完全不同。尽管保险营销渠道实际上也具有直接营销和间接营销两种，但是可供选择的营销渠道却迥然不同，各种营销渠道的内涵也完全不同。并且由于社会环境、文化、消费习惯等方面的差异，不同市场的客户对不同的保险营销渠道也具有不同偏好。这些差异使保险公司在进行保险营销渠道的决策时没有可供借鉴的模板。因此，对保险营销渠道的研究主要集中在以下三个方面：营销渠道的形式、营销渠道的职能和保险公司对营销渠道的管理。

二、保险营销渠道的作用

保险营销渠道具有信息流的特色。正如一条河流，渠道是否畅通影响到是否能够正常传递信息，是否能够正常销售保险产品；渠道的长短影响到信息传递的效率。因此，保险营销渠道作为保险公司与保险客户之间的桥梁，它消除和克服了保险公司与客户在时间、地点等方面的各种矛盾，为保险公司与客户之间的沟通起到了非常重要的作用。保险营销渠道所承担的主要功能有销售产品、信息沟通和资金融通等。

（一）销售产品

销售保险产品是保险营销渠道的主要功能。通常，营销渠道成员是承担保险销售任务的主要机构，当然，营销渠道成员包括机构和个人。保险公司也往往乐意让营销渠道成员来实现这一功能，从而自己能更为集中地进行保险产品的开发创新和理赔等。并且，由于营销渠道成员具有比较丰富的专业知识、收集消费者信息的便利性等诸多独到的优势，常常比保险公司干得更为出色。特别在人寿保险领域，大多数营销渠道成员发挥了更为积极的销售作用。

营销渠道成员为了完成保险产品的销售，派生出其他几项功能：促销、寻找客户、保险方案设计、销售等。营销渠道成员要利用各种可以利用的渠道，通过各种生动形象的宣传，传播保险产品的信息，从而实现促销的目的。并且，营销渠道成员要主动寻找保险产品的潜在购买者，与其保持联系和沟通；然后，还要根据客户需要设计保险方案，并对保险产品进行组合，包括险种组合和保险金额组合，从而最大限度地满足客户需要；最后，营销渠道成员要完成销售环节，他们或作为中介促成保险公司与客户签署保险合同，或代表保险公司签署保险合同。

（二）信息沟通

营销渠道成员处于保险公司和保险客户之间的中间地位，具有桥梁的作用。因此营销渠道成员必须收集和传递在营销环节中各种力量和因素变动的信息，并且进行分析、研究和整理，以便有利于保险公司进行规划和促成交易。

营销渠道成员与客户保持经常性的联系和接触，他们最清楚保险客户的需求及其变化。并且，他们站在保险市场的最前沿，时刻了解销售量的变化、销售形势的发展等各种瞬息万变的市场信息。因此，他们肩负着信息沟通的重任，需要及时把市场变化的情况反馈给保险公司，并把保险公司的最新发展传递给客户。如果没有营销渠道成员的信息沟通，保险公司就如同失去了眼睛和耳朵一样，难以知晓外界的变化。

（三）资金融通

营销渠道成员因为实施上述的功能而具有相应的回报——佣金。佣金制度使保险公司与营销渠道成员在资金方面有着某种形式的联系。佣金的给付时间和给付金额的设定使保险公司与营销渠道成员之间能够进行资金的融通，以支付销售中所发生的各项费用。例如，当保险公司的资金比较紧张时，延缓给付佣金的时间或者降低给付的佣金金额，营销渠道成员暂时垫付一定的销售费用，就可以使保险公司的资金得以融通。由于佣金的给付具有一定的延迟性，因此营销渠道成员实际上已经承担了一定的销售费用。或者，当营销渠道成员代替保险公司收取首期保费时，由于将保费返还给保险公司也具有一定的延迟性，营销渠道成员实际上也占用了一部分保险公司的资金。因此，保险公司与营销渠道成员在资金上的关系使得他们能够互相进行资金的融通。

三、保险中介存在的必要性

随着经济的发展，社会分工逐渐细化，大多数商品都是经过市场营销渠道，由中间商经手而从生产者流向消费者的。保险产品也不例外，也可能需要中间商这一环节。并且，由于保险产品是复杂的金融商品，是无形的商品，因此对中间商的依赖性就显得更为突出。在保险市场，普遍存在保险公司依赖保险中介进行保险产品销售的状况。保险中介的存在具有较高的必要性。

（一）保险产品的复杂性需要专业中介

保险产品是一种极其复杂的金融产品，客户非常需要在保险中介的帮助下选择和购买保险产品。这也是当初产生保险中介的原因。在财产保险领域，由于财产保险涉及许多领域的专业知识，例如建筑、机动车辆、卫星发射、石油开发等各种专业领域的技术等，客户更加需要保险中介的帮助来制定保险计划，比较保险产品的价格和条款，进行保险产品的购买等。在人身保险领域，客户比较缺乏相关的金融知识，可能难以理解复杂的保险产品，例如保费的缴纳时间和方式、保险金额的变化、保险责任的含义等，所以需要保险代理人的详细解释和保险服务。

（二）社会分工细化的必然结果

保险中介的存在是社会分工细化的结果。保险公司所从事的业务通常包括保险产品设计、销售、核保、理赔、客户服务等几个环节。[①] 其中保险中介参与的是保险产品销售这一环节。保险公司把销售环节进行外包之后，就可以更加集中力量来进行保险产品的开发创新以及其他服务了。保险产品对客户需要的满足程度、保险产品的数量和质量、保险服务水平等才是保险公司实力的真正体现。现在，有些保险公司甚至也让保险中介参与市场营销、客户服务、承保、理赔等一些环节的辅助工作，而自己则集中力量进行保险产品的开发，承担客户转移来的风险。这种社会化分工的细化是经济发展的必然结果。

（三）专业化分工降低成本

社会化分工使得各行各业更加专业化，而这一专业化的结果就是保险中介更加谙熟这一领域的各种技巧，并使得各种销售成本降低。例如，如果保险公司要自己开发销售渠道，在各个主要的地区建立分支机构，那么就必须雇用大量的人员，同时还要发生办公费用、通信费用、广告费用等其他销售费用。而且在前期投入之后，后期的销售效果究竟如何也不确定。如果保险公司把自己的销售业务外包给当地的保险中介，那么保险中介所产生的销售费用是在该保险中介的所有业务之间进行分摊。由于该保险公司外包的业务只是该保险中介的一部分业务，因此该保险公司所承担的销售费用就远小于自己建立分支机构的费用。而且只有当保险中介成功地销售了保险产品之后，保险公司才会付佣金，因此不存在保险公司投资的钱“打水漂”的可能性。

而保险中介由于进行了规模化经营，并且已经具有较为成熟的渠道、稳定的客户群体、完善的管理团队和激励措施，所产生的销售费用相对而言则更低。特别是对于一些刚刚开业、规模比较小的保险公司。他们往往还没有能力开拓、建立自己的营销渠道，因此把保险销售业务进行外包可以节约他们的成本和资金投入，并在短时间内借助保险中介的渠道立即开始销售。

（四）专业化分工提高效率

专业化的分工使保险中介成为保险销售方面的专家。他们对保险销售领域的各种情况非常熟悉。他们的接触面广，经验丰富，可以从以下两个方面提高保险产品的销售效率。

其一是以专业化的保险知识提高销售效率。正如前面所说的一样，保险产品是一种复杂的金融产品，是一种无形的金融服务。销售人员在进行销售时必须熟悉保险产

① 请注意，由于保险产品是一种无形的商品，因此本文认为保险产品没有生产的环节（第一章）。

品的相关知识，除此之外，他们还必须具备与消费者进行沟通的能力。保险中介由于长期从事这方面的工作，他们熟悉各种保险产品，也熟悉消费者，有着较为广泛的客户资源，因此能够更加高速地开展保险销售工作。

其二，中间商给客户提供了选择和比较保险产品的机会，减少了客户寻觅和购买保险产品的工作量。正如客户需要购买一台彩色电视机一样，如果没有商场，那么消费者必须到各厂家的销售点去一一了解产品的信息。这样会浪费大量的时间和精力，效率极低。但是有了商场这个中介之后，消费者只需要到商场，就能一次性了解所有彩电的信息。保险中介在保险市场中也具有商场的作用。他们可以为消费者提供多个保险公司的保险产品，消费者可以在保险中介这个商场中方便地比较各家保险公司的保险产品，从而根据自己的需要做出选择。保险中介的存在减少了保险购买的工作量，它为撮合供给和需要提供了便利的条件，并在其中承担着重要的角色。

第二节　保险公司的营销体系

通常，根据产品从生产者向目标顾客转移过程中所经过的层次或环节，可以对营销体系进行划分。保险产品的营销体系多种多样，对营销体系进行分类的最为广泛的方法就是依据是否有中间商的参与。因此通常把保险营销体系分为直接营销和间接营销(见图 9-1)，在后面的各章节中将详细介绍各种营销渠道的含义和特点。

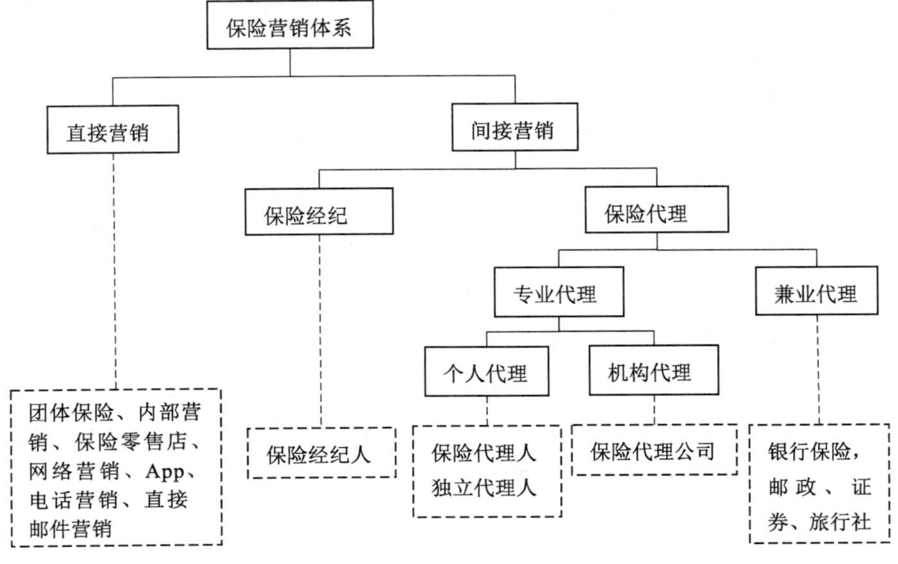

图 9-1　保险营销体系

一、直接营销

直接营销也称为直销制，保险公司直接通过自己的员工，利用各种宣传手段直接向各种客户销售保险产品。参与直接营销的人员大多是保险公司的直属员工，是在保险公司中领取固定薪水的正式员工。根据不同的宣传手段，直接营销又包括团体保险、直接邮件营销、电话营销、保险零售店、网络营销等多种方式。

（一）团体保险

团体保险是指保险公司利用自己的内部员工针对企事业单位等团体客户销售保险产品。团体保险是保险行业的传统销售渠道之一，是保险公司参与员工福利计划的重要途径。团体保险与保险代理人、银行保险一起，构成了中国保险营销渠道中最为重要的三个营销渠道。

（二）直接邮件营销

直接邮件营销是指保险公司通过邮寄印刷品的方式来销售保险产品或提供广告信息的一种营销方式。直接邮件营销要求招揽的客户目标较为集中并且高度个人化。

（三）电话营销

电话营销是指通过电话来完成保险销售的一种营销渠道。电话营销又分为拨入、拨出两种不同的营销方式。拨入电话营销是指保险公司提供一个免费的客户服务电话，供消费者进行产品咨询或订购产品。当前，各家保险公司都设有全国统一客户服务电话，如平安的 95511、中国人寿的 95519、中国人保的 95518、太平洋的 95500 等。拨出电话营销是保险公司为了进行保险销售工作而与目标市场中的个人或企业进行电话沟通，建立关系，并最终完成保险销售的一种营销方式。

（四）保险零售店

保险零售店是一种传统的保险零售方式，其销售模式与一般有形商品基本相同。保险公司在目标客户比较集中的某些地点设立店铺式的营业网点。例如在购物中心、商业中心、交通枢纽等人流密集的地方。保险零售店中的员工通常是在保险公司领取固定薪水、有销售资格的员工。他们能够面对面地为客户提出选择建议。保险零售店通常可以从总公司获得大量的支持。例如有些保险公司在自己办公大楼的一楼就设立了营业网点，消费者不但可以在这里进行报案、索赔、变更、保全等，还可以在这里获得保险信息并完成投保等。各保险公司在各机场候机大楼中也设有专门销售航空意外保险的柜台，这也是一种典型的保险零售店。

（五）网络营销

网络营销是指客户通过互联网获取保险公司和保险产品的信息，并通过互联网完成投保行为的营销渠道。根据监管部门的定义，也称为互联网保险业务。近年来，网络购物发展迅速，人们几乎完全改变了传统的购物模式。互联网保险业务也随之发展迅速。各保险公司都不断完善自己的网站、公众号与App，宣传自己所提供的保险产品和服务，还提供非常周到便捷的在线购买。消费者只需要在网上阅览保险产品的信息，并填写相关的个人信息，在线支付后就可以完成购买。

二、间接营销

保险公司依靠自己的分支机构和业务人员进行保险营销时，会产生大量的费用，包括员工的工资、业务费用和销售费用。并且，无论保险公司的资金实力有多么雄厚，都不可能建立一支能包容整个保险市场的营销队伍。因此，保险公司在依靠自己的业务人员进行直接营销的同时，还要广泛地利用各种间接营销渠道进行间接营销。

间接营销是指保险公司与投保人之间不进行直接的接触，而是通过一个或几个、一层或几层中间商把保险产品出售给客户。经纪人和代理人是间接营销中主要的保险中介。但是，保险中介不能完全代替保险公司承担保险责任，只是参与、代办、推销或提供专门技术服务等，促成保险产品销售的实现。间接营销渠道与直接营销渠道通常相互补充，能相互弥补不足。间接营销的优点和缺点如表9-1所示。

表9-1　　间接营销的特点

间接营销的优点：
● 专业分工，有利于保险公司集中力量进行保险产品的创新，提供高质量的服务 ● 有利于保险公司节约流动资金，减少流动资金的占用 ● 有利于借助中介迅速占领市场
间接营销的缺点：
● 容易被竞争者所替代 ● 不利于与消费者的沟通，无法直接了解市场信息 ● 销售费用比较高，需要支付佣金 ● 推广新产品所需的时间较长 ● 不利于保险公司的控制，受制于渠道

（一）保险经纪

经纪人营销是指保险公司通过保险经纪人与客户进行撮合，并最终完成销售的营销方式。保险经纪人一般代表投保方的利益，为他们设计保险方案、选择保险产品，并从保险公司获得佣金的保险中介。保险经纪人多活跃于财产保险、高端人群或专业性较强的领域。截至2020年末，全国共有保险经纪机构497家。保险经纪机构的经纪从业人员共有37.7万人，比2019年增长了69.1%。

按险种划分可以把保险经纪人分为寿险经纪人、非寿险经纪人和再保险经纪人三种。寿险经纪人是指在寿险市场上代理保险客户选择保险人，代为办理投保手续，并从保险人处收取佣金的中介。寿险经纪人必须熟悉保险市场行情、保险标的情况，掌握较深厚的保险专业知识和法律知识，精通寿险费的计算等。非寿险经纪人主要为保险人介绍财产保险、责任保险和信用保证保险等非寿险业务。他们比寿险市场上的经纪人更活跃，比如在海上保险中，保险经纪人的作用十分突出，他们既深谙航海风险，又通晓保险知识，能为投保方寻求最佳保险保障。再保险经纪人是指专门从事再保险业务的特殊保险经纪人。再保险经纪人不仅介绍再保险业务，提供保险信息，而且在再保险合同有效期间继续为再保险公司服务。

（二）保险代理

保险代理是保险公司通过保险代理渠道销售保险产品的营销方式。保险代理可以是专业代理，也可以是兼业代理；可以是机构代理，也可以是个人代理。保险代理在保险市场中主要承担开创保单新业务、保全现有业务并为保单所有人提供服务的角色。特别的是，个人保险代理是寿险领域内的一种普遍的营销模式。

1. 个人代理

这里是指保险公司采用分公司营销制度时所使用的保险代理人制度，是保险公司通过与自己签约的个人保险代理人销售保险产品的营销方式。这些个人保险代理人是保险公司所聘用的具有从业资格的人员；但他们不是保险公司的正式员工。他们与保险公司之间所具有的是一种松散的聘用关系，采用底薪加佣金的薪酬体系。根据当前的监管规定，一位个人保险代理人只能够代理一家保险公司的产品。截至 2020 年末，全国保险公司办理执业登记的个人保险代理人约 844 万人，比 2019 年下降了 7.5%。

2. 专业机构代理

专业机构代理是保险公司通过保险代理机构销售保险产品的营销方式，保险代理机构专门而且只从事保险代理业务。根据当前的监管规定，一家保险代理机构可以同时代理多家保险公司的产品。2020 年，全国共有保险专业代理机构 1 764 家，其中全国性保险代理公司 241 家，区域性保险代理公司 1 523 家。保险专业代理机构的代理从业人员共有 268.9 万人，与 2019 年同比增长了 9.3%。

3. 兼业代理

兼业代理是指因自身的业务特点和便利而附带从事保险代理的机构。如银行代理销售银行保险，旅行社代理销售旅行意外伤害险，4S 店代理销售机动车辆保险，运输和快递公司代理销售货物运输保险等。截至 2020 年末，全国共有保险兼业代理机构 2.1 万余家，代理网点 22 万余家。其中，银行类保险兼业代理法人机构约 2 000 家，网点 18 万余家；开展保险代理的保险公司法人机构 55 家，网点 4 万余家；其他兼业代理机构约 1.9 万家。

依据代理机构在地域、产品方面的不同权限，还可以对代理人营销进行其他形式的分类。根据代理机构的权力范围不同，可以分为总代理人、地方代理人和特约代理人。总代理人经保险公司授权，全面负责某一地区内所有保险业务。地方代理人由总代理人委托，负责招揽业务、交付保险单和收取首期保费。特约代理人受保险人委托，专门处理某项特别事务。

根据代理对象不同，可以分为独立代理人和独家代理人。独立代理人是以独立的身份和名义为多家保险公司代理保险业务①。因为独立代理人具有的独立地位，独立代理人一般享有比较大的权利。他们按代理业务的不同险种和业务的难易程度而分别向保险公司收取不同的代理佣金。独家代理人又称为专属代理人，他们是只代表一家保险公司的代理人。保险公司支付佣金并对他们具有部分控制权。独家代理人的佣金比独立代理人要少，独家代理人的净收入取决于他们的保险业务量以及代理的险种。

各种营销渠道的成本、反馈率以及保险公司的控制能力各不相同。对各种营销渠道的优缺点将在后面各章中进行详细的介绍。如果按照保险公司的成本、反馈率和控制能力来进行排序，则各种营销渠道的顺序如表 9-2 所示。

表 9-2　　各种营销模式的排序比较

按成本从高至低排序	分公司个人代理	直接报告制度，专属代理机构	经纪人	总代理制度	兼业代理	保险零售店	广播、电视营销	团体保险	邮件营销	电话营销	网络营销
按反馈率从高至低排序	分公司个人代理	团体保险	直接报告制度，专属代理机构		总代理制度，兼业代理，经纪人		电话营销	邮件营销	保险零售店	网络营销	广播、电视营销
按控制能力从高至低排序	分公司个人代理	团体保险	直接报告制度，专属代理机构		电话营销，邮件营销，保险零售店，广播、电视营销，网络营销				总代理制度	兼业代理	经纪人

保险公司应该根据实际需要选择不同的营销渠道。表 9-3 总结了主要保险营销渠道的含义。

表 9-3　　保险营销渠道的种类

直接营销渠道	
种类	解释
保险零售店	保险公司在人流量较大的公共场所设立保险营业网点，销售保险产品的同时也办理各种保险业务，通常以简单产品为主

① 我国监管规定中有个人层面的"独立代理人"，即独立个人代理人。其与机构层面的"独立代理人"的含义和法律地位完全一致。独立个人代理人也具有较高的独立性，只负责销售保险产品，不负责增员和管理销售队伍。当然，独立个人代理人只能代理一家保险公司的保险产品。

（续表）

<table>
<tr><th colspan="3">直接营销渠道</th></tr>
<tr><th colspan="2">种类</th><th>解释</th></tr>
<tr><td colspan="2">直接邮寄</td><td>以邮件传递保险信息，激发消费者的购买欲望。基本上是应用数据库营销的资料</td></tr>
<tr><td colspan="2">推介会/展示会</td><td>主要目的是发掘潜在客户</td></tr>
<tr><td colspan="2">自动售货机</td><td>在特定场所，摆放自动售货机销售保险产品，如旅游意外伤害险等简单产品</td></tr>
<tr><td colspan="2">电话营销</td><td>以电话销售保险产品。电话营销的主要目的在于调查访问，一般必须配合数据库营销。通常由保险公司电话访谈人员与访谈对象约定拜访事宜，并最终促成投保</td></tr>
<tr><td colspan="2">数据库营销</td><td>利用数据库资料，系统收集与分析消费者的需求和偏好，随时保持消费者的最新资料，有效并及时回应客户的需求或抱怨。可以通过电话、网络、邮件等多种渠道</td></tr>
<tr><td colspan="2">互联网营销</td><td>基于互联网销售保险产品。通常由保险公司在专设网站、App或小程序上提供保险产品的相关资料，提供在线购买的机制。比较适合简单的保险产品</td></tr>
<tr><td colspan="2">团体保险</td><td>针对特定目标市场，通常是特定的族群，以说明会或其他公开方式推广保险公司已经开发的保险产品。通常由保险公司组织团队进行</td></tr>
<tr><th colspan="3">间接营销渠道</th></tr>
<tr><th colspan="2">种类</th><th>解释</th></tr>
<tr><td rowspan="2">专业</td><td>保险经纪</td><td>现代保险经纪人的主要任务是提供风险管理服务，洽谈保险合同并提供售后服务</td></tr>
<tr><td>保险代理</td><td>包括保险代理人和保险代理公司，根据代理的保险公司数目可以分为独立代理人和专属代理人；依服务区域可以分为总代理制、地区代理制和直接报告制</td></tr>
<tr><td rowspan="2">兼业</td><td>银行保险</td><td>利用银行进行保险营销</td></tr>
<tr><td>其他兼业代理</td><td>保险业与汽车业、旅游业、旅馆业等其他行业合作销售与其主业相关的保险产品</td></tr>
</table>

第三节 保险营销渠道的选择和管理

一、营销渠道的选择原则

保险营销渠道的选择是保险公司营销决策中最重要的决策之一。营销渠道的选择是否合理，中间环节是否恰当，会直接影响保险产品的销售成本，从而会影响保险产品的价格和在市场中的竞争力。所以，保险公司都十分重视研究并选择合理的营销渠道。营销渠道的选择要受到多方面因素的制约。要合理选择营销渠道，必须遵循以下原则：

（一）客户导向原则

保险公司要在激烈的市场竞争中生存和发展，必须将客户需求放在第一位，建立客户导向的经营思想。通过周密细致的市场调查研究，不仅要提供符合客户需求的险种，同时还必须使所选择的营销渠道为准投保人和投保人的购买提供方便，满足投保人在购买时间、购买地点以及售后服务上的需求。

（二）最高效率原则

不同的营销渠道在不同险种营销过程中的效率是有差异的。保险公司选择合理的营销渠道，能够提高营销效率，不断降低营销成本和费用，使营销渠道的各个阶段、各个环节和流程的费用合理化，从而取得竞争优势并获得效益的最大化。

（三）发挥优势原则

保险公司在选择营销渠道时，要注意发挥自己的特长，确保在市场竞争中的优势地位。现代保险市场营销的竞争已经不再是单纯的险种、价格或促销手段的竞争，而是整个规划的综合性营销渠道的整体竞争。保险公司依据自己的特长，选择合适的营销渠道，能够达到最佳的成本经济水平，获得良好的顾客反应。同时保险公司也要注意通过发挥自身优势，来保证营销渠道中各成员的合作，实施保险公司的营销渠道策略。

（四）利益分配原则

除了保险直接营销渠道外，其他的营销渠道更多地涉及独立中介机构成员之间的利益分配问题，因此，合理分配利益是营销渠道的关键。利益分配不公常常是营销渠道中产生内部矛盾和冲突的根源。因此，保险公司应该设置一整套合理的利益分配制度，根据各成员负责的职能、投入的成本和取得的绩效，合理分配其在保险营销中所取得的利益。各保险中介成员在追求自身利益的同时，也要充分考虑其他中介成员的利益及营销渠道的全体利益。

（五）协调合作原则

保险中介成员之间不可避免地存在着竞争。保险公司在选择营销渠道时，要充分考虑竞争的强度。一方面鼓励保险中介人之间的有益竞争；另一方面又要积极引导保险中介人之间的合作，协调其冲突，加强保险中介人之间的沟通，努力使营销渠道畅通和有序运行，从而实现既定的销售目标。

二、营销渠道的选择决策

当保险公司开发了一种新产品时，或者计划开拓一个新市场时，必须选择营销渠道。另外，由于外部销售环境的变化，与销售中介的关系变化等众多原因，保险公司也必须选择和变换营销渠道。然而，由于保险产品的营销渠道有许多种类，每种渠道的成本、优势等又各不相同，因此，保险公司必须分析各种营销渠道，并选择能够获取最大收益的渠道。通常，保险公司在进行营销渠道的选择时必须确定两个方面：保险营销渠道的结构和层次，即选择应采用的保险营销渠道的种类和数量。

（一）确定保险营销渠道的结构

保险公司所采用的营销渠道不仅会影响保险公司的产品设计和定价，而且还会影响其所采用的产品策略。并且，一旦保险公司选定了某种营销渠道，那么这种营销渠道的特点将对保险产品的销售业绩产生明显的制约作用。由于保险公司的营销渠道众多，每一种营销渠道的特点各不相同，保险公司必须根据当时的不同因素而选择不同的营销渠道。保险公司在进行营销渠道选择时主要应考虑以下因素：

1. 公司因素

公司因素包括公司的人员、技术、经济实力、经营目标、计划任务、企业文化、营销经验、销售经验等。首先，各种营销渠道的成本是影响营销渠道选择的最为重要的因素。一些营销渠道的建立和运作需要大量的财力和时间。对于那些新成立的公司和资本实力比较弱的公司而言，必须选择成本低、能在短时间内产生效益的渠道。

其次，保险公司的经营理念、计划任务等也影响着营销渠道的选择。例如保险公司如果倾向于自己具有较大控制力度、能保证销售质量的销售方式，那么它可能不会选择独立代理人的营销模式，而会选择独家代理人或者直接销售的模式。而如果保险公司当年的经营目标是尽量扩大市场份额，那么保险公司可能会选择独立代理人的营销模式，尽可能多地与更多的代理公司签署合同。保险公司必须选择能全面体现自己的战略计划的营销渠道，否则营销渠道就会阻碍公司实现战略计划。

再者，公司的营销经验也影响着营销渠道的选择。如果保险公司非常熟悉保险代理人这种个人代理的模式，在佣金制度、代理人管理和培训方面具有非常丰富的经验，则它在为新保险产品选择营销渠道时也就会首选这种营销方式。由于某些新的营销方式都是在原有模式的基础上发展而来的，因此保险公司在进行选择时，必然会考虑自己已具有一定相关经验的营销模式。

2. 产品因素

特定产品的特征也是影响保险公司选择营销渠道的主要因素。例如，保险产品的价格、难易程度、产品的目标客户等都是在选择营销渠道时所必须考虑的因素。通常，单价比较低的保险产品比较适合直接营销，而单价比较高的保险产品比较适合间接营销。因为单价低的保险产品可能无法承受应支付给保险中介的佣金。

保险产品是一种复杂的金融产品，只有比较少数的保险产品是简单的。对于那些如投资连结保险、万能保险等复杂的保险产品而言，就必须选择能占用客户一定时间并进行面对面解释和沟通的营销渠道；而对于一些旅行意外保险、航空意外保险等简单产品，则可以通过直接销售等简单的方式进行。例如在机场、火车站中增设销售旅行意外伤害保险的“自动售卖机”，消费者在这里非常简便地就能买到旅行意外险。

另外，产品的目标客户限制了营销渠道的选择。例如机动车辆保险中个人用车保险的目标客户是有自驾车的消费者。因此保险公司必须选择能接触到这类人群的营销渠道，请车辆销售商或车辆管理部门代理销售。而旅行意外伤害险的目标客户是外出旅行的人群，因此请旅行社代理销售也是一种不错的选择。

3．消费者特点

消费者的特点是影响保险公司选择营销渠道的最为重要的因素。因为营销的目的就是使保险产品从生产者转向消费者，所以也应该考虑所选择的保险营销渠道结构是否能够满足消费者的需求。在选择营销渠道时，主要考虑的消费者特点包括目标客户定位、目标客户的数量、目标客户的类型、目标客户的需求、消费者偏爱的保险营销模式、具有的保险知识、保险消费偏好等。

例如，有些消费者非常反感陌生拜访的保险代理人，认为他们干扰了自己的工作和生活，乃至干扰了自己独立的思考；有些消费者却非常喜欢保险代理人的销售模式，认为他们能够给予中肯的保险建议。有些消费者喜欢在一个保险代理人那里购买所有的保险产品，而有些消费者却喜欢“把鸡蛋放到不同的篮子里”。如果消费者比较信赖银行等具有固定营业场所的机构，那么选择这种机构作为保险代理也是比较好的。如果目标客户中各种消费者的数量都比较大，保险公司就必须同时采用多种营销渠道以得到尽可能多的消费者。

4．环境因素

影响保险公司选择营销渠道的环境因素包括法律因素和竞争对手的策略等。例如，我国《保险法》规定，“个人保险代理人在代为办理人寿保险业务时，不得同时接受两个以上保险人的委托”。也就是说，机构代理者不受“1＋1”代理原则的限制，可以代理一家以上保险公司的保险产品。

再如，如果竞争对手采用的是银行保险的营销渠道，并且占据了大部分银行的营业网点，那些无法与银行建立关系的保险公司则可以采用网络或邮寄等其他方式销售银行保险产品，通过接触那些竞争对手无法接触到的客户而实现销售目标。当然，销售业绩可能会大打折扣。

（二）确定保险营销的层次

保险营销的层次就是指保险公司对于同一保险产品而采用的保险营销渠道的数量。多层次的保险营销是指通过两种或两种以上的营销渠道来进行保险产品的销售活动。由于每种保险营销渠道都具有自己的特点，因此采用多层次的营销渠道有助于扩大保险公司所接触的客户数量。例如，销售银行保险产品的同时，可以通过请银行代理销售保险产品的形式，还可以通过网络营销的方式将银行保险产品信息传递给客户。

多层次的保险营销通常导致复式营销。复式营销是指在同一个目标市场上采用两个或两个以上的销售渠道推销同一个产品的销售方式。比如，利用保险零售店和保险代理的形式同时销售航空意外险。然而，在进行复式营销时，保险公司必须考虑两种营销渠道之间的关系。通常，采用两种具有互补作用的营销渠道进行复式营销的效果比较好，可以扩大保险公司产品的市场接触度。例如，网络营销与保险代理人就是一种互补的营销模式。当消费者通过网络营销了解了一些复杂产品的信息，并主动做出了购买的表示时，利用保险代理人继续跟进，进行解释或提供进一步的信息，通常会起到比较好的作用。

因此，保险营销的层次决定了保险产品与市场的接触程度。保险产品必须首先具有广泛的市场接触程度，才能被消费者所了解，然后才有可能谈到市场份额。如果消费者根本对该保险产品一无所知，那么就谈不上购买了。然而，较低的市场接触程度无法促使消费者做出购买保险产品的决策，而市场接触程度过高只能导致重复接触且浪费成本。除此之外，保险营销的多层次还具有以下作用：

（1）增强销售人员的销售能力。复式营销使多种营销渠道的特点进行互补，并在各种营销渠道之间进行分工。例如，可以将销售品牌产品的主要负担从代理营销体系中转移出去，并将电话销售作为销售品牌产品的主要方式。这样就能使销售人员的销售能力存在巨大的增长潜力。此外，还可以将续保销售或服务的责任转移给电话销售部门，这样可以允许销售人员将更多的时间用在他所擅长的推销上。

（2）能降低销售人员的离职率。因为将销售人员的展业责任分散开来，可以使销售力量更稳定。

（3）能将各种营销渠道之间的冲突降到最低。因为多层次的保险营销是将客户市场分为几部分，采用不同的销售渠道为每一部分提供服务，在适当的地方同时使用多种销售方法来销售品牌产品，这样明确的分工有助于将各销售渠道之间的冲突降到最低。

（4）客户享受的服务增加，但其价格却更低。客户有更多的方式与保险公司进行接触和沟通。

（5）能提高保单的持续率。因为与客户接触的增多及改善后的服务有助于降低保单失效率。

（6）能更好地实现客户的终身价值。因为通过与客户保持密切和长久的联系，使客户能够尽早地购买新保单，或者能提高客户的满意程度，从而更好地实现客户的终身价值。

通常，营销层次包括三种模式：集约营销、选择营销和独家营销。集约营销是指在特定市场上采用尽可能多的营销渠道，在短时间内迅速占领市场。其适用于销售需求量比较大的生活用品。选择营销则是指在特定市场上有选择地采用几种营销渠道。而独家营销则是指采用一种营销渠道，主要适用于销售购买频率低、适用时间长的耐用品。保险公司一般比较适合采用选择营销和独家营销，尤其是独家营销。

当然，在进行营销层次的决策时，也必须考虑公司因素、产品因素、消费者特点以及环境因素等各种影响营销渠道选择的因素。

总而言之，保险公司在选择营销渠道时需要考虑的最重要因素，就是能否以最小的代价最有效地将保险产品推销出去。保险公司必须在消费者的服务需求、符合需求的成本和可行性、消费者对价格的偏好三者之间达到平衡。通常，从保险公司来讲，直接营销渠道比较适合于大公司和老公司；间接营销渠道一般适合于小公司和新公司。从保险产品来讲，直接营销渠道比较适合于简单和便宜的保险产品；间接营销渠道比较适合于复杂和保费较高的保险产品。从险种来看，财产保险公司较多采用直接营销体系，以便于保险公司减少营销成本，并加强承保控制；而人寿保险公司较多采用间接营销体系代理制，以便于保险公司争取更多的客户，不断扩大市场占有率，增强企业的竞争能力。

三、营销渠道的管理

（一）营销渠道的相互关系

保险公司与营销渠道的关系非常微妙，首先具有一种合作关系。保险公司和各种保险渠道在功能上相互补充，通过合作能更有效地了解和满足目标市场，更有力地增强竞争优势，所产生的利润比单独参与竞争要大得多。

然而，保险公司与营销渠道之间由于这种合作关系而可能会不断产生各种矛盾和利益的冲突。同时，由于各种营销渠道在某个范围内共存，并且相互之间在某种程度上具有替代的关系，因此也会导致不同营销渠道之间产生一系列的矛盾和冲突。通常，由于各种营销渠道是相互独立的，成员没有共同的利益和共同的目标，或是因为每种销售方式的作用和预期的行为没有界定清楚，而导致他们相互之间不能接受，或是因为保险公司的管理能力比较弱而无法协调各种营销渠道之间的关系，或是因为各种营销渠道之间缺乏良好的沟通等原因，所以保险公司及各种营销渠道之间必然会产生冲突。表 9-4 中列出了一些导致营销渠道之间产生冲突的原因。

表 9-4　　营销渠道冲突的原因

● 合同条款	● 同时使用间接和直接营销体系
● 所销售的产品	● 竞争对手的营销方式
● 保险产品的定价	● 销售目标
● 客户服务水平和方式	● 营销、会计和总公司的信息需求
● 对销售人员的支持程度和方式	● 培训计划
● 对销售人员需求的反应	● 地域方面的协调
● 对新业务的选择	● 成本费用的补偿
● 多层次营销渠道的运用	● 广告等其他促销计划

营销渠道之间的冲突又体现为两种形式：横向冲突和纵向冲突。横向冲突是由同一个营销渠道层次中的两个或两个以上的中介人所产生的摩擦，是来自同一销售渠道中各成员之间的竞争。纵向冲突是由同一个营销渠道中不同层次的成员之间产生的摩擦。特别是当保险公司采用的是复式营销时，保险中介就会面临更为激烈的竞争，从而使保险公司与保险中介之间以及保险中介相互之间产生剧烈的摩擦。通常，纵向冲突是营销渠道中最为常见、最为严重的表现形式。当然，这些冲突的剧烈程度也不尽相同。有些可能还仅仅是一种紧张的关系，而有些可能已经升级为火并了。但是，无论如何，冲突的存在体现了保险公司管理营销渠道的无效，过多的冲突必然会影响保险产品最终的销售业绩，使保险公司的销售计划付诸东流。

然而，当保险公司对营销渠道的管理比较有效时，各营销渠道之间也会产生积极的合作关系。在这种合作的关系下，各种营销渠道都能贡献自己特殊的才能，并发挥自己的才智，使自己受益的同时也使他人受益。因此，这种合作性关系是比较积极且具有建设性的关系。

(二) 营销渠道的协调

为了使保险公司与营销渠道之间以及营销渠道相互之间具有能共同发展的良好关系，保险公司必须发挥积极的作用，协调各种营销渠道的关系。通常，保险公司可以采用以下方法来协调营销渠道之间的冲突。

(1) 选择互补的营销渠道。在选择营销渠道和设计营销体系时，保险公司应该避免选择那种具有较大相同性的营销渠道，而应该尽量选择具有互补性的营销渠道。这样不但可以增加保险公司营销体系的接触程度，而且可以避免在各种营销渠道之间引起争端。

(2) 进行有效的分工。每个营销渠道都有自身的角色和任务。他们应该在地域、与客户的联系方式、所销售的保险产品、所提供的服务等方面有所分工。每种营销渠道都是营销过程中必不可少的一个重要环节。只有责权利清晰，相互间的矛盾才会减少。

(3) 确立共同的营销目标。保险公司应该把满足消费者的需求作为各种营销渠道共同的营销目标。共同的营销目标有助于在各种营销渠道之间形成团队精神。

(4) 促进相互之间的交流和沟通。由于相互不了解，营销渠道的成员往往只看重自己的地位和作用，而轻视他人。因此，保险公司有义务促进营销渠道之间的交流和沟通，促进他们了解每个营销渠道的特定作用和任务，并相互予以承认。

(5) 保险公司应加强管理力度，在各种营销渠道之间倡导合作的氛围。由于营销体系是由保险公司自己所选择和设计的，因此保险公司是处在整个营销体系的中心，责无旁贷地肩负着协调各种营销渠道的责任。并且，只有使各种营销渠道保持合作的愉快关系，保险公司才能够实现自己的销售目标和战略计划。所以，保险公司应该充分重视营销渠道之间的关系，要在选择和设计营销渠道以及日常管理时都充分考虑到他们之间合作与冲突的问题。正如一位相互保险公司的 CEO 所认为的，"保险公司销售产品的营销渠道越多，保险公司的知名度就越高。这种意识再造了职业代理人的形象，提高了其在新老客户中的地位。当然，保险公司对营销体系的投入也要加大。随着其他营销渠道的发展和壮大，训练有素的保险代理人能够提供更加精湛的服务。不仅保险代理人可以与其他营销渠道共存，而且保险公司也将在竞争中日益壮大"。

(三) 营销渠道的激励

保险公司在促使营销渠道成员加入营销渠道时，已经提供了若干激励因素。这些因素还必须通过经常的监督管理和调整而得到补充和增强。保险公司激励营销渠道成员的前提是要了解他们的需要与愿望。一般来说，营销渠道成员是代表消费者购买保险产品的，消费者喜爱的保险产品也是他们感兴趣的保险产品。营销渠道成员不会对所销售的各种保险产品都进行详细的销售记录，也不会主动地为某一保险产品作促销活动，甚至他们还会对保险公司封锁这些重要的信息。保险公司必须不断地激励营销渠道成员，才能促使他们为本公司产品的销售而出色地工作。激励营销渠道成员通常有三种基本的方法：奖罚、合伙与分销规划。

1. 奖罚

保险公司可以采取"胡萝卜加大棒"的方法以得到营销渠道成员的合作。用各种正面鼓励措施进行奖励，例如让利、特殊优惠、各种奖金、合作广告津贴、推销竞赛、免费旅游等。还可以建立风险推销基金，对营销渠道成员初次经销保险产品可能遭受的损失给予补偿。保险公司还可以利用各种媒体进行广告和促销宣传，减轻营销渠道成员的压力。保险公司可以采用减少让利或终止合作等方式对营销渠道成员进行处罚。但是，无论是奖励还是处罚，都存在着一些缺陷。保险公司必须在了解营销渠道成员的需要、问题、长处和不足的前提下进行奖罚，才可能取得明显的效果。

2. 合伙

即与营销渠道成员建立长期合伙关系。保险公司首先要明确自己从营销渠道成员那里能得到什么，如市场覆盖面、销售量、市场开发、技术建议、顾客服务和市场信息等，还要明确营销渠道成员的愿望与要求，就上述各方面与营销渠道成员取得一致，并按照营销渠道成员的执行情况给付报酬。比如，保险公司给营销渠道成员的销售佣金为25%，但不是采用一次性支付的佣金系统，而是采用后续佣金系统，按照下列规定支付：

- 如能完成销售目标，支付10%；
- 如能向顾客提供有效的服务，再支付5%；
- 如能正确地提供市场信息，再支付5%；
- 如能按时支付保费，则再支付5%。

经过一段时间的发展之后，保险公司与营销渠道成员的关系从契约式的合伙向产销战略联盟发展，可能发展为加盟连锁经营、俱乐部会员制、合资共建新的保险中介公司等。

3. 分销规划

即建立一套有计划、实行专业化管理的垂直营销渠道系统，把保险公司和营销渠道成员的需要结合起来。保险公司在市场营销部门内部建立一个“营销渠道成员关系规划处”，主要任务是探求营销渠道成员的各种需要，制定推销方案，帮助每个营销渠道成员实现最佳经营水平。这个规划处与营销渠道成员一起，共同规划销售目标、销售培训以及广告促销计划等。其目的是转变营销渠道成员的观念，帮助他们认识到自己是复杂营销渠道系统的一个组成部分，让他们知道必须通过改善经营、扩大销售才能获取利润，而不是单纯地从保险公司那里获取利润。

习题

1. 简述保险营销渠道的概念和参与其中的各种主体。

2. 保险营销渠道所承担的主要功能有哪些？

3. 简述保险中介存在的必要性。

4. 请解释下列术语：直接营销体系、保险零售店、网络营销、互联网保险、电话营销、直接邮件营销、间接营销体系、保险经纪、保险代理、个人代理、个人保险代理人、个人独立保险代理人、机构代理、专业代理、兼业代理、总代理人、地方代理人、特约代理人、独立代理人、独家代理人。

5. 保险公司在选择营销渠道时主要应该考虑哪些因素？

6. 保险营销层次的含义是什么？多层次的保险营销具有哪些优点？

7. 保险公司与营销渠道以及各种营销渠道之间为什么会具有矛盾和冲突的关系？保险公司应该采用哪些方法才能使他们具有积极的合作关系？

8. 保险公司激励营销渠道成员的方法主要有哪些？

第十章　直接营销

在保险公司的直接营销体系中，保险公司通过邮件、电话、报纸或杂志、广播或电视、零售店以及互联网等方式与消费者直接进行保险产品的交易。由于科技的发展，直接营销在保险公司中的运用越来越广泛。直接营销具有间接营销所没有的成本低、易控制等特点，但是，由于保险公司在直接营销中与消费者沟通的时间比较有限，因此直接营销通常比较适合标准化的简单保险产品。

第一节　直接营销的特点

一、直接营销的定义

直接营销体系是指保险公司能直接与消费者进行交易的营销体系。在直接营销体系中，保险公司努力使自己直接与客户建立各种关系，因此，直接营销体系中没有代表保险公司的保险代理人，也没有保险公司的销售人员拜访客户。保险公司通常是在大力宣传保险产品之后，采用坐等的方式面对面地直接向消费者提供保险产品。

在直接营销体系中，保险公司通常是利用一些媒体把保险产品的信息传递给消费者，这些信息全面地介绍了相关保险产品的含义、条款和价格等。保险公司通过这些成套的资料宣传保险产品，吸引消费者或潜在的购买者产生反应，使其成为保险公司的准客户，向保险公司咨询或立刻做出购买保险产品的行为。然后，保险公司记录和分析消费者的反应，供以后其他的直销活动时使用。

直接营销是对于一般商品采用的一种普遍的营销方式。在直接营销中，由于保险公司直接与消费者接触、沟通和交易，因此直接营销便于保险公司与客户的信息沟通，使保险公司能迅速而具体地了解市场需求的变化及用户的特殊需求，及时做出相应的经营决策，从而更好满足顾客的需要。同时，直接营销还可以节约产品的流通时间，减少流通费用，降低销售成本。除此之外，由于参与直接营销的人员都是保险公司的正式员工，因此保险公司对直接营销中采用的策略、管理措施、人员培训等方面的控制力比较强，直接营销的一切相关因素都掌握在保险公司的控制之中。但反对意见却认为，在直接营销时，保险公司将大部分精力都投入保单销售和管理营销人员上，即将主要业务放在销售业务上，而对保险的核心业务如核保、理赔等的投入不足；而且采用直接营销，在增加营销人员、扩大市场的同时，销售费用和各项成本也在不断提高；同时，公司将主要精力放在营销人员管理上，对于保险产品的开发和创新及客户服务也会投入不足。直接营销具有的特点如表 10-1 所示。

表 10-1　直接营销的特点

直接营销的优点：
● 能有效传播产品信息，便于保险公司与客户的沟通 ● 便于保险公司及时掌握市场信息，便于保险公司的掌握和控制 ● 可以改善客户服务质量和客户关系 ● 节约产品进入市场的时间 ● 倘若已有现成渠道，则可能降低新业务成本和销售成本，产品价格更具竞争性 ● 保险公司占主导地位，具有竞争优势，是一种竞争者不易模仿的进入市场的途径 ● 是一种占领目标市场的有效方法 ● 是建立多样化营销体系的一个有利选择
直接营销的缺点：
● 建立各种直接营销渠道需要资金和时间 ● 没有专业化分工，需要单独设立各种渠道的销售部门 ● 分散了保险公司的精力，不利于公司资源的优化配置 ● 前期投入较大

在保险市场中，直接营销也是大多数保险公司所采用的一种普遍的营销方式。保险公司更多的是将直接营销与其他营销方式结合起来使用。直接营销在一般商品领域中所体现出来的优点在保险市场中通常也都具有。由于直接营销的这些优点和缺点，以及各保险公司的经营目标和策略不同，因此采用直接营销的范围也是因公司而异。并且，由于各种保险产品的特征不同，对直接营销的采用也应该因保险产品而异。

直接营销体系近年来发展非常迅速，其中的重要原因就在于科技的迅速发展。因为高速发展的科技使保险公司能够容易地进行消费者细分，准确确定目标客户。并且，数据库和通信技术使保险公司非常容易与消费者建立联系，并通过各种方式与消费者保持交流和沟通。客户资料是决定直接营销体系是否成功的主要因素，例如现有客户、以往客户和潜在客户的最新记录。除此之外，衡量特定信息效力和特定目标群体反应的记录系统，衡量和记录客户购买行为的方法，以及与消费者保持信息交流的系统等，都制约着直接营销的成功性。许多保险公司已经在自己的数据库中保存了大量的客户信息。并且，先进的信息储存和检索系统等大数据技术使保险公司能进行消费者细分。这些技术使保险公司能提供高效的服务，并促使直接营销体系的成功。

二、直接营销的成本分析

通过直接营销体系销售保险产品，其所导致的成本和成本发生的时间与其他的营销体系完全不同，所产生的利润也完全不同。在直接营销中，保险公司的销售费用在实现销售之前就产生了，也就是说销售费用通常是预支的。这些预支的销售费用通常金额较高，而且是否能够产生盈利还不得而知，因此保险公司采用直接营销时需要承担一定的风险。而在代理人营销体系中，发生的主要成本就是代理人的佣金。保险公司是在保险代理人已经成功销售了保单并收取了首期保费之后，才会支付佣金的。因此在代理人营销体系中，保险公司是已经实现收入之后才发生支出的，风险比较小。

直接营销的活动存在着比较高的失败率，反馈率可能较低。平均而言，在直接营销的广告宣传之后，大约只有1%的人会产生反应。但是，由于直接营销所覆盖的市场范围非常广泛，即使只有1%的反馈率，也能产生巨大的销售量。一般而言，如果在直接营销中选择了恰当的媒体宣传并实施了适当的成本计划，1%的反馈率就可以带来相当可观的利润，而2%的反馈率就可能产生巨额的盈利。

消费者在对保险公司的直接营销产生反应之后，就成为保险公司的准客户。然而，并不是所有准客户都会购买保险产品，成为保险公司的客户。其中存在着一定的失败率，并且保险公司还会产生继续跟进的费用。因此，直接营销的高成本投入和低成功率给管理者带来了巨大的挑战，保险公司需要在实施直接营销之前进行谨慎细致的调查，然后再进行决策。

通常，在直接营销活动中产生的主要成本包括创作成本、制作成本和媒体成本。创作成本包括各种文稿的写作、美术、排版、摄影等费用。制作成本主要包括印刷广告和宣传资料的成本，例如纸张、印刷、装订等费用。而广播和电视等广告的制作成本包括演员的费用和录制费用等。网络营销的制作成本包括网页设计、平面美工等费用。媒体成本是根据所采用的不同媒体而产生的。例如购买报纸或杂志上广告版面的费用，购买广播或电视时段的费用，寄送邮件的费用，租用电话服务的费用，以及在国际互联网上建立和维护网站的费用等。除此之外，当直接营销初步产生作用时，保险公司还必须派人继续跟进，才能提高成功率。跟进也需要一定的成本。当然，为了提高保险公司销售人员的积极性，保险公司在直接营销中也必须采用激励性的薪酬体系，而这些也构成了销售成本。

直接营销的成本特点给直接营销的产品定价带来了一定的影响。因此，精算人员在为直接营销的保险产品定价时，必须考虑直接营销成本的特点和具体金额。例如，精算人员必须考虑产品预期的直销方法和销售费用，预计客户的反馈率，预计由准客户转变为购买者的签单率，准客户转变成购买者的过程中所产生的销售成本，预计的平均保单规模等。这样才能把直接营销所产生的费用较为准确地分摊到每一份保单。

精算人员在设计产品时所采用的这些预计数据，决定了保险公司可以接受的直接营销产品的最低成功率。如果保险公司能够以低于预计的费用进行直接营销，或者获得高于预计成功率的客户数量，那么保险公司就已经提高了利润。但是，如果保险公司在这些方面的表现比预计的还差，那么保险公司只能在其他方面努力挖掘，否则就不可能实现产品的利润目标。例如，保险公司可以使续保率高于预期，使赔付率或损失率低于预期，使管理费用低于预期，使投资收益高于预期等。表 10-2 中列举了保险公司在采用直接营销时应考虑的成本费用和这些费用的影响结果。

表 10-2　直接营销的成本

直接营销的成本特点
● 前期预支费用的金额较高 ● 整体的成功率较低
直接营销的成本
● 创作成本：各种文稿和网页的写作、美术、排版、摄影等费用 ● 制作成本：制作广告的成本，例如纸张、印刷、装订、制作邮件、演员费用和录制费用等 ● 媒体成本：购买报纸或杂志广告版面的费用，购买广播或电视时段的费用，发送邮件的费用，租用电话服务的费用，以及在互联网建立和维护网站的费用等
直接营销的成本对精算的影响
精算人员必须考虑： ● 产品预期的直销方法和费用 ● 预计客户的反馈率、由准客户转变为购买者的签单率 ● 准客户转变为购买者的过程中可能产生的成本 ● 预计的平均保单规模

保险公司在进行直接营销的决策之前，通常要进行盈亏平衡分析。保险公司的精算人员从市场调查以及早期的相关研究和经验中得到相关的预计数据，例如预期的成本费用、预期保单规模、预期反馈率和签单率等，然后再进行分析、决策和产品设计。

三、直接营销的保险产品特征

由于直接营销所具有的“直接”的特点，保险公司通常会为直接营销而设计专门的保险产品。这些用于直接营销的保险产品具有与其他营销渠道保险产品完全不同的特点。

在直接营销体系中，消费者通常是根据保险公司所提供的信息而做出是否购买的决定，没有保险代理人与消费者进行面对面的沟通、交流和解释。因此，消费者做出购买决定时只能够依据自己的知识和经验来理解相关资料。当然，保险公司在进行直接营销时，往往也会提供一个电话或咨询渠道，消费者有疑问时也可以进行询问。但由于保险公司所提供的询问资源的有限性，消费者往往无法如同与保险代理人那样进行充分的交流。同时，由于保险产品的无形性和复杂性，直接营销的这些特点注定了在直接营销体系中所销售的产品必须是比较简单容易的保险产品。这些产品的简单容易主要体现在申请简易化、核保简便化、管理简单化和付费方便化四个方面。

申请简易化的意思是指通过直接营销而销售的保险产品应该足够简单，容易向消费者解释清楚，材料中的文字也必须通俗易懂，即使仅受过中等教育的普通消费者也能够基于自己的知识和经验准确理解保险产品的含义。因此，要求保险产品的宣传资料、投保书等材料应尽可能简洁明了，相关的费率说明、赔偿条件也应该简单。比如意外伤害保险通常就采用直接营销的方式。意外伤害保险是成熟的保险产品，消费者对其含义已经非常了解，也比较适合采用直接营销的方式。

核保简便化是指通过直接营销而销售的产品应该具有简单的核保条件，或者基本上无须核保。例如，直接营销的意外伤害保险产品的核保非常简单，通常都无须体检，就可以直接通过核保，消费者在填写投保书时也仅仅是提供了性别、年龄、职业等基本的信息。因此，直接营销的保险产品必须具有简单的核保条件，否则就无法直接便利地完成销售。

管理简单化是指通过直接营销而销售的保险产品应该都是近乎完全相同的标准品，从而简化了保险公司的管理。保险公司不需要再对客户有关不同保额、红利选择权、现金价值管理等个性化方面进行管理。但是，由于直接营销缺乏代理人协助解决问题或处理投诉，这在某种程度上又加大了保险公司客户服务的工作量。保险公司必须提供便捷的电话或网络服务，否则就可能会使消费者因投诉无门而不满。

付费方便化是指通过直接营销而销售的保险产品应该具有简单明了的费率，并且缴费的方式应该灵活便捷。费率的清晰、简单有助于消费者理解保险产品，客户可以通过信用卡、委托扣款、微信、支付宝等方法缴费，从而使直接销售更加便捷。

图 10-1 中表现了各种保险产品采用直接营销渠道的适应程度。

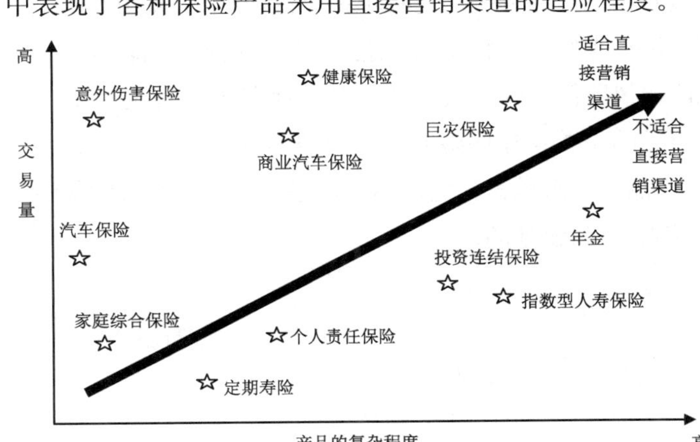

图 10-1　各种保险产品采用直接营销渠道的适应程度

案例 10-1　　航空意外伤害保险的销售历程

航空意外伤害保险就是一个典型的适合直接销售的产品。航空意外伤害保险的产品简单,责任单一,并且保障期限极短。保险公司最早是在机场设立零售点,专门销售航空意外伤害保险。显然,航空意外伤害保险完全具备进行直接营销的特点。

(1) 申请简易化：只需要消费者提供身份证和机票。承保消费者从到达机场并通过安全检查后,直到抵达目的地走出航班飞机舱门期间所发生的意外而导致的残疾或身故。保险单上印刷了航空意外伤害保险的条款摘要。同时,保险公司在出单处还提供了航空意外伤害保险条款全文供投保人查询。

(2) 核保简便化：无须体检,当场出单。

(3) 管理简单化：与民航订座系统联网,电脑出单,实时管理。

(4) 付费方便化：具有简单的费率,20 元一份,付款后当场交易。

随着互联网的发展,传统的在机场设立零售点销售航空意外伤害保险的模式逐渐消亡。虽然保险公司也可以在自己的网络销售平台上销售航空意外伤害保险,但倘若消费者购买机票和购买航空意外伤害保险还需要在不同的平台上完成,确实有些烦琐。因此,目前各保险公司销售航空意外伤害保险时大多采取代理的形式,通过与机票销售平台合作并形成代理关系,让客户在购买机票的同时完成购买航空意外伤害保险。而保险公司自己的网络销售平台上可能销售的是保险期限更长(如一年期)的综合性意外伤害保险。

所以,从中也可以看到,某种保险产品适合采用何种销售渠道和销售模式,并非一成不变,而是和外部环境的发展、技术的发展密切相关。

在我国,直接营销的产品种类还比较单一,直接营销的使用范围也比较狭小,大多仅限于车险、家庭财产保险、意外伤害险、医疗费用保险等比较简单和成熟的保险产品,以及团体保险等风险同质性比较强的产品。而美国的直接营销使用得非常广泛,从年保费仅 20 美元的旅游意外保险到最低保费为 5 000 美元的变额寿险,甚至各种趸缴保费的年金产品等。直接营销的产品可以是按照标准类型的保险产品改造的,也可以是为直接营销而专门设计的。

第二节　直接营销的种类

保险公司可以利用多种途径和媒介来接触消费者。这些媒介包括邮政、报纸杂志、电话传真、网络、自动贩卖机、零售店、电视广播等。保险直接营销也因为这些不同的媒体而被分为不同的种类。

一、团体保险

团体保险是指由保险公司用一份保险合同同时为团体内的许多成员提供人身保险的保障。对于保险公司而言，团体保险是保险公司参与企业员工福利计划的重要途径。而且，对于企业而言，企业通过利用保险公司的专业知识和经验，可以用较低的保费支出为雇员寻求较高和较全面的保障，有效降低员工福利计划的实施成本，提高员工保障的可靠性。

团体保险目前是我国保险销售的三个主要营销渠道之一。从销售的角度而言，团体保险最大的特点在于成本比较低（见表 10-3）：

1. 使用团体保单

团体保险一般采取一张主保单承保一个群体的做法，节省了大量的单证印制成本和单证管理成本，而且采用集中理赔的方式，简化了承保、收费、理赔等手续，获得了规模效应。

2. 销售费用比较低

团体保险一般由保险公司的员工销售，销售佣金占总保费收入的比率比保险代理人的佣金比率要低。

3. 核保成本低

通常要求在团体中选择参加保险人员的比例大于 75%及以上，参保比例较高，故逆选择风险较小，体检和其他一些核保要求可以适当放宽或免除，节约了保险公司的核保费用。

同时，团体保险的成本低，利润也低。投保人与保险公司一起分享团体保险的低成本好处。而且，团体保险的购买者，如雇主和雇员等，除了可以享受团体保险的低费率外，还能享有一定的税收优惠政策。

表 10-3　　团体保险的特点

团体保险的优点
● 具有规模效应，成本比较低 ● 主动展业，有针对性 ● 能够根据客户信息进行产品设计与定价 ● 由于某些法律规定的要求，具有刚需的性质
团体保险的缺点
● 对销售人员的要求比较高

（续表）

团体保险的产品
● 根据企业特征制作产品，提供保险计划
保险公司采用团体保险的注意事项
● 与社会保障和员工福利计划相结合

团体保险除了成本比较低以外，在许多方面与个人保险完全不同。

表 10-4　　团体保险与个人保险的区别

	团体保险	个人保险
保险单	一份保单，多份凭证	一份保险单
体检	一般不需要	必须
费率	佣金率比较低，费率低	佣金率比较高，费率高
逆选择	承保整个团体或大部分成员，基本没有逆选择	普遍存在
经验费率	普遍适用	没有
被保险人	必须是正常工作的正式员工	没有要求
保险金额	由保险人与投保人商定	被保险人可自由选择
投保总人数	有最低比例的限制	没有限制
保费缴纳	雇主，或雇主与员工分摊	自己

二、直接邮件营销

直接邮件营销是指以印刷品形式通过邮政服务来分销产品或提供广告信息的营销方式。保险公司在进行直接邮件营销时通常会给消费者提供下列资料：产品介绍信；描述特定产品的小册子；一种反馈手段，如保险投保单或为获取更多信息的咨询表；一个商业回复信封，或提供回复的渠道。这些材料必须精心设计，以更好地反映保险产品信息并吸引目标消费者的眼球。

直接邮件营销的成功性依赖于保险公司所掌握的客户信息。保险公司可以通过多种渠道收集这些客户信息。例如保险公司可以从电话号码本、报纸、贸易展览会的登记表、医院病人名册、银行卡客户、家用电器客户等途径获得客户名单。从这些途径中所获得的客户具有相似特征或偏好，但是信息相对而言比较散乱，也可能不十分全面。保险公司应该根据需要对信息进行选择，并对消费者进行细分。当然，随着客户信息保护的相关法律规定越来越严格，从上述这些渠道获取客户名单将非常困难。保险公司从自己的数据库中获取客户名单，可能是最具有潜在购买性的消费者。他们或许曾经购买过公司的产品，或者曾经询问过相关信息。这种客户具有挖掘的潜力，极容易成为保险公司的客户。保险公司从各种渠道所获得的消费者信息是保险公司的巨大财富。这些财富使得直接邮件营销的针对性较强。除此之外，直接邮件营销还具有以下特征：

（1）直接邮件营销中，营销人员可以利用多种方法，对消费者和市场进行更为具体的细分；

（2）直销邮件把目标定于市场细分中已知具有某些特征的个人，因此可以为消费者量身定做保险产品；

（3）市场营销者可以利用直接邮件的设计和格式灵活地表现产品信息；

（4）直接邮件营销一般比广告、电视、网络营销等直销方式的反馈率要略高一些，但是比代理营销的反馈率低。

直接邮件营销的最大缺点就在于成本比较高。并且，公司购买消费者信息的行为在某种程度上侵犯了消费者的隐私。这种行为受到越来越多消费者的反对。直接邮件营销的特点见表 10-5。

表 10-5　　直接邮件营销的特点

直接邮件营销的优点
● 主动展业 ● 能够根据客户信息进行消费者细分 ● 锁定已知的消费者特征，有针对性地提供资料 ● 形式多样，灵活多变，反馈率略高于广告、电视、网络营销等直销方式
直接邮件营销的缺点
● 成本比较高 ● 反馈率要低于代理营销 ● 购买消费者信息涉及侵犯消费者隐私
适应直接邮件营销的产品
● 适合进行直接营销的产品 ● 可以根据消费者特征设计保险产品，提供保险计划，但是成本比较高
保险公司采用直接邮件营销的注意事项
● 广泛采集大量的客户信息 ● 基于海量的客户信息进行客户细分 ● 提供消费者进行咨询的手段，例如电话、电子邮件、网络、二维码等 ● 销售人员对所锁定的客户进行跟进，促成购买 ● 大范围进行直接营销之前可小范围测试，考虑付出的成本和得到的反馈是否相当

三、公众媒体营销

公众媒体营销是指通过报纸、杂志、广播或电视等公众媒体而向消费者宣传保险产品信息，从而实现保险产品销售的一种营销模式。公众媒体通常包括报纸、杂志、广播或电视等，公众媒体营销也因这些不同的媒体而具有不同的特性（见表 10-6）。

表 10-6 公众媒体营销的特点

公众媒体营销的优点
报纸或杂志：发行范围广，覆盖面广；单位成本比较低 广播或电视：成本可以选择；覆盖面广，容易被大众所接受
公众媒体营销的缺点
报纸或杂志 ● 针对性比较差，版面有限，提供信息量有限 ● 反馈率要低于直接邮件营销 ● 随着互联网生活普及，纸质媒体逐渐无人问津 广播或电视 ● 传递信息的时间有限，提供的信息量有限 ● 难以衡量反馈率 ● 随着互联网生活普及，电视收视率明显下降
适应公众媒体营销的产品
报纸和杂志：可以利用插页广告详细介绍产品 广播和电视：广告的形式通常是为其他直接营销方式提供支持，例如宣传公司形象等，而并非直接进行销售。电视购物频道可以尝试销售一些复杂产品
保险公司采用公众媒体营销的注意事项
报纸或杂志：根据杂志或报纸读者群的人口统计、地理位置或心理特征等因素进行选择，从而增强广告的针对性 广播和电视：通过选择广告播出的时间以及插播广告的节目类型来细分消费者

在报纸或杂志上进行直接营销的方式包括两种：一种是由营销人员预先印刷并提供给报纸或杂志作为出版物插页的广告，而另一种则是在报纸或杂志上刊登的广告。前一种形式的插页广告通常能够提供详细的产品信息，营销人员通常还要附上一份回执或提供反馈的渠道。而在后一种形式的广告中，由于版面大小是决定广告费的一个重要因素，因此营销人员提供产品信息的空间比较狭小有限。但是，报纸和杂志的发行范围比较广泛，因此在报纸或杂志上进行营销具有比较广阔的覆盖面，并且成本要比直接邮件营销相对较低，单位成本就更低了。然而，这种营销方式的缺点就在于针对性不够强，尽管不同报纸或杂志的读者也具有不同的特征，但大多只能对普通读者提供一般性信息；并且读者还会被报纸或杂志上的其他广告分散注意力，或根本不会注意这些保险广告。因此，通过报纸或杂志进行营销的反馈率比较低。当然，由于报纸和杂志的发行量比较大，即使比较低的反馈率也能产生令人满意的销售业绩。通常，营销人员在报纸或杂志上进行营销时可以根据读者群的人口统计、地理位置或心理特征等因素进行选择，从而增强广告的针对性。随着互联网生活模式的普及，报纸或杂志也逐渐无纸化和互联网化，纸版的受众越来越少。

广播营销主要是通过声音向听众传递信息，因而其影响力比较有限，传递的信息也更加有限。电视营销有画面的配合，效果比较直观，但成本就比广播广告要高得多。

通常，广播或电视营销主要是通过选择广告播出的时间以及插播广告的节目类型来细分消费者的。例如，车险的营销广告可以选择在司机朋友们经常听的广播节目中插播。在广播或电视上进行直接营销的优点在于保险公司可以根据自己的需要确定可以支出的成本范围；广告可长可短，播出的频率可大可小。并且电视和广播所传递的信息能使消费者迅速产生反应。然而，这种广告的方式只能在有限的时间内向潜在客户传递信息，信息量比较有限。

随着互联网时代的到来，人们阅读纸质报刊的频率越来越低，也很难如传统那样每天围坐在电视机旁，这使得公众媒体的有效性明显下降。但是，新兴的电视购物却大行其道。保险公司也改变了用广播电视媒体的传统方式，在电视购物方面进行了有效的探索。

案例 10-2　　电视直播保险的发展经历

电视在一些发达国家已经成为保险产品的一个重要销售渠道。美国QVC、HSN等电视购物频道很早就开始销售保险产品，电视直销成为美国保险销售的重要渠道之一。在韩国，保险电视销售从2003年开始发展，这一渠道的保费收入已占总保费收入的2%，且一直保持着近100%的年增长率。韩国电视购物频道的保险等无形商品获利贡献高达33%，电话呼入的业务达成率达到80%-90%，保险公司通过电视购物渠道销售的保费收入已占总保费的25%以上，投保普及率超过93.8%。我国台湾地区也有不少保险公司借鉴韩国的经验，引入了保险电视直销。

在中国大陆地区，2006年，美亚财险就开始和电视台合作销售意外险和住院医疗津贴险。太平人寿江苏分公司也曾在上海购物频道直销过返本型健康险。但由于政策和风险的问题，电视直销保险并没有形成规模化的销售模式。随着近两年互联网保险的飞速发展，险企也将视线投射到电视+网络的全媒体平台销售模式上。

2021年，快乐购·湖南时尚频道与吉祥人寿、富德生命、中英人寿、国华人寿达成合作，上线了“芒果保险”节目，同时邀请中国台湾保险理财专家朱锡明担任项目顾问。2022年5月，“快乐购”购物频道首次面向全国直播国华人寿保险节目——《安康一生》，直播50分钟，就进线1 068条，远超传统保险销售渠道引流速度，创全国电视购物行业中保险单档销售进线最高记录。2022年6月，当代陆玖联合家有购物集团股份有限公司推出了第二轮“保险大惠”大型全媒体直播营销活动，主推华夏常青藤和华夏护身符两款意外险，以及大童保险经纪推出的安心意外保，观众可以在电视频道、App以及视频网站收看节目，并通过电话及二维码的方式实时购买。

电视直销模式也存在着逆向选择和道德风险的问题。为了更好地保护消费者权益，一些国家和地区也对保险产品的电视销售进行了约束和监管。2012年，韩国金融委员会和金融监督院提出了《保险销售电视节目改善方案》，方案中加强了对保险产品通过电视销售的事前审议，并且禁止在节目中提供3万韩元以上的赠品。对于电视广告，禁止提高声调来强调保险内容或者以激发性的语调介绍商品的行为；对于取消合同或者保险金支付限制等不利于卖方的事项，也必须以相同的语速做出充分的说明。通过改善方案，韩国对电视销售保险中出现的捆绑销售、返利、夸张描述和模糊焦点的销售弊端进行了约束。在我国，《保险法》第106条规定，保险公司及其工作人员在销售活动过程中不得给予或承诺给予投保人、被保险人、受益人保险合同约定以外的保险费回扣或者其他利益。因此部分电视购物节目中捆绑销售或返利等营销手段并不适于保险销售。

四、电话营销

电话营销是指通过电话进行保险营销活动，包括保险公司拨出电话和消费者拨入电话两个方面。实际上，保险公司通常同时使用拨出电话和拨入电话两种营销方式。保险公司拨出电话营销是指保险公司为了销售保险产品而同目标市场中的个人直接进行电话联络。保险公司利用拨出电话营销与潜在客户建立联系并宣传产品，促进客户购买保险产品，有时还对已收到直接邮件或短信但尚未反馈的客户进行跟进。而拨入电话是指消费者进行产品咨询或订购产品。通常，拨入电话主要是为其他直接营销方式的后续工作提供支持和服务。例如，广告、邮件、电视、广播或网站上的信息可能促使消费者产生收集信息的需求，因此可以提供一个统一的电话供消费者咨询。通常，保险公司提供的这一电话不仅仅提供咨询的服务，还能够处理多种业务。目前中国保险市场中的各家保险公司都提供了服务电话。例如中国人寿的95519，中国平安保险的95511，太平洋保险的95500。

保险公司拨出电话是保险公司主动展业的一种形式。保险公司可以从客户数据库中获得有关目标市场消费者的电话，主动地有针对性地拨出电话，介绍相关的保险信息并促成销售。与直接邮件营销一样，客户信息在电话营销中也非常重要。营销人员在进行电话营销之前应该根据客户信息进行消费者细分，然后有针对性地展业。通常，电话营销的成本比较高，但是由于销售人员的针对性非常强，并且可以不断地后续跟进，因此保险公司拨出电话进行电话营销的反馈率是比较高的，一般要高于直接邮件营销以及广告、电视、网络营销等其他方式，但仍然略低于代理人营销的反馈率。并且，保险公司所拨出的电话由于在一定程度上干扰了消费者的生活，有时会引起消费者的反感。目前,保险公司在续保业务方面更多地利用了拨出电话,随着人工智能的普及,拨出电话也能节约大量的成本。

保险公司提供拨入电话的营销方式具有与网络营销相似的特点,是比较被动的展业方式。通常,保险公司可以利用消费者拨入的电话了解消费者的姓名、地址、电话号码、年龄、感兴趣的产品等信息,并把这些信息反馈给客户数据库及销售人员。然后销售人员再进行后续跟进,最终完成销售行为。一般而言,保险公司可以利用消费者所拨入的电话向客户进行综合销售,或鼓励客户增加保险金额或扩大承保范围,以及通过提供主动的客户服务来保持已有业务。

近年来,电话营销的发展十分迅速。在韩国和中国台湾,电话营销已成为其新增业务的主要渠道,以中国台湾地区为例,电话营销已占新增保费的 2/3。大都会保险在 20 世纪 80 年代开始电话营销,在中国香港地区曾占新单保费的 90%,在中国内地曾占新单保费的 60%。

目前,我国各保险公司均开展电话营销业务。电话营销已是保险公司的一个重要渠道,并具有一定规模。其发展的模式主要有以下两种:一是“单一型模式”,即利用银行的客户信息拨打电话销售保险;二是“混合型模式”,即先利用信函、广告、电视、网络等宣传产品,然后通过电话继续跟进并实现销售。

表 10-7　　电话营销的特点

电话营销的优点
拨出电话 ● 根据客户信息进行消费者细分 ● 主动展业,直接与客户交流,针对性强 ● 反馈率高于直接邮件营销以及广告、电视、网络营销等其他方式 拨入电话 ● 为客户创造和提供更加高质量和便捷的服务 ● 收集大量的客户信息
电话营销的缺点
拨出电话 ● 成本比较高 ● 反馈率略低于代理人营销体系 ● 如果频繁拨打电话,容易引起消费者的反感 拨入电话 ● 被动展业,坐等消费者
适应电话营销的产品
● 适合进行直接营销的产品,即简单成熟、通俗易懂的产品
保险公司采用电话营销的注意事项
● 可以安排销售人员对准客户的询问进行跟进,促成购买 ● 注意拨打电话的频繁程度,不要打扰消费者的正常工作和生活 ● 可以提供多种客户服务,并把各种服务尽量细化

五、保险零售店

保险零售店是把适用于一般商品的传统零售方式用于保险产品。保险公司在目标客户比较集中的某些地点设立店铺式销售点。保险零售店的员工通常是在保险公司领取固定薪水的、有从业资格的员工。他们能够面对面地为客户提出选择建议。这种传统的店铺式营销模式具有以下的优点：

(1) 保险零售店可以展示保险公司的形象，把无形的保险产品有形化。例如，保险零售店的装修、员工的衣着与态度、公司介绍、产品信息、公司大宗理赔的案例介绍等，都可以使保险产品有形化，增强消费者对保险公司的信任，以及对保险产品的了解。

(2) 相对于代理人营销体系而言，保险零售店的成本可能会略低廉。零售店的员工是保险公司的正式员工，保险公司省却了高额的佣金支出，但需要支出店铺租金和员工工资。

(3) 能够与消费者进行面对面的沟通，在一定程度上能够影响消费者的行为。零售店中的员工可以及时地回答消费者的疑问，并利用自己良好的服务等促使消费者做出购买的决定。

(4) 保险零售店可以同时提供大量的保险产品供消费者选择。保险公司可以销售所有适于店铺消费者的保险产品，扩大了消费者的选择。

但是，店铺这一传统的销售模式也具有一定的局限性：

(1) 保险公司的展业具有一定的被动性。保险零售店传承的是坐等的文化。零售店的员工只能够坐等客人，最多只能够招揽路过的客人，而无法主动地展业。因此，展业是否成功在很大程度上依赖保险零售店所处的位置。

(2) 具有比较强的地域性。一个保险零售店只能够服务其周边一定范围内的消费者。保险公司如果要占领整个城市，则必须在全城中进行合理的布点，并且要考虑各点消费者的特点和消费偏好。

(3) 保险零售店的员工在与客户进行沟通时要受各种资源的限制。例如，如果保险零售店的员工数目比较少，则客户多时就无法进行耐心的解释，从而会失去一定数量的客户；而员工数目比较多又会徒增成本。保险零售店的员工与客户沟通时会受到营业时间的限制，可能也会因当时客户没有时间而无法进行有效的沟通。

保险零售店的员工可以与客户沟通，但是又不如代理人营销体系那样能进行充分的沟通。因此，保险零售店大多只销售简单通俗的近似于标准化的产品，但是也能够提供具有一定复杂性的产品。并且，正如设置一般商品的销售店铺一样，保险公司必须考虑当地人群的特点，谨慎选址，并精心策划店铺的装修、员工衣着等代表公司形象的有形因素，合理确定零售店的员工数量。

表 10-8　　保险零售店的特点

保险零售店的优点
● 可以展示保险公司的形象 ● 相对于代理人营销而言，成本略低廉 ● 可以与消费者进行沟通 ● 可以提供大量的保险产品供消费者选择
保险零售店的缺点
● 展业被动 ● 具有明显的地域性 ● 与客户的沟通受到资源的限制
适应保险零售店的产品
● 简单、通俗易懂的产品；标准化的产品 ● 如果零售店有一定数目的员工，则可以提供具有一定复杂程度的产品
保险公司采用保险零售店的注意事项
● 根据目标客户群进行保险零售店的选址 ● 对店铺的装修、员工衣着进行策划，变无形为有形 ● 充分准备有关公司信息、产品信息的资料 ● 根据各店铺人流量科学决定员工数量，使成本最低

第三节　直接营销的过程

保险公司为了确保直接营销的成功性，首先必须识别直接营销的目标市场；然后对目标市场进行调查与研究，确定应采用的直接营销方式；最后还要设计直接营销中的相关销售材料，例如直接营销邮件、各种广告等。保险公司在这些活动中的决策直接决定了直接营销的最终效果。

一、直接营销的目标市场

直接营销体系通常与代理人营销体系和经纪人营销体系并存，相辅相成，互为补充。因此，直接营销体系的目标市场通常不包括代理人和经纪人营销体系所服务的消费者及产品领域。直接营销的目标市场通常具有以下特点：

（1）具有比较大的同质性，非常容易区分；

（2）只需要有限的保险产品，或者所需要的保险产品是补充性的；

（3）所需要的保险产品比较简单和单一，不需要个性化服务；

（4）所需要产品的附加成本较低，可承担的保费比较低；

（5）是具有特殊利益的客户群体，或比较容易接近的人群。

通常，直接营销的目标客户都是可能通过直接营销购买保险产品的人群。例如，保险公司自己的客户或最近曾咨询过保险公司产品的消费者，以前对其他保险公司的直接营销有过反馈的人群，以及曾购买过其他直接营销产品的人群，都是保险公司直接营销的主要目标。

保险市场的一些专家认为，直接营销比较适用于中低收入群体的消费者。因为，代理人营销体系和经纪人营销体系所服务的重点人群是高收入群体。他们的保险需求复杂，需要代理人和经纪人提供个性化服务，并且他们的高保额保险也能满足代理人和经纪人的佣金需要。而中低收入人群的保险需求比较简单，通常趋于标准化产品，并且直接营销体系的低成本特点能为他们提供经济划算的手段去了解和购买保险产品。

二、直接营销的调研

保险公司进行直接营销时必须就目标市场、产品、传播途径和广告等方面做出决策，因此需要对以下几个方面进行调查和研究。

（一）市场调研

直接营销的市场调研与一般的市场调研相似，要调查与研究保险产品的现有购买者和潜在购买者，认识他们的地理特征、人口统计特征、收入特征、心理特征和行为特征等，寻找出他们的一些共同点。通常，市场调研可以帮助保险公司确定潜在的细分市场，并将这些细分市场缩小为目标市场。保险公司在直接营销的市场调研中应该获得下列各个方面的信息。

（1）目标市场的保险需求和其他金融产品需求；

（2）目标市场消费者的个人特征、消费偏好和生活习惯，例如他们的家庭住址，对保险产品的偏好，了解和购买产品的方式，喜爱的杂志、报纸和电视节目；

（3）消费者购买保险产品的频率；

（4）消费者购买保险产品的原因，以及不购买保险产品的原因；

（5）通过直接营销购买保险产品的平均间隔时间；

（6）通过不同类型的直接营销而购买保险产品的平均价格；

（7）购买不同保险产品的消费者之间的差别；

（8）购买保险产品的消费者和未购买保险产品的消费者之间的区别；

（9）导致保单失效的原因；

(10) 消费者所感受的保险公司客户服务的质量。

(二) 产品调研

直接营销的产品调研通常是就消费者对保险产品的偏好进行调查。此时,保险公司应该了解消费者对下列问题的看法。

(1) 保险产品及所提供的给付类型;

(2) 通过直接营销愿意购买的特殊类型保险产品;

(3) 消费者对保险产品的接受程度,例如他们是否愿意购买该产品,愿意支付多少钱等。

保险公司在直接营销的产品调研环节中,还可以在小范围内就新设计的保险产品进行测试。但是,由于消费者在现实中的购买行为与调研中假想的购买行为并非一致,因此,保险公司有时需要进行多次测试,将结果进行综合分析后才能做出决策。并且,保险公司还可以就正在开发的产品征求行业协会和研究机构的意见。

(三) 直接营销方法和材料的调研

保险公司在决定了向目标市场提供某种产品之后,就必须确定占领目标市场的最合适的直接营销方法,并设计相关的广告和其他直接营销材料。通常,有许多因素影响着各种直接营销方法的效果。因此,保险公司必须知晓消费者对各种传播途径和媒体的看法、最适合的占领目标市场的直接营销方法,以及具有最高反馈率的直接营销方法。

保险公司还要进行广泛的营销调研,调查所选择的销售途径的效果,以及所设计的广告及其他直销材料的效果。例如,消费者是否能够理解直销材料,是否会产生歧义等。保险公司在正式进行大规模的直销活动之前,必须在目标市场的一个小样本中进行测试。通常应该进行两个方面的测试:一是销售途径的测试,测试通过不同途径进行销售的效果,或者测试通过不同媒体做广告的效果。二是对广告和直接营销资料的测试,测试修改广告内容和风格后的效果,测试修改直销材料的内容和风格后的效果。这样,保险公司可以不断改进销售保险产品的直销途径、直销材料和直销广告等,以产生最佳效果。这种小范围的测试为保险公司提供了试验,可以避免将不恰当的决策全面推开而带来巨大的损失。

在进行测试的时候,应该考虑如何选择能代表目标市场的典型样本。这个样本不能太大,否则成本太高;也不能太小,否则测试结果不准确。并且还要选择一个测试的方法,这个测试方法应该是可以重复使用的。还要选择一些指标来进行衡量和比较。如果保险公司选择的测试方法不正确,或者选择的指标不恰当,或者测试了过多的因素等,最终就可能无法得到预想的结果。

三、直接营销材料的设计

保险产品的直销材料包括两种类型：签约邀请和询问邀请。

（一）签约邀请

签约邀请是向消费者发出销售保险产品的要约。在签约邀请中必须提供客户做出购买决策所需要的所有信息，包括完整的产品介绍、保费水平、投保单或登记表等反馈方式、供顾客进一步询问的电话号码或互联网址等。通常，签约邀请中应该包括以下要素：

（1）主体——介绍保险公司的全称和地址。

（2）产品——介绍核保要求和主要的保险条款。应特别指明保险责任、除外责任、保险费率、给付金额、投保人和被保险人的义务等。

（3）特色——介绍消费者需要这份保险产品的原因，以及该产品的主要特色。这是吸引消费者购买的主要因素。

（4）时间要求——即时间期限。例如投保申请的时间期限、保险合同的保险期限、支付保险费的时间、支付保险金的时间等。

（5）地点——应该把投保单和登记表寄往哪里？从哪里可以得到详细的信息？这个因素对于促使准客户实施销售行为至关重要。

（6）申请方法——个人应如何申请投保，如何计算保费？这个因素使保险公司的信息公开，不会发生信息不对称的现象。

签约邀请中的所有信息必须尽量通俗化，要保证消费者能够明白其中的含义。通常，直接邮寄的营销材料、报纸或杂志上的插页广告、零售店中提供的完整产品信息以及保险公司网站上的信息都属于签约邀请。

（二）询问邀请

询问邀请是指为吸引消费者对保险产品产生兴趣的直销材料。询问邀请中所包含的信息量通常没有签约邀请中的大，也没有那么详细。但是询问邀请的特点在于必须具有特色，能吸引消费者的眼球，激发消费者的潜在需求。询问邀请通常包括下列两个方面的材料：

（1）使客户对保险产品或服务产生兴趣的材料；

（2）所提供的咨询和获取更多信息的途径。

当某个消费者对询问邀请产生反馈时，保险公司将会安排一位客户服务代表与该准保户联系，或者提供一份包含产品信息和投保单的完整资料。如果消费者对保险公司所提供的询问邀请没有任何反应，保险公司常常还会不断地提供更多的后续材料，不断地进行吸引和刺激。通常，报纸或杂志上所登载的广告、广播或电视上的广告、电话营销时所提供的材料、零售店中提供的简单产品介绍都属于询问邀请。

习题

1. 简单解释直接营销的定义和特点。

2. 保险公司为什么要采用直接营销体系?

3. 直接营销的成本具有哪些特点?保险公司应该如何应对?

4. 直接营销给精算师的定价带来哪些影响?

5. 适合于直接营销的产品应该具有哪些特征?并举例说明。

6. 直接营销有哪些方式?

7. 直接邮件营销具有哪些特点?保险公司采用时应该注意的事项有哪些?

8. 公众媒体营销有哪些种类?它们各自具有哪些特点?保险公司采用时应该注意的事项有哪些?

9. 电话营销具有哪些特点?保险公司采用时应该注意的事项有哪些?

10. 保险零售店具有哪些特点?保险公司采用时应该注意的事项有哪些?

11. 直接营销的目标市场具有哪些特点?

12. 直接营销的调研包括哪些方面?应该进行哪些调查?

13. 直接营销材料有几种?各自应该包括哪些信息?

第十一章　互联网保险业务

近年来，互联网发展非常迅速，已经渗透老百姓的日常生活，并完全改变了传统的生活模式。保险界也不例外，随着互联网的发展，其在保险业已经不仅仅是营销渠道，而是从营销渗透到保险经营并发展为互联网保险公司。从保险供给来看，互联网是保险业发展的新动力，为保险经营管理和营销创新带来了契机。从保险需求来看，互联网带来了一些新风险，为保险产品创新也带来了契机。但是，互联网保险仍然是一个新事物，因而相关监管也在逐步完善中。

第一节　互联网保险业务的发展及模式

一、互联网保险业务的含义

在互联网保险刚出现时，人们认为这只是保险公司的一个营销渠道而已，并称之为网络营销。网络营销只是保险公司通过网络销售保险产品并提供服务。后来，随着互联网技术的不断发展，互联网不断渗透于保险经营管理的整个过程，而不再仅局限于营销阶段。人们的保险经营思路也发生了变化，出现了互联网保险公司。2021 年实施的《互联网保险业务监管办法》对相关概念进行了界定。首先，互联网保险是一个大概念，其包括互联网保险公司和互联网保险业务等所有与保险和互联网有关的领域。

其中，互联网保险公司是指为促进保险业务与互联网、大数据等新技术融合创新，专门经监管部门批准设立并依法登记注册，不设分支机构，在全国范围内专门开展互联网保险业务的保险公司。比如，众安保险（全称为众安在线财产保险股份有限公司）就是互联网保险公司。显然，互联网保险公司与传统保险公司有着非常明显的区别。

互联网保险业务是指保险机构依托互联网订立保险合同、提供保险服务的保险经营活动。这里所指的保险机构包括保险公司和保险中介机构，含相互保险组织和互联网保险公司。互联网保险业务应由依法设立的保险机构开展，其他机构和个人不得开展互联网保险业务。其中，保险中介机构包括保险代理人、保险经纪人、保险公估人。

保险代理人不含个人保险代理人，包括保险专业代理机构、银行类保险兼业代理机构和依法获得保险代理业务许可的互联网企业。互联网保险业务中销售的是互联网保险产品。互联网保险产品是指保险机构只能通过互联网销售的保险产品。

显然，无论是传统保险公司还是互联网保险公司，都可以经营互联网保险业务并销售互联网保险产品。具体而言，传统保险公司可以从事互联网保险业务，也可以从事传统的线下保险业务。但互联网保险公司只能从事互联网保险业务。本章是从保险营销角度进行分析，因此只涉及互联网保险业务①。

互联网保险业务的基础是现代电子技术及网络通信技术，它不仅仅是一种营销模式，而是一种与市场变革、市场竞争及营销观念转变有着紧密联系的经营模式。在互联网保险业务中，保险公司通过网络平台，对保险公司的产品和品牌进行宣传并提供服务，客户可以通过网络平台完成线上的投保、保全以及理赔等相关保险服务。互联网保险业务建立了一个与消费者直接沟通的途径，从而更有效地完成保险公司和客户之间的交易活动。当然，根据不同平台，互联网保险业务不仅包括在 PC 终端上浏览的网站型，还包括在移动终端手机上使用的移动型。前者包括保险公司自营网络平台，保险中介机构的第三方网络平台等；后者则包括 App 应用、小程序及各种自助终端设备等。

二、互联网保险业务的发展历程

自萌芽至今，我国互联网保险业务已经具备了相当的规模，迅速发展的互联网技术、迅速扩张的网民规模为我国互联网保险业务的发展提供了良好的基础。在过去 20 年的发展历程中，互联网保险业务经历了萌芽、发展、成熟的过程，具体来说，可以划分为探索时期、积累时期、发展时期和爆发时期。

（一）探索时期（1997-2005 年）

这一阶段是互联网保险业务的起步阶段，以 1997 年底中国保险信息网的诞生为标志。中国保险信息网是我国第一个面向保险市场和保险公司内部信息化管理需求的专业中文网站，也是我国成立最早的保险行业第三方网站。在中国保险信息网成立的当天，就收到客户的投保意向书，产生了我国第一张通过互联网销售的保单。整体上，这个阶段的互联网保险业务以“保险产品信息发布”为主要特征。2005 年初，我国的上网用户已经增加到 1 亿多人，互联网渗透率达到了 10%左右。互联网技术的发展和网民规模的扩大，带动了保险公司的营销。在这个时期，很多保险公司都建立了自己的网站。如第一家集保险、证券、理财、银行等业务于一体的个人综合理财服务网

① 互联网保险公司的相关分析，应当属于保险经营与管理等相关的领域。

站“平安PA18”正式上线，第一家连接全国和全球的保险互联网系统“中国太平洋保险”上线，第一家由保险公司投资建设、真正实现了在线投保的大型保险电子商务网站“泰康在线”开通……互联网保险业务起步了。在这一阶段，还涌现出由网络公司、保险代理人和从业人员建立的保险网站。

（二）积累时期（2006-2011年）

这一时期，我国网民的规模迅速扩大，2006年，网民数已达13 700万人，互联网普及率为10.5%。网购的热潮兴起，安全的第三方支付也逐渐成熟。在这一背景下，互联网保险业务的建设比较平稳。保险公司官网升级，开始包括产品介绍、支付、承保优化等多个功能，在线购买的功能也更加完善、便捷，还诞生了保险代理公司经营的保险超市。互联网保险业务成为保险代理人和银行保险的又一大补充渠道。

2011年，我国互联网普及率已经达到38.30%。接触电子商务领域的用户具有年龄较小、知识水平较高的多样性特征，拥有一定的经济基础，在线购物已经成为一种消费模式，在线购物的群体数量也直线增长。并且，随着互联网普及度的加深，移动互联网网民的规模也逐渐增加。2011年，我国手机网民数为35 558万人，占整体网民的比例为69.30%。

在这一背景下，互联网保险业务也开始出现细分市场，保险中介类网站开始发展。比如出现了以向日葵网、优保网等为代表的保险信息服务类和保险中介类网站。然而互联网保险业务的保费规模还未能扩大，战略价值并没有完全发挥出来。因此，在这一时期，互联网保险业务仍处在资源配置的边缘地带，尚未得到保险公司高层的重视，缺乏强有力的政策支持。

（三）发展时期（2012-2013年）

这一时期，在中国移动互联网上网用户稳步增长的基础上，移动支付也得到了快速发展。移动支付数量由2012年的0.55亿元增长到2016年的4.69亿元，4年间翻了近十倍。在这一时期，各家保险公司通过官方网站、门户网站、第三方电子商务平台、O2O平台等多种互联网模式开展了一系列互联网保险业务。互联网保险业务这一新兴产物也吸引了京东、淘宝这样的第三方电子商务平台纷纷建立保险销售网络门店，利用自身的网络渠道优势、信用优势、流量优势等在线上线下配合销售保险产品，这种营销模式逐渐成为互联网保险业务快速发展的中流砥柱。例如，2013年11月11日购物节当天，通过互联网销售的保险产品总额达到了6亿元，其中，国华人寿的万能险产品仅用了10分钟就卖出1亿元①。这时候的互联网保险业务已经不再是单纯的互联网化，而是一种经营模式的改进，是保险公司在互联网时代下对固有商业模式的

① 中国经济网，《互联网保险业务汹涌来袭 传统行业模式面临挑战》，http://gx.people.com.cn/finance/n/2014/0103/c352207-20295132.html，2014-01-03。

一种创新。

2013 年 10 月 9 日，中国第一家互联网保险公司“众安在线财产保险股份有限公司”在上海成立。这是一家只有总部没有分公司或分支机构的保险公司，所有的销售、承保、理赔、客户服务等服务都是在互联网上完成。众安在线的成立，使人们对互联网在保险运营中的角色和地位产生了更深的思考。互联网保险迎来了爆发的时期。

(四) 爆发时期(2013 年至今)

随着互联网时代的到来，保险行业的电商化在电子商务、互联网支付、移动支付等行业的高速发展下，奠定了广泛的用户基础和产业基础，2014 年以来，我国互联网保险业务渗透速度加快，互联网保费的规模也随之快速增长，越来越多的保险公司意识到互联网营销模式的重要性。与此同时，监管机构出台了多项监管措施，2015 年出台了《互联网保险业务暂行办法》，2021 年施行了《互联网保险业务监管办法》。这些监管措施加强了对互联网保险领域的监管。这使得各保险公司在依照互联网规则和习惯的同时也更加规范地推动互联网保险进行深刻变革。

2020 年新冠疫情暴发以来，企业停工停产，人们足不出户。此时，互联网保险更是充分发挥了优势，不但让保险公司员工能在家办公，同时各项保险销售也从不间断，保险业务基本没受大影响。保险业在互联网保险的支撑下，顽强地抵御了新冠疫情的寒冬。

案例 11-1[1]　　**2021 年互联网财产保险发展的基本情况**

根据保险业协会统计，2021 年，互联网财产保险累计实现保费收入 862 亿元，同比增长 8%，较财产险行业整体保费增速高出 7 个百分点。互联网财产保险业务渗透率由 2020 年的 5.9%上升至 6.3%。

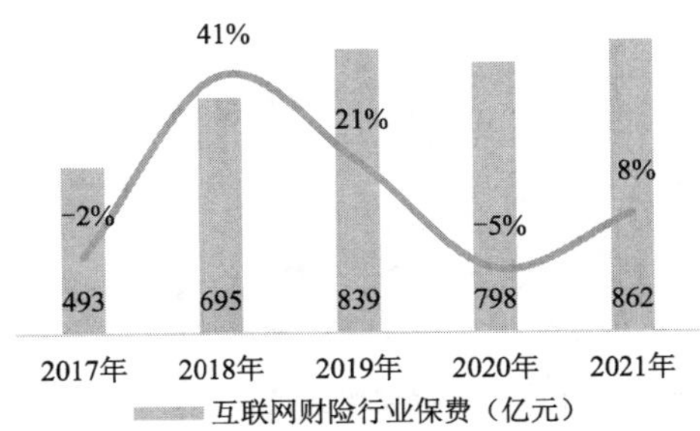

图 1　互联网财产保险保费收入及同比增速趋势

图 2　互联网财产保险业务渗透率走势

① 中国保险行业协会发布《2021 年互联网财产保险发展分析报告》。互联网财产保险渗透率是指互联网财产保险业务保费与产险公司全渠道业务保费的比值。

从险种结构来看，2021 年意外健康险保费收入占比同比下降 6 个百分点，但仍然为最大险种，占 34%；车险保费收入占比持续下降，但下降幅度缩小，占 26%；信用保证险、责任险、财产险及其他险种保费收入占比分别为 13%、8%、5%和 15%，其中信用保证险、责任险和财产险同比分别上升 5 个百分点、2 个百分点和 1 个百分点，其他险种同比基本持平。

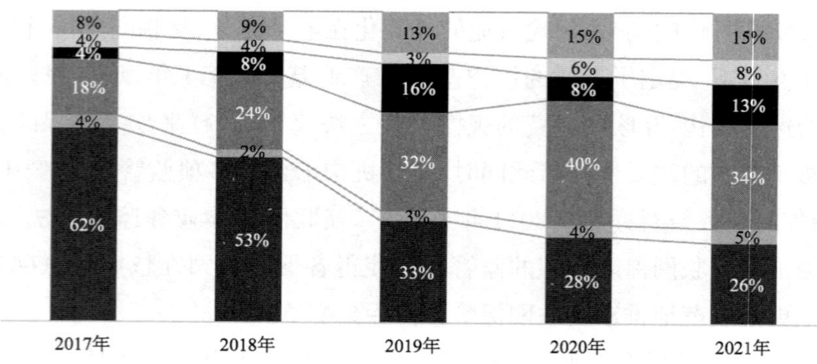

图 3　互联网财产保险各险种保费占比走势

2021 年，互联网财产保险市场集中度与同期相比较为平稳，保费规模前十家保险公司合计市场份额为 78%，同比基本持平。其中，众安保险、人保财险、太保产险、平安产险、阳光产险、国寿财险、紫金保险市场份额同比均有所提升。

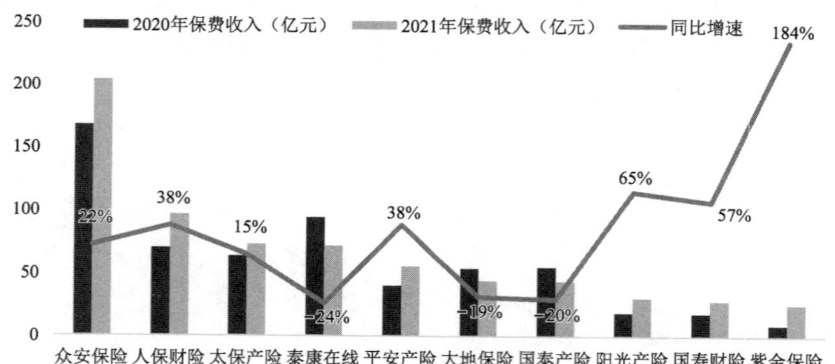

图 4　互联网财产保险保费排名前十家保险公司保费收入增速

从保费增速来看，2021 年互联网财产保险保费规模前十家保险公司合计保费收入同比增长 14%，较整体高出 6 个百分点。从保费收入变动值来看，众安保险、人保财险、紫金保险、平安产险、阳光产险贡献增量较大，是互联网财产保险保费增长的主要贡献力量。

三、互联网保险业务的存在形式

从互联网保险业务所依据的平台来进行分类，互联网保险业务包括基于 PC 终端的网站型互联网保险业务和基于移动终端的移动型互联网保险业务。不同的平台还包括不同的类型（见表 11-1）。

表 11-1　　互联网保险业务分类

网站型	移动型
保险公司自营网络平台	小程序
第三方互联网保险业务平台	移动 App 应用
	自助购买终端

（一）保险公司自营网络平台

自营网络平台是指保险机构为经营互联网保险业务，依法设立的独立运营、享有完整数据权限的网络平台。保险机构分支机构以及与保险机构具有股权、人员等关联关系的非保险机构设立的网络平台，不属于自营网络平台。

保险公司自营网络平台是保险公司自己建立的官方网站，是典型的 B2C 营销模式。这种模式以保险公司的官网为互联网保险产品的销售平台，面向消费者提供各种保险产品信息以及保险产品销售、理赔服务、客户资料查询、公司重大事件披露等多方面的消息。不但让客户能够了解保险公司并增强信任感，而且也简化了保险销售流程，促进了保险产品的创新和销售。对于互联网保险业务公司而言，自营网络平台就是其联系客户和销售保险的最为主要的渠道。

（二）第三方互联网保险业务平台

第三方互联网保险业务平台有两种模式。一种模式是保险公司借助第三方平台实现保险产品的交易，如保险中介、兼业代理的网站。在这种模式下，第三方平台汇总了多家保险公司的保险产品，并提供良好的交易信用环境。客户可以进行综合的对比与筛选，在短时间内找到自己需要的产品，比如蚂蚁金服的蚂蚁保等。或者，第三方平台根据自己的业务特征，仅有选择性地提供相关的保险产品，比如携程网上销售旅游意外伤害保险，淘宝上销售退货运费险等。

另一种模式是保险公司依托第三方网络平台建立自己的官方旗舰店。在这种模式下，第三方网络平台通常是消费者所惯用和熟悉的购物平台，具有安全放心的购买环境和稳定庞大的客户群体，保险公司通过借助第三方网络平台的优势顺利实现保险产品的销售。但这种模式随着互联网保险业务的规范和保险公司自营网络平台的完善，逐渐走出了历史的舞台。例如，泰康人寿曾经在天猫购物平台上建立了泰康人寿官方旗舰店，但后来也撤销了。

（三）移动型互联网保险业务

移动型互联网保险业务是通过手机 App、小程序，或保险公司在特定地点投放的自助销售设备等，实现保险销售的互联网保险业务。随着手机使用得越来越广泛，网络性能不断提高和费用不断下降，移动终端比 PC 终端更加便捷。因此，各种保险主体都开发了在移动终端上进行交易和服务的 App 和小程序等，为客户提供服务。保险公司和保险中介机构都有自己的 App，有时一家保险公司还有多个 App。与基于 PC 终端的网站相比较而言，移动终端的 App 不仅具有相同的产品介绍、销售、理赔等服务，还可以实时给消费者推送各种信息，信息更新的频率略高于网站，而且避免了被动等待，比网站型要更加主动一些。

第二节　互联网保险业务的经营管理

一、互联网保险业务的特点

（一）互联网保险业务的优势

与传统的保险公司业务相比，互联网保险业务具有选择广泛、成本较低、无地域和时间限制与保护隐私的特点。并且对于传统保险公司来说，互联网保险业务还可以有效降低成本，提高工作效率，最大限度地满足客户的个性化需求。此外，利用大数据等技术，可以精准划分客户群，有针对性地的设计保险产品，并有针对性地进行推送和投放，提高反馈率；通过互联网平台可以获取更多客户资源，打造品牌优势，提高竞争力；运营成本低，通过互联网营销无须投入大量的营销人员，节省人力资源；及时传递和反馈信息，透明度和信息对称性高，有效改善销售误导问题等。

1. 精准划分客户群，设计个性化保险产品

互联网保险业务特别是基于移动终端的移动型互联网保险业务，能够利用互联网技术和大数据分析，收集客户的相关信息，比如客户的年龄、性别、职业、日常生活习惯、家庭结构、有无家族疾病史等基本信息。不同背景的客户具有不同的投保需求。互联网保险业务可以根据大数据分析客户的相关信息，按照不同的投保需求将客户群体进行细分，进而有针对性地设计保险产品，最终将设计出来的个性化保险产品精准投放给目标客户群体。这种以客户为中心的精准营销的成功概率远远高于向客户盲目推销保险产品。传统营销模式实际上是以产品为中心，导致保险公司的服务与客户的需求不完全匹配。互联网保险业务有效地解决了这一问题。

2. 获取大量客户资源，打造品牌优势

客户资源是成功销售保险产品的必备前提。传统的保险营销需要通过营销员和

代理机构的努力来获取新客户资源。由于人力和资源的限制，通过这种途径获取的客户资源是极其有限的。但互联网保险业务可以很好地解决这个问题。随着互联网技术的迅猛发展，网络已经是人们生活中必不可少的组成部分，并成为有效沟通的主要媒介。互联网保险业务中，消费者随便点点手指，就能够从保险公司的网站或 App 上得到各种信息。并且，保险公司通过与第三方平台合作，能够非常容易地利用第三方平台的影响力扩大自己的客户资源，提高自己的知名度和影响力，打响自己的品牌，进而攻占未来的市场。

3. 快捷方便，不受时空限制

通过互联网开展保险业务，保险公司只需支付低廉的网络服务费，就可以一天 24 小时在全球范围内营业，并可以跨越代理人、经纪人等中介，直接与客户进行业务往来，大大缩短了投保、承保、保费支付和保险金支付等业务环节的时间。网上在线产品咨询、电子保单发送到邮箱等都可以通过轻点鼠标来完成。保险公司通过互联网可以有效地与各类人群相互联系，特别是保险中介无法接触或不愿接触的客户，这样就能获取更多的业务，规模经济将更加突出。因而从理论上更加符合“大数法则”，有利于保险公司的经营稳定性。可以说，互联网保险业务不仅增加了业务量，而且在客户的质的方面也得到了优化。

4. 透明度较高，客户的自主性较强

传统保险营销的一个比较明显的弊端，就是由于信息不对称造成销售误导现象频发。而在互联网保险业务中，保费透明，保障权益也清晰明了，消费者可以获得保险公司、保险产品与服务的详细信息，知晓其他客户对该保险公司、保险产品和服务的评价，并进而在线比较多家保险公司的产品，挑选与自己需求吻合的保险产品。在整个流程中，客户是在主观认识并学习各种保险产品之后独立做出决策，能有效改善销售误导的问题。倘若客户有任何疑问，则互联网保险业务所提供的沟通渠道使保险公司与客户之间实现了零距离接触，避免了传统营销模式中中介机构传递反馈信息时的滞后和失真。供需双方在高透明度的环境下进行交流，降低了信息不对称性，有效减小了被销售误导的可能性。

5. 经营成本低，保费低廉

保险公司通过互联网能快捷、低成本地获取各方面的信息资料，既赢得了时间，又减少了机会成本，还在很大程度上节省了公司的人力、物力、财力，降低了公司的运营成本。成本降低，不仅使保险公司增加盈利，而且由于各种费用减少，降低了各险种的保险费率，从而也让消费者受益。国际著名管理和技术咨询公司美国 Booz-Allen & Hamito 公司的一份研究报告表明：“互联网将导致整个保险价值链降低成本 60%以上，特别是在销售和客户领域成本更是会剧减。成本降低加上便利和客户化的服务，将促使顾客以电子方式购买保险单。”该公司还计算出：经营财产和意外保险、健康和人寿保险的保险公司通过互联网向客户出售保单或提供服务，将比通过电话或代理人出售保单节省58%-71%的费用。

（二）互联网保险业务的劣势

但是，任何事物都不是完美的，互联网保险业务还是存在着一些明显的缺点。

1. 展业仍然具有一定的被动性

网站型互联网保险业务只能提供保险信息供消费者选择和购买，但无法控制浏览网站的消费者种类，也无法控制浏览量和浏览频率。保险公司只能通过预先设定好的问题或网页来向消费者解释有关的保险知识，无法影响或“迫使”他们做出最终购买的决策。移动型互联网保险业务虽然能够基于大数据技术有针对性地推送一些保险产品信息，希望客户能点开看一看并购买，但仍然无法对他们的购买行为产生决定性的影响。互联网保险业务中，保险公司能做的就是提供信息，大范围推送信息，然后坐等消费者投保。因此，保险公司在展业时有些被动，无法通过面对面交流和察言观色，采取策略以促成销售。

2. 受消费者特征的制约

消费者的特征从两个方面影响着互联网保险业务的成功性。首先，消费者的互联网时代生存度决定了他们是否接受互联网保险业务。随着互联网的普及，年轻一代更熟悉互联网，而老年人则不常使用互联网。同时，受过教育、有一定经济实力和文化程度的消费者才会产生浏览保险网站、下载保险App的想法。如果从来不浏览保险网站或手机上没有任何与保险相关的App，那么肯定与互联网保险业务无缘。另外，消费者的文化水平决定了消费者对于保险知识的理解以及保险消费习惯。互联网保险业务中，由于没有保险代理人面对面的解释，消费者只能够自己阅读保险产品的信息并加以理解。尽管保险平台上都提供了咨询的渠道，但从机器人转人工耗时耗力，而且仍比不上面对面解释那么有效。保险产品又具有一定的复杂性和无形性，文化水平较低的消费者无法理解这些保险产品，从而不可能完成购买行为。

3. 互联网保险公司无线下网点，客户理赔难

互联网保险公司不设立分支机构，只设立一个总部，全面负责公司的整体运营，但互联网保险公司的客户却覆盖全国。因而在总部之外其他地区的客户发生理赔时，仅依靠网络渠道进行线上交流，难以直接与保险公司进行线下沟通与交流，调查取证具有一定的难度。最终导致理赔服务跟不上，大大降低了客户的投保体验，严重损害保险公司在客户心中的信誉。另外，倘若互联网保险业务公司需要派出理赔专员到客户所在地区进行理赔调查，由于不熟悉当地的人事、风俗习惯以及经济发展状况，该过程中所发生的调查成本要远高于分支机构遍布全国的传统保险公司。这在一定程度上

压缩了互联网保险业务公司的利润。所以实务中，互联网保险公司的投诉率一直较高。相比而言，传统保险公司就不存在这一劣势。

4. 某些广受欢迎的特定产品，保险公司难以独立运作

某些特定的保险产品大多是附着在相关主要业务上，场景嵌入性较强，价格较低。消费者往往与主要业务一起购买。比如淘宝网上的退货运费险，电商平台往往将退货运费险与商品一起搭售给消费者。由于保费只有几毛钱，价格相当低廉，消费者在购物时大多会一起购买。也有一些在旅游网上随机票一起捆绑销售的航空意外险等。这些保险产品的场景嵌入性极强，保险公司虽然获得了部分保费收入，但必须通过第三方电商平台才能完成销售。保险公司在销售过程中没有主动权，无法与第三方平台讨价还价。倘若不与第三方电商平台等机构合作，则又会失去客户资源与发展机会。保险公司难以独立完成此类互联网保险产品的研发与应用。

5. 销售的保险产品大多为简单产品

客户通过互联网平台购买保险产品时，大多只会购买设计简单的产品。对于设计复杂的产品，客户面对晦涩难懂的文字条款、复杂多变的未来赔付时会产生排斥心理。如果没有专业人员指导，极有可能会因为心存疑虑而放弃购买意愿。大多数人身保险产品具有条款复杂、内容专业、定价方式独特、保单期限较长等特点，客户单纯通过互联网很难全面了解复杂的保险产品。因此，当前互联网保险业务大多还停留在销售传统保险产品中的简单、标准和成熟的保险产品，或者先通过设计简单的产品收集客户信息，后期再根据客户偏好安排专业人士去沟通。当然，互联网保险产品一直都在借助各种相关技术进行创新。

6. 安全性不足

毋庸置疑，互联网一直都存在各种各样的技术风险漏洞，安全性不足。比如，软件系统引自国外，导致互联网保险业务的不稳定性增加；其次，计算机通信系统存在一定缺陷，开放的网络通信系统，安全密钥管理不善，黑客、木马和病毒的入侵，以及应用软件安装过程中的病毒植入且难以隔离等，造成了客户个人信息的被盗风险增加。而且，用户上网仍然没有实现完全的实名制，信息安全风险较大。网络用户的安全意识不足或操作失误，以及智能终端设备的遗失，都非常容易造成用户信息被盗。

所以，保险公司进行互联网保险业务时必须考虑互联网保险业务的优缺点。保险公司应该针对那些具有一定文化水平和经济实力的消费者展业，并提供相对比较简单易懂的保险产品。同时，还应该设计通俗的保险产品说明等，促进消费者的理解。保险公司还应该提供一些后续跟进的途径，对消费者的疑问进行解答，最大限度地影响消费者的选择，不懈地进行互联网保险业务产品的创新，并提高互联网保险业务的安全性。

表 11-2 互联网保险业务的特点

互联网保险业务的优点
● 精准划分客户群,设计个性化保险产品 ● 获取大量客户资源,打造品牌优势 ● 快捷方便,不受时空限制 ● 透明度较高,客户的自主性较强 ● 经营成本低,保费低廉
互联网保险业务的缺点
● 被动展业 ● 消费者特征制约着网络营销的成功 ● 互联网保险公司无线下网点,客户理赔难 ● 某些广受欢迎的特定产品,保险公司难以独立运作 ● 大多销售简单、标准和成熟的保险产品 ● 安全性不足
适应互联网保险业务的产品
● 适合进行直接营销的产品,即简单、通俗易懂、标准化的成熟保险产品
保险公司采用互联网保险业务的注意事项
● 目标客户是具有一定文化水平和经济实力,并习惯使用互联网的人群 ● 设计简单通俗的产品说明 ● 提供后续跟进、解释和说明的辅助手段 ● 不断进行互联网保险产品的创新

二、互联网保险业务的内容

尽管互联网保险的理念已经跨越了保险营销渠道的传统层次,上升到包含保险公司经营模式和经营策略的更高层次,但除了专业互联网保险公司在此方面进行探索与创新之外,传统保险公司仍然大多基于传统的经营模式和流程,而将互联网作为改进保险公司经营管理和营销管理的一种手段和途径。一般而言,传统保险公司通常基于互联网开展以下内容的业务。

(一)发布信息

保险公司通过组建自己的官方网站,可以把保险公司信息和保险产品信息在互联网上发布,从而可以获取更多的市场机会,增强市场竞争力。这是保险公司开展互联网保险业务的第一步,通过组建保险公司自己的官方网站,保险公司可以获得以下优势:

1. 提供与保险公司相关的信息

保险公司利用互联网,可以用最省钱、最有效的方式向外界提供与保险公司相关的信息,以便于服务客户。通过互联网,保险公司能够及时提供保险公司的最新消息,如新产品开发、经营情形等。保险公司的官方网站即使对于传统的营销渠道，仍然非常重要。对外的官方平台可以随时随地为消费者提供信息。对内的官方平台则可以为处于第一线的推销人员提供各种帮助，支援销售活动并与销售人员随时保持沟通与联系，提高工作效率。

2. 推销新保险产品

互联网是与客户沟通的重要工具，同时也是推销新保险产品的重要渠道。通过互联网，可以从各方面全方位地介绍被推销的新产品。在商业活动中，通常一段视频、一张照片就可以胜过千言万语。因此，保险公司可以通过在互联网上提供有关公司和产品的视频、照片、声音及各种图片档案等多媒体信息来服务客户。

3. 提供有创意的主页

如果保险公司在互联网上设计的主页很有创意，符合消费者的消费习惯和消费心理，则该保险公司可能会成为公众注意的焦点，无形中也提高了保险公司的知名度及企业形象。

（二）开发客户群

保险经营过程中，最重要的任务之一是要建立客户关系，掌握客户情况。只有能对客户需求做出迅速反应的保险公司才能获得新客户，从而使竞争力大为提升。使用互联网就好像是发出了无数张名片，可以让潜在的客户知道如何能够快速便捷地与保险公司接触、可以获得哪些产品及服务、如何能够获得这些产品及服务。互联网使用者往往具有较高的受教育程度，对保险产品和互联网有着较高的接受能力，这有助于保险公司开发比较有购买力和影响力的有效的客户群。尤其是在受教育程度较高的年轻人市场上，开展互联网保险业务往往会得到意想不到的效果。当然，保险公司还可以利用互联网打开国际市场，扩大自己的市场空间。

（三）完成简单产品的承保

随着电子签名和网络支付等相关技术的发展与完善，互联网保险业务已经完全在线实现保险产品的承保。客户在浏览保险产品信息、详细了解保险产品的情况之后，就可以开始投保了。在投保环节，保险公司应该根据纸质投保单的内容设计投保的页面，要求投保人详细阅读保险条款后认真填写投保单，并采用电子签名来表示这份投保单的有效性，随即通过网络支付来完成保险产品的购买行为。对于简单保险产品而言，其承保要求不高也不复杂，完全可以通过互联网保险业务来完成销售。即使没有电子签名也没有关系，保险公司可以通过限定投保人、被保险人和受益人之间的关系来确保具有保险利益，确保不具有道德风险，从而确保投保的有效性。而对于复杂的保险产品而言，则可能还需要后台迅速跟进，才能完成销售。

（四）客户服务

互联网可以打破时空限制，为全球各地的客户提供 24 小时的信息服务，并可以用最快的速度将服务推向全球市场。传统营销中，保险公司必须投入相当多的人力及资源来解答客户对于保险产品及相关服务的询问，其中有许多问题是相似并一再重复的。保险公司官方网站可以将这些常见问题的答案放在网站上，供使用者随时查询，以节省服务成本。这种客户服务可以涵盖保险公司所有客户服务的内容，包括保单修改、保单查询、理赔申请等内容。随着互联网技术的发展，绝大多数客户服务内容都可以在互联网上由客户自己完成，大大地提高了保险公司的工作效率，节约了成本。

三、互联网保险产品的特点

互联网保险产品与保险公司的传统产品不同。对消费者而言，便利、价格、安全和保密是其在购买互联网保险时考虑的重点因素。因此，互联网保险产品的设计应该尽量简单易懂，投保要求应尽量简化，并适合消费者的特殊需求。例如，有些学者认为，可以将汽车保险和住宅保险设计成互联网保险产品并在网络上销售。因为在一些国家和地区，这些保险产品具有一定的强制性，而其他一些保险产品具有一定的选择性。通常，互联网保险产品应该具有以下特性：高度的价格敏感性、产品复杂程度低、投保手续简单、核保要求低。对于互联网保险产品的付款方式，则强调支付的便利性与安全性。表 11-3 深入分析了一些特定险种在这些方面的特点。

表 11-3　　互联网保险产品的特点分析

特点	投资连结保险	万能寿险	终身寿险	定期寿险	意外伤害保险	医疗费用保险	财产与责任保险	
							汽车保险	住宅保险
价格敏感性	低	低	低	高	高	高	高	高
产品复杂性	高	高	高	低	低	中等	低	低
核保要求度	高	高	高	中等	低	中等	中等	低
是否适合网络销售	不适合	不适合	不很适合	适合	适合	后台跟进	适合	适合
与客户的关系性质	长期	长期	长期	长期	短期	长期	短期	短期

第三节　互联网保险的政策与解读

一、互联网保险政策的出台轨迹

一般而言，政策或许略早于实务的发展，引领实务界，实务在政策允许的范围内发展。但某些时候，实物的发展也会略快于政策，倒逼政策出台。整体上，我国互联网保险政策的发展时期与互联网保险的发展时期基本一致。

(一) 探索时期(1997-2005 年)

在这个阶段,我国的互联网保险还是一个完全的新生事物,相关的政策也基本上处于一片空白,尚未出台任何有关互联网保险的政策与措施。

(二) 积累时期(2005-2011 年)

这一阶段是互联网保险的加速发展期,以 2005 年开始实施的《电子签名法》为标志。《电子签名法》被称为"中国首部真正意义上的信息化法律",确定了电子签名的法律地位。确定电子签名与传统手写签名和盖章具有同等的法律效力。《电子签名法》的出台,是我国推进电子商务发展、扫除电子商务发展障碍过程中的重要步骤。随即,中国人保财险实现了第一张全流程的电子保单。并且,伴随着新的市场发展趋势,互联网保险开始出现市场细分,一批以保险中介和保险信息服务为定位的保险网站纷纷涌现。但是,由于网络渠道的有限性、网络信息缺乏诚信保障、网络支付的不变等诸多原因,互联网保险的发展虽然步入正轨,但规模仍然相对较小。

与此同时,国家相关机构也意识到了互联网金融和互联网保险的发展势头,陆续着手制定规范互联网保险发展的规则,并在规划中考虑信息化的运用。其中,2011 年原保监会颁布《互联网保险业务规定(征求意见稿)》,向社会及各保险公司广泛征求有关互联网保险业务的相关规定。其中,明确了保险公司、保险专业中介机构开展互联网保险业务的资质条件和经营规则。这一"征求意见稿"的出台,标志着中国保险监管部门意识到了互联网保险发展的美好前景,并且开始制定这一领域的相关政策,规范互联网保险市场的发展。

在 2011 年原保监会制定的《中国保险业发展"十二五"规划纲要》第十七条提出"加快推进行业信息化进程"。具体的规划则是,其一,"全面提升保险机构运用信息化手段管控风险能力,积极推进建设功能完善的风险管理信息系统"。这主要是强调运用信息化手段控制保险公司的风险。其二,"大力提升保险业信息化应用水平……提高公司内部管控的技术水平和刚性约束能力……积极推广防灾减灾信息系统的应用……提高保险机构费率厘定……的科学性"。这主要强调信息技术在保险公司内部管理中的运用。其三,"树立节能环保理念,加强知识产权保护,推动移动互联网、云计算和虚拟化等新技术在保险业的创新应用,研究推动电子保单应用……"。这里提到了要"研究推动电子保单应用",不过此时仅是从"树立节能环保理念"的角度提出的。其四,"大力发展保险电子商务,构建'以客户为中心'的保险销售与服务模式,不断提高保险业的客户资源利用水平"。这主要强调通过互联网保险提高服务水平。其五,"提出积极推进保险监管电子政务建设,提升监管部门公共服务和监管能力,进一步完善……监管信息系统,逐步实施动态监管,全面提升风险控制和预警能力"。这主要是提到了监管的信息化。《中国保险业发展"十二五"规划纲要》对于保险行业信息化进行了整体部署，但对于互联网保险的发展未给予明确的判断。

（三）发展时期（2012-2013年）

这一阶段是互联网保险的规范发展阶段。以2011年原保监会正式下发的《保险代理、经纪公司互联网保险业务监管办法》为标志，互联网保险业务逐渐走向规范化、专业化。在这一阶段，各家保险公司逐步推出移动服务平台，将保单查询、报案理赔等后续服务由线下搬到线上，为客户提供全方位的保险服务。根据中国保险行业协会的统计数据，2012年，各保险公司以销售短期意外险为主，部分公司也开始尝试销售定期寿险、健康险、投连险和万能险，在售险种达到60多种，全年保险电子商务市场共实现在线保费收入超100亿元。

在这一阶段，保险监管机构除了规范互联网保险的发展之外，也逐步意识到网络信息安全的重要性，以及互联网保险的风险，出台了一系列规范性的指引和提示。其中，《保险代理、经纪公司互联网保险业务监管办法（试行）》于2012年开始正式实施，标志着互联网保险业务逐渐走向规范化和专业化。其规定了保险代理、经纪公司开展互联网保险业务应当具备的条件和操作规程。要求从事互联网业务的保险代理公司和保险经纪公司应当是注册资本不低于人民币1 000万元的全国性公司。从业务的操作上来看，该办法还是遵循透明度原则、信息化原则及监管标准基本一致原则，对互联网保险业务基本上实行与传统保险业务完全一致的监管原则和标准。

随后，原保监会在2012年发布了《关于提示互联网保险业务风险的公告》，强调和巩固《保险代理、经纪公司互联网保险业务监管办法（试行）》的实施，向广大投保人进行了风险提示，进一步规范了互联网保险业。《关于提示互联网保险业务风险的公告》提醒消费者具有销售互联网保险资格的仅有保险公司、保险代理公司和保险经纪公司，其他单位和个人均不得擅自开展互联网保险业务，也不得在互联网站上进行保险产品的比较和推荐，为保险合同订立提供其他中介服务等。《关于专业互联网保险公司开业验收有关问题的通知》在《保险公司开业验收指引》基础上，针对专业互联网保险公司开业验收，制定了有关补充条件，进一步规范了互联网保险的发展。

（四）爆发时期（从2013年至今）

这一阶段是互联网保险进入正常发展的阶段。人们对互联网保险的认识已经非常全面，对互联网保险的含义和发展模式等都有了全新的理解。互联网保险已经成为保险市场上的一种常规事物，各种监管规定也紧锣密鼓地出台，政策导向和监管约束日趋规范。

这一阶段是以2013年11月6日国内第一家由监管部门颁发的互联网金融法人牌照的“众安在线财产保险有限公司”成立为标志。众安在线是第一家不设分支机构、跨区域经营的互联网保险公司。其标志着出现了互联网保险公司这一有别于传统保险公司的保险经营全新模式。这一阶段是互联网保险的经营模式与产品创新的主要阶段。随着第三方电子商务平台的大力发展,“双十一”等电商节的大爆发,互联网保险业务不断刷新互联网单品在线即时成交纪录。互联网保险正在不断地冲击和颠覆原有的实体销售模式和经营模式,创造一个又一个商业传奇。

但是,互联网保险公司这一新鲜事物也屡屡发生问题,在互联网保险消费投诉中反映的问题主要集中于销售告知不充分或有歧义、理赔条件不合理、拒赔理由不充分等。在这一阶段,保险监管机构更加重视对互联网保险的风险管控,出台了一系列监管规定,并于2015年正式实施了《互联网保险业务监管暂行办法》(下文简称《暂行办法》),进而于2020年12月7日又修订并发布了《互联网保险业务监管办法》,从而更加规范地监管互联网保险的发展。2015年实施的《暂行办法》,规范了互联网保险经营行为,进一步保护保险消费者合法权益,促进互联网保险业务健康持续发展。随后,各部门又紧密合作,进一步防范互联网保险领域的风险,规范互联网保险市场的发展环境。此后,互联网保险已不再是一个新生事物,而是与传统保险一样,是保险市场中的一种普遍存在的正常业态。因此,后续出台的各项规定中,均在规范传统保险行为的同时,也规范了互联网保险行为。

比如,2017年,原保监会发布的《保险销售行为可回溯管理暂行办法》中第五条指出,保险公司、保险中介机构开展互联网保险业务,依照互联网保险业务监管的有关规定开展可回溯管理。2019年,中国银保监会发布的《商业银行代理保险业务管理办法》第三十九条规定,商业银行开展互联网保险业务和电话销售保险业务,应当由其法人机构建立统一集中的业务平台和处理流程,实行集中运营、统一管理,并符合中国银保监会有关规定。第四十四条规定,商业银行不得通过第三方网络平台开展保险代理业务。商业银行保险销售从业人员不得以个人名义从事互联网保险业务。2020年,中国银保监会发布《保险代理人监管规定》,规定保险代理人通过互联网、电话经营保险代理业务,国务院保险监督管理机构另有规定的,适用其规定。

2020年,中国银保监会根据《保险销售行为可回溯管理暂行办法》,发布了《关于规范互联网保险销售行为可回溯管理的通知》(下文简称《互联网保险销售可回溯》),详细地规定了互联网保险销售行为的可回溯性。紧接着,中国银保监会就2015年发布的《暂行办法》进行了修订,发布了《互联网保险业务监管办法》(下文简称《监管办法》)。

《监管办法》的出台背景是互联网保险业务的快速发展。特别是在新冠疫情中,互联网保险显示出特有的优势,同时也暴露出一些新问题和风险隐患。《监管办法》按照“定原则、定方向、定政策”的总思路,坚持问题导向,坚决贯彻与落实了各项防风险措施;统筹推进并做到了互联网保险制度的协调统一;服务于实践并做到使监管制度务实管用;审慎包容地引导新型业态能健康合规地成长。整体上,《监管办法》在互联网保险业务本质、互联网保险业务经营要求、按经营主体分类监管、规范互联网保险营销宣传和优化互联网保险售后服务等方面进行了详细的规定。

二、互联网保险的政策解读

(一) 严格区分互联网保险业务与互联网保险公司

一般认为,互联网保险是指保险公司或新型第三方保险网以互联网和电子商务技术为工具来支持保险销售的经营管理活动的经济行为。其以互联网为媒介的保险营销模式,有别于传统的保险代理人营销模式,并通过互联网实现保险信息咨询、保险计划书设计、投保、交费、核保、承保、保单信息查询、保全变更、续期交费、理赔和给付等保险全过程的网络化。《暂行办法》中将互联网保险定义为"互联网保险业务是指保险机构依托互联网和移动通信等技术,通过自营网络平台、第三方网络平台等订立保险合同、提供保险服务的业务"。

《监管办法》中则明确区分了互联网保险业务与互联网保险公司的概念。互联网保险业务是指保险机构依托互联网订立保险合同、提供保险服务的保险经营活动。并且明确了开展互联网保险业务应同时满足下列条件:保险机构通过互联网和自助终端设备销售保险产品或提供保险经纪服务;消费者能够通过保险机构自营网络平台的销售页面独立了解产品信息;消费者能够自主完成投保行为。这里强调的是消费者能够通过销售页面独立地了解并完成整个投保过程。互联网保险公司是指为促进保险业务与互联网、大数据等新技术融合创新,专门经银保监会批准设立并依法登记注册,不设分支机构,在全国范围内专门开展互联网保险业务的保险公司。除互联网保险公司以外的其他保险公司都统称为保险公司。

由此看来,互联网保险业务和互联网保险公司是从不同角度进行的界定,从大的范围来看都属于互联网保险的范畴。互联网保险公司是保险公司中一种特殊形态的公司。其特殊性在于经营模式与传统保险公司不同。互联网保险公司的业务经营是完全依赖于互联网的,不设线下的分支机构,且从业务来看只能经营互联网保险业务。其他非互联网保险公司的一般性保险公司可以同时经营传统业务和互联网保险业务,也可以在经营中采用传统业务经营模式并借助互联网技术。但不同之处在于,非互联网保险公司可以线下设立分支机构,可以采用传统的保险经营模式,也可以经营其他传统型保险业务。

(二) 互联网保险是保险业的重要发展趋势

随着信息技术的快速发展与普及,互联网及移动互联已成为保险机构销售和服务的新兴渠道。而且,近年来,我国互联网保险呈现加速发展的态势,为保险业注入了新的活力。互联网保险还具有较大的上升空间和发展潜力。新冠疫情中，线下一切保险业务基本停摆，而各家保险公司的互联网保险业务仍然在持续运作，为广大人民群众提供保障。线上投保、线上理赔、线上售后等诸多环节都顺利完成。互联网保险业务的市场份额也因此节节攀升。同时，互联网保险公司在市场竞争中不断改革、创新，已经逐步摸索出一套独特的基于互联网保险公司的经营模式，并逐步站稳脚跟，开始进入盈利期。互联网保险公司这种全新的保险经营模式将主要的保险经营环节都基于互联网完成，并基于保险科技进行了大量的创新，节约了经营成本，提高了经营效率。诸多传统保险公司也纷纷向互联网保险公司学习，将互联网保险公司的经营模式与传统保险经营模式进行有机的结合。

监管部门也正是认识到了这一趋势，出台有关互联网金融的监管政策。人民银行会同有关部门下发的《关于促进互联网金融健康发展的指导意见》中指出，对互联网金融按照“依法监管、适度监管、分类监管、协同监管、创新监管”的原则进行监管。因此，银保监会响应中国人民银行的指导意见，出台了一系列监管政策，纠正实务中存在的销售行为触及监管边界、服务体系滞后和风险管控不足等相关风险和问题，以规范互联网保险的经营行为，促进互联网保险健康规范发展，保护保险消费者合法权益。所以，从出台的这一系列监管政策中，我们可以看到，在将来较长的一段时间内，互联网保险都将是保险市场发展的一个核心方向。

（三）互联网保险与传统保险具有一致性

从上述有关监管办法对互联网保险、互联网保险业务和互联网保险公司的定义中可以看出，互联网保险业务是依托互联网开展的一种创新的保险营销模式，与传统保险业务在本质上是一致的；互联网保险公司是一种创新的保险经营模式，与传统保险公司的经营在本质上也是一致的。因此，互联网保险的本质与传统保险是完全一致的，只是具体的开展途径、载体和所使用的技术有所不同而已。这两者的一致性主要表现在以下方面：

1. 监管原则的一致性

《暂行办法》中强调，互联网保险没有改变保险的根本属性，互联网保险业务监管应与传统保险业务监管具有一致性。因此，线上监管与线下监管的标准完全一致。相关监管政策也均是在坚持现有监管方向和原则的前提下，根据互联网保险的特性，对现有监管规则进行了适当延伸和细化。投保人通过保险机构及其从业人员提供的保险产品投保链接自行完成投保的，应同时适用互联网保险监管办法及所属渠道相关监管规定。其他涉及线上线下融合开展保险销售或保险经纪业务的，同时适用线上和线下监管规则，规则不一致的，按照有利于消费者的原则执行。

2. 经营主体的一致性

《监管办法》明确定义了互联网保险业务，进而对保险机构进行了界定。保险机构包括保险公司(含相互保险组织和互联网保险公司)和保险中介机构;保险中介机构包括保险代理人(不含个人代理人)、保险经纪人、保险公估人;保险代理人(不含个人代理人)包括保险专业代理机构、银行类保险兼业代理机构和依法获得保险代理业务许可的互联网企业;保险专业中介机构包括保险专业代理机构、保险经纪人和保险公估人。并且明文规定非保险机构不得开展互联网保险业务,包括但不限于:提供保险产品咨询服务,比较保险产品、保费试算、报价比价,为投保人设计投保方案,代办投保手续,代收保费。

这就说明,互联网保险业务和传统保险业务在经营主体上具有一致性。无论是传统保险公司还是专业互联网保险公司,无论是保险公司还是保险中介机构,所有保险机构理论上都是有权利经营互联网保险业务的。除互联网保险公司之外,其他保险公司也有权利经营传统的保险业务。

3. 销售产品的一致性

尽管互联网保险产品的种类繁多,创新的产品也层出不穷,但与传统保险产品并没有本质差别。因此,相关监管政策并未对互联网保险产品做出特殊规定。

在《暂行办法》中,并没有要求保险公司单独报备"互联网专用产品"的相关规定,而是提出与线下产品一致的监管要求。由保险公司根据自身管控水平、信息化水平及产品特点,自主选择符合互联网特性的产品开展经营。

《监管办法》中也认为,本办法所称互联网保险产品,是指保险机构通过互联网销售的保险产品。同时也仅是简单地要求,保险公司在开展互联网保险销售时,应在遵守相关监管规定的前提下,优先选择形态简单、条款简洁、责任清晰、可有效保障售后服务的保险产品,并充分考虑投保的便利性、风控的有效性、理赔的及时性。保险公司开发互联网保险产品,应符合风险保障本质、遵循保险基本原理、符合互联网经济特点,并遵守银保监会关于保险产品开发的相关监管规定,做到产品定价合理、公平和充足。不得违背公序良俗,不得进行噱头炒作,不得损害社会公众利益和消费者合法权益,不得危及公司偿付能力和财务稳健。保险监管机构主要通过事中监控和事后监督等措施,实施退出管理以加强对互联网保险产品的监管。从这些相关规定可以看出,互联网保险产品与传统保险产品具有完全一致的特征。

(四)发展互联网保险需要的特殊条件

当然,监管部门也认识到互联网保险发展的特殊性,并在监管政策中进行了界定。

1. 经营主体的界定

互联网保险的经营主体虽然与传统保险的经营主体具有高度的一致性,但是又应考虑到互联网保险的特殊性和风险,予以了特殊的要求。

根据《保险法》的规定,保险公司具有销售保险产品的权利,保险代理人可以以保险公司的名义销售保险产品，保险经纪人也可以为客户提供保险产品销售的服务。实务中，保险公司和保险经纪人都只能以公司的形式存在，但保险代理人则有个人代理和机构代理。保险公司、机构代理和个人代理、保险经纪人共同构成了传统保险的销售渠道。在互联网保险发展的初期，的确也有一些个人保险代理人自己开设了一些网站，宣传保险产品的同时完成销售工作。除此之外，一些第三方服务平台也在宣传保险产品、提供保险信息的同时销售互联网保险。但是，互联网上鱼龙混杂，如果允许个人保险代理人也具有互联网保险的销售资格，即使他们从技术上有实力解决相关问题，但对于消费者而言，无疑具有较大的风险。消费者可能因为很难判别哪个网站是真实的，而上钓鱼网站被骗了。因此，在《暂行办法》中，明确规定了只有保险公司、保险代理公司和保险经纪公司才具有销售互联网保险的资格，个人保险代理人是没有资格销售互联网保险的。

在《监管办法》中，除了界定保险机构的含义之外，还进一步明确了“持牌经营”的要求：互联网保险业务应由依法设立的保险机构开展，其他机构和个人不得开展互联网保险业务。保险机构开展互联网保险业务，不得超出该机构许可证（备案表）上载明的业务范围。

而且，明确了开展互联网保险业务的保险机构及其自营网络平台应具备的条件：(1)具有互联网行业主管部门颁发的《电信与信息服务业务经营许可证》或在互联网行业主管部门完成网站备案，且网站接入地在中华人民共和国境内，自营网络平台不是网站的，应符合相关法律法规的规定和相关行业主管部门的资质审核。(2)具有支持互联网保险业务运营的信息管理系统和核心业务系统，并与保险机构其他无关的信息系统有效隔离。(3)具有完善的边界防护、入侵检测、数据保护以及灾难恢复等网络安全防护手段和管理体系。(4)对于具有保险销售或投保功能的自营网络平台，以及支持该自营网络平台运营的信息管理系统和核心业务系统，应按照网络安全等级保护三级或以上标准进行防护，至少应获得网络安全等级保护三级认证，定期开展等级保护测评；对于不具有保险销售和投保功能的自营网络平台，以及支持该自营网络平台运营的信息管理系统和核心业务系统，至少应获得网络安全等级保护二级认证。(5)具有合法合规的营销模式，建立满足互联网保险经营需求、符合互联网保险用户特点、支持业务覆盖区域的运营和服务体系。(6)建立或明确互联网保险业务管理部门，并配备相应的专业人员，指定一名高级管理人员担任互联网保险业务负责人，明确各自营网络平台负责人。(7)具有健全的互联网保险业务管理制度和操作规程。(8)保险公司开展互联网保险销售的，应符合银保监会关于偿付能力、消费者权益保护监管评价等相关规定。(9)保险专业中介机构应是全国性机构，经营区域不限于工商注册登记地，并且符合监管机构关于保险专业中介机构分类监管的相关规定等。

2. 分支机构权限的界定

即使只有保险公司、保险代理公司和保险经纪公司才具有销售互联网保险的资格，但各保险机构下面还包括诸多各级分支机构。倘若诸多分支机构也同时销售互联网保险，则势必也会引起混乱。比如，某家保险公司的网站到处都是，都在以该家保险公司的名义销售保险产品。此时消费者必然难以辨别真伪，引起不必要的混乱。

因此，《暂行办法》中规定，只有保险机构的总公司具有互联网保险的经营权利，各级分支机构不得进行互联网保险的销售活动。保险机构的总公司承担对互联网保险业务总负责的责任，必须对互联网保险实行集中运营、统一管理。各级分支机构均不能够以分公司的名义对外经营互联网保险业务。当然，在总公司统一管理和调配下，分公司可以承担出单、理赔、客户服务等具体的落地工作。

《监管办法》进一步明确，保险机构开展互联网保险业务，应由总公司集中运营、统一管理，建立统一集中的业务平台、业务流程和管理制度。保险机构应科学评估自身风险管控能力、客户服务能力，合理确定适合互联网经营的保险产品及其销售范围，不能有效管控风险、不能保障售后服务质量的，不得开展互联网保险销售或保险经纪活动。保险公司总公司应对互联网保险业务实行统一、垂直管理。保险公司总公司可将合作机构拓展、营销宣传、客户服务、投诉处理等相关业务授权省级分支机构开展。经总公司同意，省级分支机构可将营销宣传、客户服务和投诉处理相关工作授权下级分支机构开展。总公司、分支机构依法承担相应的法律责任。

3. 经营领域的界定

互联网保险具有跨越时空的特征，但传统保险公司的经营却存在经营地域的限制。全国性保险公司可以在全国范围内销售保险，而区域性保险公司只能够在注册的区域中销售保险。因此，当互联网保险开始发展以来，始终未对经营地域进行规范，未对保险公司在互联网上销售保险产品的地域性进行约束。

《暂行办法》的出台规范了这一领域。基于互联网方便、快捷、跨地域的特点，《暂行办法》有条件地放开了部分险种的经营区域的限制。能够在互联网上跨区域销售的保险产品包括：人身意外伤害保险、定期寿险和普通型终身寿险，以及投保人或被保险人为个人的家庭财产保险、责任保险、信用保险和保证保险。除此之外，还留了一些扩展的口子，认为能够独立、完整地通过互联网实现销售、承保和理赔全流程服务的财产保险产品等也可以通过互联网进行销售。同时，还明确指出，除了所列明的这些险种之外，其他险种均不得跨区域经营。

当然，为了保证区域性保险公司能够顺利完成互联网保险业务，为消费者提供优质的服务，《暂行办法》也对相关问题进行了明确的规定。首先，无论是全国性保险公司还是区域性保险公司，在进行互联网保险活动时，保险公司必须向消费者明示没有设立分支机构的地区，以保证消费者的知情权。显然，消费者通过互联网选择保险公司时，当地是否设有分支机构是消费者考虑的一个重要条件。如果当地设有分支机构，则在续保、出险报案、查勘定损、合同变更、疑难解答等诸多方面均可以方便地提供服务。《暂行办法》保证了消费者的知情权。其次，即使是明示了没有设立分支机构的地区，但当消费者仍然选择了这些保险公司时，保险公司必须保证具有承担异地经营售后服务的能力。如果保险机构不能保证异地经营中有关售后理赔等各项服务，并导致出现了较多投诉，则保险监管部门明确表示将及时采取措施停止其相关险种的经营，限制其互联网保险销售的范围。这可能不但包括地域范围，同时也包括险种范围。

这样的监管规定是非常合理的。首先，如果完全打破原有的布局，无论是全国性保险公司还是区域性保险公司，都可以销售互联网保险产品，那么则不存在全国性保险公司和区域性保险公司的区别，与《保险法》中的规定相左。所以，只能在《保险法》的规定范围内适当进行调整，而不能完全摒弃《保险法》中的相关规定。而且，传统保险业务中，根据全国性保险公司和区域性保险公司来划分经营的地域范围也是非常必要的。无论是互联网保险还是传统保险，保险的销售仅仅是保险业务的开端，更为重要的后续服务还是需要点对点的服务。其次，不同的险种具有不同特征。互联网保险比较适合简单易懂的保险产品。某些险种比较简单，比如人身意外伤害险等；相对而言，与个人和家庭有关的险种也比较简单易懂。同时，这些险种大多是纯保障型的保险产品，所涉及的保费不高。而投资连结险、万能寿险及分红险等具有投资性的保险产品，它们相对而言比较复杂，需要保险销售人员详细地解释和验算，而且涉及的保费支出金额比较高，如果在互联网保险上被欺骗，则会产生比较大的损害，影响较坏。因此，根据险种特征适当放开销售的地域限制是非常可取的。再次，无论互联网保险突破了多大的地域限制，但根本是保险公司有能力提供服务。现行的监管办法也深刻地认识到了这一点，并进行了明确的规定。

《监管办法》中只是进行了原则性的规定。经营财产保险业务的保险公司在具有相应内控管理能力且能满足客户落地服务需求的情况下，可将相关财产保险产品的经营区域拓展至未设立分公司的省（自治区、直辖市、计划单列市），具体由银保监会另行规定。经营人身保险业务的保险公司在满足相关条件的基础上，可在全国范围内通过互联网经营相关人身保险产品，具体由银保监会另行规定。不满足相关条件的，不得通过互联网经营相关人身保险产品。但具体究竟如何另行规定，目前还未明确。银保监会将根据互联网保险业务发展阶段、不同保险产品的服务保障需要，另行规定保险机构通过互联网销售保险产品的险种范围和相关条件。保险公司分支机构可在上级机构授权范围内为互联网保险业务提供查勘理赔、医疗协助、投诉处理等属地化服务，建立明确的工作流程和制度。在保证服务时效和服务质量的前提下，提供该类服务可不受经营辖区的限制。

（五）互联网保险业务中保险公司的特殊义务

任何监管办法的出台，无非是在规范市场的同时，达到保护消费者的目的。互联网保险业务中，保险公司与消费者具有非常特殊的关系，因而保险公司应为此承担起特殊的义务。首先，互联网保险业务是通过消费者自助交易的方式完成。与传统的交易方式相比较而言，消费者与保险公司缺乏面对面的交流与沟通，可能对保单条款、保险产品信息、保险价格等多方面理解得不完全正确。这就要求保险机构在从事互联网保险业务时应履行高度的信息披露义务。其次，互联网保险产品的定位应该与传统保险产品的定位有明显的区别，保险公司应该有能力判断，并进行相应的保险产品的设计。除此之外，互联网保险业务具有在线、海量、小额、高频、碎片化等特点，因此对IT系统的处理能力和安全性都提出了更高挑战。互联网保险业务的信息流、资金流都是通过网络传递，由此也会产生较大的风险，比如资金安全风险和信息安全风险等诸多风险。所以，当下的监管办法无疑是结合互联网保险业务自主交易的特点，坚持保护消费者合法权益这一基本原则，强化信息披露、客户服务，重点保护消费者的知情权、选择权以及个人信息安全等。

1. 要求履行信息披露的义务

《暂行办法》对经营互联网保险的主体具体需要履行的信息披露和告知义务的内容和方式，进行了非常详尽、具体和明确的要求。比如，要求保险公司在相关网络平台的“显著位置”列明一系列必要信息，包括承保保险公司的具体信息和各种客户投诉渠道等。保险机构不能刻意隐瞒或掩盖，也不能用各种手段诱导消费者忽略，必须能引起消费者的注意并非常方便地找到这些信息，确保消费者能够做出客观、理性的判断。要求保险公司在保险产品的“销售页面”上，列明充分的提示或警示信息，防止销售误导。比如，根据最大诚信原则的要求，保险公司必须突出提示和说明保险合同中免除保险公司责任的条款，并以适当的方式突出提示理赔要求、保险合同中的犹豫期、费用扣除、退保损失、保险单现金价值等重点内容；要求保险公司应向消费者提示其具体的经营区域，设有分支机构的地区；并要求消费者对重要保险条款进行确认，以最大限度地保障消费者的知情权和自主选择权。根据前面提到的只能由保险公司的总公司从事互联网保险业务这一要求，所有这些互联网保险上的各种信息都必须由保险公司总公司统一制作和发布。一旦出现问题，保险公司需要承担全部责任。消费者则可以通过保险机构的官方网站，查询保险公司经营互联网保险业务的官方网站名称及网址、互联网保险产品、客户服务及消费者投诉方式等具体信息。

《监管办法》更加详细地对有关信息披露的要求进行了规定，从官网信息披露、自营网络平台信息披露、互联网保险产品销售页面信息披露、互联网保险营销宣传四个方面进行了详细的规定，甚至对于投保页面也有详细的规定。

第一，官网信息披露方面，要求开展互联网保险业务的保险机构应建立官方网站，参照《保险公司信息披露管理办法》相关规定，设置互联网保险栏目，进行信息披露，披露内容包括但不限于：保险机构营业执照、经营保险业务相关许可证（备案表）；保险机构名下自营网络平台的名称、网址，以及在行业自律组织网站上的信息披露访问链接；一年来综合偿付能力充足率、风险综合评级、消费者权益保护监管评价等相关监管评价信息，银保监会另有规定的，从其规定；保险机构之间开展合作的，各保险机构应分别披露合作机构名称、业务合作范围及合作起止时间；互联网保险产品名称、产品信息（或链接），产品信息包括条款、审批类产品的批复文号、备案类产品的备案编号或产品注册号、报备文件编号或条款编码；互联网保险产品及保单的查询和验真途径；省级分支机构和落地服务机构的名称、办公地址、电话号码等；理赔、保全等客户服务及投诉渠道、联系方式等。

第二，自营网络平台信息披露方面，要求保险机构应在开展互联网保险业务的自营网络平台显著位置，列明下列信息：保险产品承保公司设有分公司和落地服务机构的省（自治区、直辖市、计划单列市）清单；保险产品承保公司全国统一的客户服务及投诉方式，包括客服电话、在线服务访问方式等；投保咨询方式、保单查询方式；针对投保人、被保险人和受益人的个人信息、投保交易信息和交易安全的保障措施；自营网络平台在行业自律组织网站上的信息披露访问链接等。

第三，在互联网保险产品销售页面上，也必须进行有关信息的披露。互联网保险产品的销售或详情展示页面应包括下列内容：保险产品名称（条款名称和宣传名称），审批类产品的批复文号，备案类产品的备案编号或产品注册号，以及报备文件编号或条款编码；保险条款和费率（或链接），应突出提示和说明免除保险公司责任的条款，并以适当的方式突出提示理赔条件和流程，以及保险合同中的犹豫期、等待期、费用扣除、退保损失、保险单现金价值等重点内容；保险产品为投连险、万能险等新型产品的，应按照银保监会关于新型产品信息披露的相关规定，清晰标明相关信息，用不小于产品名称字号的黑体字标注保单利益的不确定性；投保人的如实告知义务，以及违反义务的后果；能否实现全流程线上服务的情况说明，以及因保险机构在消费者或保险标的所在地无分支机构而可能存在服务不到位等问题的提示；保费的支付方式，以及保险单证、保费发票等凭证的送达方式；其他直接影响消费者权益和购买决策的事项。

第四，互联网保险营销宣传方面，首先就互联网保险营销宣传进行了定义，然后进行了详细的要求。互联网保险营销宣传是指保险机构通过网站、网页、互联网应用程序等互联网媒介，以文字、图片、音频、视频或其他形式，就保险产品或保险服务进行商业宣传与推广的活动。有关互联网保险营销宣传方面，则设置了以下方面的监管规定：首先，保险机构开展互联网保险营销宣传活动，应符合金融营销宣传以及银保监会相关规定。其次，要求保险机构应加强互联网保险营销宣传管理：保险机构应建立从业人员互联网保险营销宣传的资质、培训、内容审核和行为管理制度；保险机构应从严、精细管控所属从业人员营销宣传活动，提高从业人员的诚信和专业水平，保险机构应对从业人员发布的互联网保险营销宣传内容进行监测与检查，如发现问题，应及时处置；保险机构从业人员应在保险机构授权范围内开展互联网保险营销宣传，从业人员发布的互联网保险营销宣传内容，应由所属保险机构统一制作，在显著位置标明所属保险机构全称及个人姓名、证件照片、执业证编号等信息；开展营销宣传活动，应遵循清晰准确、通俗易懂、符合社会公序良俗的原则，不得进行不实陈述或误导性描述，不得片面比较保险产品价格和简单排名，不得与其他非保险产品和服务混淆，不得片面或夸大宣传，不得违规承诺收益或承诺承担损失；营销宣传内容应与保险合同条款保持一致，不得误导性解读监管政策，不得使用或变相使用监管机构及其工作人员的名义或形象进行商业宣传；在营销宣传页面应明确标识产品为保险产品，用准确的语言描述产品的主要功能和特点，突出说明容易引发歧义或消费者容易忽视的内容；保险机构及其从业人员应慎重向消费者发送互联网保险产品信息，消费者明确表示拒绝接收互联网保险产品信息的，应停止向其发送；保险机构应当对本机构及所属从业人员互联网保险营销宣传承担合规管理的主体责任。

第五，对于互联网保险业务的投保页面，也设定了详细要求。比如，保险机构应通过其自营网络平台或其他保险机构的自营网络平台销售互联网保险产品或提供保险经纪、保险公估服务，投保页面须属于保险机构自营网络平台。政府部门为了公共利益需要，要求投保人在政府规定的网络平台完成投保信息录入的除外。

2. 要求具有设计和管理互联网保险产品的能力

保险公司应选择适合互联网特性的保险产品开展经营，并应用互联网技术、数据分析技术等开发适合互联网经营需求的新产品，不得违反社会公德、保险基本原理及相关监管规定。这一条款为互联网保险产品的发展方向给出了明确指导，也体现了监管部门对互联网创新技术运用的支持与鼓励。

保险产品的生命周期通常包含市场调查、可行性分析、产品设计、产品鉴定、产品报批、进入市场几个环节。而在互联网进入 DT 时代的今天，在整个产品生命周期中，从新产品的设计到后期运营的优化迭代，在产品设计的精算、承保、理赔各个环节，海量的用户需求被源源不断地通过数据输入进来，成为一个个极有价值、可发掘的金矿。如何通过数据分析及互联网技术挖掘这些需求，进而将其转变成更好的产品及服务提供给用户，这是对互联网保险机构的重大挑战。

《监管办法》要求，保险公司应在自营网络平台设立统一集中的客户服务业务办理入口，提升线上服务能力，与线下服务有机融合，并提供必要的人工辅助，保障客户获得及时有效的服务。同时，考虑到部分保险公司的线上服务能力比较有限，对线下服务能力也做了相关规定。对于部分无法在线完成核保、保全、理赔等保险业务活动的，保险公司应通过本公司分支机构或线下合作机构做好落地服务，销售时应明确告知投保人相关情况。线下合作机构应是其他保险机构及其分支机构，包括区域性保险专业中介机构。对于完全无法在线完成核保、保全、退保、理赔等保险业务活动的，保险公司不得经营相关互联网保险产品。保险公司委托其他合作机构提供技术支持和客户服务的，应建立委托合作全流程管理制度，审慎选择合作机构，进行有效的监测与监督。

3. 要求对保费收入进行特殊管理

《监管办法》中既然已经规定只有保险机构才能够经营互联网保险业务，因此，删除了《暂行办法》中所谓第三方网络平台的说法。在保险经营过程中，要求保险公司统一收取互联网保险业务的保费，并且统一管理、统一使用。具体规定如下：保险公司通过自营网络平台开展互联网保险业务的，应通过自有保费收入专用账户直接收取投保人交付的保费；通过保险中介机构开展互联网保险业务的，可委托保险中介机构通过保费收入专用账户代收保费。保费收入专用账户包括保险机构依法在商业银行及第三方支付平台开设的专用账户。

保险公司向保险中介机构支付相关费用，或保险机构向提供技术支持、客户服务等服务的合作机构支付相关费用，应按照合作协议约定的费用种类和标准，由总公司统一结算或授权省级分支机构通过银行或合法第三方支付平台转账支付，不得以现金形式进行结算。保险机构不得直接或间接给予合作协议约定以外的其他利益。

4. 要求履行保护消费者信息安全的义务

《暂行办法》明确了保险机构具有加强信息安全管理、确保网络保险交易数据及信息安全的义务。特别地对保险机构的 IT 系统建设与完善提出了非常具体的要求。比如保险机构必须具有支持互联网保险业务运营的信息管理系统，实现与保险机构核心业务系统的无缝实时对接，并确保与保险机构内部其他应用系统的有效隔离，避免信息安全风险在保险机构内外部传递与蔓延；具有完善的防火墙、入侵检测、数据加密以及灾难恢复等互联网信息安全管理体系；具有互联网行业主管部门颁发的许可证或者在互联网行业主管部门完成网站备案，且网站接入地在国境内；具有专门的互联网保险业务管理部门，并配备相应的专业人员；具有健全的互联网保险业务管理制度和操作规程等。除法律法规规定的情形外，保险机构及第三方网络平台不得将相关信息泄露给任何机构和个人。并且同时指出，如果保险机构因内部管理不力(不论是无力还是懈怠)造成了销售误导、信息丢失或信息泄露等重大事故，则保险监管机构可以及时地责令保险机构停止从事相关保险产品的互联网销售，以确保保险机构切实履行信息披露和安全管理义务，更好地保护消费者利益。这说明监管部门不但规定了保险机构的信息披露和安全管理的职责，还强调了对保险机构不严格履行这一职责的惩戒力度。

在《监管办法》中则进行了更加详细的规定。首先，网络安全方面，保险机构应严格按照网络安全相关法律法规，建立、完善与互联网保险业务发展相适应的信息技术基础设施和安全保障体系，提升信息化能力，全面系统地做好网络安全工作；采取边界防护、入侵检测、数据保护以及灾难恢复等技术手段，加强信息系统和业务数据的安全管理；建立网络安全事件处置预案，定期开展应急演练，采取有效手段保障信息系统和业务数据安全可控；对提供技术支持和客户服务的合作机构加强合规管理，保障服务质量和网络安全，其相关信息系统至少应获得网络安全等级保护二级认证；防范假冒网站、假冒移动应用等与互联网保险业务相关的违法犯罪活动，开展主动监测，并开辟专门渠道接受公众举报，发现问题后应立即采取防范和处置措施，并于 5 个工作日内向当地公安部门及银保监会派出机构报告。

其次，客户信息保护方面，保险机构应承担客户信息保护的主体责任，收集、处理及使用个人信息，应遵循合法、正当、必要的原则，保证信息收集、处理及使用的安全性和合法性：建立客户信息保护制度，构建覆盖全生命周期的客户信息保护体系，防范信息泄露；督促提供技术支持、客户服务等服务的合作机构建立有效的客户信息保护制度，在合作协议中明确约定客户信息保护责任，保障客户信息安全，明确约定合作机构不得限制保险机构获取客户投保信息，不得限制保险机构获取能够验证客户真实身份的相关信息；保险机构收集、处理及使用个人信息，应征得客户同意，获得客户授权。未经客户同意或授权，保险机构及合作机构不得将客户信息用于所提供保险服务之外的用途，法律法规另有规定的除外。

倘若保险公司由于任何原因造成互联网保险业务中断，应尽快处理。保险机构应制定互联网保险业务经营中断应急处置预案。由于突发事件、不可抗力等原因导致互联网保险业务经营中断的，保险机构应在官方网站、自营网络平台等信息发布平台显著位置及时公布，说明原因及后续处理方式，并立即向负责日常监管的银保监会或派出机构报告。

5. 要求全流程可回溯

与 2017 年原保监会发布的《保险销售行为可回溯管理暂行办法》中对于传统保险销售过程的可回溯要求一致，互联网保险业务的销售全流程也要求可回溯。《监管办法》中只是概括地说明，保险机构应对投保人身份信息的真实性进行验证，应完整记录和保存互联网保险主要业务过程，包括产品销售页面的内容信息、投保人操作轨迹、保全理赔及投诉服务记录等，做到销售和服务等主要行为信息不可篡改并全流程可回溯。

有关互联网保险业务可回溯管理的具体规则，原银保监会在2020年6月30日发布的《中国银保监会关于规范互联网保险销售行为可回溯管理的通知》中进行了详细的规定，特别是对销售页面的内容、管理进行了规定。销售页面是指保险机构在自营网络平台上设置的投保及承保全流程页面，包含提示进入投保流程、展示说明保险条款、履行提示和明确说明义务、验证投保人身份，及投保人填写投保信息、自主确认阅读有关信息、提交投保申请、缴纳保费等内容的网络页面。保险机构应当在自营网络平台通过设置销售页面实现互联网保险销售，不得在非自营网络平台设置销售页面。保险机构可以在非自营网络平台设置投保申请链接，由投保人点击链接后进入自营网络平台的销售页面。非保险机构自营网络平台不得设置保险产品销售页面。

销售页面的首页必须是提示进入投保流程页面，保险机构应当通过设置提示进入投保流程页面，对销售页面和非销售页面进行分隔。非销售页面中不得包含投保人填写投保信息、提交投保申请等内容。提示进入投保流程页面应当包含提示投保人即将进入投保流程、需仔细阅读保险条款、投保人在销售页面的操作将被记录等内容。保险机构的销售页面应当展示保险条款或提供保险条款文本链接，说明合同内容，并设置由投保人自主确认已阅读的标识。保险机构应当以足以引起投保人注意的文字、字体、符号或其他明显标志，对保险合同中免除保险公司责任的条款内容进行逐项展示，并以网页、音频或视频等形式予以明确说明。

具体而言，保险机构销售以下保险产品时，应当按照要求展示可能影响保单效力以及可能免除保险公司责任的内容，包括但不限于：销售人身保险新型产品，应当增加保单利益不确定性风险提示内容；销售健康保险产品，应当增加保险责任等待期的起算时间、期限及对投保人权益的影响，指定医疗机构，是否保证续保及续保有效时间，是否自动续保，医疗费用补偿原则，费率是否调整等内容；销售含有犹豫期条款的保险产品，应当增加犹豫期条款内容。保险机构销售以死亡为给付条件、被保险人与投保人不一致的保险产品时，应当按照要求展示被保险人同意投保并确认保险金额的内容。父母为其未成年子女投保的除外。保险机构应当对健康告知提示进行展示。投保人健康告知页面应当包含投保人健康告知内容、未尽到如实告知义务的后果说明等内容。健康告知提示应当与保险责任直接相关，表述通俗易懂，内容具体且问题边界清晰。而且要求保险机构应当将上述这些内容设置单独的页面展示，并设置由投保人或被保险人自主确认已阅读的标识。

除此之外，保险机构开展互联网保险销售时，应当根据对个人保险实名制的管理要求，对投保人、被保险人和受益人身份的真实性进行验证。保险机构应当将投保人、被保险人在销售页面上的操作轨迹予以记录和保存，操作轨迹应当包含投保人进入和离开销售页面的时点、投保人和被保险人填写或点选销售页面中的相关内容及时间等。保险机构应当记录和保存投保期间通过在线服务体系向投保人解释、说明保险条款的有关信息。互联网保险销售行为可回溯资料保管期限自保险合同终止之日起计算，保险期间在一年以下的不得少于五年，保险期间超过一年的不得少于十年。遇消费者投诉、法律诉讼等纠纷的，应当至少保存至纠纷结束后三年。保险机构通过固定场所设置的自助终端销售保险产品的，也要适用上述规定。

（六）加大对互联网保险发展的风险防范

监管部门也深切认识到了互联网保险业务过程中的风险，在《暂行办法》实施后不久，就颁布了《互联网保险风险专项整治工作实施方案》，着手对互联网保险业务发展过程中的风险进行控制和处理。《监管办法》更是将防范与化解风险放在监管首位。具体而言，在下列各个方面进行了风险防范：

（1）坚持“机构持牌、人员持证”的原则，清晰界定持牌机构的权利与义务、明确主体责任，并以负面清单形式明确非保险机构的禁止行为。《监管办法》规定，互联网保险业务应由依法设立的保险机构开展，其他机构和个人不得开展互联网保险业务。而且对非保险机构的行为边界做了明确规定，划定了红线：不得提供保险产品咨询服务，不得比较保险产品、保费试算、报价比价，不得为投保人设计投保方案，不得代办投保手续，不得代收保费等。

（2）明确自营网络平台定义，要求投保页面必须属于保险机构的自营网络平台。正如前文所介绍的，《监管办法》为有效贯彻持牌经营原则，对自营网络平台做了严格、明确的定义。自营网络平台是指保险机构为经营互联网保险业务，依法设立的独立运营、享有完整数据权限的网络平台。只有保险机构总公司设立的网络平台才是自营网络平台，保险分支机构以及与保险机构具有股权、人员等关联关系的非保险机构设立的网络平台，不属于自营网络平台，不得经营互联网保险业务。因此，自营网络平台是保险机构经营互联网保险业务的唯一载体，更是加强监管的主要抓手。《监管办法》严格定义自营网络平台，并要求客户投保页面必须属于持牌机构自营网络平台，主要是为了全面强化持牌经营理念，明确保险机构主体责任。另外，也有助于解决保险机构获取客户信息的难题，有助于杜绝截留保费、平衡市场力量、控制渠道费用，有助于减少销售误导、促进消费者教育、保障行业长期稳健发展。

除此之外，还强化信息披露要求，保障消费者知情权；强化网络安全和客户信息保护的要求；要求建立监管信息系统，加强信息报送，提高监管的及时性、有效性和针对性等。

习题

1. 互联网保险、互联网保险业务、互联网保险公司的含义分别是什么?
2. 互联网保险业务与传统的网络营销有何区别?
3. 互联网保险公司与传统的网络营销有何区别?
4. 请简述互联网保险发展过程中各个时期的特点。
5. 目前互联网保险存在哪些形式,各自有什么特征?
6. 与传统保险相比,互联网保险具有哪些优势和劣势?
7. 通过互联网保险,保险公司可以实现哪些业务内容?
8. 根据各种保险产品的特征,哪些保险产品更加适合于互联网保险?
9. 请简述我国互联网保险政策出台的轨迹。
10. 请简述我国监管机构有关互联网保险发展的政策导向。

第十二章　代理营销体系

代理营销是保险市场中最为普遍的一种营销方式。保险公司可以通过保险个人代理、保险专业机构代理和保险兼业代理销售保险产品。保险公司与各代理方之间的权利和义务全部由保险代理合同确定，代理人在保险公司的授权范围内行使代理权。尽管在当前的中国保险市场中，个人代理是主要的保险营销模式，但是它具有较为明显的缺点。专业机构代理可以在一定程度上弥补个人代理的缺点。兼业代理则是利用本身的业务关系代理销售保险产品。总之，各种代理模式各有千秋，分别适用于不同的保险产品。

第一节　保险代理

一、保险代理的特征

保险代理是一种代理行为，属于民事法律行为。从经营的角度来看，保险代理是保险人委托保险代理人扩展其保险业务的一种制度。保险代理人是指根据保险人的委托，向保险人收取佣金，并在保险人授权的范围内代为办理保险业务的机构或个人。保险代理人的权利来自保险代理合同中所规定的保险人的授权。保险代理人的法律特征主要表现为以下方面：

（一）保险代理行为是由民法调整的法律行为

法律行为是公民或法人旨在确立、变更和终止民事法律关系而实施的行为。代理是民事法律行为之一。《中华人民共和国民法典》规定："代理人在代理权限内，以被代理人名义实施的民事法律行为，对被代理人发生效力。"因此保险代理具备民事代理的一般特征：一是保险代理人以保险人名义进行代理活动；二是保险代理人在保险人授权范围内做出独立的意思表示；三是保险代理人与投保人实施的民事法律行为具有确立、变更或终止一定的民事权利和义务关系的法律意义；四是保险代理人与投保人之间签订的保险合同所产生的权利和义务，视为保险人自己所做的民事法律行为，法律后果由保险人承担。因此,保险代理行为是由民法调整的民事法律行为,应遵循民法的基本原则。

（二）保险代理是基于保险人授权的委托代理

保险代理产生于保险人的委托授权,因而属于委托代理。委托代理一般采用书面形式。保险代理合同是保险人与代理人关于委托代理保险业务所达成的协议,是证明代理人有关代理权的法律文件。

（三）保险代理行为是代表保险人利益的中介行为

保险代理人在代理合同授权范围内,代表保险人开展业务,代表保险人的利益。在一定条件下可以将保险人与保险代理人视为同一人。

二、保险代理制度

保险代理人通常在外勤机构开展工作。这些外勤机构主要为保险公司和保险代理人提供服务,其主要业务包括:为保险产品提供销路,销售保险产品,帮助维持现有保险业务,向保单所有人提供一些客户服务,对本外勤机构的保险代理人给予销售和客户服务方面的支持。根据外勤机构与保险公司的不同关系,通常把保险代理制度分为总代理制度和分公司制度。保险公司通常会根据自己的规模、营销领域的规模、密度和业务量来选择保险代理制度并设置外勤机构。

（一）总代理制度

总代理制度是指保险公司与总代理人签订代理合同,在合同授权范围内,总代理人可以自己招揽保险业务,也可以招聘从业人员进行保险营销,保险人根据成功销售的业务量向总代理人支付代理手续费。因此,总代理人是与保险公司签订合同的独立业务机构,其主要职责是建立并管理一家全日制的代理机构,针对一家保险公司的保险产品开展分销工作。总代理人对其所属从业人员的组织管理、报酬及各项费用承担完全责任;同时总代理人必须保持足够的业务量,否则保险人就会解除其总代理权。通常,保险公司对总代理人的管理受双方的保险代理合同条款所限定。并且,除非原代理合同允许或者当保险公司与总代理人达成了新协议,否则保险公司不能调离总代理人,也不能重新划定总代理人的营销领域,保险公司不经总代理人同意,一般也不能缩减、解雇或调离从业人员。在总代理制度中,总代理人承担部分或全部启动费用,并支付代理机构从业人员的工资和代理人佣金。

（二）分公司制度

分公司制度是指保险人通过在各地设置分支机构来完成总代理人所担负的各项任务,从而更有效地控制保险风险的一种保险代理人制度。分公司经理一般由总公司直接委派,分公司的一切费用开支均由总公司负责。保险公司把分公司经理作为销售经理，主要负责增加保险产品的销售量，以及招收、选拔和发展个人代理人来实现保险公司的增长目标和利润目标。分公司经理、各级负责人和内勤人员都是保险公司的正式员工。保险公司可以对分公司的规模、位置、职责和人员加以变动。分公司招聘的个人代理人大多直接与分公司签订代理合同，并接受监督和管理。在分公司制度中，即使销售额很低，保险公司也必须支付高额的启动费用。已经具有一定规模的保险公司通常愿意采用分公司体系，因为这种制度有更多的管理权和更大的灵活性。例如，在分公司制度中，保险公司可以更好地控制营销计划。如果某些计划要求在某一地区扩大销售，保险公司可以相应增加分公司人员和个人代理人的数量。相反，如果销售活动不令人满意，保险公司则可以减少销售费用。在分公司体系下，销售管理人员和个人代理人可以从一个地区调入另一个地区，这种灵活性使保险公司减小了利用新人替换离任的有经验业务员的可能性，并且保险公司有更多机会通过调任人员到另一地区升职作为奖励。

总代理制度和分公司制度之间的差别在于，机构负责人承担的风险不同，保险公司维持运作的成本以及保险公司对该机构的管理控制程度也有所不同。然而，总代理制度和分公司制度之间的差别正在越来越小。一方面，保险公司通过授予更多的权利和风险给分公司经理来降低成本，从而使这些分公司越来越像独立的总代理机构。另一方面，保险公司对代理机构的控制越来越强，又使这些总代理机构越来越像分公司。通常，保险公司选择分公司制度和总代理制度时通常依据启动资源、相关费用和管理能力等因素来进行判断。如果新成立的保险公司没有充足的时间、人力和资金去建立全新的外勤机构，那么选择总代理制度进入市场不失为一个好的办法。

三、保险代理合同

保险代理合同是保险代理人与保险人明确双方所享有权利和承担义务的协议。保险代理人根据保险代理合同以保险人的名义为保险人开展业务，并据此领取佣金。因此，保险代理合同实质上表示保险代理的性质是明示代理，而非默示代理。保险代理合同的签订既可以发生在法人之间，即保险人和保险专业代理机构或兼业代理机构之间，也可以发生在法人和自然人之间，即保险人和个人保险代理人之间。保险代理合同签订的目的在于明确双方当事人各自享有的权利和承担的义务。一方面，它通过规定保险代理人的代理权限和违约责任约束了代理人的行为，从而从法律上保护了保险人的利益；另一方面，它规定对保险代理人在合同规定的代理权限内所从事的代理业务活动，保险人必须承认并承担责任，并且按代理合同规定给予佣金。

保险代理合同是双方当事人在平等的基础上、意思表示一致所达成的协议。保险代理合同一旦签订，就对双方具有法律约束力。双方当事人必须严格遵守并按照合同规定履行自己的义务，违约者应当承担法律责任。保险代理合同是有偿合同。保险人通过保险代理人开展业务，必须支付一定的手续费，并承担保险代理人在授权范围内的代理行为的法律责任。保险代理合同还是双务合同，合同当事人双方都享有一定的权利并承担一定的义务。

（一）保险代理合同的要素

保险代理合同与其他一般经济合同一样，都包括了民事法律关系中不可或缺的三个要素：主体、客体和内容。

1. 保险代理合同的主体

保险代理合同的主体是指在保险代理合同中享有权利和承担义务的人。保险代理合同的主体包括保险代理人和保险人。保险代理人是指根据保险人的委托，向保险人收取代理手续费，并在保险人授权的范围内代为办理保险业务的机构或个人。保险人是保险活动中经营保险业务的各种组织。《保险法》明确规定："保险人是指与投保人订立保险合同并承担赔偿或给付保险金责任的保险公司。"

2. 保险代理合同的客体

通常，民事法律关系的客体是指民事法律关系主体在履行权利和义务时的共同指向。按照我国《民法典》的规定，民事法律关系的客体有多种，包括物、行为（或不行为）、智力成果和特定的精神利益。保险代理合同属于民事法律关系的范围。在保险代理合同中，保险代理人与保险人权利和义务所指向的对象是保险代理行为，即保险代理人所从事的保险代理活动。

3. 保险代理合同的内容

保险代理合同的内容主要包括保险代理合同当事人之间由法律确认的权利和义务。主要内容包括：

(1) 合同双方的名称，即保险人、保险代理人双方当事人的法定名称。

(2) 代理权限范围，即保险代理合同规定的授权范围，是对保险代理人行为的约束。保险代理人必须在规定的授权范围内从事保险代理活动，不得进行无权代理或越权代理。同时，保险人的授权范围不得超越国家有关法规的规定。

(3) 代理期限，即保险代理人为保险人提供保险代理业务活动的期间，也是保险代理合同依法存在的效力期限。代理期限一般按年计算。此外，代理期限还应规定保险代理合同的时效，即在合同当事人双方协商的基础上所确定的合同具体起讫时间。

(4) 代理的地域范围，即保险代理合同对保险代理人的地域限制。保险代理人必须在规定的地域范围内从事保险代理活动，不得跨区域从事保险代理业务。

(5) 代理的保险产品。在规定的权限范围内，保险代理合同还必须明确授权代理的保险产品。

(6) 佣金的支付标准和支付方式。佣金是指保险人在接受保险代理人代理业务成果时应支付的劳务报酬。保险人往往根据代理业务的数量、质量以及不同的保险产品,规定不同的佣金支付标准。此外还应规定代理劳务报酬的结算和支付方式。

(7) 保险费转交时间和方式。保险代理合同还应规定保险代理人转交保险费的时间期限和方式。一般而言,保险代理人需要与被代理保险公司定期结算,支付方式可以为现金结算或者转账支付。当然,倘若让客户直接把保费支付给保险公司,则可能更为可靠和保险。

(8) 违约责任。违约责任条款列明当事人双方违背合同规定时所应承担的违约责任。

(9) 争议处理。列明一旦当事人发生争议时适用的处理方法,通常有协商、调解、仲裁和诉讼四种方式。

(二) 保险代理合同当事人的权利和义务

1. 保险代理人的权利和义务

(1) 保险代理人的权利。保险代理人的权利是由接受保险人的委托并签订保险代理合同而产生的。由于保险代理人进行的是民事活动,因此其权利的产生必须符合法律程序并受法律保护。保险代理人的权利主要有:

- 获取劳务报酬的权利。保险代理人有权利就其开展的保险代理业务所付出的劳动向保险人索取劳务报酬。获得劳务报酬是保险代理人最基本的权利。
- 独立开展业务活动的权利。保险代理人在代理合同规定的授权范围内具有独立进行意思表示的权利,即有权自行决定如何同投保人和被保险人洽谈业务。
- 拒绝违法要求的权利。保险代理人有权拒绝违法的委托代理事项。
- 诉讼权利。保险代理人有维护自身利益不受侵害的权利。当保险人或第三者的民事侵权行为损害到保险代理人利益时,保险代理人有权提出诉讼。

(2) 保险代理人的义务。保险代理人的义务就是保险代理人依据代理合同约定必须进行某种代理活动或不得进行某种代理活动,以实现保险人的合法权益。保险代理合同是义务合同,一方的权利就是另一方的义务。保险代理人的具体义务主要有:

- 诚信和告知义务。保险代理人基于保险人的授权从事保险代理业务,承担着保险人对客户所应承担的义务,所以,保险代理人必须遵循诚信原则,也即保险代理人必须履行如实告知义务。诚信也即诚实守信。告知即对保险代理活动有影响的重要事项的申报。保险代理的诚信原则应反映在保险代理活动全过程之中。一方面,保险代理人应将投保人和被保险人应该知道的保险公司业务情况和保险条款的内容及其含义,尤其是保险条款的免除责任如实告知投保人和被保险人;另一方面,保险代理人也应将投保人和被保险人所反映的实际情况如实告知保险人。

- 如实转交保险费的义务。受保险人委托，保险代理人可以在授权业务范围内代收保险费，代收的保险费应立即上缴保险人或按合同规定的方式转账上缴给保险人。保险代理人无权擅自挪用代收的保险费。此外，对于投保人欠缴的保险费，保险代理人也没有垫付的义务。
- 维护保险人利益的义务。保险代理人不得与第三者串通或合伙隐瞒真相，损害保险人的利益。在代理过程中，保险代理人有义务维护保险人的利益。
- 履行合约的义务。保险代理合同一旦签订，对当事人双方都具有法律约束力，保险代理人应自觉遵守和执行代理合同，未经保险人同意，不得单方面随意变更或解除合同。
- 接受培训和接受监督管理的义务。为了提高保险代理人的业务水平，保险代理人有义务接受保险人或保险行业协会组织的业务培训。此外，保险代理人还必须接受保险监管部门的监管，接受保险人的监督。

2. 保险人的权利和义务

(1) 保险人的权利

- 规定代理权限的权利。保险人有权规定保险代理人代理本公司的保险业务种类及业务范围。保险人也有权要求保险代理人按照保险人规定的条款、费率及手续开展业务活动。保险代理人无权擅自变更保险费率或保险条款以及代理业务范围。
- 监督保险代理人的代理行为及业务的权利。因为保险代理人的代理行为后果直接作用于保险人，所以在不干涉保险代理人独立开展业务的前提下，保险人有权监督代理人的行为及业务活动状况。
- 诉讼的权利。保险人有权保护自己的权利不受保险代理人及其他人侵害。如果保险代理人违反合同应尽义务或实施无权代理或滥用代理权，给保险人造成经济损失时，保险人有权追究其责任。
- 合理变更和解除保险合同的权利。保险人对保险合同内容的变更和依法解除保险合同，可以不征求保险代理人的意见，但保险人应将变更情况及时通知保险代理人。

(2) 保险人的义务

- 支付代理佣金的义务。保险人在接受保险代理人为其代理的业务成果的同时，必须按代理合同规定的标准和方式支付佣金。一般来说，代理佣金的支付标准既和代理业务的数量有关，也和业务质量有关，即还会考虑退保率、赔付率等因素。具体的代理佣金标准应在保险代理合同中明确。此外，以任何方式拖欠或减少代理佣金的行为均为保险人的违约行为。

- 提供辅助资料的义务。保险人必须及时向保险代理人提供开展保险代理业务所必需的保险条款、费率、实务手续说明及各种单证等。
- 对保险代理人进行培训的义务。虽然保险人与保险代理人以平等的合同当事人身份签订代理合同，但在代理关系建立的初期以及代理期限内，为了更好地让保险代理人了解公司的宗旨，积极地为公司开展业务活动，保险人有义务对保险代理人进行定期或不定期的业务培训、技术技巧训练和法律法规教育。

（三）保险代理合同的订立、变更和终止

1. 保险代理合同的订立

与一般的经济合同一样，保险代理合同的订立包括要约和承诺两个阶段。要约是指缔约一方向另一方发出的订立合同的提议，并提出订立合同的主要条件。承诺是接受要约的人以要约人所规定的时间与方式对要约内容做出完全同意的意思表示。承诺一经做出，合同即告成立，并产生相应的法律效力。保险代理合同是保险代理人和保险人在平等的基础上通过协商达成的协议。保险代理人或保险人就代理权限、代理保险产品、代理地域范围、代理业务范围以及代理佣金等项目进行协商，并达成一致意见后签订保险代理合同。通常，保险人负责拟订代理合同的主要条款。保险代理人如对保险人列出的合同的主要条款和事项表示满意，则做出同意的答复，保险代理合同即告生效。要约与承诺是订立合同的两个阶段，被要约人对要约人的要约可以接受也可以拒绝，所以要约并不构成对被要约人的约束。

在订立保险代理合同时，通常还应该遵循一些基本原则，包括诚信原则、合法原则、自愿公平原则和对价有偿原则。诚信原则是指合约双方应本着诚实守信的原则签订和履行合同。合法原则是指合同只有按照国家法律法规的规定订立，才会受到法律保护，具有法律约束力，即合同的主体、客体、内容及程序必须都符合法律的规定，合同才能依法成立。自愿公平原则是指订立合同的当事人完全出于自己的真实意愿，不受任何干涉，在平等互利、互不损害对方利益的基础上订立合同。合同的任何一方对另一方都没有特权，平等享有选择对方的自主权，平等享有接受合同事项的自主权。对价有偿原则是保险代理合同所遵循的特殊原则。对价有偿表现在保险代理人自身的劳务补偿是建立在从被保险人那里收取保费的基础上，即从保险费中提取的一部分劳务报酬。保险费的收取与代理手续费的给付之间绝非完全等价关系，而是一种对价关系。

保险代理合同一旦订立，即具有法律效力。保险代理合同的当事人之间产生了民事权利和民事义务。当事人各方都要按照合同约定全面履行保险代理合同，任何一方不履行合同约定的义务，都应依法承担相应的民事责任。同时，保险代理合同还是处理代理纠纷的依据。当然，如果保险代理合同的主体、内容及订立程序等有不符合法律法规要求的，则属于无效代理合同。

2. 保险代理合同的变更

保险代理合同的变更是指在订立代理合同后，当事人一方根据情况的变化并依据法定的程序对原代理合同的某些条款进行修改和补充。保险代理合同依法成立，具有法律的严肃性和约束力，当事人双方不得擅自变更和解除代理合同。但是出于客观情况和合同当事人的需要的变化，对原代理合同可以进行必要的修改和补充。

保险代理合同的变更通常包括两个方面：主体变更和内容变更。

（1）主体变更。保险代理合同主体的变更即保险人和保险代理人的变更。当保险公司出现合并、分立、解散等情形时，将导致代理合同主体的变更。保险代理人的变更主要是指保险代理机构的变更，即保险代理公司因合并、分立而引起的代理合同主体的变更，或者个人保险代理人解除与保险公司的代理关系。当保险人或保险代理人发生合并、分立等变更后，必须经新设公司及另一方当事人同意后，方可变更代理合同。

（2）内容的变更。保险代理合同内容的变更主要是指当事人双方权利和义务的变更，主要表现为代理合同条款事项的具体变更，即代理期限、佣金支付标准和方式、代理权限、代理保险产品、保险费支付方式等约定事项的变更。保险代理合同往往因为保险人与保险代理人的合作深入而进行变更。例如，保险人可以通过变更代理合同而扩大代理的权限范围并适当增加代理佣金、改变保费交付方式等。并且，不同保险代理人要求保险代理合同变更的内容也不一样。个人保险代理人要求合同内容的变更往往集中在代理佣金的支付标准和代理保险产品，而保险代理机构可能除此之外还关心代理的业务范围。

3. 保险代理合同的终止

保险代理合同的终止是指合同确定的权利和义务关系不再继续，合同主体之间法律关系消失，不再承担任何责任。保险代理合同的终止同样包括自然终止和解除两种形式。自然终止是指保险代理期限届满时，由于一方不再续订代理合同而使代理权自行终止，合同的法律效力自行消灭。保险代理合同的解除是指保险代理合同有效期限内，合同一方当事人依照法律或约定行使解除权，提前终止合同效力的法律行为。

合同的解除是合同一方当事人的意思表示，但却是合同双方当事人均享有的权利。保险代理合同的解除可以是约定解除和法定解除两种。约定解除是指合同当事人在保险合同订立时约定，如某事项发生，任何一方都可以行使解除权，使合同效力消灭。例如，保险代理合同中规定，如果保险代理人在规定时间内不能完成约定的代理业务金额，则保险人有权解除合同。法定解除是指当依照法律规定的解除事项出现时，合同一方当事人或双方当事人都有权解除或自动解除合同。例如，由于国家政策法令或计划的变更，保险代理合同失去了依据或合同内容与新的变更相违背，则当事人双方必须自觉解除合同。合同当事人一方因不可抗力而无法履行代理合同的义务，或一方关闭、停业、分立、合并时，另一方有权解除合同。

第二节　专业代理营销体系

专业代理营销体系包括个人代理和机构代理。通常，把前者称为个人保险代理营销体系，后者直接称为专业保险代理营销体系。这两种代理在许多方面具有相同性，可以说，专业保险代理营销体系是个人保险代理营销体系发展和规范的方向。

一、个人保险代理营销体系的特点

在中国保险市场，个人保险代理营销体系是 20 世纪 90 年代初期美国友邦进入中国市场之后带来的一种新的保险营销模式。从那之后，个人保险代理成为一个新的行业，并逐渐家喻户晓。早在 2012 年，全国个人保险代理人就实现保费收入 6 010.16 亿元，占总保费收入的 38.8%。2020 年个人保险代理人共实现保费收入 21 570.61 亿元，比 2019 年增长了 5.95%；市场份额占全国总保费收入的 47.28%，比 2019 年下降了 0.10%。目前，个人保险代理人仍然是保险公司主要的展业队伍，特别是寿险公司的主要营销力量。个人保险代理人实现的财产险保费收入占全国人寿险保费收入的 25.85%，比 2019 年增长了 2.38%；个人保险代理人实现的人寿险保费收入占全国人寿险保费收入的 56.72%，比 2019 年下降了 1.43%。

从人数来看，截至 2020 年末，全国保险公司办理执业登记的个人保险代理人大约为 844 万人，同比下降了 7.5%。个人保险代理人数排名前十的保险公司合计登记人数为 650.8 万人，占 77.1%，同比下降 11.2%。所以从执业人数来看，个人保险代理人是寿险公司的主要营销渠道。

（一）个人保险代理人

个人保险代理人是根据保险公司的委托，向保险公司收取佣金，并在保险公司授权的范围内代为办理保险业务的个人。因此，这里所指的个人保险代理人是指受聘于保险公司，在分公司制度中运作的保险代理人。按照监管规定，个人保险代理人只能与一家保险公司签约并代理一家保险公司的保险业务，即所谓“1＋1”的规定。实务中，个人保险代理人通常要承担两个方面的业务：其一是展业，即充当保险公司的重要营销渠道，销售保险产品；其二是增员，即不断地介绍新人加入个人保险代理人的队伍，而且还要对这些新人进行管理，即管理营销团队。

个人保险代理营销体系能够弥补直接营销体系的不足。个人保险代理人基本上每天要拜访客户，他们有充足的时间与客户进行面对面的交流，因此可以把无形的保险产品有形化。个人保险代理人可以耐心地解释保险产品，依据消费者的特征进行变化，提供具有个性化的保险计划。并且，个人保险代理人的知识和经验是为消费者提供完美服务的保证，是解释保险产品复杂性的有力支持。然而，由于个人保险代理人是保险公司的外勤员工，而并非领取薪水的正式员工。他们与保险公司之间并非雇佣关系，而是比较松散的代理关系。因此，这种松散的关系不利于保险公司的监督和管理。同时，个人保险代理人没有归属感，跳槽现象非常突出，个人保险代理人的队伍非常不稳定。这是个人保险代理营销体系最大的缺点。除此之外，与直接营销体系相比而言，保险公司采用个人保险代理营销体系时需要支付高额的佣金，这对于保险公司是一笔较高的成本。

（二）独立个人保险代理人

2020年，监管机构出台了《关于发展独立个人保险代理人有关事项的通知》，正式地提出了独立个人保险代理人的概念。

独立个人保险代理人是指与保险公司直接签订委托代理合同，自主独立开展保险销售的保险销售从业人员。独立个人保险代理人直接按照代理销售的保险费计提佣金，不得发展保险营销团队。也就是说，独立个人保险代理人与一般的个人保险代理人的根本区别就在于，独立个人保险代理人只有“展业”一项业务，而不用承担“增员”的业务。他必须独立地开展业务，不能发展新成员，不能管理代理人团队。因此，独立个人保险代理人制度就避免了传统个人保险代理人因“增员”而产生的层级利益，逻辑关系相对更为简单。

当然，独立个人保险代理人的其他方面与一般的个人保险代理人完全一样。独立个人保险代理人根据保险公司的授权代为办理保险业务，由保险公司承担责任。独立个人保险代理人开展保险代理活动，有违法违规行为的，其所属保险公司依法承担法律责任。保险公司可以依法追究越权的独立个人保险代理人的责任。

独立个人保险代理人可以按照保险公司要求使用公司标识、字号，可以在社区、商圈、乡镇等地开设门店（工作室）。独立个人保险代理人也可以聘请一些辅助人员，帮助出单、售后服务等辅助性工作。但是，不得允许或要求其从事保险推介销售活动，不得对其设定保费收入考核指标。保险公司也应为独立个人保险代理人及时办理执业登记，对开设门店（工作室）等固定经营场所的人员，应在保险中介监管信息系统中登记规定事项。

表 12-1 个人保险代理营销体系的特点

个人保险代理营销体系的优点
● 能够进行主动的展业 ● 能够与消费者进行面对面的直接沟通 ● 可以用个人代理人的知识为消费者进行详细的解释,使复杂的保险产品简单化 ● 可以为消费者提供个性化的产品和服务,提供专业服务 ● 客户关系由专人维系 ● 保险公司控制分公司的能力比较强,能进退自如 ● 保险公司能了解市场信息,并做出相应变化 ● 收入以佣金为主,比较容易控制与调整
个人保险代理营销体系的缺点
● 与直接营销相比而言,支付的佣金成本比较高 ● 分公司的设立和运作成本比较高 ● 个人保险代理人队伍的维护成本比较高 ● 保险业务质量比较难以控制 ● 个人保险代理人与保险公司的关系松散,不利于管理、监督和培训 ● 个人保险代理人的队伍不稳定,流动率高
适应个人保险代理营销体系的产品
● 比较复杂的保险产品 ● 需要比较严格的核保要求,具有个性化的保险产品 ● 完整、复杂的保险规划
保险公司采用个人保险代理营销体系的注意事项
● 合理设置分公司的位置、规模和管理制度 ● 以专业知识为基础,训练个人保险代理人 ● 采用合理的佣金制度,鼓励个人保险代理人持续提供优质服务 ● 采用合理的佣金制度,使个人保险代理人有归属感,保持稳定的代理人队伍 ● 规范个人保险代理人的行为,防范欺诈,防范违法行为

二、专业保险代理营销体系的特点

保险专业代理机构是指保险代理公司,即符合中国银保监会规定的资格条件,经批准取得经营保险代理业务许可证,根据保险公司的委托,向保险公司收取保险代理手续费,在保险公司授权的范围内专门代为办理保险业务的单位。因此,这里所说的专业保险代理营销体系实际上采用的是总代理制度。2020 年,保险专业代理机构实现保费收入 3 832.23 亿元,比 2019 年增长了 4.33%;其中,实现财产险保费收入 3 291.96 亿元,实现人身险保费收入 540.27 亿元。占全国总保费收入的 8.40%,与 2019 年相比下降了 0.15%。从保险专业代理机构的从业人数来看,保险专业代理机构办理执业登记的从业人员共有 268.9 万人,同比增长 9.3%。

专业保险代理营销体系也具有许多个人保险代理营销体系所具有的优点,例如可以主动展业，与消费者进行面对面的交流和沟通，解释保险产品，提供个性化产品和服务等。在专业保险代理营销体系中，主要营销力量是与保险专业代理公司正式签约的员工。这是与个人保险代理营销体系的最大区别。因此，专业保险代理营销体系可能解决个人保险代理人与保险公司之间关系松散的问题，弥补个人保险代理营销体系的不足，从而具有无可比拟的优势。

（一）有利于降低展业成本，提高保险公司的经营效益

以人寿保险为例，我国寿险个人代理人一般隶属于各寿险公司的营销部或营销中心，根据《保险代理人监管规定》第37条，保险公司、保险专业代理机构、保险兼业代理机构应当加强对个人保险代理人、保险代理机构从业人员的岗前培训和后续教育。培训内容至少应当包括业务知识、法律知识及职业道德。此外还要租场地，配置人员进行专门管理，这是一笔不小的费用开支。随着个人保险代理人的规模不断扩大，人员流动率不断上升，此项费用会不断增加，从而导致保险公司的展业成本居高不下，增加了经营负担。但是，有了保险专业代理机构以后，保险公司就无须亲力亲为，只需将自己的保险产品交由保险专业代理机构代为展业，便可以精简机构和人员，压缩相关培训管理费用开支，降低展业成本，进而实现保险公司经营方式的转变。并且，保险公司可以从具体烦琐的展业经营中解脱出来，专心致力于保险产品的开发、设计、创新以及承保和投资等业务的运作，这也是当前国际市场上流行的"小主体，大代理"模式。

（二）有利于进一步扩大保险公司展业规模和市场开拓深度

任何事物均有个限度，对于个人保险代理人，寿险公司的吸纳能力是有限的。加之人员的高流动性，使个人保险代理人的规模难以在短期内有效扩张，因而难以形成规模效应，边际展业成本偏高，而且市场开拓范围狭窄。保险公司通过选择多家不同特色的规模较大的保险专业代理机构，不仅可以突破展业规模限制，在短时间内形成"地毯式"展业销售，迅速占领保险市场，而且不同特色的专业代理公司的市场定位不同，使得市场开拓涉及面广，可满足不同收入群体的需要。

（三）有利于理顺与个人保险代理人的代理关系

个人保险代理人与被代理的保险公司之间是平等的独立主体之间的法律关系，没有高低之分，但在实际运作中往往变成管理与被管理的隶属关系。这种既是代理关系，又是隶属关系的双重身份，使得个人保险代理人过分依附于保险公司，且易受保险公司的行政干预而影响代理服务的质量。对于保险专业代理机构，这种双重关系就不复存在。具有独立法人资格的保险专业代理机构和保险公司根据平等自愿的原则签订保险代理合同，形成相对单一的保险代理关系，使得保险公司无法直接干预保险代理事务，并且还可以充分发挥保险专业代理机构的经营自主权。

（四）有利于最终解决一系列行业管理问题

个人保险代理人的身份问题一直困扰着保险营销业务的发展。但是，保险专业代

理机构的成立使保险营销人员的代理关系明确化,"工商登记"等相关问题便会迎刃而解。因为,个人保险代理人代理行为的法律后果将完全由保险公司承担,没有任何法律依据可以对其进行单独的工商登记。

但是,保险专业代理机构可以代理一家以上的保险公司的产品。这就使保险代理机构不能够全身心地投入一家保险公司的业务中去,并给保险公司的管理、监督和控制也带来了不便。因此,这是保险专业代理机构最大的缺点。同时,若保险公司监管不严,还可能存在保险专业代理机构携款潜逃损害消费者和保险公司利益的事情。专业保险代理营销体系的特点如表 12-2 所示。

表 12-2　　专业保险代理营销体系的特点

专业保险代理营销体系的优点
● 能够进行主动的展业 ● 能够与消费者进行面对面的直接沟通 ● 可以利用专业知识为消费者进行详细解释,使复杂的保险产品简单化 ● 可以为消费者提供个性化的产品和服务 ● 能够降低保险公司的经营管理和培训成本 ● 保险公司能够在短时间内利用保险专业代理机构迅速占领市场 ● 营销力量是保险代理机构的正式员工,雇佣关系清晰,有利于培训和管理
专业保险代理营销体系的缺点
● 保险公司支付的佣金成本比较高 ● 可以代理一家以上保险公司的产品,缺乏专一性 ● 保险公司的控制力和影响力比较低 ● 不利于保险公司了解市场信息 ● 保险公司无法根据市场变化而立刻反应
适应专业保险代理营销体系的产品
● 比较复杂的产品 ● 需要比较严格的核保要求,具有个性化的产品 ● 完整的保险规划
保险公司采用专业保险代理营销体系的注意事项
● 采用合理的佣金制度,鼓励保险代理机构持续提供优质服务 ● 根据保险代理公司的资质、经验、经营规模等因素谨慎挑选

三、专属机构代理营销体系的特点

正是由于专业保险代理营销体系不但具有个人保险代理营销体系的优点,而且还弥补了个人保险代理营销体系的缺点,目前,用专业保险代理营销体系逐渐取代个人保险代理营销体系的呼声越来越高。然而,保险公司对保险专业代理机构的低控制力又让保险公司望而却步。因此,国内的保险公司在建立自己专属的保险专业代理公司方面进行了探索。直接报告制度就是另一种保险营销制度。这实际上是介于总代理制度与分公司制度之间的一种制度。它是保险公司只通过专属的保险专业代理机构向保险消费者提供保险产品的代理制度。在这种制度下，保险公司对专属的保险专业代理机构具有较大的控制权，专属的保险专业代理机构也非常专一地为这一家保险公司服务，也相当于自发地设定了"1＋1"的代理权限。并且，由于保险公司自己承担了一些专属的保险专业代理机构的业务费用，因此可以支付比较低的代理佣金。可以说，直接报告制度弥补了总代理制度和分公司制度的不足（见表 12-3）。

表 12-3　　直接报告制度、总代理制度和分公司制度的差别

	总代理制度 专业保险代理营销体系	分公司制度 个人保险代理营销体系	直接报告制度 保险专属代理营销体系
与保险公司的关系	代理关系	雇佣关系、分支机构	代理关系
承担风险	最大，如果没有完成业务量，就面临失去总代理权的危险	最小	比较大，也有业务量的要求
员工归属	总代理机构聘用	保险公司聘用	代理机构聘用
成本费用	总代理人承担部分或全部启动费用，并且支付办公费用、员工工资和代理人佣金	保险公司承担一切成本	保险公司要承担一部分业务费用，代理机构承担一部分
保险公司的控制权	比较小，权利和义务由保险代理合同所规定，不能调离总代理人，也不能重新划定总代理人的营销领域	比较大，对分公司的规模、位置、职责和人员可以任意变动	比较大，保险公司可以指导专属代理机构完成销售任务
服务对象	可以为多家保险公司服务	仅为本公司服务	仅为一家公司服务

第三节　兼业代理营销体系

一、兼业代理营销体系的特点

保险兼业代理机构是指利用自身主业与保险的相关便利性，依法兼营保险代理业务的企业，包括保险兼业代理法人机构及其分支机构。保险兼业代理机构在我国的保险市场中起到了非常重要的作用，并且在近年来保持着稳定的发展势头。2014 年，保险兼业代理机构共实现保费收入 7 008.90 亿元，占总保费收入的 34.60％。同时，代理业务的快速增长给这些行业带来了可观的代理手续费收入。2020 年，全国保险兼业代理机构实现保费收入 12 602.50 亿元，与 2019 年相比增长了 8.20%，占全国总保费收入的 27.63%。其中，实现财产险保费收入 2 164.49 亿元，占全国财产险保费收入的 15.52%；实现人寿险保费收入 10 438.01 亿元，占全国人身险保费收入的 32.95%；因此，保险兼业代理在我国保险市场上具有重要的地位。

在日本，代理业的一大特征就是"兼业代理公司"占了非常大的比重。在日本全部 57 万家代理公司中，专业代理公司仅有 13%左右。与其相比，拥有保险以外的主业、作为副业来做保险代理的兼业代理公司约占 87%，有 50 万家左右。而且，在日本不只是大企业，包括许多中小企业在内，许多企业都在从事财产保险的代理业务。许多大企业以及中坚企业都以公司内部的保险部门或子公司的形式拥有兼业代理公司，称之为企业代理人。企业代理人主要经办与企业本体所有的物件有关的保险及与主营业务有关的保险，以及职工个人的汽车保险和火灾保险等。在日本，销售能力很高的专业代理公司、有背景市场的企业代理公司、投保便利性高的汽车经销商代理公司，这三种是保险销售的主要代理渠道。

通过兼业代理营销体系，保险公司能够利用兼业代理本身主营业务的特点进行保险产品的销售，主要是能够根据兼业代理机构本身的主营业务进行消费者细分，判断消费者的消费习惯，从而有目的地销售保险产品。并且，兼业代理机构是在从事自身业务的同时代理销售保险产品，因此其向保险公司索要的佣金和发生的业务费用都要比专业代理机构低。

但是，也正是由于兼业代理机构不是专门从事保险产品销售的机构，因此其提供保险服务的专业性和专一性要比专业代理机构低，对保险产品的理解有时也存在着一定的偏差。同时，由于在经济社会中，从事某行业的公司数量是一定的，《保险代理人监管规定》规定，保险兼业代理人只能为一家保险公司代理保险业务，不得同时代理两家保险公司的业务。因此，保险公司在争取兼业代理机构时会面临竞争对手的强烈竞争，保险公司有可能失去原有的营销渠道，或者被迫提高佣金等。保险公司与兼业代理机构的关系仅仅靠保险代理合同所维系，保险公司的控制能力也比较差。

保险兼业代理营销体系的特点如表 12-4 所示。

表 12-4　　保险兼业代理营销体系的特点

保险兼业代理营销体系的优点
● 能够根据兼业代理机构的业务特点进行消费者细分 ● 增加客户的信任感，方便客户 ● 保险公司可以少设立分支机构，降低经营成本 ● 所提供的产品具有比较强的针对性，恰好能够满足兼业代理机构客户的需要 ● 发生的佣金和业务费用要低于专业代理营销体系

（续表）

保险兼业代理营销体系的缺点
● 兼业代理机构不是专门从事保险销售业务，缺乏专一性 ● 兼业代理机构对保险产品的理解存在着一些偏差，缺乏专业性 ● 选择兼业代理机构时面临竞争对手的激烈竞争，营销渠道不稳定 ● 保险公司的控制力和影响力比较低 ● 不利于保险公司了解市场信息 ● 保险公司无法根据市场变化而立刻反应
适应保险兼业代理营销体系的产品
● 比较简单的产品 ● 与兼业代理机构本身业务有关的产品
保险公司采用保险兼业代理营销体系的注意事项
● 根据兼业代理机构本身业务的特点选择兼业代理机构，并选择提供保险产品 ● 与兼业代理机构签订期限比较长的合同，稳定营销渠道并稳定销售佣金 ● 持续对兼业代理机构的销售人员进行培训，让他们熟悉保险原理和业务流程 ● 在信息、资金等方面加强与兼业代理机构的关系

二、保险兼业代理的种类

常见的保险兼业代理主要有银行代理、邮政代理和其他行业代理。保险人利用银行与社会各行各业接触面广的特点，通过银行代理向企业和个人进行保险宣传，并销售保险产品。邮政代理与银行代理相似，主要也是针对邮储银行的客户销售保险产品。其他行业代理的保险业务一般为与自身主营业务有关的专项险种，如由货物运输部门代理货物运输保险业务，由航空售票点代理航空人身意外伤害保险等。行业代理充分运用了各行各业的优势，对发展保险业务起到重要的推动作用。

我国的兼业代理机构发展也比较迅速。截至 2020 年底，全国共有保险兼业代理机构 2.1 万余家，代理网点 22 万余家。并且，在兼业代理逐步发展的同时，兼业代理机构的行业分布情况也发生了很大变化，尤其是寿险公司推出银行代理产品以来，银行、邮政兼业代理机构的数量和代理保费都取得了快速的增长。总的来看，银行、邮政代理已经成为兼业代理业务的主渠道。

（一）银行保险

银行保险有狭义和广义两种区分。狭义的银行保险是指仅通过银行代理销售保险产品，广义的银行保险则是指银行和保险公司的全方位合作甚至混业经营。保险公司将利用银行传统的销售渠道和广泛的客户资源，进行包括电话、邮寄及银行职员直接销售保险产品的服务。银行既可以通过设立自己的保险公司直接销售保险产品，也可以作为保险公司的代理人销售保险产品，或者在为客户服务时直接提供包含银行和保险产品在内的全方位金融服务。在从营销渠道的角度讨论银行保险时，一般是指狭义的银行保险。2021 年，银保渠道业务实现了增长，代理保费收入 12 055.95 亿元，比 2020 年增长了 15.50%，超过了人身险公司保费收入总量的三分之一。银行保险是人寿保险的一个重要销售渠道。

银行一般通过有资格的代理人、柜台销售或直接邮寄方式销售保险产品。比如，银行会通过下属的分支机构销售保险，或通过有代理人资格的银行员工以及保险公司安排的保险代理人销售保险产品。随着金融一体化程度越来越高，银行与保险公司的合作也越来越密切，一些国家允许成立金融服务集团，为消费者提供一站式金融服务。在我国，银行与保险公司的合作既有分行和分公司之间的合作，也有总行和总公司之间的合作；既有框架性的战略合作，也有具体的兼业代理等操作性合作。合作内容包括了保费代收、兼业代理、客户介绍、对账单直邮、保单质押贷款、发行联名卡、电子商务、保险金代付、资金运用等诸多方面。由于我国法律规定金融必须分业经营，所以还不允许成立金融服务集团。图 12-1 全面解释了银行保险的发展轨迹。

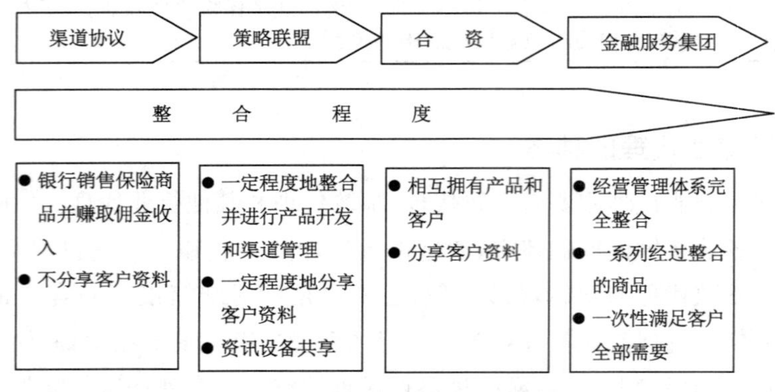

图 12-1　银行保险的架构①

银行业与保险业相互结合已有悠久的历史了。但一般认为，银行保险真正出现，是从 20 世纪 80 年代开始的，欧洲是银行保险的发源地。在 20 世纪 70 年代左右，银行的业务开始延伸，例如消费者办理房屋抵押贷款时，银行要求其必须购买火灾保险，并且在 20 世纪 80 年代开始销售储蓄型寿险产品；而在 20 世纪 90 年代以后，银行开始销售各种寿险和复杂的金融产品。银行保险主要以寿险和银行的结合为主，但是财产保险也曾经开拓了与银行合作的新渠道。

从 1995 年开始，银行和保险公司逐步开始合作。当时，一些新设立的保险公司，如华安、泰康、新华等，为尽快抢占市场，纷纷与银行签订了代理协议。从 1999 年开始，中国金融业开始出现银行和保险公司合作的浪潮，取得了一定的成绩。2001 年，全国银行保险的保费总收入还不足 80 亿元，到 2002 年已增至 388.4 亿元，2003 年为 765 亿元，2004 年为 795 亿元。2001 年，银行保险业务量在寿险总收入中所占比例不

① 资料来源：Swissre，Sigma，2002，No.7。

超过 3.5%，而 2003 年 1-10 月，银行保险已经夺取了寿险总收入 14.5%的份额，总共为 240.6 亿元。这其中，独占银行保险 65%市场份额的工商银行，其银行保险代理业务量达到 150 亿元，比 2001 年的 27 亿元增长近六倍。并且在 2002 年度寿险新契约中，太平人寿、新华、泰康等多家银行保险的比重超过 50%。2007 年，银行保险的保费收入为 1 410.19 亿元，占全国总保费收入的 20%。2020 年，银保渠道业务实现了增长，比 2019 年增长了 12.44%，代理保费收入 10 438 亿元，占全国总保费收入的 23.06%。银行保险已和个人业务、团体业务共同成为寿险公司的三大支柱。随着我国金融混业经营的倾向，以及银行业理财业务的兴起，银行保险的发展势头越来越好。目前，银行保险已经稳定地成为保险公司的一个常规的营销渠道。

但是，我国的银行保险还处在第一步的渠道协议阶段。银行大多充当保险公司的一个营销渠道而已。并且银行保险的发展面临着下列因素的制约，还存在许多期待解决的问题。

- 银行占主动地位，要求保险公司提供培训，并支付培训费用。
- 银行曾索要比较高的佣金，甚至希望能和个人代理人的佣金持平，迫使保险公司之间进行不计成本的恶性竞争。后来，监管部门进行了控制，一定程度上缓解了这一困境。
- 银行在软硬件设计时，没有预留保险的内容和空间。银行和保险公司没有实现联网。客户无法通过电话、ATM 机或各个网点的银行系统，实现自动保单查询、自动保单更改、自动保单贷款等。
- 客户享受的便利有限。快速办理是银行保险的优势，但目前银行没有直接出单的权限，只能接受客户的投保，然后经过投保书的传递、邮寄等系列过程，整个周期比较长。
- 销售方式比较单一。银行产品基本上是通过柜台销售，多数银行还是封闭式柜台，加之银行不重视，所以产品销售还处于“等客上门”的状态。
- 产品类型单一，主要是一些与定期储蓄类似的低保障、侧重储蓄和投资的寿险产品。随着强调保险回归保障本质的监管导向，银行保险受到了较为严格的监管。

案例 12-1　　银行保险的特点

一、优势

1. 节省成本

从保险公司的角度而言，银行保险是利用银行的原有设备、渠道和品牌认知来销售保险产品，所以可以节省营销成本。而从银行的角度而言，由于银行业的竞争比较激烈，开拓新业务也可以降低成本。另外，银行所拥有的客户资料可以减少保险公司开拓新客户的成本。

2. 适应客户需求

银行可以为客户提供更多的服务选择，降低客户的资料收集成本和购买成本。而客户则认为银行保险能提供降低价格、获得高品质产品及购买的便利性。

3. 收入的合作效益

银行销售保险产品，尽管银行的资金流入了保险公司，但银行在传统借贷业务的利润越来越低的情况下，银行销售保险产品所获得的手续费是银行的一大利润。而就保险公司而言，银行保险是一种增加市场渗透率及保费收入的方法。所以，银行和保险公司双方的收入都可以增加。

4. 降低风险

许多学者的研究都表明，银行兼营保险能够降低风险，并提高每单位的风险报酬，而破产概率也大大减小。并且，如果要进一步降低风险，还必须适当地加入财产保险业务。但是，如果银行涉入了健康保险或者财产保险的核保业务，则银行的风险会升高。

二、劣势

1. 客户的阻力

有的客户喜欢金融服务多样化。

2. 组织结构的选择

银行保险的类型有契约协议、策略联盟以及成立子公司或金融控股的方式。银行和保险公司如何选择这些组织结构，关系到银行和保险公司之间的承诺和信任问题。如果信任程度高，则可以成立子公司或者控股，而如果信任程度低，则可以采取契约协议。但是，当保险公司和银行结盟并且银行保险业务达到了一定规模之后，银行与保险公司之间可能会产生营销控制力问题，这必须根据业务合作的流程来解决。

3. 文化的冲突

因为两家公司的发展背景、行业和高层管理的愿景不同，组织文化也不同，文化冲突可能会产生负面效应。文化的差异表现在促销方法不同、资金运用不同等。

4. 保险公司和客户之间没有直接的联系

尽管保险公司是保险产品的设计者和管理者，但是它的形象往往被销售的银行所取代。消费者越不知道产品的背景，就越对保险公司冷漠。另外，有些保险公司通过银行销售保险时，保险公司与客户没有直接联系。所以，当客户要进行续保时，银行有很大的建议权，可能会促使客户更换保险公司，这对保险公司相当不利。

（二）邮政代理

邮政代理保险在我国开始于1999年，而在国外的历史更长一些。例如，日本邮政于1916年创建了简易保险局，主要经营人寿保险与年金保险。1992年日本邮政仅人寿保险金额就达到13 900亿美元，在人寿保险市场的占有率为35%，业务量居世界邮政之最；法国邮政早在1868年便开始为国家保险公司CNP代办保险业务，1995年邮政保险共有资金1 500亿法郎，邮储资金4 032亿法郎，可见保险代办业务收入可观。随着中国邮储银行的成立，邮政代理也被归类为银行代理。

邮政有着百年的运营历史，其经营代理保险业务有很多有利条件。

1. 实力强大

中国邮政储蓄点多面广，截至2021年底，中国邮政在全国范围内有营业网点35 710处，即使是较为偏远的农村，中国邮政也几乎覆盖；技术先进，有覆盖全国30多个省、区、市的邮政储蓄金融网，开通了储蓄异地通存通取业务；全国大多数邮政中心局有完好的账单类商函制作系统及自动分拣系统。可见邮政利用其优势代理保险，能使客户在投保咨询、投保交费、保单保全、变更和迁移、理赔与给付、保单制作及投递等方面享受到快速、准确、方便的服务。

2. 用户对邮政及邮政储蓄的信任度高

邮政储蓄的特点是依托于邮政大网，为千家万户提供储蓄服务，其中零售金融服务是最基本的业务范围，转存人民银行的利息收入是邮政储蓄收入的主要来源，由此决定了邮政储蓄安全性大，风险性小，服务面广，这成为老百姓愿意使用邮政储蓄的主要原因之一。人们对邮政储蓄的信任是一种无形资产。

3. 国外有邮政办理保险业务的成功经验

在邮政金融业务较发达的日本、法国、中国台湾，除传统的储蓄业务外，邮政简易保险业务在邮政金融中占有很高份额。

对于邮政公司而言，代理保险也有着非常明显的优点：开展代理保险业务，能增加邮政传统储蓄业务收入，巩固邮政储蓄地位。投保人可在邮政储蓄中开设账户，到缴纳保险费的日期由邮局自动在其账户中划拨，既方便投保人，也能提高邮政活期余额，增加利息收入。并且，邮政储蓄开办代理保险这种中间业务，可取得大量的代理手续费和佣金收入，是邮政储蓄进一步求发展的正确选择。我国邮政储蓄开办中间业务在规模上、品种上、质量上、管理上还是一个亟待开发的领域。而邮政代理保险业务风险小、投资少、见效快，应是最适合邮政储蓄开展的中间业务之一，是邮政金融发展的必然选择。

2003年，北京成立了邮政保险代理局，与北京邮政保险代理局合作的保险公司包括新华、太平洋、平安、国寿、生命五家寿险公司和中华联合一家财产险公司，而太平人寿也很快加入其中。经过了几年的发展,邮政保险也相对比较稳定了。2007 年 1-3 月,邮政类的保险兼业代理机构实现的手续费为 5.74 亿元,占比为 7.89%;在全国 148 509 家保险兼业代理机构中,邮政类保险兼业代理机构为 20 549 家,占比 13.84%。而且,中国邮政也不再满足于仅仅是代理,已经开始将资本渗透到保险市场,直接投资保险公司。邮政保险兼业代理销售的保险产品基本上和银行代理销售的保险产品相似,都是与定期储蓄相似的投资分红型产品。

（三）其他行业代理

保险公司利用其他行业进行行业代理时,主要是根据各行业自身主营业务的特点,销售专项保险产品。目前,在我国保险市场中的行业代理主要有车商保险兼业代理、铁路保险兼业代理、航空保险兼业代理以及旅行社保险兼业代理和一些互联网平台的兼业代理。

车商保险兼业代理机构主要销售机动车辆保险。汽车销售商可以利用自己销售汽车的业务便利,顺便向汽车购买者销售机动车辆保险。铁路保险兼业代理机构主要是销售货物运输保险。从事货物运输的铁路部门在提供运输服务的同时也代办保险业务,省去了托运人的许多麻烦。航空保险兼业代理机构主要代理销售航空意外伤害险以及航空货物运输保险。航空部门在销售机票时通常还会销售航空意外伤害险,在提供货物运输的同时也销售航空货物运输保险。旅行社保险兼业代理主要是代理销售中国公民出境游、境内游以及境外人员入境游的旅游人身意外伤害险及旅游救援险。除此之外,一些从事物流的企业,例如货运企业、货运代理企业、进出口代理企业都具有"保险兼业代理许可证书",也都在从事保险兼业代理业务。而一些平台,比如淘宝网、支付宝、携程等,也都根据自己主营业务的特征兼业代理一些保险产品。

案例 12-2　　车商保险代理人的特点

汽车经销商、代理商和修理厂是财产保险公司汽车保险最大的业务来源。因为汽车经销商销售汽车时,通常会同时向消费者提供相关服务,安排保险或汽车贷款等。这对消费者而言非常方便。并且,汽车经销商几乎都设有汽车维修厂和保养厂,可以有效掌握车主购车以及日后保养和维修的资料。所以,车商是销售汽车保险、特别是吸收新车客户的重要渠道。

车商介入汽车保险市场的优点在于:

- 保险公司只需要与车商维持良好的关系,就可以获得大量的业务,特别是新购买车辆的新客户。保险公司不需要大量业务员进行推广,只需要训练少数营销人员为车商服务,以及办理后续的续保工作,可以降低招聘与训练营销人员的费用。

- 汽车公司的经销处遍布全国各地，由其代理保险公司处理保险事务，可以节省保险公司建立营销服务部的成本。
- 保费收取是采用整批结算，比向个人保户收取保费的方式更加简便和有效。

再加上信息科技的发展，保险公司与车商保险代理的合作，已经发展到相互联网的模式。这样可以节约保险公司和车商保险代理处理账务的人力和时间。但是，车商介入汽车保险市场也有一些不好的地方，比如在实务中，车商为客户提供的是包括新车、保险和上牌服务一揽子的捆绑销售，保费可能会高于车主自行投保的保费。如果车主坚持自行投保，则车商会提高车价，让客户感受不好。

三、保险兼业代理机构的选择

保险兼业代理机构在保险市场中起到了非常重要的作用，保险兼业代理也是保险公司通常重点考虑的营销渠道之一。但是，社会中存在着如此多的行业，保险公司在选择保险兼业代理机构时应该仔细斟酌，并考虑以下一些因素。

（一）行业特征

行业特征是保险公司在选择保险兼业代理机构时应考虑的最为重要的一个因素。保险公司应该通过选择不同的行业，从而实现消费者细分的目的。

保险公司应该选择提供与保险产品具有互补关系产品的行业。例如，汽车销售商所销售的产品是汽车，机动车辆保险与汽车销售具有互补的关系，因此汽车销售商愿意代理保险公司销售产品。如果保险产品与该行业的产品没有任何关系，那么对于代理机构而言，这是一个全新的领域，就无法实现消费者细分的目的，强行代理保险产品，还会额外发生许多成本，并且更加缺乏专业性。

保险公司应该选择具有鲜明客户特征的行业。例如，旅行社的客户都是外出旅游的消费者，无论是国内游还是国际游，无论是短线还是长线，其客户都具有外出的共性。这一特征就决定了他们都有购买意外伤害险的共同需求。如果选择超市作为代理销售保险产品的机构，由于超市的客户千差万别，收入差距非常大，工作和生活背景完全不同，尽管他们的共性是购物，但是购物并不会产生保险需求。所以选择超市作为代理销售保险产品的机构往往效果不好。通常，保险公司是在超市附近设立保险零售店销售保险产品。

（二）机构或网点特征

目前，保险公司在选择兼业代理机构时基本上还只是考虑了主营业务的因素，通常都是在一个行业内只销售同样的产品，还没有在一个行业中的不同机构销售不同的产品。如果要更加细致深入地选择兼业机构，不但要研究行业特征，还要研究该机构或该网点的特征。

例如，如果该汽车销售商销售的多是豪华轿车，因此购买者多属于高收入阶层，那么就应该提供保障范围更为广泛、针对高收入阶层的机动车辆产品，而不是大众化的、满足最低保障的强制性产品。如果该银行网点或者邮政网点地处偏远地区，人流量不大，并且来办理的业务多是小额存取款业务，那么保险公司就不应该在这里提供高额的投资分红产品，而应提供以小额保障为主的产品。

通常，在保险公司选择银行和邮政网点时，必须要对那里的客户进行记录，并分析他们来办理的业务特征和个人特征，从而对一个行业内的客户再进行深入细分，更加有针对性地提供保险产品。

（三）产品特征

由于兼业代理机构是顺便销售保险产品，而不是专业销售保险产品，因此保险公司所提供的保险产品应该比专业代理体系中的简单。保险责任和除外责任都应该非常简单明了，清楚易懂，并且不应该存在复杂的核保要求。特别是人寿保险和意外伤害险，保险公司提供给兼业代理机构的产品都应该是标准产品。财产保险中则大多销售非常成熟且消费者非常熟悉的保险产品。

（四）佣金要求

佣金是保险人选择保险兼业代理机构时应该考虑的成本因素。目前，我国有关保险兼业代理的佣金规定非常明确。相对于专业代理机构而言，兼业代理渠道的佣金比较低廉，这是保险兼业代理的一个主要优势。如果代理机构索要与个人代理同样高的佣金，那么往往就不能选择这种代理机构。否则成本太高了，销售效果不好。

案例 12-3　　保险代理从业人员职业道德指引

守法遵规

1. 以《中华人民共和国保险法》为行为准绳，遵守有关法律和行政法规，遵守社会公德。

2. 遵守保险监管部门的相关规章和规范性文件，服从保险监管部门的监督与管理。

3. 遵守保险行业自律组织的规则。

4. 遵守所属机构的管理规定。

诚实信用

5. 在执业活动的各个方面和各个环节恪守诚实信用原则。

6. 在执业活动中主动出示法定执业证件并将本人或所属机构与保险公司的关系如实告知客户。

7. 客观、全面地向客户介绍有关保险产品与服务的信息，并将与投保有关的客户信息如实告知所属机构，不误导客户。

8. 向客户推荐的保险产品应符合客户的需求，不强迫或诱骗客户购买保险产品。当客户拟购买的保险产品不适合客户需要时，应主动提示并给予合适的建议。

专业胜任

9. 执业前取得法定资格并具备足够的专业知识与能力。

10. 在执业活动中加强业务学习，不断提高业务技能。

11. 参加保险监管部门、保险行业自律组织和所属机构组织的考试和持续教育，使自身能够不断适应保险市场对保险代理从业人员的各方面要求。

客户至上

12. 为客户提供热情、周到和优质的专业服务。

13. 不影响客户的正常生活和工作，言谈举止文明礼貌，时刻维护职业形象。

14. 在执业活动中主动避免利益冲突。不能避免时，应向客户或所属机构做出说明，并确保客户和所属机构的利益不受损害。

勤勉尽责

15. 秉持勤勉的工作态度，努力避免执业活动中的失误。

16. 忠诚服务，不侵害所属机构利益；切实履行对所属机构的责任和义务，接受所属机构的管理。

17. 不挪用、侵占保费，不擅自超越代理合同的代理权限或所属机构授权。

公平竞争

18. 尊重竞争对手，不诋毁、贬低或负面评价保险中介机构、保险公司及其从业人员。

19. 依靠专业技能和服务质量展开竞争，竞争手段正当、合规、合法，不借助行政力量或其他非正当手段开展业务，不向客户给予或承诺给予保险合同以外的经济利益。

20. 加强同业人员间的交流与合作，实现优势互补、共同进步。

保守秘密

21. 对客户和所属机构负有保密义务。

习题

1. 保险代理人的法律特征主要表现为哪些?
2. 请解释总代理制度、分公司制度和直接报告制度,并比较它们的差别。
3. 请比较保险代理合同与一般委托合同、雇佣合同以及承包合同的区别。
4. 保险代理合同的主体、客体和内容分别是什么?
5. 保险代理人和保险人分别应具有哪些权利和义务?
6. 个人保险代理营销体系具有哪些特点?
7. 专业保险代理营销体系具有哪些特点?
8. 个人保险代理人与保险公司之间存在着什么关系?
9. 专属机构代理营销体系具有哪些特点?
10. 保险兼业代理营销体系具有哪些特点?
11. 保险兼业代理营销体系中有哪些兼业代理机构? 各自可以分别代理销售哪些产品?
12. 银行保险的发展历程是什么? 我国的银行保险目前正处于什么阶段?
13. 浅析您对银行保险发展前景的看法。
14. 保险公司在选择兼业代理机构时应该考虑哪些因素?

第十三章 经纪人营销体系

经纪人营销体系是保险公司所采用的另一种间接营销体系。与其他营销体系最为不同的就是，保险经纪人的独立性最强。保险经纪人独立开展业务、独立选择保险公司并独立承担法律责任。保险公司对保险经纪人的控制非常弱。所以，从某种意义上讲，经纪人营销体系并非保险公司的营销体系。通常，保险经纪人活跃于技术含量比较高的复杂领域。保险公司必须了解保险经纪人的特点、业务和道德规范，才能有效地与保险经纪人进行合作。

第一节 经纪人营销体系的特点

经纪人营销体系是指保险公司通过保险经纪人与客户进行撮合，并最终完成销售的营销方式。保险经纪人是代表投保人的利益，为投保人设计保险方案、选择保险产品，并从投保人或保险人处获得佣金的保险中介。

一、保险经纪人的概念

保险经纪人制度是随着保险的发展而产生的。现代意义上的保险是从海上保险发展而来的。海上贸易的发展引发海上保险的需求，并导致保险经纪制度的产生与发展。英国在 17 世纪和 18 世纪已成为海上贸易大国。1720 年，英国国王特许皇家交易所和伦敦保险公司专营海上保险。在此前后，作为保险人和被保险人媒介的保险经纪人便应运而生。有据可查的保险经纪人出现于 1575 年。由于当时海上贸易的风险很大，海上事故经常发生，在伦敦保险市场上，没有一个承保人敢于承担一次航行的全部风险，他们每个人只能承担保险金额的一部分。这就需要利用有丰富保险专业知识和了解市场行情的保险经纪人作为中介，将超出单独承保人能力部分的承保危险和保险金额在其他承保人之间分摊。这就是早期的保险经纪人。最初的保险经纪人大部分是无组织的。他们有一定的专业知识，但大多是业余从事保险经纪，比如商人、地主、贵族、银行家等。后来，逐渐发展为专业的保险经纪。他们有丰富的保险专业知识，并且在长期实践中深谙航海风险，一般有固定的办公场所，依靠撮合保险作为职业和生活收入来源。现代，经纪人营销体系已经是保险公司不能缺少的一个间接营销体系。

在国际保险市场上，英国的保险经纪制度影响最大，保险经纪人的力量最强。据统计，英国保险市场上有 800 多家保险公司，而保险经纪公司就超过 3 200 家，共有保险经纪人员 8 万多名。英国保险市场上 60%以上的财险业务是由经纪人带来的，“劳合社”的业务更是必须由保险经纪人来安排。在德国保险市场上，保险代理人被称作保险人“延长的手”，而独立保险经纪人则有被保险人的“同盟者”之称。德国的保险经纪人总数大约为 3 000 多人。在个人保险业务方面，8%的业务量是由经纪人带来的，高于银行保险(5%)和保险公司直销(7%)。而在工业企业保险业务的销售上，保险经纪人举足轻重，50%-60%的业务量是由经纪人带来的，远远超过保险代理人(10%-20%)的业务量。

在中国，保险经纪人这一新鲜事物在经历了多年的发展之后，已经被社会、市场所逐渐认可。2005 年，保险经纪机构首次盈利，实现利润 774 万元。自此以后，保险经纪公司就一直保持了增长的势头。2020 年，保险经纪机构实现保费收入 1 817.76 亿元，与 2019 年相比增长了 5.16%；占全国总保费收入的 3.98%，比 2019 年下降了 0.04%。其中，实现财产险保费收入 1 419.87 亿元，与 2019 年同比增长 2.68%；实现人身险保费收入 397.89 亿元，与 2019 年同比增长 15.11%；实现业务收入 374.9 亿元，与 2019 年同比增长 18.5%；实现净利润 23.94 亿元，与 2019 年同比下降了 0.91 亿元。从保险经纪机构登记的执业人数来看，2020 年共有 37.7 万人，比 2019 年同比增长了 69.1%。这些数据表示，我国的保险经纪人已经逐渐适应了中国的保险市场，不但在保险营销渠道中充当了重要角色，而且还在风险管理等其他领域初步发挥了作用。保险经纪人在保险市场中的地位如图 13-1 所示。

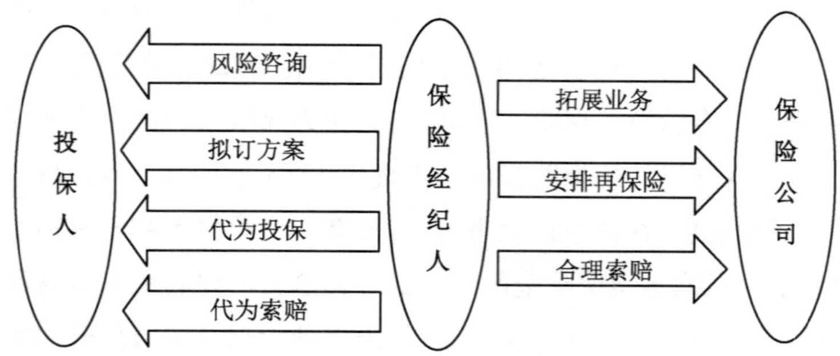

图 13-1 保险经纪人的地位

保险经纪人除了在投保人和保险公司之间提供服务以外，还活跃于保险市场的各个领域。图 13-2 中描述了保险经纪人在整个保险市场中的地位。

图 13-2　保险经纪人在整个保险市场中的地位

保险经纪人虽然也为保险公司招揽业务，但是保险经纪人绝不等同于保险代理人，也不等同于保险公司的业务员。关于保险经纪人与保险代理人的区别，在前文已经讨论过了，这里就比较一下保险经纪人与保险公司业务员的区别（见表 13-1）。保险经纪人最大的特点在于能够提供全面的风险管理服务，包括风险的识别、风险的分析、风险的转移、保险的安排等服务。并且能全面地为客户着想，为客户提供最有利、最合适的建议，避免客户决策失误，使客户自身的风险得到了充分的化解。

表 13-1　保险经纪人与保险公司业务员的区别

	保险公司业务员	保险经纪人
角色不同	保险公司的正式员工	保险经纪公司的员工，与保险公司没有任何聘用关系
成本不同	不但要支付工资和展业费用，而且还要提供办公场所，进行培训等	只是在保险业务产生时支付佣金
立场不同	代表保险公司，先公司、后客户	代表被保险人的利益
独立性不同	从属于保险公司，保险公司可以直接管理和控制	完全独立，保险公司无法控制
保单内容	仅对某一险种从事招揽行为，对其他风险、核保及理赔不了解	熟悉保险市场，对保单条款及内容、核保、理赔相当了解
产品不同	仅销售本公司的产品，并仅提供对该保险公司有利的费率及条款	会提供 2-3 家保险公司的产品，并比较费率和条款
理赔	从公司利益出发，以尽可能少赔为原则	以专业知识和丰富的理赔经验，协助被保险人处理赔案，争取合理的赔偿

二、经纪人营销体系的特点

保险经纪人凭借自己广博的保险知识、工程知识和金融知识等，以及相关领域的经验，为客户进行风险分析、保单设计和建议等。相对而言，经纪人具有比较大的独立性，能够自主地为客户设计保单和选择购买保险。通常，采用经纪人营销体系的保险公司很少与客户直接接触，而是在必要时通过经纪人进行联系。所以，从经纪人那里购买保险的消费者通常都认为自己是经纪人的客户，而不是保险公司的客户。

对于保险公司而言，经纪人营销体系的最大优点就在于，在经纪人产生业绩之前，保险公司不会发生任何成本和费用。因此，前期的低投入是保险公司青睐经纪人营销体系的原因之一。除此之外，保险经纪人的分布面非常广，并且不受地区的限制。保险经纪人往往代理被保险人进行索赔，保险公司在与专业的保险经纪人一起理赔时，由于保险经纪人的专业性比较强，因此可以提高理赔的效率。保险经纪人营销体系的特点见表 13-2。

表 13-2　保险经纪人营销体系的特点

保险经纪人营销体系的优点
● 利用经纪人公司的启动费用比较低 ● 不会产生固定的外勤费用 ● 可以营业的地域广 ● 经纪人有丰富的专业知识，能够向消费者进行详细的解释 ● 可以为消费者提供个性化的产品和服务 ● 利用专业中介，提高投保效率和理赔效率
保险经纪人营销体系的缺点
● 对于保险公司而言是被动展业 ● 保险公司无法与消费者进行面对面的直接沟通 ● 保险公司控制经纪人的能力比较弱
适应保险经纪人营销体系的产品
● 非常复杂的产品 ● 具有个性化的产品
保险公司采用保险经纪人营销体系的注意事项
● 与保险经纪人保持联系，宣传公司的最新产品 ● 根据经纪人的要求灵活进行产品设计和产品组合

三、保险经纪人的作用

保险经纪人作为保险中介的一个重要组成部分，在保险市场中具有非常重要的作用。

（一）保险经纪人能够给客户提供全面的服务

保险经纪人通过向投保人提供保险方案、办理投保手续、代投保人索赔并提供防灾、防损或风险评估、风险管理等咨询服务，使投保人充分认识到经营中自身存在的风险，并参考保险经纪人提供的全面、专业化的保险建议，使投保人的风险得到有效的控制和转移，以最合理的保险支出获得最大的风险保障，降低和稳定了经营中的风险管理成本，保证了企业的健康发展。保险经纪人代表的是投保人和被保险人，而不是保险人的代理人。保险经纪人要对投保方负责，有义务利用所有的知识和技能为其委托人以最合理的费用获得最佳保障。同时，保险经纪人还提供相关的风险管理咨询服务。如果因为保险经纪人的过错致使投保方的利益受到损害，那么投保方有权起诉保险经纪人并要求承担赔偿责任。并且，保险经纪人了解和熟悉市场上各家保险公司的产品设计、承保原则、费率水平、索赔程序、理赔服务、经营管理、资金运用及财务收支等情况，并具备娴熟的保险技术和广泛的市场关系，因而保险经纪人的参与可以使广大投保人避免盲目投保。

（二）保险经纪人能提高保险公司的工作效率

虽然保险经纪人不是保险公司的代理人，但保险公司同样需要保险经纪人。

（1）保险经纪人有利于保险公司开展业务。因为保险经纪人最终还是要到保险公司投保，保险经纪公司业务量的增加会使得保险公司整体业务量增加。当今世界保险市场上，多数业务都是通过保险代理人或保险经纪人招揽的。在利用保险代理人展业时要受到机构设立、费用、办公用房等诸多条件限制。相比之下，利用保险经纪人展业则显得优越得多。他们不占用保险公司人员编制、办公用房、前期投入费用，只是在他们提供保险业务时从保费中支出一定比例的佣金。此外，保险经纪人分布面广，哪里有客户，他们就活动在哪里。因此，利用保险经纪人展业对保险公司来讲是非常必要的。

（2）保险经纪人有利于保险公司的理赔业务。保险经纪人的一项重要业务就是代被保险人索赔。保险经纪人代为办理保险事务，可以减少因被保险人不了解保险知识而在索赔时发生不必要的索赔纠纷，提高了保险公司的经营效率。发生保险事故时，被保险人把损失情况详细报告给保险经纪人，并委托其索赔，其他事项则由保险经纪人来处理。这不但能避免保险人与被保险人直接打交道，减少谈判中的困难，降低保险公司与被保险人直接接触所花费的成本，节省时间和提高效率，还能避免保险人在理赔中出现的多赔或少赔等不合理现象。

（3）在再保险市场上，保险经纪人还可以把保险公司的再保险顺利地推销出去，消除了保险公司进行再保险的忧虑，大大降低了保险公司的经营风险。

四、保险经纪人的种类

（一）直接保险经纪人和再保险经纪人

根据经纪业务的委托方来划分，保险经纪人分为直接保险经纪人和再保险经纪人。

1. 直接保险经纪人

直接保险经纪人是指直接介于投保人和保险人之间，直接接受投保人委托的保险经纪人。按不同的保险业务种类，直接保险经纪人又可分为寿险经纪人和非寿险经纪人。

寿险经纪人是指在人身保险市场上代表投保人选择保险人、代办保险手续并从保险人处收取佣金的保险经纪人。寿险经纪人必须熟悉保险市场行情和保险标的详细情况，掌握保险业务知识，还要知晓法律规定和税收制度，以便根据投保人的目的进行保险规划。寿险经纪人主要为大型企业的员工福利计划或高收入者的综合保险规划提供服务。

非寿险经纪人是指为投保人安排各种财产保险和责任保险，在保险合同双方之间斡旋，促成保险合同订立，并从保险人处收取佣金的保险经纪人。由于保险产品的复杂性，非寿险经纪人必须掌握相关的保险专业知识，以便能与投保人进行沟通，为投保人提供风险评估、设计风险管理方案、选择最佳保险人保障和代理索赔等服务。由于非寿险市场的风险种类较多，可能涉及金额较大的保险标的，故非寿险市场是保险经纪人服务的主要领域。

2. 再保险经纪人

再保险经纪人是指促成再保险分出公司与分入公司建立再保险关系的保险经纪人。他们把分出公司视为自己的客户，为分出公司争取较优惠的分保条件，选择分入公司，并收取由分入公司支付的佣金。再保险经纪人不仅介绍再保险业务、提供保险信息，而且在再保险合同有效期间对再保险合同进行管理，继续为分出公司服务，如再保险合同的续转、修改、终止等问题，并向再保险公司递送分保账单。

再保险经纪人应该熟悉保险市场的情况，对保险经营管理比较在行，具备相当的技术咨询能力，能为分出公司争取比较优惠的条件。他们与众多的投保人、保险人和再保险人保持着广泛、经常的联系，以便及时获取有用的信息，为分出公司成功争取再保险交易。事实上，许多巨额的再保险业务都是通过再保险经纪人促成的。由于再保险业务具有较强的国际性，因此充分发挥再保险经纪人的作用就显得十分重要，尤其是巨额保险业务的分保更是如此。在保险业发达的国家，拥有特殊地位的再保险经纪人能够在有利条件下为本国巨额保险的投保人提出很多具有吸引力的保险和再保险方案，并把许多资金实力不强、规模有限的保险人组织起来，成立再保险集团，承接巨额再保险业务。

（二）小型保险经纪人和大型保险经纪人

根据保险经纪人的人员规模进行划分，可以分为小型保险经纪人和大型保险经纪人两种。

1. 小型保险经纪人

根据英国法律规定，小型保险经纪人是指公司员工少于 25 人的保险经纪人。由于它的所有人或经营者十分了解本公司的日常经营，小型保险经纪人往往不需要建立正式的组织机构。一般地，小型保险经纪人的传统业务有三类：个人业务，主要是家庭保险和私人汽车保险；商业业务，是指所有的制造业及工商业保险；人寿保险的年金业务。在小型保险经纪人中，经纪人的负责人往往十分注重建立和维持客户关系，而将日常的管理工作分派给其他员工。

2. 大型保险经纪人

大型保险经纪人是相对于小型保险经纪人而言的，其特点是经纪人下属的人员较多、机构全和业务广。大型保险经纪人通常采用公司形式的组织结构，并有健全的管理层次和组织机构，从而可以从财务、预算、费用、管理权限等方面进行更好的管理，以适应不断变化的市场环境。

（三）个人保险经纪人、合伙保险经纪组织和保险经纪公司

根据保险经纪人的组织形式划分，可以分为个人保险经纪人、合伙保险经纪组织和保险经纪公司。

1. 个人保险经纪人

大多数国家都允许个人保险经纪人从事保险经纪业务活动，在英国、美国、日本、韩国等国家，个人保险经纪人是保险经纪行业中的重要组成部分。为了保护投保人的利益，各国保险监管机关都要求，个人保险经纪人必须参加保险经纪人职业责任保险或者缴纳营业保证金。例如，英国保险经纪人注册委员会规定了个人保险经纪人的最低营运资本额和职业责任保险的金额。日本劳合社对其个人保险经纪人的职业责任保险的金额要求更高，要求个人保险经纪人缴存保证金或参加保险经纪人赔偿责任保险。韩国的要求也较严格，规定个人形式的保险经纪人应缴纳最低营业保证金。如果保险经纪人参加了财政经济部实施令指定的保险经纪人赔偿责任保险，则可减少其应缴存的营业保证金。我国只认可法人形式的保险经纪人。

2. 合伙保险经纪组织

在英国等一些国家，还允许以合伙方式设立合伙保险经纪组织，并且要求所有的合伙人必须是经注册的保险经纪人。合伙保险经纪组织是由各合伙人订立合伙协议，共同出资、合伙经营、共享收益、共担风险，并对合伙企业债务承担无限连带性责任的营利性组织。合伙组织是企业组织的一种重要形式，特别适合需要专门技术的服务性行业，例如律师、会计师、建筑师等。

3. 保险经纪公司

保险经纪公司一般是有限责任公司和股份有限公司形式。这是所有国家都认可

的保险经纪人组织形式。我国《公司法》规定，有限责任公司是指由两个以上股东共同出资，每个股东以其认缴的出资额对公司承担有限责任，公司以其全部资产对其债务承担责任的企业组织。各国对保险经纪公司的清偿能力都有要求，规定保险经纪公司要有最低资本金，并缴存营业保证金或者参加职业责任保险。

我国的《保险经纪人监管规定》规定，保险经纪公司可以采用有限责任公司和股份有限公司形式。并且同时规定，保险经纪公司应当缴存保证金或者投保职业责任保险。保险经纪公司缴存保证金的，应当自办理工商登记之日起 20 日内，按注册资本的 5%缴存；增加注册资本时，应当按比例增加保证金数额。保险经纪公司投保职业责任保险的，对一次事故的赔偿限额不得低于人民币 100 万元；一年期保单的累计赔偿限额不得低于人民币 1 000 万元，且不得低于保险经纪公司上年度的主营业务收入。

第二节　保险经纪人的业务

我国《保险经纪人监管规定》明确规定，保险经纪机构可以经营下列保险经纪业务：为投保人拟订投保方案、选择保险公司以及办理投保手续，协助被保险人或者受益人进行索赔，再保险经纪业务，为委托人提供防灾、防损或者风险评估、风险管理咨询服务，以及监管机构规定的其他业务。

一、安排保险

保险经纪公司为投保人拟订投保方案、选择保险公司以及办理投保手续时主要是按照图 13-3 中所示的工作流程进行的。

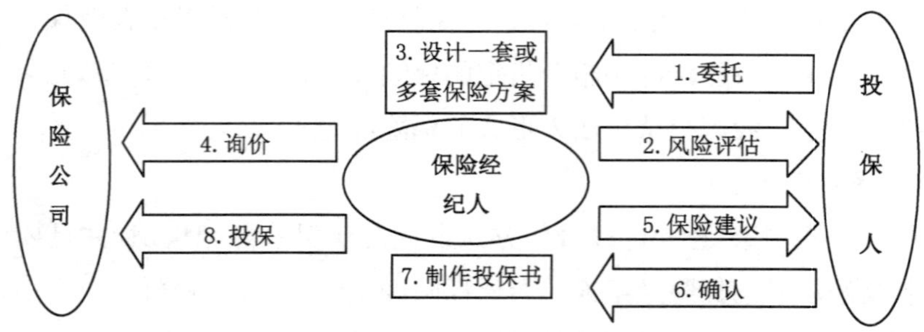

图 13-3　保险经纪公司安排保险的工作流程

（一）确定客户，争取更多委托

保险经纪人应该根据自己的实力确定目标客户群，并针对客户群的需求制定相应的经营策略。正如前面所说的一样，保险经纪人主要是为大型企业和大型项目服务的。当然，小型保险经纪组织也可以把小型企业和个人保险的购买者作为自己的客户群。大型企业与小型企业以及个人保险购买者之间具有非常明显的差别（见表13-3）。

表 13-3　大型企业客户与小型企业客户的区别

大型企业客户	小型企业客户
对风险管理和保险经纪人的经营方法非常熟悉	对保险条款和风险管理不熟悉
需要适合自己特殊需要的保障计划，而不是传统的定式保险合同，需要专业化的风险管理服务	需要购买标准的保险保障产品
有些从事国际性业务，营业场所众多	营业场所单一且较为集中
有足够的人力和财力资源保证，能够选择运用除了传统保险机制以外的其他风险转移方法	保险是转移风险的重要方法，损失承受能力非常有限

因此，保险经纪人必须根据自己的实力确定目标客户群。比如为大型企业服务的保险经纪人，必须具有精深的保险专业知识和经验，以及雄厚的技术咨询力量，能够为客户设计包含纯粹风险、投机风险、财务风险、发展战略风险、经营风险等在内的全面风险管理计划，并且能够在全国甚至全世界范围内为客户提供服务。

（二）风险评估

保险经纪人在对客户的风险进行评估时，应该按照风险管理的步骤进行，即风险识别、风险衡量和评价、选择风险管理的方法和风险管理效果评价。

风险识别是指对潜在的和客观存在的各种风险连续进行系统识别和归类，并分析产生风险事故的原因和过程。在进行风险识别时，保险经纪人应该识别风险源和风险的种类，然后再进行风险衡量。

风险衡量是指在风险识别的基础上对风险进行定量分析和描述性分析，在分析过去的损失资料基础上，运用概率和数理统计的方法定量分析和预测风险事故的发生概率和可能造成的损失程度。风险衡量所要解决的两个问题是预测出损失概率和损失程度，最终目的是为风险决策提供信息。

风险评价是指在风险识别和风险衡量的基础上，把风险发生的概率、损失程度并结合其他因素进行综合考虑，得出系统发生风险的可能性及其危害程度，并与公认的安全指标比较，确定系统的危险等级，然后根据系统的危险等级，决定采取相应的风险管理措施。风险管理的方法包括风险控制技术和财务处理技术两大类，保险经纪人应该根据风险评价的结果选择风险管理的技术。最后，保险经纪人还必须对风险处理手段的效益性和实用性进行分析、检查、评估和修正。

（三）选择保险公司

保险是风险管理中的一种方法，实际上属于财务处理技术中的一种方法。如果保险经纪人选择了保险来为客户进行风险管理，那么就必须为客户设计保险方案、询价并选择保险公司。保险经纪人在选择保险公司时应该对保险公司的下列方面进行评估，从而选择最有利于客户的保险公司。

（1）服务质量。例如保险公司是否能迅速提供综合报价，是否有高效率的记录系统、查勘体系和会计体系，对承保标的所提出的改进建议，以及所能够提供的专家服务等。

（2）承保责任范围。保险经纪人应该尽量争取最大可能的承保责任范围，同时还要了解不同保险人所提供的承保责任范围的差别。

（3）承保能力。例如对风险的判别、保险人的资金规模、再保险安排等。还有保险公司是否能够提供相关控制风险的技术支持等。

（4）理赔服务。例如保险公司能否迅速地派出理赔人员，是否能保证各种文件的准确性，是否能迅速做出理赔决策，是否能保证理赔工作公开化。

（5）偿付能力。例如财务稳定性、资本状况、投资状况、提存准备金状况、历年的经营利润状况等。

二、协助索赔

保险经纪公司协助被保险人或者受益人进行索赔时，主要是按照图 13-4 中所示的工作流程进行的。

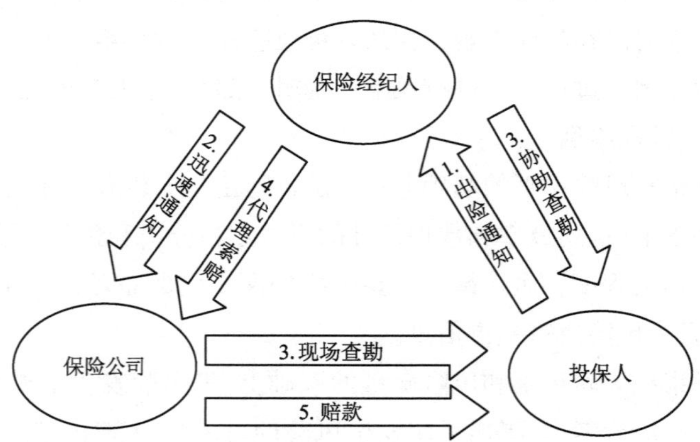

图 13-4 保险经纪公司协助索赔的工作流程

保险经纪人在协助被保险人进行索赔时的最基本职责应该包括：

- 迅速向保险人递交出险通知书；
- 根据保单提醒被保险人注意自己的权利和义务；
- 安排完成索赔申请；

- 确定是否已经指定了公估人，并告知客户公估人的作用；
- 协助被保险人准备该索赔的文件和信息；
- 如果遇到了重大损失，保险经纪人应该出席公估人和保险公司的现场会议。

例如，在汽车保险中，保险经纪人应该帮助被保险人追回没有得到保险人赔偿的损失部分。虽然保险经纪人的义务仅仅限于根据保单条款促成理赔工作的完成，然而为了维护与客户之间的良好关系，保险经纪人也可以为客户提供更多的服务。通常，保险经纪人不参与由第三方组织的索赔谈判，而仅仅是根据客户的要求提供相应的指导。在责任保险中，由于责任保险的赔偿大多是通过法律程序完成的，保险经纪人在责任保险的索赔中很难发挥作用，只能够帮助客户了解自己的权利和义务。而当发生重大财产损失时，保险经纪人就应当随同公估人进行检查，并密切注意谈判进程，保护客户的利益。

除此之外，保险经纪人还应该为每一个客户做好有关理赔全部细节的详细记录。这些记录将有利于帮助考虑是否改进或增加扩展条款。另外，理赔记录是制定费率的基础，良好的理赔记录将有利于将来争取到利率的优惠。特别在雇主责任保险中，通过这些记录可以监视某些重大案件的发展情况，了解保险人的运作状况，了解保险人理赔所花费的时间等。我国的《保险经纪人监管规定》明确规定保险经纪机构应当建立完整规范的业务档案，业务档案应当包括下列内容：通过本机构签订保单的主要情况，包括保险人、投保人、被保险人名称或者姓名，保单号，产品名称，保险金额，保险费，缴费方式，投保日期，保险期间等；保险合同对应的佣金金额和收取方式等；保险费交付保险公司的情况，保险金或者退保金的代领以及交付投保人、被保险人或者受益人的情况；为签订保险合同提供经纪服务的从业人员姓名，领取报酬金额、领取报酬账户等；监管机构规定的其他业务信息。并且，保险经纪机构必须妥善保管业务档案、有关业务经营活动的原始凭证及有关资料，保管期限自保险合同终止之日起计算，保险期间在 1 年以下的，不得少于 5 年，保险期间超过 1 年的，不得少于 10 年。

三、其他服务

保险经纪公司在为委托人提供防灾和防损或者风险评估、风险管理咨询服务时，主要是按照图 13-5 中所示的工作流程进行的。

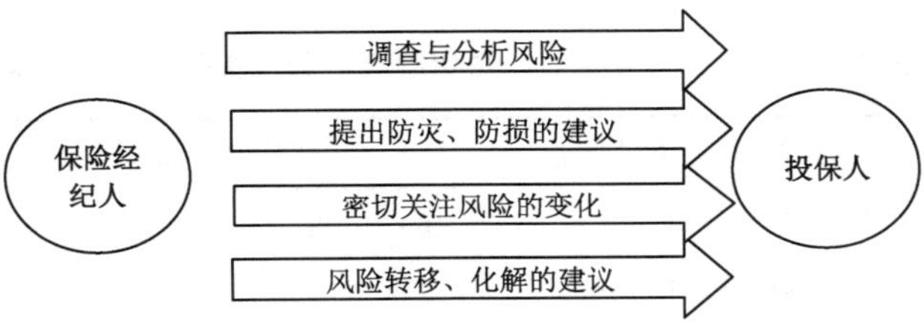

图 13-5　保险经纪公司其他服务的工作流程

保险经纪人的一个重要的义务就是为客户提供风险调查服务，了解被保险人的风险因素，特别是物质风险因素和心理风险因素，尽量帮助客户采取措施消除或减少风险因素，指出所存在风险因素的紧迫性，并向客户提出建议。

例如，保险经纪人在提供有关防止火灾的咨询服务时，应该研究保险标的的平面图，分析保险标的的建筑结构、衬层、高度、体积、采暖、电力等所引起的风险，并且特别关注某些行业特有的工艺过程，以及储存或使用某类物品所引起的"特别风险"，然后给客户提供火灾调查报告。而在盗窃险的调查服务中，保险经纪人应该清楚房产的所有进口和通道的防护、保安措施和报警设置等，并最好亲眼查看所有防护装置是否能正常使用。此外，还要了解该地区的治安状况、街道照明情况、警力情况和巡逻安排以及场院围墙等。然后保险经纪人要对这些信息进行综合分析，并完成平面图和调查报告，对如何加强风险管理给出积极有效的措施。保险经纪人在调查报告中通常应该明确分析下列内容：标的的结构和用途、标的的环境状况、防盗保安措施分析和建议。

四、经纪人的业务发展

保险经纪业务的核心功能是把预定的保险保障需求和保险供给相匹配。在过去的几十年中，原保险经纪和再保险经纪业务都是从这项核心业务中延伸开来。就保险经纪公司而言，这主要需要其具有丰富的保险知识。随着保险经纪公司开始提供其他新的服务，市场也改变了对于其作用的传统看法。

保险经纪公司在把风险安排给合适的保险公司之前，会使用复杂的风险建模技术与市场知识来设计风险解决方案。20 世纪 90 年代，全面风险管理思想的普及使工业企业意识到了全面风险管理的重要性和紧迫性。风险管理方法的改进意味着，保险经纪公司能够从基本的经纪服务供应商发展为风险咨询公司，提供各种各样收费的风险管理和咨询服务。另外，技术和计算能力的提高鼓励大型保险公司更多地使用复杂的风险管理技术。这些风险管理技术是一般工业企业所难以掌握的。社会分工的细化给保险经纪公司的发展提供了契机。

由于外界环境的变化，保险经纪公司的角色逐渐变化，保险经纪公司逐渐演变为风险管理的供应商，而并非仅仅是保险市场的一种营销渠道。目前，保险经纪公司可以在下列各个方面提供咨询与风险管理服务(见表 13-4)。

表 13-4　　由保险经纪公司提供的咨询与风险管理服务

直接保险经纪服务	其他咨询服务	再保险经纪服务
理赔管理与咨询	资产管理	巨灾风险建模
损失控制与设计服务	员工养老金咨询	保险精算服务
专业自保管理	管理咨询	再保险责任自然终止服务

（续表）

直接保险经纪服务	其他咨询服务	再保险经纪服务
风险管理服务	人力资源外包	巨灾管理咨询
并购咨询	环境风险	风险证券化
非传统风险管理咨询	破坏与恐怖主义风险	网络服务
信息服务	政治风险咨询	动态金融分析(DFA)
保单签订与管理	业务连续性与规划	
保险精算服务	紧急情况事前规划与评估服务	

五、保险经纪人应对全面风险管理的发展趋势

目前，保险市场上还存在着一些长期趋势，例如，财产保险及意外险的承保周期，分析咨询服务的需求增加，全球化趋势增加了全球性风险管理技术的需求，新风险类别出现，对定制解决方案的需求和对分销渠道的需求，新兴市场保险需求上升以及并购活动增加等。这些趋势将影响保险经纪公司的市场机会。

（一）信息需求增加使保险经纪公司面临机会

从传统上来讲，商业险种的客户对于风险、保险产品和保险公司的专业知识比较有限。保险经纪公司弥补了这一缺陷，能够提供信息和分析。但是，随着新技术的迅速扩散，信息的获得变得越来越容易，因此也就侵蚀了保险经纪公司作为信息源的重要价值。因此，信息需求出现了引人注目的增长，从而为经纪公司向客户推销咨询和补充服务提供了机会。

（二）全球化增加了对保险经纪公司的服务需求

目前，国际贸易的增长速度继续超过了世界产值的增长速度，各国都在进出口更多的商品和服务。其中，大型企业是全球化背后的驱动力量，需要全球化的解决方案来满足其风险管理需求。世界保险市场充满了变化，这使得企业很难选择保险公司。而这就是全球性保险经纪公司的优势所在，也使得小型经纪公司越来越难以进入跨国客户的细分市场。

（三）风险状况越来越复杂，增加了市场对于经纪公司风险管理服务的需求

由于经济结构变革、法律环境变化以及例如新技术、全球化、放宽管制和地理政治变化等导致新风险类别出现，这使得企业面临着不断变化的风险。互联网风险、恐怖主义风险以及在现代企业丑闻之后出现的经理及高级管理人员责任险都是比较好的例子。风险评估工作变得非常复杂，需要越来越多的信息与专门技术。因此，保险经纪公司提供风险管理服务的需求一直在稳定增长。

(四) 越来越多的客户选择非传统风险转移工具,为自保管理服务提供商机

目前,越来越多的企业需要能够跨越可保风险限制的解决方案,需要开发新的非传统风险转移产品。这些产品包括合格的自保计划和结构化产品,例如从限额保险到风险自留计划再到专业自保。许多产品都涉及了离岸保险公司,这意味着一些保险业务会从传统商业保险市场转移到不同市场里。而保险经纪公司应该能够参与设计复杂的非传统风险转移方案。在这种趋势下,那些能够提供此项服务的保险经纪公司将占据优势。

(五) 新兴保险市场出现了大量的增长潜力,为保险经纪公司提供了商机

许多新兴的保险市场正在进行改制,并且在不断地放松市场管制,从而令它们面对全球竞争的挑战,也提供了许多富有吸引力的增长机会。这些市场中的客户和保险公司需要专业意见与技术,保险经纪公司能够在帮助这些保险公司使用商业保险和再保险过程中发挥重要作用。同时,全球性保险经纪公司也能够向进入这些市场的外国保险公司提供专家意见,使它们能够成功地经营。对于经纪公司和保险公司来说,进入新兴市场提供了一种富有吸引力的替代选择,从而能够解决成熟保险市场增长潜力有限的问题。

对于中国的保险经纪公司而言,应该充分了解国际保险经纪市场的发展变化,迅速调整自己的业务,逐渐从传统的角色转变为创新的角色,增强自身的风险管理的技术和能力,增强自身的资本实力和展业经验,为中国的经济发展和企业的稳定经营提供风险管理的服务。

第三节　保险经纪人的业务管理

由于保险经纪公司具有比较高的独立性,保险公司对保险经纪公司的控制和管理的力度非常小,保险公司几乎无法干预保险经纪公司的业务,只能作为保险经纪公司的客户接受保险经纪公司的业务。因此对于经纪人营销体系的管理与控制,主要是由监管机构来进行。我国在 2009 年 10 月 1 日开始实施《保险经纪机构管理规定》,并于 2013 年和 2015 年进行了两次修订,对保险经纪机构的设立、人员、管理和处罚等方面进行了详细的监管,而后在 2018 年 5 月 1 日实施了全新的《保险经纪人监管规定》。

一、保险经纪人的业务管理

各个国家对于保险经纪人业务的监管都不相同。例如,在美国,保险经纪人可以分为销售财产和责任保险的非寿险经纪人与销售人寿保险的寿险经纪人两大类。一

般允许地区、全国和全球性的保险经纪公司兼营财产和责任保险、团体人寿和健康保险的经纪业务，并可安排再保险。但在人寿保险方面，美国的保险中介以保险代理人为主。在一些州（如纽约州），特别规定保险经纪人不得办理人寿保险与年金保险业务。而在韩国，保险经纪人主要分为人身保险经纪人和损害保险经纪人，允许两者兼营，前提是要分别取得人身保险经纪人和损害保险经纪人的执业证书。但韩国严格禁止保险经纪人兼营保险公司、保险代理人、保险精算人及理赔理算人的业务。相比之下，英美国家的规定相对宽松，允许个人保险经纪人兼营保险代理业务。

在我国《保险经纪人监管规定》中，并没有明确限定保险经纪人只能从事财产保险业务或人身保险业务，因此，我国的保险经纪人可以同时从事财产保险业务和人身保险业务。但是，所能够从事的业务范围仍然仅仅限于上文所提到的。比如为投保人拟订投保方案、选择保险公司以及办理投保手续，协助被保险人或者受益人进行索赔，再保险经纪业务，为委托人提供防灾、防损或者风险评估、风险管理咨询服务。除此之外，《保险经纪人监管规定》还对保险经纪人开展业务时应该注意的细节问题做出了详细的规定：

第一，保险经纪机构从事保险经纪业务时，应当与委托人签订书面委托合同，依法约定双方的权利和义务及其他委托事项。委托合同不得违反法律、行政法规及中国银保监会的有关规定。

第二，保险经纪人应当建立专门账簿，记载保险经纪业务收支情况。保险经纪人应当开设独立的客户资金专用账户。客户资金专用账户用于存放投保人、被保险人支付给保险公司的保险费，以及为投保人、被保险人和受益人代领的退保金或保险金。保险经纪人还应当开立独立的佣金收取账户。涉及向保险公司解付保险费、收取佣金的，应当与保险公司依法约定解付保险费、支付佣金的时限和违约赔偿责任等事项。

第三，保险经纪机构应当建立完整规范的业务档案，业务档案至少应当包括：通过本机构签订保单的主要情况，包括保险人、投保人、被保险人名称或者姓名，保单号，产品名称，保险金额，保险费，缴费方式，投保日期，保险期间等；保险合同对应的佣金金额和收取方式等；保险费交付保险公司的情况，保险金或者退保金的代领以及交付投保人、被保险人或者受益人的情况；为签订保险合同提供经纪服务的从业人员姓名，领取报酬金额、领取报酬账户等；监管机构规定的其他业务信息。保险经纪人的记录应当真实、完整。

第四，保险经纪机构在开展业务的过程中，应当制作规范的客户告知书。客户告知书应当包括：保险经纪人的名称、营业场所、业务范围、联系方式；保险经纪人获取报酬的方式，包括是否向保险公司收取佣金等情况；保险经纪人及其高级管理人员与经纪业务相关的保险公司、其他保险中介机构是否存在关联关系；投诉渠道及纠纷解决方式。保险经纪机构的业务人员开展业务，应当向客户出示客户告知书，并按客户要求说明佣金的收取方式和比例。

最后还规定，保险经纪人及其从业人员不得销售非保险金融产品；不得与非法从事保险业务或者保险中介业务的机构或者个人发生保险经纪业务往来。

二、保险经纪人的报酬

作为中介的保险经纪人主要以收取佣金为利润来源，各国对此有不同的规定。在英国，佣金率是由保险人和经纪人协商确定，监管机关不规定佣金率的幅度。如果投保人要求获知保险人所支付的佣金金额，保险经纪人应及时向投保人披露。在美国，保险经纪人根据不同的保险产品收取不同比率的佣金，一般收取佣金的方式主要是按照保险费的一定比例支付佣金，或者按扣除赔付之后的利润分享佣金。佣金支付标准通常根据保险公司经营的业务、性质和种类等因素的不同而分别确定。现在，英国也采用了双方通过讨价还价协商收取佣金的制度。在韩国，保险经纪人的佣金由保险人支付。保险经纪人需将佣金等相关内容进行记账，以供投保人查阅。韩国的法律禁止保险经纪人向投保人收取中介手续费或其他费用。在我国《保险经纪人监管规定》中，没有规定具体的佣金比率，也没有规定必须是由保险人支付，只是规定保险经纪机构及其分支机构应当按照与保险合同当事人的约定收取佣金；如果保险经纪人要向保险公司收取佣金，则应当明确告知投保人。

为了促使保险经纪人持续提供优良的服务，支付给保险经纪人的主要补偿形式是首年佣金和后续佣金。这两种佣金都是年度化的佣金。除此之外，与保险代理人一样，经常为保险公司提供业务的保险经纪人也能够得到服务费和一些费用补偿，以及根据保险经纪人所提供的业务量和续保率而提取的奖励。有些保险公司还为保险经纪人提供参加销售竞赛、业务交流会议或其他奖励的机会。另一方面，由于佣金基本上是保险经纪人的唯一收入来源，因此保险经纪人的佣金率要高于其他保险代理人。

为客户提供风险管理服务的保险经纪公司，有时是从客户那里获得服务费，而不是从保险公司那里领取佣金。在向客户提供风险管理服务的过程中，保险经纪人就应承担的风险、应该自保的风险，以及应该进行商业保险的风险向客户提供建议。如果保险经纪人建议客户自己应该增加所承担的风险量，那么相应的商业保险所承担的风险量就会减少，从而保险经纪人的佣金就会降低。因此，保险经纪人通过收取服务费作为佣金的一种补偿，就可以在没有减少收入的前提下为客户推荐最佳的风险管理方案。保险经纪人提供风险管理服务所收取的费用一般与佣金制下给付的佣金数额相同。

三、保险经纪人的道德

保险经纪人以自己的名义向客户提供服务，并承担了中介的角色连接保险公司和客户。与保险代理人一样，保险经纪人在展业时必须遵守职业道德。《保险经纪人监管规定》中明确规定，保险经纪人及其从业人员在办理保险业务活动中不得有下列行为：

- 欺骗保险人、投保人、被保险人或者受益人；
- 隐瞒与保险合同有关的重要情况；
- 阻碍投保人履行如实告知义务，或者诱导其不履行如实告知义务；
- 给予或者承诺给予投保人、被保险人或者受益人保险合同约定以外的利益；
- 利用行政权力、职务或者职业便利以及其他不正当手段，强迫、引诱或者限制投保人订立保险合同；
- 伪造、擅自变更保险合同，或者为保险合同当事人提供虚假证明材料；
- 挪用、截留、侵占保险费或者保险金；
- 利用业务便利为其他机构或者个人牟取不正当利益；
- 串通投保人、被保险人或者受益人，骗取保险金；
- 泄露在业务活动中知悉的保险人、投保人、被保险人的商业秘密。

保险经纪人及其从业人员在开展保险经纪业务的过程中，不得索取、收受保险公司或者其工作人员给予的合同约定之外的酬金、其他财物，或者利用开展保险经纪业务之便牟取其他非法利益。保险经纪人不得以捏造、散布虚假事实等方式损害竞争对手的商业信誉，不得以虚假广告、虚假宣传或者其他不正当竞争行为扰乱保险市场秩序。

监管机构还颁布了《保险经纪从业人员职业道德指引》，规范保险经纪人的职业道德（见案例 13-1）。

案例 13-1　　保险经纪从业人员职业道德指引

保险经纪从业人员在执业活动中应当做到：守法遵规、诚实信用、专业胜任、勤勉尽责、友好合作、公平竞争、保守秘密。

一、守法遵规

1. 以《中华人民共和国保险法》为行为准绳，遵守有关法律和行政法规，遵守社会公德。
2. 遵守保险监管部门的相关规章和规范性文件，服从保险监管部门的监督与管理。
3. 遵守保险行业自律组织的规则。
4. 遵守所属保险经纪机构的管理规定。

二、诚实信用

5. 在执业活动的各个方面和各个环节中恪守诚实信用原则。
6. 在执业活动中主动出示法定执业证件,并将本人或所属保险经纪机构与保险公司的关系如实告知客户。
7. 客观、全面地向客户介绍有关保险产品与服务的信息,如实向保险公司披露与投保有关的客户信息。

三、专业胜任

8. 执业前取得法定资格并具备足够的专业知识与能力。
9. 在执业活动中加强业务学习,不断提高业务技能。
10. 参加保险监管部门、保险行业自律组织和所属保险经纪机构组织的考试和持续教育,使自身能够不断适应保险市场的发展。

四、勤勉尽责

11. 秉持勤勉的工作态度,努力避免执业活动中的失误。
12. 代表客户利益,对于客户的各项委托尽职尽责,确保客户的利益得到最好保障,且不因手续费(佣金)或服务费的高低而影响客户利益。
13. 忠诚服务,不侵害所属保险经纪机构利益;切实履行对所属保险经纪机构的责任和义务,接受所属保险经纪机构的管理。
14. 不擅自超越客户的委托范围或所属保险经纪机构的授权。
15. 在执业活动中主动避免利益冲突。不能避免时,应向客户或所属保险经纪机构做出说明,并确保客户和所属保险经纪机构的利益不受损害。

五、友好合作

16. 与保险公司、保险代理机构和保险公估机构的从业人员友好合作、共同发展。
17. 加强同业人员间的交流与合作,实现优势互补、共同进步。

六、公平竞争

18. 尊重竞争对手,不诋毁、贬低或负面评价保险公司、其他保险中介机构及其从业人员。
19. 依靠专业技能和服务质量展开竞争,竞争手段正当、合规、合法,不借助行政力量或其他非正当手段开展业务,不向客户给予或承诺给予保险合同以外的经济利益。

七、保守秘密

20. 对客户和所属保险经纪机构负有保密义务。

习题

1. 简述保险经纪人的概念和地位。

2. 分析保险经纪人与保险公司业务员之间的区别。

3. 保险经纪营销体系具有哪些特点?

4. 保险经纪人具有哪些作用?

5. 解释下列名词：直接保险经纪人、再保险经纪人、寿险经纪人、非寿险经纪人、小型保险经纪人、大型保险经纪人、个人保险经纪人、合伙保险经纪组织和保险经纪公司。

6. 保险经纪人能从事哪些业务?

7. 我国《保险经纪人监管规定》中就保险经纪人的业务方面有哪些规定?

8. 保险经纪人在进行展业时应该遵守哪些职业道德?

第四部分
保险营销的管理与监管

第十四章　保险营销管理

保险公司进行成功的营销，需要合理的组织结构，而且关键还需要一支精锐的保险营销队伍，否则保险公司就无法成功地销售保险产品。因此，如何建立一支优秀的保险营销队伍，对其进行管理、控制和激励，提高他们的工作能力和工作效率，并吸引和留住人才，是每家保险公司所面临的非常实际的问题。

第一节　保险营销的组织结构

保险营销的组织结构随着保险营销的发展而发展，逐步从单纯的销售部门发展到独立的营销部门，乃至发展为当前的以市场、产品等不同侧重点为核心的组织结构。与其他公司一样，保险公司组织营销运作的方式对其实施和执行营销策略的能力，以及对外部环境变化做出反应的能力有极大的影响。常用于构建和组织营销部门的方法包括功能型、地区型、产品型或品牌型、市场管理型、产品型和市场型，以及事业部型。每种方法各有千秋，保险公司应该根据自己的企业文化、业务特点来进行选择。

一、功能型组织结构

功能型组织结构是根据保险营销职能的不同而建立营销组织。这是一种最常见的营销组织结构形式。在保险公司的营销运作中，主要功能包括保险营销调研、销售、广告与促销、产品开发和行政事务管理。因此，保险公司采用这种组织结构时，大多要选派各种营销功能专家担任部门经理，他们分别对营销副总经理负责，营销副总经理负责协调他们的行动（见图 14-1）。除此之外，保险公司还可以根据需要增加其他专业人员，如客户服务经理、营销计划经理和实体分销经理。

按照营销职能设置营销组织结构的主要优点是分工明确，易于管理，注重开发每一具体营销领域的管理和技术能力。但是，随着提供的保险产品种类与数量的增加，

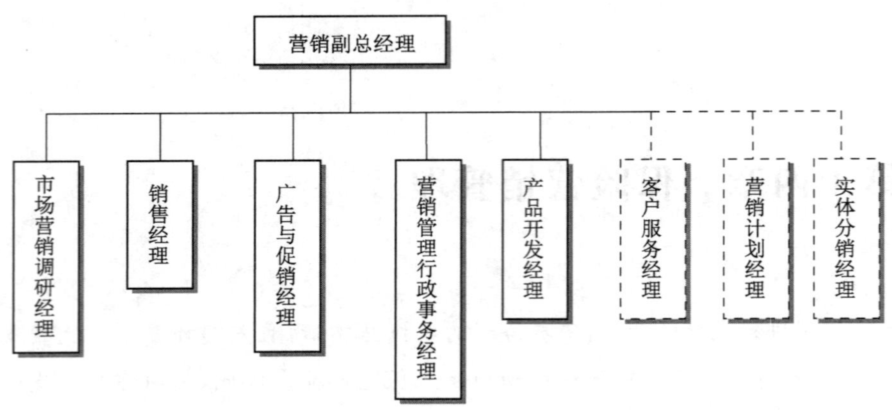

图 14-1 功能型组织结构

以及公司市场规模及多样性的增加，这种组织结构的效率会下降。功能型组织结构具有以下缺点：首先，由于没有人对任何具体的产品或市场担负完全的责任，因而就会发生某些特定产品和特定市场的计划工作不完善的情况，未受到重视的保险产品就会被忽略。其次，各职能部门都争相要求使自己的部门获得比其他部门更多的预算或更重要的地位，营销副总经理便会经常面临协调各方要求的问题。因此，功能型组织结构一般在集中营销的小公司和仅向完全同质的客户群提供少数产品系列的集中经营的大型公司中效果较好。

二、地区型组织结构

地区型组织是指按照地理区域范围安排销售队伍和其他营销职能。通常，在全国范围以及全球范围内经营保险业务的保险公司，通常会按照地区安排销售队伍。例如，设立一位负责全国业务的销售经理，其领导华北、华东、华南、华中、东北、西南、西北 7 位区域销售经理；区域销售经理每人再领导 6 位地区销售经理；地区销售经理再领导 8 位直接销售经理；直接销售经理再领导 10 位销售人员等。图 14-2 描述的公司，其主要营销活动范围分为两大市场，销售区域也是根据每一市场中较大的地区来组织的。

这种组织结构的优势是，可以根据不同市场需求的特点提供不同的服务；保险销售管理人员可以从电脑中提取统计数据，快速分析当地动态，把握营销机会，丰富当地化的营销活动。并且，还可以缩小公司销售人员需要管理与控制的范围，以便更好地激励保险代理人，更好地为客户服务。但是，由于地区差异导致群体特征非同质化，保险销售人员将会十分热心于与本地区相关及区域附近的促销方案，而不热心于大型的、全国性的营销活动。

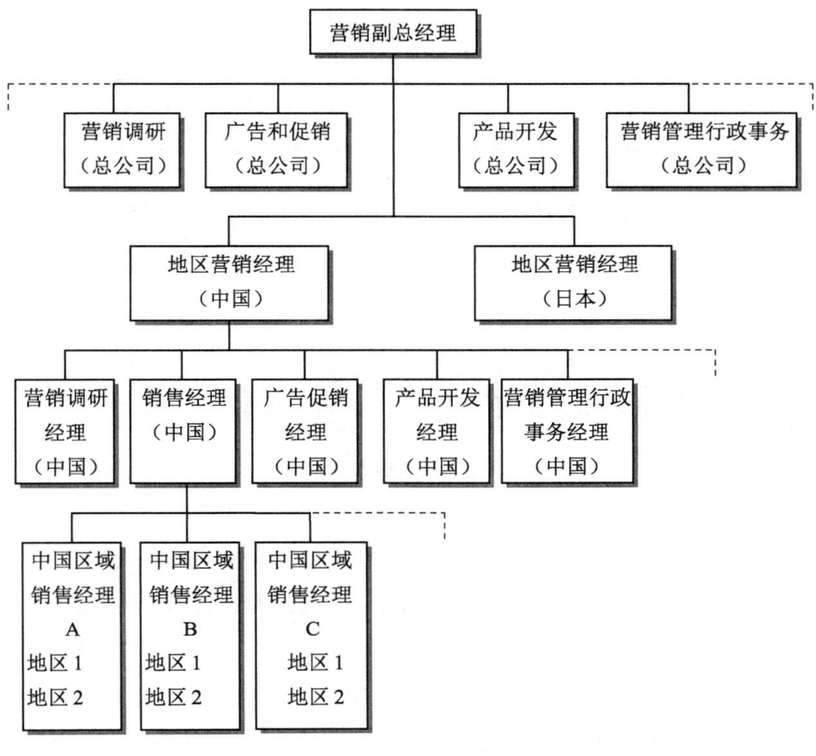

图 14-2　地区型组织结构

三、产品型或品牌型组织结构

功能型营销组织结构通常不适合于提供较多产品系列的公司，因为每个产品系列所需要的营销方法完全不同，因此，提供多种产品系列的公司有时根据产品来组织其营销活动。在保险公司中，则通常是根据险种系列来进行考虑的。但这种产品型组织结构并没有取代功能型组织结构，只不过是增加一个管理层次而已。产品型组织由一名产品主管经理负责，下设几个产品大类经理，产品大类经理下再设产品经理去负责各具体的产品。在保险公司所提供的险种或保险产品的差异很大，或保险产品的种类太多，或按照功能设置的营销组织无法处理的情况下，建立产品管理组织是适宜的。

如图 14-3 所示，保险公司经常将业务分为个人保险业务和团体保险业务，每一部门负责其大部分功能的发挥，包括计划、销售、广告、促销、产品开发和定价。然而，有些活动，比如营销调研、投资、会计和代理经营，会通过集中管理部门协调。

采用产品型组织结构，产品经理能够较好地协调产品营销组合的各要素，使其对市场上出现的问题做出快速反应。此外，能避免使较小的保险产品受到忽视。另外，采用该种组织结构时，产品经理的活动要涉及保险公司每一个经营领域，因此，对于年

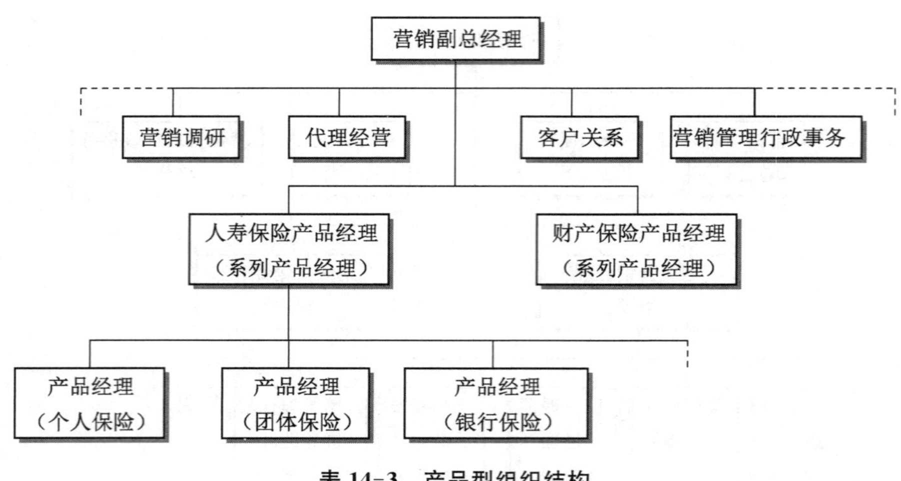

表 14-3 产品型组织结构

轻的经理们来说，产品型组织结构有利于其得到很好的锻炼与提高。

然而，产品型组织结构也存在一定的缺陷。产品经理的组织设置会产生一些冲突或摩擦，其中最典型的是，产品经理们未能获得足够必要的权力，以保证他们有效地履行自己的职责。他们得靠劝说的方法来取得广告部门、销售部门、生产部门和其他部门的配合。这样必须有很好的合作关系，才能做好事情。另外，产品型组织所需要的费用常常高出原先的预计。由于产品经理的活动要涉及很多领域，因此往往随着工作量的增加而要求增加人手。最后，保险公司由于产品经理人员和各功能性专业人员的结构过于庞大，而加重了开支负担。此外，分割开的市场使产品经理很难从总部的角度开发一个全国战略。产品经理必须更多地研究地区的贸易群体，更依靠当地的销售队伍，并聚焦于开展当地的促销活动。

四、市场管理型组织结构

市场管理型组织结构是指按照一定标准将客户分为若干类别，为不同类别的客户分别设立营销管理组织。这种组织形式主要是由那些将产品销售给有明显需求的客户群的公司所采用。因此，采用这种组织结构的保险公司是按特定的客户类型或公司经营的细分市场来组织营销运作。一名市场主管经理管理几名市场经理（又称市场开发经理、市场专家或行业专家）。市场经理开展工作所需要的功能性服务由其他功能性组织提供。一些分管重要市场的市场经理，甚至还可以有几名功能性服务的专业人员直接向他负责。

市场经理实质上是参谋人员，并不是第一线指挥人员。他们的职责与产品经理相类似。市场经理负责制订主管市场的长期计划和年度计划。他们需分析主管市场的动向，分析公司应向该市场提供什么新产品。他们的工作成绩常用市场份额的增加来衡量，而不是看其市场现有的盈利状况。这种市场管理型组织结构有着与产品型组织结构相同的优缺点。其最大的优点是，保险营销活动是按照满足各类显然不同的客户需求来进行组织和安排的，而不是集中在营销功能、销售地区或保险产品本身。

例如，一家保险公司可能会设置一个专门关注家庭市场的营销部门，另一个部门关注中型和大型公司的营销，第三个部门集中于小型公司的市场。三个部门都可以开发一些自己的产品，也可以销售其他两个部门开发的产品，如图 14-4 所示。

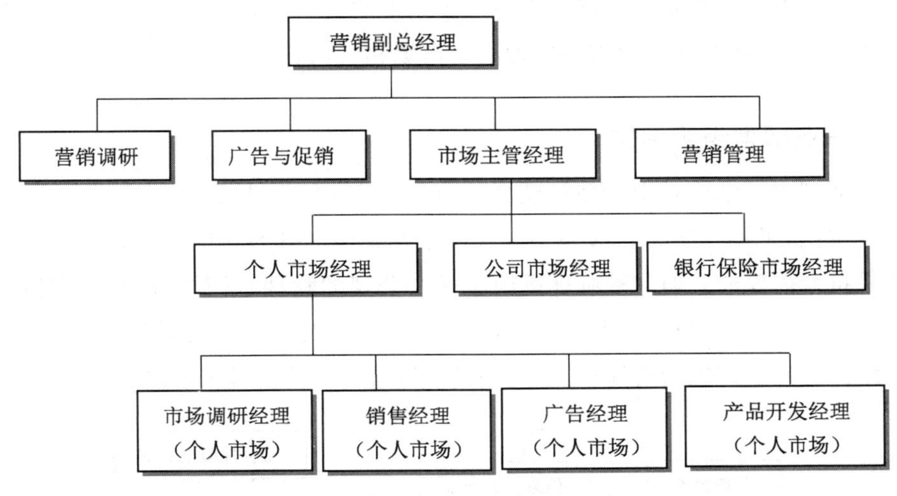

图 14-4 市场管理型组织结构

五、产品型和市场型组织结构

有多种保险产品并向多个市场销售的保险公司，可以采用产品管理组织制度，也可以采用市场型组织结构。如果采用产品型组织结构，需要产品经理熟悉广为分散的各种不同市场；如果采用市场型组织结构，那就需要市场经理熟悉销往各自市场的五花八门的产品。或者，还可以同时设置产品经理和市场经理，形成一种矩阵式结构。这就是产品管理与市场管理的组织结构(见图 14-5)。

市场经理

		个人市场	团体市场	银行保险
产品经理	养老金			
	意外险			
	医疗健康			

图 14-5 产品型与市场型组织结构

产品经理集中精力改善自己主管的保险产品盈利状况，设法改进保险产品的保障范围；他们的市场工作是和各个市场经理接洽，请市场经理们估计该保险产品的市场销量。市场经理则负责开发有盈利前景的市场去销售该保险产品，以及将要推出的新产品。他们需要高屋建瓴地配置适应自己市场需要的保险产品，而不仅仅在于销售该产品。在制订市场计划时，他们需要和各产品经理磋商，了解各种保险产品的精算背景等情况。

然而，这种组织结构的缺点在于：销售队伍应该如何组织？是按照产品类别还是市场？究竟是谁应该负责制订产品在各个市场上的营销方案？一般的处理方法则是，产品经理决定产品和价格，而市场经理决定市场和营销。

六、事业部型组织结构

事业部型组织结构是把产品管理部门上升为独立的事业部，并设立若干个职能部门和服务部门（见图 14-6）。这种事业部型组织结构对那些多品种、多市场的保险公司来说是符合需要的。但这种制度运用于整个公司的管理，常常会出现许多困难，如费用大，容易产生矛盾与冲突等。此外，还会存在权力与责任应落实在何处的问题，因为这一结构有许多共担的责任和义务。所以，通常有三种模式来解决这一问题。

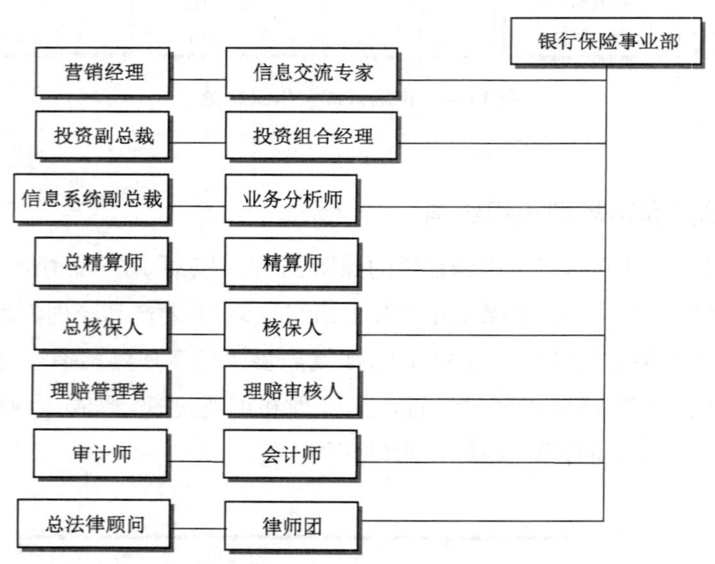

图 14-6 事业部型组织结构

- 总公司一级不设立营销部门。因为在各事业部设立了营销部门之后，总公司一级的营销部门没有什么实际作用。
- 总公司一级保持规模较小的营销部门。主要承担的职能有：协助公司最高管理层全面评价营销机会，向事业部提供咨询，帮助营销力量不足或没有设立营销部门的事业部解决营销方案问题，促进公司其他部门树立保险营销观念。

- 总公司一级设立强大的营销部门。这个营销部门除了承担前面各项营销职能以外，还向各事业部提供各种营销服务，例如专门的广告服务、销售促进服务、营销研究服务、销售队伍建设、培训等。

由于各种类型的组织结构各有千秋，保险公司在实务中很难仅采用一种形式。特别是对于全国性的大公司而言，很难把某家公司的组织结构划分为某一种类型。实际上，大多数保险公司综合采用了几种组织结构。通常，对于全国性保险公司而言，总公司一级通常采用的是地区型组织结构，然后在分公司下又采用职能型、产品型和地区型相结合的组织结构。

第二节　保险营销服务部的职能

保险营销服务部是指经中国保险监督管理部门的派出机构批准，在工商行政管理机关登记注册，由保险公司或者保险公司分支机构设立的管理保险营销人员，为客户提供保险服务的机构。保险代理人从属于各保险公司的分公司、营销服务部或保险代理机构，并接受其管理。保险代理机构具有与保险公司分公司或营销服务部同样的职责。通常，保险公司分公司、营销服务部或保险代理机构主要进行下列业务：

- 对营销员开展培训及日常管理；
- 收取营销员代收的保险费、投保单等单证；
- 分发保险公司签发的保险单、保险收据等相关单证；
- 接受客户的咨询和投诉；
- 经保险公司核保，营销服务部可以打印保单；
- 经保险公司授权，营销服务部可以从事部分险种的查勘与理赔。

保险公司分公司、营销服务部或保险代理机构经理负责整个组织的运作，他们应当履行下列职责。

一、确立经营目标

每个保险公司分公司、营销服务部或保险代理机构都应该确立自己在销售、利润、续保率和其他方面的目标。这些目标应该与保险公司的整体营销目标保持一致。保险公司分公司、营销服务部或保险代理机构的负责人必须通过所有保险代理人和雇员共同努力来实现这些目标。因此，负责人必须根据公司的整体目标制定本机构的目标，而每个保险代理人必须制定个人销售目标和其他目标。这些目标也是控制和评估保险代理人工作业绩的标准。

二、制订经营计划和预算

每个保险公司分公司、营销服务部或保险代理机构都要制订经营计划以确保实现经营目标。其中最重要的两个部分是预算和人事计划。在制订预算时，必须首先预测能够实现的新业务量和续保业务量，然后厘定机构的经营费用。预算也是衡量机构实际工作业绩的一个标准。另外，在保险公司向营销渠道投资时，预算还给出了保险公司必须支付的经营费用和获得的收入与利润。人事计划则是预测实现计划销售目标所需要的保险代理人及内勤员工的数量，佣金、工资和员工培训的成本，以及聘用和培训保险代理人所需要的时间和成本。

三、招收和挑选保险代理人

招收和挑选保险代理人是实现销售目标的关键。保险公司分公司、营销服务部或保险代理机构必须谨慎地招聘具有工作潜力的保险代理人。由于保险代理人的流动性比较高。因此公司必须要不断考虑重新配备新的保险代理人。不负责任的保险代理人会破坏保险公司与客户的关系、影响保险行业的形象，甚至阻碍机构实现销售和利润目标，所以挑选合格的保险代理人也是非常重要的一个环节。

机构负责人要利用多种方法来测试一个候选人是否能够成为一个成功的保险代理人。通常，寻找高质量的保险代理人的两个主要渠道就是从现有的保险代理人中进行挖掘，或者通过其他人的推荐。认为一个人基本达到了保险代理人的要求之后，应该对申请人进行面试。此时，应该向申请人询问一些有关工作资格方面的问题，并解释保险销售工作的潜在问题和待遇问题。在面试中，需要对申请人的能力、行为举止和交流风格进行评估，以评价他成为优秀保险代理人的潜力。当然，一般有些机构都要求申请人必须具有相关的执业资格。

四、代理人的培训和发展

保险公司分公司、营销服务部或保险代理机构应该对保险代理人进行培训。首先是对新人的培训。通常应该让保险代理人了解保险的基本原理、财产或人寿保险原理、保险公司或代理机构的保险产品以及保险销售技巧。其次是对保险代理人持续进行各种培训，以使保险代理人能够跟随保险的发展，具有较深的理解，能够向客户解释复杂的保险产品。保险代理人的培训计划中应该包括以下一些内容。

- 保险原理。财产保险和人寿保险的基本原理、保险产品的类型、专业术语以及保险销售方面的法规(包括有关合同、代理法和销售方面的规章)。

- 销售技巧。包括寻找目标市场、寻找潜在客户、电话预约、分析客户需求、进行销售介绍说明、遭到拒绝时的回答技巧以及签约的技巧。
- 业务流程。填写情况调查表,操作办公设施和计算机系统,填写投保单和其他表格、保存必需的记录,掌握承保技巧和有关保单更改、替换、索赔等方面的程序。
- 职业道德准则和服从事项。了解职业道德准则和适用于保险销售的所有法律。
- 产品知识。了解所有关于本保险公司以及本代理机构和竞争对手的所有产品知识,利用费率手册、说明书、计算机软件来说明不同的保障。
- 公司的目标、计划和方针。了解公司的费率、投资策略以及在市场中的实力。
- 其他技能。在消费者行为、购买决策、人际关系和拜访、计划、目标指定和解决问题的方法、人际沟通和协商以及时间分配等方面的培训和教育。

五、代理人激励

保险公司分公司、营销服务部或保险代理机构经理必须营造增强保险代理人自我激励的组织氛围。他们可以利用各种活动来激励保险代理人。比如:

- 经理与所有保险代理人定期进行个别会谈或集体会谈;
- 拜访各级公司的营销人员;
- 召开全体会议,总结销售成果,强化公司目标;
- 在不同团队或小组之间展开竞争;
- 对每个保险代理人的工作表现进行定期考核;
- 关心每个保险代理人,包括向保险代理人提供工作表现奖、建设性意见奖等。

保险公司分公司、营销服务部或保险代理机构还可以通过各种奖励,例如奖金、销售竞赛、通报表扬、嘉奖或记功奖励等方式来不断激励代理人。还应该制定有关警告处分、记过处分、开除处分、解除代理合同等奖惩和解约的标准。对受警告处分的保险代理人,取消当期晋升资格;对受记过处分的,取消当期和下一期的晋升资格;将记功奖励作为破格晋升的依据之一,以此来激励和约束保险代理人的行为。

六、监督、评估、控制机构活动和代理人活动

监督工作渗透在日常工作之中。当保险代理人认为监督有利于提高业绩时,便会对监督产生积极的反应。而评估工作主要是评估保险代理人的销售目标和其他目标是否完成,以及在完成目标时的一些优、缺点。评估机制中应该包括如下内容:

- 数量评估,例如保费收入、佣金额、总保险金额、每次销售的平均保费、销售的保

单数量、平均保险金额、有联系或已实现销售的准客户数量、每次访问的销售数量、续保率等。

- 质量评估，例如工作态度、产品知识、销售和沟通技巧、仪表、客户联络技能、聆听技能、时间支配、个人组织能力以及对竞争对手的了解等。

最后，应该把评估结果通报给每个保险代理人，以促使保险代理人提高和改进。当然，在保险代理人实现目标的过程之中，还应该不断地把实际情况与目标进行比较，以纠正任何偏离目标的行为，促使每个保险代理人为了实现目标积极地工作。

案例 14-1　　专业代理机构经理的工作重点

一、每日工作重点

1. 主持召开例会：传达公司重要的公文、条款或必须告知所属人员的重要命令，灌输各类营销员知识或其他有助于单位经营的知识，鼓舞工作士气及做出发前的准备工作。
2. 每日与主管会谈、联系一次。
3. 每日与不同的主管或营销员进行个别的谈心。
4. 处理公文或与有关部室的业务联系：解决日常公务上的问题。

二、每周工作重点

1. 召开一次主管工作会议：时间安排于星期一早会后，若有其他活动，则改在星期五。
2. 拟定每周工作进度：业务进度，增员目标，了解活动的进度概况，切实掌握经营发展状况。
3. 安排时间做所属人员家庭拜访：每周不固定安排 1-2 人的家庭访问，在访问的过程中，了解所属人员的家庭状况、工作心理及需要，并可使其家人对其工作有所了解，并予以协助。

三、每月工作重点

1. 召开单位经营会议：总结上月各组经营得失及改进方案，并拟定各组本月业绩及增员目标、工作计划及营业部月会准备会议。
2. 召开营业部月会：上一工作月各区、组、个人业绩及增员达成状况报告；上月对绩优人员的奖励；上月末达预定目标人员的自我报告；本工作月各组、个人预定业绩及增员目标报告；总结报告。
3. 召开主管座谈会：追踪本月业绩及增员进度。
4. 月行事历表：每月结束前，应拟定次月行事历，给每一天工作赋予生命，正常运行。

5. 工作进度的追踪：检查进行中的每一项工作计划进度及问题点，以便排除或改进。

四、年度工作重点及年度经营计划

审视年度工作计划的内容是否有遗漏，随时视现状与预期发展予以补充和加以构思、分析。

第三节 保险营销队伍的建立

相对于保险个人代理人而言，保险专业代理机构和保险经纪人具有较强的独立性。保险公司主要侧重于对保险个人代理人和保险兼业代理人的管理。保险公司一般设有营销业务部，对保险个人代理人的招聘、培训、业务推进、报酬、考核与晋升等相关事务进行综合性的管理。

一、保险营销人员的招聘

保险公司的分公司、营销业务部或保险代理机构都要根据年度计划和业务发展制订营销员的增员计划。为了保证营销队伍的整体素质，保险营销业务部要考虑保险公司所在地保险市场的情况、自身业务发展需要及管理能力等因素，从而决定保险营销员的增员规模和增员方式。根据我国《保险代理人管理规定》的要求和保险公司内部规章制度，营销员招聘必须符合一定的条件。保险公司、保险专业代理机构、保险兼业代理机构不得聘任或者委托具有以下情形的人员：因贪污、受贿、侵占财产、挪用财产或者破坏社会主义市场经济秩序，被判处刑罚，执行期满未逾5年的；被金融监管机构决定在一定期限内禁止进入金融行业，期限未满的；因严重失信行为被国家有关单位确定为失信联合惩戒对象且应当在保险领域受到相应惩戒，或者最近5年内具有其他严重失信不良记录的；法律、行政法规和国务院保险监督管理机构规定的其他情形。

符合招聘条件并通过面试的应聘人员，应接受保险公司的岗前培训和后续教育，主要是有关业务知识、法律知识和职业道德的培训。然后，保险公司和保险代理机构应当按照规定为个人保险代理人和代理机构从业人员进行执业登记。前文提到过“1＋1”的原则，即个人保险代理人、保险代理机构从业人员只限于通过一家机构进行执业登记。当他们跳槽时，即变更所属机构时，新所属机构应当为其进行执业登记，原所属机构应当在规定的时限内及时注销执业登记。

保险公司在招聘营销人员时应该注意以下原则：文化学历与专业素质并重；工作

经验与培养前途并重；为人处世与工作能力并重；求同发展与存异互补并重。

案例 14-2　　增员九招，招招管用

增员好坏，对保险公司的业绩影响至深，因此应做好增员工作。来自新西兰 NZI 寿险公司的四位高级主管，在一次增员座谈会中现身说法，将他们如何增员有成的九大招式公开如下：

1. 通过专门职业的杰出人士：他们经常与一些专门职业的杰出人士保持联系，这些职业都是需要与其客户做一对一的接触的，例如律师、会计师等。这些有力人士的推荐，是增员中一大助力。

2. 残障人士：他们经常穿梭在各地区的大小医院，目的是在找寻一些合适的残障人士加入这一行业。通过他们终生难忘的经验，来打开意外伤害保险这一市场。

3. 运动名人：尽量把握这些运动健将即将从其职业生涯退休的时刻。由于这些人已具有大众形象，因此在保险销售上来说，更容易让准客户接受。

4. 客户：销售人员的客户及客户配偶都是增员的理想人选。一般而言，他们都会先去试探客户的意见，可能的话，再约定面谈时间。这个方法的效果良好。当然，并非每位客户都适合担任销售人员，因此，他们都是针对那些对公司及公司产品信心十足的客户来进行这项增员工作的。

5. 求职广告：往往从各类求职广告中，也可以找到需要的人选。这个方法省时也省力，同时也可以找到一些奇才。

6. 高龄人选：这是一些提早退休或是因各公司行政裁员而离职的人士。在经过一番年龄考虑及过去在职表现的评估之后，对于合适的人选，便鼓励他们勇于尝试这份新工作。此外，还对新进销售人员施以特别训练，使他们对于一些高龄客户是否适合这份工作，具有独到的判断力。

7. 报刊广告：设计一些极为特殊、有吸引力的广告，刊登在各种报纸杂志上，以期吸引各行各业的精英分子。然后再根据其背景资料，一一予以过滤，选择适合的人。他们希望这些人来自不同行业，使他们能有更多、更大的准客户市场。

8. 职业讲习会：以定期或不定期方式，为有志于从事保险销售的人士开设职业讲习会，让他们对这一行业有正确而深刻的印象，进而愿意加入。讲习会内容包括公司主管畅谈公司业务，新进人员感想谈，资深人员经验谈，以及地方单位主管讨论公司政策及历史讲述。

9. 其他行业的销售人员：其他行业的销售人员多少已有一些销售经验，加入这一行自是驾轻就熟。一般来说，都会先寄上信函，告诉他们有这么一个绝佳的工作机会，以及加入这一行的种种利益，随后再以电话与对方约定面谈时间，事实证明，这是一个效果相当好的方法。

二、保险营销人员的培训

在当今中国保险市场，各保险公司都非常重视对营销人员的培训，不但对新招聘的营销人员进行培训，而且还根据法律和法规的要求提供持续培训。由于保险市场不断发展，保险产品不断更新，要保证保险营销人员也能够跟上保险市场和产品发展的脚步，对保险营销人员进行持续不断的教育和培训是不可或缺的。有的公司派遣新营销人员和有经验的营销人员一起工作，采用师傅带徒弟的方式进行训练，让他们观察销售是怎样进行的。尽管这也是训练的一种方法，其优点是受训者不仅可以学到销售中成功的经验，提高交易技巧，而且还能学会如何处理客户提出的各种异议，但这种方法对成功的销售训练来说还是不够的，保险公司还需要提供正式的销售训练。

（一）销售技巧的学习阶段

销售技巧的学习有四个阶段，每一个营销人员都处在其中的某一个阶段（见表14-1）。

表 14-1　销售技巧学习的阶段

阶段	特点
1. 无意识地不会	受训者没有考虑技巧问题
2. 有意识但不会	受训者了解技巧但不能实际应用
3. 有意识地会	受训者知道个人技巧、知道怎样做，但很难将技巧全部付诸实践
4. 无意识地会	受训者不用思考就能将技巧自动用于实践，并完成任务

受训者在从事销售工作以前，通常处在第一个阶段。他不知道运用销售技巧，甚至没有想过技巧问题。但是只要他决定从事销售，通过阅读或别人告诉他有关技巧的问题，他就会达到第二个阶段，即有意识但不会。他也许知道该怎么做，但不能成功地运用技巧。处于第三阶段的受训者，不仅仅知道该怎么做，而且熟悉销售技巧，并能单独运用不同的技巧，然而却无法把这些技巧协调起来。例如，营销人员能单独成功地完成介绍、处理异议和促成交易，但如果需要他在处理异议时继续销售介绍，同时又寻找成交信号，他也许就无能为力了。处于第四个阶段的营销人员能游刃有余地实施各种销售技巧，并有能力预先考虑销售过程的下一个阶段，从而控制销售局势；还能自然

地通过明确需要、介绍产品、处理异议等阶段，并能在恰当的时候和以最适宜的技巧促成交易前，根据环境要求改变销售方式。

（二）训练的内容

营销人员的训练计划应该包括专业知识和销售技巧的结合，通常应至少包括五个部分的内容：保险公司的目标、政策、组织和文化，公司的产品，公司的竞争者及其产品，销售的程序和技巧，工作组织和报告的准备。

前三个组成部分是训练营销人员时必需的知识。第一部分要介绍保险公司的简要历史、现状、成长历程和将来的发展方向；要解释和营销人员有关的政策，如怎样考核营销人员绩效和薪酬制度等；还要介绍保险公司的组织结构形式、销售与市场营销的关系，以使营销人员明确自己所处的位置和他能得到的后台支持。

第二和第三部分，即保险公司自己的和竞争者的保险产品，包括介绍保险产品的特征、保险责任、除外责任、保费缴纳、各种选择权等。这将鼓励营销人员对保险产品进行深入分析，明确保险产品的关键特征和利益所在，突出本公司保险产品和其他公司的区别。并能够清楚明了地向客户介绍公司的保险产品。

训练计划的第四部分是主要的组成部分，它包括销售程序和销售技巧的介绍，使受训者通过担任角色和实习过程来练习和发展销售技巧。

训练计划的最后一部分是工作组织和报告准备。由于保险代理人与保险公司之间的关系比较松散，因此受训者应受到有关自己工作能力的训练，在工作中培养良好的工作习惯。市场调查报告撰写和销售业绩的汇报也是受训者应当学习的内容。

（三）训练的方法

营销人员的训练方法有多种，普遍采用的有以下六种：授课（包括在线授课），电视录像和电影，角色扮演（客户—销售员），情景模拟，实例研究，实习训练。保险公司应该根据本公司的情况和条件，因地制宜地从中选择和借鉴。

1. 授课

由销售经理、有经验的营销人员或专家讲课，介绍专门的销售技巧。讲课中应采用讲义辅助教学。另外，讲课时应避免只是单方向的讲授，要鼓励受训者参与讨论。

2. 电视录像和电影

在提供信息和说明怎样应用技巧方面，电视录像和电影是讲课的有用的补充。通过说明怎样在销售中应用原理，电视、电影给授课增加了鲜活的实例，使受训者迅速上升到“有意识但不会”的阶段。

3. 角色扮演

为了使受训者上升到“有意识地会”的阶段，要创造一些环境，让受训者扮演“客户—销售者”中的不同角色进行训练，得出成功或失败的原因和教训。信息的反馈可以由其他营销人员、销售训练者和视听手段来提供。

4. 情景模拟

将行业内经常发生的销售情景进行总结，并对情景的处理方法给出不同备选项，让受训者根据情景选择处理的方法。

5. 实例研究

将以前发生的实例编成案例，供受训者分析与研究。它有助于发展受训者的分析能力。实例研究中要求训练者分析形势，明确问题和机会，做好处理问题的准备。例如给出客户的家庭情况和财务情况，要求受训者为下一次拜访制订一套销售目标。

6. 实习训练

给予受训者初始的训练，有必要通过实习来巩固。从真正的销售中取得经验，加上由销售经理提供的评价和信息反馈，营销人员应该稳定地进入技巧学习的最后一个阶段"无意识地会"。

尽管"无意识地会"是学习过程中的最后阶段，但它并不是极限，还应该不断改进有经验的营销人员的工作。为了做到这点，需要注意做好以下各项工作：分析每个营销人员的工作；明确其优、缺点；使营销人员认识到存在的缺点；教营销人员如何克服缺点；控制实习进展，检查是否取得进步。

当营销人员遇到了比较大的客户，但没有成功拿下的把握时，销售经理应当给予适当的帮助。但是，销售经理应当注意度。如果插手太多，尽管最终可以拿到保单，但是营销人员就失去了一个锻炼的机会；如果插手太少，很可能会失去保单。所以，销售经理应该把这种情况作为观察和评价营销人员处理问题的机会，并适当地给予帮助。

第四节　保险营销队伍的管理

一、保险营销人员的考核

营销人员的考核是一项重要的管理工作。对营销人员的绩效进行准确、客观的考核，不仅与其报酬相关，也与激励有着密切的联系，从而毫无疑问地影响保险公司的最终业绩和长远发展。所以，保险公司不应该只注重保费收入一个指标，还应该考虑许多更加长远的因素，综合、全面地考察营销人员的业绩。而且，保险公司的考核导向需要和监管机构的监管导向保持一致，只有这样，才能让全公司的营销人员都朝着同样的方向努力，最终增强保险公司的综合实力。

对营销人员的考核指标应该从不同的角度，全面衡量营销人员的业绩。通常，营销考核包括销售成果、客户关系、工作知识、公司内部关系以及人格特征等方面的考核。

- 销售成果的考核，包括评估营销人员个人销售的保费收入、保单数、保险金额、新客户开发数、销售访问次数、销售区域的市场占有率等。
- 客户关系的考核，包括营销人员现有客户数、解决客户问题的技巧、成功地为客户服务与提供协助的能力。
- 工作知识的考核，必须考虑到营销人员开发客户的能力、处理异议的能力、销售介绍的有效性，以及产品的特性、市场、客户、竞争、法律法规等知识。
- 公司内部关系的考核，包括对工作条件的了解、与其他部门良好相处的能力、与主管及同事有效沟通和合作的能力。
- 人格特征的考核，包括营销人员仪容的适宜性、判断力、热诚度、独立性、语言沟通的技巧、想象力以及营销人员是否具有积极进取的态度。

当然，这些指标有些是可以定量的，而有些是无法定量的。定量的指标比较容易与报酬相联系，但是定性的指标通常能够发现营销人员所存在的一些根本性问题。下面根据上面所介绍的五个方面的考核内容详细列举应考核的定量和定性指标。

（一）营销人员绩效考核的定量指标

定量指标包括销售工作的投入、产出和投入—产出三种情况。当然这些指标都是指在考核期内的产出。

（1）投入型考核指标。包括营销人员访问客户的总次数（包括新老客户和未成交的潜在客户），每一新客户的平均访问次数，每一老客户的平均访问次数，每一客户（新、老、潜在）的平均访问次数，访问准客户的总次数（包括新客户和未成交的潜在客户），销售费用（车旅费、广告宣传费、招待费等），营销人员的佣金金额等。

（2）产出型考核指标。包括销售的保单数目，销售的首期保费收入，销售的总保费收入，每一新客户的平均保单数目，每一新客户的平均保费收入，每一原有客户的平均保单数目，每一原有客户的平均保费收入，新开发的客户数，失去的原有客户数等。

（3）投入—产出型考核指标。例如，访问成功率（成交客户数/访问客户总数），访问保单率（保单总数/访问次数），访问收入率（保费总收入/访问次数），平均保费收入（总保费收入/保单数目），开发新客户的成功率（新客户数/访问准客户数），销售定额完成率（总保费收入/销售定额）等。

利用这些指标算出来的结果不但可以确定营销人员的佣金，而且还有助于销售经理在考核营销人员时了解以下一些问题：营销人员完成了销售目标吗？营销人员完成了销售利润目标吗？营销人员是否用了足够时间开发准客户？开发准客户的时间是否有保单作为回报？营销人员每周是否做了足够的销售访问？营销人员是否对潜在性很低的准客户做了过多的访问？销售访问是否反映在销售成功中？成交额是如何取得的？是大量小保单还是少量的大保单？

这些考核标准大多数具有诊断性，可供销售经理了解营销人员未完成指标的可能原因。也许是营销人员不够勤奋，没有做足够的销售访问；也许是销售访问的效率太低，反映出营销人员缺乏销售技巧；也许是营销人员对原有客户访问太多而对新客户访问太少，或者把时间都浪费在没有价值的客户身上。

（二）营销人员绩效考核的定性指标

定量考核指标并不能给评价营销人员提供完整的体系，还应当采用一些定性指标。用定性指标来考核不可避免会有些主观，为了使其有效，应当在实地考察。

（1）销售技巧。例如，友好关系的开发与建立，客户需求的确认和发现问题的能力，销售介绍的水平，网络辅助工具的采用，处理异议的能力，促成交易的能力等。

（2）与客户的关系。例如，营销人员受客户欢迎吗？客户对营销人员的服务、建议和可靠性感到满意还是经常满腹牢骚？

（3）自我组织能力。营销人员对以下方面的实施情况如何：销售访问准备，保持客户最新状况的记录，向总部提供市场信息，对自己的绩效进行自我分析以克服自己的弱点等。

（4）产品知识。营销人员对以下几个方面的情况掌握多少：自己的产品、客户的利益和两者的联系，竞争产品、客户的利益和两者的关系，自己的产品和竞争产品之间的优、缺点等。

（5）合作与态度。考察营销人员对以下几个方面的表现情况：为完成管理部门的既定目标而努力工作，例如增加对准客户的调查次数；为提高销售技巧而采纳实习训练中的和其他正确的建议；是否具有积极主动性；其对公司和公司保险产品的态度；其对艰难工作的态度。

只有综合考虑定量和定性的双重指标，才能全面地对营销人员进行考核。并且，考核并不是最终的目标，而是为了发现营销人员的问题并提高营销技巧和营销业绩。由于考核与营销人员的佣金密切相关，而佣金是营销人员最为关注的焦点，为了避免在这个问题上发生很大的争论或分歧，在计算佣金时应主要采用定量指标，而以定性指标为辅。定性指标可用于向营销人员提出有建设性的意见。

二、保险营销人员的薪酬制度

无论是保险个人代理还是保险专业机构代理，保险公司都要以一定的方式对保险代理人的工作给予补偿。在保险个人代理制度中，保险公司是直接将报酬给予保险代理人；而在保险机构代理中，保险公司则是把报酬支付给保险代理机构，然后由保险代理机构再向自己的从业人员支付报酬。无论如何，佣金是保险营销人员收入的主要来源。下面主要介绍针对保险代理人的薪酬制度。

（一）佣金制度

通常，保险代理人代表保险公司销售保险产品，并且因自己所售出的每份保险合同而获得报酬。佣金制度是代理营销体系中常用的薪金制度。佣金是支付给保险产品销售者的经济补偿，一般表示为客户所支付总保费的一定比例。保险代理人的佣金是保险公司的一项重要费用。

在财产保险市场中，财产保险产品的保险期限比较短，通常为一年，因此保险代理人可以一次性得到所销售保单的佣金。并且，佣金制度在财产保险市场中的问题不是非常突出，而大多仅限于佣金率的高低而已。但是在人寿保险市场中，由于人寿保险产品大多是一年以上的长期产品，因此保险代理人通常是分次得到所销售保单的佣金。佣金制度的合理性对于人寿保险公司而言比较重要。不同的佣金制度会给保险公司的费用、客户服务等带来不同的影响，并对保险代理人产生不同程度的激励。

1. 传统的佣金制度

在传统的佣金制度中，通常规定了较高的首年佣金，而后续佣金比较低。例如，在终身寿险保单的佣金制度中，首年佣金通常为首期保费的50%或以上，而后续佣金只有5%。定期寿险和年金产品的首年佣金都比较低，但仍然代表着一项重要的费用。这种传统的佣金制度存在着下列问题：当其他费用也比较高时，在合同的第一年，保险人在传统佣金制度下的佣金费用是最高的；而且，后续佣金的比例可能对保险代理人保持现有保单继续有效缺乏足够的刺激。

为了控制保险代理人的佣金，保险人通常还提供额外的小额补偿。这些非佣金形式报酬的目的是鼓励代理人销售的积极性，并不断为客户提供服务。表 14-2 中列举了美国保险市场中所使用的一些保险代理人的非佣金报酬。

表 14-2　　美国保险市场中保险代理人的非佣金报酬

代理人奖金	保险代理人根据所销售业务的保持率而获得奖金。保持率是指给定的一部分业务在特定期间内仍然有效的份额
利润分享和股票所有权计划	保险代理人以获得普通股作为部分报酬而分享保险公司的成功
延期佣金	保险代理人的一部分佣金延期到保险代理人退休或者离职时支付
降低保单替换的佣金	保单替换是指为了更换另一份正在退保的合同或保单而销售的一份合同或保单。降低保单替换的佣金就可以阻止销售者为得到新的首年佣金而进行不必要的保单替换
系列佣金	系列佣金是在合同开始生效时支付了首期佣金之后，再按合同账户价值的百分比计算的佣金。系列佣金通常用于年金中。因此，如果保险公司每年支付的系列佣金为1%，而客户在变额年金账户中的金额为10万美元，则代理人将得到1 000美元系列佣金。只要保险人仍然持有客户的资金，则每年都会持续支付系列佣金

2. 非传统的佣金系统

一些保险公司也已经尝试采用非传统的均衡佣金制度和均衡化佣金制度。在均衡佣金制度中,保险代理人在首年得到的佣金比率与后续年度完全相同。在均衡化佣金制度中,保险代理人所得到的首年佣金仍然要高于后续年度的佣金,但两者之间的差异要小于传统的佣金制度。表 14-3 举例说明了传统、均衡以及均衡化佣金制度的区别。

表 14-3　　传统、均衡以及均衡化佣金制度的区别

保单年度	传统佣金	均衡佣金	均衡化佣金
1	50%	15%	20%
2	5%	15%	16%
3	5%	15%	12%
4	5%	15%	12%

无论是均衡佣金制度,还是均衡化佣金制度,两者都注重销售者要向现有客户提供服务并保持保险的有效性。与传统佣金制度相比较,均衡和均衡化佣金制度降低了保险人在保单生效的前几年中的佣金费用。因此,保险人可以更快地从保险产品中赚取利润。

(二)其他补偿计划

1. 服务费

服务费通常是在佣金之外的一种报酬,通常只是应缴保费的一个非常小的比例。如果保险公司支付了服务费,那么保险代理机构和保险代理人必须每年至少与投保人联络一次,提供一定的服务。服务费的设计也是为了促使保险代理人为客户持续提供完善的服务。

服务费不同于后续年度的佣金。通常,后续年度的佣金是支付给出售保险产品的代理人,而服务费是支付给为被保险人提供服务的代理人,提供服务的代理人不一定就是当初出售保险产品的代理人。通常,当保险代理人离职或者退休的时候,保险公司或保险代理机构会另外指派一名保险代理人继续为客户提供服务。

2. 奖金和福利

保险公司还会向优秀的保险代理机构和保险代理人实施奖励。例如,每年年底,各保险公司都要向销售业绩比较好的代理人授予金牌代理人的称号,并组织外出旅游或团建的活动,给予表彰和奖励。保险公司还会召开优秀代理人会议以奖励和教育代理人,只有达到一定业绩要求的保险代理人才可以参加这种会议。保险公司还会向保险代理机构和保险代理人提供一些福利,允许保险代理机构和保险代理人以优惠的价格购买保险公司的保险产品。例如团体人寿和健康保险、退休计划等。

3. 费用津贴

保险公司有时还会支付给保险代理机构和保险代理人全部或部分办公费用以及其他营业费用。这既可以看作保险公司对保险代理人的一种报酬，也可以视为保险公司所提供的支持性服务。

4. 支持服务

保险公司除了以货币的形式给予保险代理机构和保险代理人补偿以外，通常还要为保险代理机构和保险代理人提供业务上的支持。保险公司提供给保险代理机构和代理人的支持服务包括各种形式的支持：管理和办公费用，教育与培训，准客户的开发与推荐计划，直接邮件营销，电话服务，以及帮助开发用于签约管理、产品介绍、需求分析、财务计划等方面的软件等。

当然，对于新代理人，保险公司应该留出一段时间让他们熟悉业务。这段时间中，保险公司可以给予比较高的底薪，然后逐渐减少，直至没有。这样，新代理人有一段学习和熟悉的时间，而不至于面对太大的压力。一些保险公司现在都会给予新人三个月至半年或一年的固定薪水，或者设立一些激励新人的计划，给予资金支持和培训支持，鼓励他们慢慢地适应市场，并逐渐能有业绩。

案例 14-3　　日本 Prudential 保险公司的激励

每周一，日本 Prudential 保险公司各营业部都会召开一次晨会，在这次会议上，销售经理会总结上周的业绩，并鼓励大家本周努力地工作。销售经理会阅读客户的来信，包括表扬信和批评信，然后邀请被表扬的销售人员进行经验分享。

随后，每个销售人员要大声汇报自己上周的业绩和本周的打算，管理人员当众记录在白板上公示。上周的业绩包括保单数、当月累计保单总数、保费收入、介绍新客户数、访问次数以及本周打算访问的次数。管理人员还会用红色的笔标出那些连续有进账、累计保单总数很好的保险代理人姓名，以示表扬。

如果该销售人员本周的业绩很好，则可以得到一枚蓝色的筹码，并把它放在自己的桌子上。当销售人员筹集了 20 枚蓝色筹码时，就可以更换一枚绿色的筹码。当销售人员的绿色筹码筹集到一定程度时，就可以更换一条 Prudential 的领带。

另外，到年末，如果销售人员的业绩很好，那么就可以得到社长的奖励，这是一条“金条”，上面有年份，销售人员也可以把这些“金条”串在一起，放在桌子上。这些措施都无形地给予销售人员荣誉，并激励他们不断创造更好的业绩。

随着互联网的发展，这些有关业绩的记录和表彰会更加迅速和快捷，有时甚至会产生每日销售明星、每周销售明星和每月销售明星。管理人员不断地刺激、激励销售人员努力工作，而且，各家保险公司的激励方式也都大同小异。

三、保险营销人员的道德规范

保险营销人员是保险公司在市场环节完成销售的关键一环，也是把握风险、控制成本的关键一环。因此，保险营销人员的道德规范、责任心和敬业态度非常重要。另一方面，由于保险个人代理人不是保险公司的正式员工，他们与保险公司的关系比较松散。而且，保险个人代理人又是代表保险公司进行展业，保险公司要承担保险个人代理人一切行为的后果。因此，无论是保险公司还是保险代理机构，都必须对保险营销人员进行严格的管理。

由于许多因素，保险营销人员的违规操作现象比较突出，消费者对保险营销人员的印象也不好。所以，如何规范保险营销人员的行为是一个比较重要的问题。保险监督管理机构、保险公司以及保险行业协会都在加强这方面的工作。例如，监管机构也曾经出台了《保险代理从业人员职业道德指引》和《保险经纪从业人员职业道德指引》，指引和规范营销人员的市场行为。上海市在2004年就建立了保险营销员个人执业信用系统，消费者可以查询保险营销员的个人信用，这在某种程度上起到了监督的作用。

在实务中，通常都倡导保险营销人员应该遵守道德规范。道德规范这一概念是非常主观的，是符合公认的道德标准的行为。保险公司通常可以通过多种办法倡导道德行为，比如要求员工参加道德培训，建立道德规范办公室或热线，以及将道德规范融入公司的使命或宣言中等。然而，要使道德规范计划真正成功，保险公司的高层管理者必须参与其中，而且道德规范也必须融入日常的业务决策中。中国银行保险监督管理委员会也颁布了保险代理人和保险经纪人的职业道德指引，希望能从道德上约束保险营销人员。然而，道德规范是一种主观的软约束，仅仅靠道德还无法对保险营销人员进行有效的管理，保险公司还必须设计规范的管理制度来对保险营销人员进行硬性的约束。

四、防范保险欺诈

欺诈可以被定义为诱导一个实体放弃某资产或有价值的权利而进行的故意欺骗。保险公司的内部和外部多方都有可能进行欺诈。内部欺诈的来源包括保险公司的员工和销售者。内部欺诈的常见类型包括：

- 提交或批准一份伪造的保单，或未经目标客户授权的保单；

- 盗窃客户所支付的本应交付给保险人的保费；
- 批准虚假的赔案，并盗窃保险人本应支付给客户的赔款；
- 与外方公司或顾问发生了不正当的关系，比如涉及利益冲突的关系。

保险外部欺诈者包括被保险人、护理提供者以及第三方管理者。表 14-4 列举了保险公司和保险代理机构在防范保险欺诈时应该注意的事项。

表 14-4　防范保险欺诈

● 不允许保险代理人以保险公司的名义开设个人或商业的账户。
● 禁止用保险代理人的账户缴付客户保单的保费。
● 制订特定计划，用于监督保险代理人为客户保单缴付保费。
● 在每一份投保单上都用黑体字提醒投保人，保费只能向保险公司支付，而不能向保险代理人支付。
● 向所有客户寄发交易的确认书。
● 调查那些寄给新保单持有人而无法投递的信件，以辨别可能存在的虚假保单。
● 与保险代理人一起检查和追踪那些被退回的扣款申请。
● 如果更改地址之后马上要求提取保单价值，比如保单质押贷款或退保金，或者在特定几天内进行保单所有权的变更，就应该向旧地址寄发书面确认书，或签订补充合同。
● 如果用保单价值垫付新保单的保费，就应该向客户寄发确认书。
● 为客户设定私人密码，用于电话提款、贷款和退保。
● 用计算机程序识别利用现有保单的现金价值垫付新保单保费的情形。
● 监督每个保险代理人客户的总保单质押贷款与总现金价值的比率。
● 监督对每个保险代理人的投诉次数。
● 定期抽样检查每个保险代理人的客户档案。
● 用计算机自动报告客户地址与保险代理人地址相同的情形。
● 对每一次关键的保单交易进行长期的追踪监察，包括辨明进入交易系统的个人身份。
● 调查所有即将成为保险代理人、员工和地区管理人员的背景。
● 用有关欺诈的书面正式文件表明，应在何时、向何人汇报有问题的行为。
● 为员工举行有关欺诈认识的演讲。
● 设定秘密举报的方法，比如公布免费的电话号码。
● 所有新员工都要接受毒品测试。

第五节　保险营销的执行、控制与审计

一、保险营销执行

保险营销执行是将保险营销计划和策略付诸实施。保险营销执行是将保险营销计划转化为行动和任务的部署过程，并保证这种任务完成，以实现保险营销计划所制订的目标。一般认为能够影响有效实施营销计划方案的因素有以下四类：

1. 发现和诊断问题的技能

当营销计划执行的结果未达到预期目标时，由于战略和执行之间具有紧密的内在关系，因此就会提出一些需要诊断的难题。比如，低销售率究竟是由于战略欠佳造成的，还是执行不当的结果？还得诊断究竟是什么问题，或确定还应该对此做些什么，即诊断执行中存在什么问题。然后可以通过管理手段和解决措施的多种不同组合来解决这些问题。

2. 对公司存在问题的层次做出评估的技能

营销执行的问题可能发生在三个层次上。一是行使营销功能的层次。例如，怎样能使保险公司从广告代理商那里得到更多的创造性广告？另一个层次是营销规划的层次。这一个层次把各种营销功能协调、组合在一起。该问题产生于怎样把保险产品推向保险市场。第三个执行层次是营销政策这一层次。例如，保险公司希望每一个员工都把客户放在第一位。

3. 营销执行技能

营销人员必须掌握一套能有效执行营销计划或政策的技能。其中的四种基本技能就是分配、监控、组织和相互配合。

4. 营销评估技能

营销经理应采用分配技能来预算资源，分配时间、费用和人员；还应采用监控技能来评估营销活动的结果；并应用组织技能来开发一个有效的工作组织；应用相互配合的技能，通过影响别人来完成自己的工作。营销经理不仅要能够动员自己的员工去有效地实施预期的战略，而且还必须充分利用外部的力量，比如市场调研公司、广告代理公司、经销商、批发商、代理商等，尽管他们的目标与本保险公司的目标也许并不全然一致。

二、保险营销的控制

任何计划都不可能按照预先设计的步骤一帆风顺地推进，营销部门必须连续不断

地进行监督和控制。保险营销的控制包括年度计划控制、盈利能力控制、效率控制和战略控制(见表 14-5)。

表 14-5　　保险营销控制的类型

控制类型	主要负责人	控制目的	方法
1. 年度计划控制	高层管理部门,中层管理部门	检查是否实现计划目标	销售分析,市场份额分析,费用—保费收入比率分析,财务分析,以市场为基础的分析
2. 盈利能力控制	营销审计人员	检查盈利项目和亏损项目	盈利情况：地区、消费者群、细分片区、销售渠道等
3. 效率控制	职能管理层,营销审计人员	评价和提高效率	效率：销售队伍、广告、促销、销售渠道
4. 战略控制	高层管理者,营销审计人员	检查公司是否在市场、产品和渠道等方面找到最佳机会	营销效益等级评价、营销审计、营销杰出表现、公司道德与社会责任评价

(一) 年度计划控制

年度计划控制是对保险公司在年度计划中制定的销售、利润和其他目标的实现情况加以控制。通常,年度计划控制包括五项主要内容：销售分析、市场占有率(市场份额)分析、营销费用—保费收入分析、财务分析和以市场为基础的分析。

1. 销售分析

销售分析是考核销售状况、评估保险公司业绩的一种手段。在进行销售分析时,保险公司通常将目前的实际销售情况与多个业绩指标进行比较,业绩指标包括：预计销售量、前几年的销售量、销售发生的费用、目前竞争对手的销售量、在某一特定地区或客户细分市场中预计的市场和销售潜力、目前行业销售情况。表 14-6 列出了几类经常进行的销售分析。

表 14-6　　销售分析的种类

销售分析通常按下列种类划分： (1) 市场或者客户细分； (2) 地理位置(地区、省、区、县、商业营销区、城市、代理机构、代理人、邮递区号、邮政编码)； (3) 产品系列和产品。 销售分析的类型： 总销售量或总保费收入,新保费收入,续保费收入,签单量,续保率,已售出的平均承保额,新客户数量,采用的分销体系类型,风险类型(标准、次标准、优良),被保险公司人口统计,交付的第一年佣金,有效保险金额等

保险产品的销售通常根据以下指标来衡量：新的年度化保费、第一年佣金收入、销售总保额、新开发保单的销售数量、市场份额、每一保单销售或每一单位产品的平均保费、平均保单规模。有时还根据总保费收入和有效保险金额来衡量。总销售金额通

常按以下分类：地域、区域、代理机构、代理人、产品、产品系列、客户细分、分销体系类型及一些其他因素，或能向管理者提供主要销售来源的更详细信息的综合因素。

2. 市场占有率（市场份额）分析

市场占有率分析表明保险公司在竞争中的相对地位。市场占有率指标主要有：总的市场占有率、服务市场占有率和相对市场占有率。

一般而言，市场占有率的升降表示保险公司营销能力的强弱，但是在下列情况下则不能片面地进行这种判断：

- 新的竞争者进入。当一个强有力的竞争者进入市场时，各保险公司的市场占有率都可能下降，但这并不表示本保险公司的营销管理水平下降。
- 公司营销战略因素。有时保险公司市场占有率下降是因为公司战略调整，比如主动放弃某些产品而造成的。
- 偶然因素的影响。如气候的变化、自然灾害的发生、国际国内政治事件的发生。

3. 营销费用—保费收入分析

即分析公司的销售业绩与成本费用之间的关系。其目的是提高保险公司的经营效率，以较小的支出取得比较大的销售业绩。通常采用营销费用与保费收入的比值来进行分析。这项指标可分解为五项：销售队伍费用与保费收入之比，广告费用与保费收入之比，促销费用与保费收入之比，营销研究费用与保费收入之比，销售管理费用与保费收入之比。营销部门应当监控这些费用比率，适度波动是正常的，然而如果超出正常范围，就要引起注意。

表 14-7　　运用费用比率进行费用分析的例子

- 每卖出 RMB10 000 元保险金额的营销费用比率
- 每 RMB1 000 元新保费收入的营销费用比率
- 每 RMB1 000 元新续保保费收入的营销费用比率
- 收到每份投保申请的营销费用比率
- 签发每份保单或已缴保单的营销费用比率
- 每一电话的平均营销费用
  - ■ 这些比率可以用于代理人、代理机构、外勤费用、总部费用等方面。总销售和营销费用也可以分类更细，如外勤经理补偿、主管补偿、外勤运作费用、数据处理等

4. 财务分析

营销费用与销售额之比应当放在总体财务构架中分析，以判断保险公司的总体财务状况。此时主要采用财务分析的方法，就不赘述了。

5. 以市场为基础的分析

上述的控制和分析侧重于财务数据，可能并不全面，还要进行以市场为基础的评价与控制，以反映公司的业绩和提供可能的预警信号。这项分析主要包括客户绩效分析和利益攸关者绩效分析。

客户绩效分析是记录保险公司历年来以客户为基础的工作,例如新客户的数量,不满意客户的数量,失去的客户数量,目标市场知晓率等。利益攸关者绩效分析即了解对保险公司业绩有重要利益和影响的各类人员的满意度。这些利益攸关者包括公司员工、供应商、银行、分销商、股东等。可以为各个群体建立满意的标准值,当某一或某些群体的不满增加时,就应当采取改进行动。

(二) 盈利能力控制

盈利能力分析是确定保险公司盈利或亏损状况的过程。通过比较营销量与所发生的费用,可以确定特定营销活动的营利性。保险公司可以利用盈利能力分析来衡量某一地区、代理机构、代理人、产品、产品系列、分销体系或某一客户细分的盈利情况。如果需要修正、维持、扩张、减少或中断任何营销活动或经营,管理者都可以运用这些信息帮助决策。

盈利能力分析可以通过以下步骤进行:首先确定职能性费用,将销售产品和广告等活动发生的费用全部列出。其次,将职能性费用分摊到各个营销实体,测量每一渠道的销售所发生的职能性支出,并与其营销努力进行比较。比如,总推销费用是 6 000 元,销售访问是 300 次,平均每次访问的费用为 20 元。广告费用总额是 5 000 元,一共做了 100 个广告,平均每个广告成本为 50 元。最后,为每个营销渠道编制一张损益表。以每一渠道的销售额占总销售额的比例为依据,将所发生的营销费用分摊到各个销售渠道,从该渠道的毛利中减去这笔费用,就得到该渠道的利润。

进行盈利能力分析的保险公司必须注意在研究中包含恰当的变量。例如,应该每隔几年分析一下保险公司的营利性,以避免得到误导性数据。保险公司认识到,对于许多分销体系,由于取得新业务的成本较高,其第一年的费用甚至会超过第一年的收入。仅仅比较新产品在第一年中的销售额与费用,将使保险公司对该产品的盈利能力产生错误的认识。将第一年的销量与代理机构费用进行比较时,保险公司也要谨慎。比如,一个代理机构可能看起来比其他代理机构花费高,但实际上其可能是将资源用在提高续保率上,而这项工作将获得长期的盈利。

(三) 效率控制

如果盈利能力分析揭示了保险公司在有关产品、地区或市场方面的利润状况不佳,接下来的问题就是制定有效的措施管理销售队伍以及广告、促销和分销等营销活动,以提高营销效率。

1. 销售队伍的效率控制

主要指标有:每个销售人员平均每天销售访问的次数、销售人员每次访问平均所用时间、销售人员每次访问的平均保费、销售人员每次访问的平均成本、每 100 次访问的投保百分比、每一期新增客户数目、每一期减少客户数目、销售队伍成本占总成本的百分比等。通过销售队伍考核效率指标，保险公司能够发现一些值得改进的地方。有的保险公司发现其销售队伍访问客户的次数过于频繁，或者成功率比较低下，或者客户流失情况比较严重等。

2. 广告效率

广告效率是非常难以衡量的，主要考核指标有：每一种媒体接触每千人的广告成本，以及注意、看到和认识该广告的人在受众中的百分比，消费者对于广告内容和有效性的看法，受众对产品态度的变化情况，由广告所激发的询问次数，每次广告调查的成本等。

3. 分销效率

主要考核指标有：销售渠道中各级各类人员如代理人、经纪人等发挥的作用和潜力、分销系统的矛盾冲突状况与解决办法。

（四）战略控制

战略控制是对保险公司的发展战略及其与保险营销环境的适应程度加以考核和控制。在复杂多变的市场环境中，原先制定的战略目标、政策和措施有可能出现不适应和过时的现象，有必要运用一些方法重新评估和控制，使之与变化的环境相适应。主要的考核工具有营销效益等级考核、营销审计、营销杰出企业考核和社会责任考核。

三、保险营销审计

保险营销审计是定期对保险公司或业务单位的保险营销环境、目标、战略和活动所做的全面系统的独立检查，以判定存在的问题和机会，提出行动计划，提高公司的营销业绩。保险营销审计是保险营销控制的重要工具，是保险营销战略控制的重要构成部分。

营销审计的目的是确定一家保险公司出现问题的范围和时间，检查保险公司营销活动的优缺点，并推荐行动计划以改进营销业绩。多数营销审计是综合性的，涵盖了影响保险公司营销业绩的所有因素。一家保险公司也可以安排较小规模的营销审计，以检查操作性问题或重新审视营销活动。

营销审计通常是定期进行的，并由有经验的外部权威机构来进行，也可能由一组保险公司的人员和外部顾问共同进行。营销审计者通过询问为什么以某种方式进行运作来检查保险公司的营销活动。保险公司经常以某种方式进行操作，只是因为“我们一直这么做”。实际上，特别是由功能领域之外的人员进行的营销审计，可以对保险公司的经营活动、实际操作程序提供一个新的观察角度。

当进行审计时，审计人员有针对性地会见经理、分销商、客户以及其他与公司营销活动和业绩有关的个人。审计人员也可以以电话或邮件形式对客户和其他个人进行调查。审计人员还会定期举行高级管理者会议，将初步结果通知给他们，并确保审计人员满足了高级管理者的期望。

收集到所有需要的信息后，审计人员要准备一个最终报告，概括出他们的结果和建议。这一信息通常以书面报告和召开一次或几次会议两种形式提交给高级管理者。营销审计的结果和建议能够向公司提供有价值的信息，并能帮助公司改进其营销活动。

通常，保险营销审计的内容包括：保险营销环境审计、保险营销战略审计、保险营销组织审计、保险营销制度审计、保险营销生产审计、保险营销功能审计等。

习题

1. 产品型与市场型组织结构是如何把产品型和市场组织型结合起来的？
2. 保险公司分公司、营销服务部或保险代理机构的经理应当履行哪些职责？
3. 保险公司在招聘营销人员时应该注意哪些原则？
4. 营销人员的培训计划应该包括哪些内容？
5. 应该如何对保险营销人员进行全面的考核？
6. 请解释传统的佣金制度、均衡佣金制度和均衡化佣金制度的区别。
7. 您认为应该如何设计保险代理人的薪酬制度才能做到公平、公正并有激励？
8. 影响有效实施营销计划方案的因素有哪些？
9. 应该如何控制保险营销计划的实施？
10. 保险营销审计的主要内容有哪些？

第十五章　保险营销监管

世界各国的保险公司均服从于广泛的监管。保险监管的范围很宽，包括控制保险公司风险的监管（如偿付能力的监管）以及保护消费者的监管（如保险定价、市场行为）等。保险营销监管的指向包括保险经营主体的营销业务和各种保险中介人。当然，如果从广义上来理解，所有的监管法律都与保险营销有关。保险行业自律同时也对保险市场起到了不容忽视的作用。本章将横向分析保险营销的监管，即只涉及对保险营销有影响的监管规定。

第一节　保险公司的业务监管

一、保险条款和费率的监管

我国保险监管部门对保险条款和费率实行严格监管，其目的是保证条款和费率的公平、公正和合理。我国《保险法》第一百三十五条规定，关系社会公众利益的保险险种、依法实行强制保险的险种和新开发的人寿保险险种等的保险条款和保险费率，应当报国务院保险监督管理机构批准。国务院保险监督管理机构审批时，应当遵循保护社会公众利益和防止不正当竞争的原则。其他保险险种的保险条款和保险费率，应当报保险监督管理机构备案。保险条款是保险人与投保人关于双方权利与义务的约定，是保险合同的核心内容。在保险条款的监管中，各国保险监管机构一般要求保险条款内容完整，明确保险标的、保险责任与责任免除、保险期限、保险价值与保险金额、保险费及缴费方式、保险赔款及保险金给付办法、违约责任和争议处理等内容。此外，监管机构还对保险条款的表达方式进行监管，要求保险条款的用词准确，表述清晰；投保人有疑问时，保险人须做出客观解释，不得误导消费者。并且，保险监管部门还保留了检查和勒令修改条款和费率的权利。

总的来讲，目前我国保险条款和费率监管是审批制和备案制相结合。关键险种需要由保险监督部门来制定，而其他险种仅需要报告和审批即可。这就给保险公司运用各种营销策略进行竞争提供了机会。

二、保险营销业务的监管

目前有关保险公司营销业务的监管规定还非常少,还存在着许多真空的地带。下面是有关的监管规定。

(一) 保险广告和业务资料的监管

对于利用各种媒体进行广告宣传,保险公司都应该以全面、客观、完整、真实为原则,同时,还应根据保险业的特点,对于不能确定给出的承诺,则不应该在广告中进行诱导,或扭曲保险责任。

我国《保险公司管理规定》第四十四条规定:"保险机构的业务宣传资料应当客观、完整、真实,并应当载有保险机构的名称和地址。"第四十五条规定:"保险机构不得利用广告或者其他宣传方式,对其保险条款内容和服务质量等做引人误解的宣传。"

另外,从广告法的角度对广告宣传也做了相关要求:广告必须真实、合法,以健康的表现形式表达广告内容,符合社会主义精神文明建设和弘扬中华民族优秀传统文化的要求。广告不得含有虚假或者引人误解的内容,不得欺骗、误导消费者。广告主应当对广告内容的真实性负责。

案例 15-1　　美国保险广告的监管

我国《广告法》尚没有出台专门针对保险广告的法案,凸显保险广告监管的真空地带。美国自 1945 年就开始对保险广告进行监管。先是由联邦交易委员会(FTC)重点对州际直销广告进行监管。此后,各州都颁布了一系列法规,或是制定了一些监管保险广告的法规。在监管过程中,美国保险广告监管表现出以下特点。

1. 采用"合理预期原则"

"合理预期原则"是指以投保人或被保险人在购买保险时对保险的"合理预期"为依据,来确定保险合同的承保范围和除外责任。在"合理预期原则"下,法庭裁决的依据是投保人对保险合同的合理预期。这也就从更大范围保障了投保人和被保险人的利益,同时也更加严格要求了保险广告的严谨性。

2. 监管机构各司其职

美国对保险广告的监管来自方方面面,主要包括:各州政府、联邦交易委员会(FTC)、美国邮政服务部(USPS)、联邦交流委员会(FCC)、国家税务局(IRS)、证券交易委员会(SEC)等。其中州政府负责主要的监管工作,联邦交易委员会对《麦卡伦-弗格森法》规定的"在某种程度上不受州法监管的保险业务"进行监管。

美国邮政服务部有权拒绝通过邮寄方式来传送不符合公众利益的物品，因此对保险直销广告有一定的监管作用。联邦交流委员会间接控制着电台和电视节目中播出的广告，因此对在电台、电视上播出的保险广告有监管作用。国家税务局和证券交易委员会主要对年金广告起到监管作用，因为年金存在避税风险和投资风险。

3. 划分广告类别，合理监管

美国对不同类别的广告依据可能产生的风险程度采取不同的监管力度。保险广告包括代理人促销材料、团体保险广告、直销保险广告、互联网广告等几方面。其中直销保险广告的监管力度最大。由于在直销保险广告中，投保人一般只是从报纸、杂志或直接邮寄给他的小册子上剪下申请表，填好后直接将其寄给保险公司，投保人没有机会与保险公司的相关人员商讨合同条款，仅仅依靠自己对保险合同的理解，因此容易对广告与保单间的内容差异产生纠纷，属于重点监管的保险广告。

其次，对代理的促销材料的监管也很严格。这是因为代理人向客户推销保险时使用的材料有可能会对客户产生误导。

在团险销售中，被保险人通常没有机会阅读总团体保单，因此，当团险广告有利于被保险人而不利于总保单时，法院通常裁定保险人放弃总保单中的有关条款的权利。对于互联网的监管则更多的是从技术方面加以要求，但由于监督网络营销有一定的困难性，1996 年全美保险监督官协会(NAIC)成立了网络营销工作组。

4. 适用法律具体细致

在美国，保险广告法包括监管一般广告的法律，也包括特定监管保险广告的法律。保险广告受州广告法规范，并受专门适用于保险广告的有关法律的规范。各州的保险广告法多数基于全国保险监督官协会起草的示范法，其中包括防止不公平交易示范法、意外事故险和疾病险广告示范法以及寿险广告示范法。在这些示范法中对保险广告的规范是十分细致的。例如，在意外事故和疾病保险广告示范法中，对保险广告的内容、形式、信息披露方式、特定条款的用词、统计资料的使用、贬低他人的声明、保险公司的状况声明、特别要约等情况都做了详细的规定。示范法为保险广告的实际操作指明了方向。

（二）保险电话营销的监管

近年来，由于保险电话营销的普及，监管机构也曾实时推出一些监管措施，监管保险电话营销。我国 2008 年 5 月出台了《关于促进寿险公司电话营销业务规范发展的通知》，从而初步规范了保险公司电话营销的行为。2010 年 12 月，在此基础上又出台了《关于进一步规范人身保险电话营销和电话约访行为的通知》，进一步规范了寿险行业的电话营销业务。在财险领域中，2007 年 5 月，出台了《关于财产保险公司电话营销专用产品开发与管理的通知》；在 2013 年 1 月出台了《关于规范财产保险公司电话营销业务市场秩序，禁止电话营销扰民有关事项的通知》。

这些规定中都要求，保险公司可以开发专门用于电话营销渠道销售的保险专用产品，但保险公司必须在场所设置、人员配备、内控制度以及电话营销运营基础设施建设等方面满足相关要求。保险公司开发电话营销专用产品，应当由总公司报送监管机构审批。而且，保险公司应当在管理电话营销专用产品的各个环节中建立电话营销专用网络系统、人员管理制度、质量监控机制、独立核算制度、客户信息安全管理制度和统一的售后服务制度等内控管理制度，以切实保障电话营销业务规范健康地发展。同时，保险公司要加强对电话营销专用产品的呼出管理，防止骚扰事件发生。保险公司应当对电话营销专用产品实行统一管理，并实行自主经营，从而避免与其他销售渠道发生冲突。

这些规定的出台对于规范电话营销专用产品的开发和使用、维护市场正常经营秩序、保护消费者切身利益、加强保险创新、促进保险业健康稳定发展将起到重要的作用。

（三）保险间接营销渠道的监管

对于保险间接营销渠道而言，相关的监管规定基本上是首先要求保险公司应该委托合法的保险中介，并履行一定的监管义务。例如，我国《保险公司管理规定》指出：保险机构不得委托未取得合法资格的机构或者个人从事保险销售活动，不得向未取得合法资格的机构或者个人支付佣金或者其他利益。保险机构应当建立保险代理人的登记管理制度，加强对保险代理人的培训和管理，不得唆使、诱导保险代理人进行违背诚信义务的活动。保险机构对其保险代理人在展业过程中出现的虚假陈述、误导等损害被保险人利益的行为，依法承担责任。

相对而言，保险监管部门对保险营销的监管重点还是在规范保险中介的行为。

第二节 保险代理人的监管

早在 2000 年 8 月，监管机构就出台了《保险兼业代理管理暂行办法》；2009 年 9 月，出台了《保险专业代理机构监管规定》；2013 年 1 月，出台了《保险销售从业人员监管办法》；2013 年和 2015 年，又对《保险专业代理机构监管规定》进行了两次修订。

2015年,监管机构针对兼业代理机构大多数是银行这一事实,颁发了《关于银行类保险兼业代理机构行政许可有关事项的通知》。这说明,保险代理人监管一直都是保险营销监管的核心领域。2021年1月,监管机构又出台了《保险代理人管理规定》,并将上述相关规定全部废止。因此,下文将基于2021年1月出台的《保险代理人管理规定》分析一下保险代理人领域的监管,主要包括市场准入、经营规则和市场退出几个部分。

一、市场准入

(一) 保险专业代理公司

1. 保险专业代理公司的设立

当前,我国只允许保险专业代理公司采取有限责任公司和股份有限公司两种组织形式。如果申请注册为经营区域为全国的保险专业代理公司,注册资本最低限额为5 000万元。申请经营区域为注册登记地所在地的区域性保险专业代理公司,注册资本最低限额为2 000万元。

保险专业代理公司经营保险代理业务,应当具备下列条件:股东符合《保险代理人管理规定》的要求,且出资资金自有、真实、合法,不得用银行贷款及各种形式的非自有资金投资;注册资本符合规定,且按照国务院保险监督管理机构的有关规定托管;营业执照记载的经营范围、公司章程和公司名称符合要求;高级管理人员符合任职资格条件;有符合保险监管机构规定的治理结构和内控制度,商业模式科学合理可行;有与业务规模相适应的固定住所;有符合保险监管机构规定的业务系统和财务信息管理系统;法律、行政法规和国务院保险监督管理机构规定的其他条件。

保险公司的工作人员、个人保险代理人和保险专业中介机构从业人员不得另行投资保险专业代理公司;保险公司、保险专业中介机构的董事、监事或者高级管理人员的近亲属经营保险代理业务的,也应当符合履职回避的有关规定。

保险专业代理公司名称中应当包含"保险代理"字样。保险专业代理公司的字号也不得与现有的保险专业中介机构相同。保险专业代理公司应当规范使用机构简称,清晰标识所属行业细分类别,不得混淆保险代理公司与保险公司的概念,在宣传工作中也应当明确标识"保险代理"字样。

2. 保险专业代理公司分支机构的设立

全国性的保险专业代理公司经营区域为全国。全国性保险代理公司在注册登记地以外开展保险代理业务时,应当在当地设立分支机构。分支机构包括分公司和营业部。保险专业代理公司首先应当设立省级分公司,指定其负责办理行政许可申请、监管报告和报表提交等相关事宜,并负责管理其他分支机构。

保险专业代理公司新设分支机构经营保险代理业务，应当符合以下条件：保险专业代理公司及分支机构最近 1 年内没有受到刑事处罚或者重大行政处罚；保险专业代理公司及分支机构未因涉嫌违法犯罪正接受有关部门调查；保险专业代理公司及分支机构最近 1 年内未发生 30 人以上群访群诉事件或者 100 人以上非正常集中退保事件；最近 2 年内设立的分支机构不存在运营未满 1 年退出市场的情形；具备完善的分支机构管理制度；新设分支机构有符合要求的营业场所、业务财务信息管理系统，以及与经营业务相匹配的其他设施；新设分支机构主要负责人符合规定的任职条件；国务院保险监督管理机构规定的其他条件。

而且，假如保险专业代理公司因严重失信行为被国家有关单位确定为失信联合惩戒对象且应当在保险领域受到相应惩戒的，或者最近 5 年内具有其他严重失信不良记录的，不得新设分支机构经营保险代理业务。

（二）保险兼业代理公司

1. 保险兼业代理公司的设立

保险兼业代理机构经营保险代理业务，应当符合下列条件：有市场监督管理部门核发的营业执照，其主营业务依法须经批准的，应取得相关部门的业务许可；主业经营情况良好，最近 2 年内无重大行政处罚记录；有同主业相关的保险代理业务来源；有便民服务的营业场所或者销售渠道；具备必要的软硬件设施，保险业务信息系统与保险公司对接，业务和财务数据可独立于主营业务，可单独查询与统计；有完善的保险代理业务管理制度和机制；有符合条件的保险代理业务责任人等。

2. 保险兼业代理公司分支机构的设立

保险兼业代理公司分支机构获得法人机构关于开展保险代理业务的授权后，可以开展保险代理业务，并应当及时通过保险监管机构规定的监管信息系统报告相关情况。保险兼业代理法人机构授权在注册登记地以外的分支机构经营保险代理业务的，应当指定一家分支机构负责该区域全部保险代理业务管理事宜。

（三）个人保险代理人与从业人员的条件

保险公司应当委托品行良好的个人保险代理人，保险专业代理机构和保险兼业代理机构也应当聘任品行良好的保险代理机构从业人员；而且应当加强对所有从业人员招录工作的管理，制定规范统一的招录政策、标准和流程。首先，保险公司、保险专业代理机构和保险兼业代理机构不得聘任或者委托下列人员：因贪污、受贿、侵占财产、挪用财产或者破坏社会主义市场经济秩序，被判处刑罚，执行期满未逾 5 年的；被金融监管机构决定在一定期限内禁止进入金融行业，期限未满的；因严重失信行为被国家有关单位确定为失信联合惩戒对象且应当在保险领域受到相应惩戒，或者最近 5 年内具有其他严重失信不良记录的；法律、行政法规和保险监管机构规定的其他情形。

而且，个人保险代理人和保险代理机构从业人员应当具有从事保险代理业务所需的专业能力。保险公司、保险专业代理机构和保险兼业代理机构应当加强岗前培训和后续教育。培训内容至少应当包括业务知识、法律知识及职业道德，并应当建立完整的培训档案。

保险公司、保险专业代理机构和保险兼业代理机构应当按照规定为其个人保险代理人、保险代理机构从业人员进行执业登记。而且，相关人员只能限于通过一家机构进行执业登记。如果相关人员变更所属机构的，新所属机构应当为其进行执业登记，原所属机构应当在规定的时限内及时注销执业登记。

二、经营规则

（一）经营业务范围

保险专业代理机构可以经营的业务范围包括：代理销售保险产品，代理收取保险费，代理相关保险业务的损失勘查和理赔，保险监管机构规定的其他相关业务。保险兼业代理机构可以经营的业务范围则包括代理销售保险产品和代理收取保险费，以及保险监管机构批准的其他业务。保险公司兼营保险代理业务的，除同一保险集团内各保险子公司之间开展保险代理业务外，一家财产保险公司在一个会计年度内只能代理一家人身保险公司业务，一家人身保险公司在一个会计年度内只能代理一家财产保险公司业务。

保险代理人从事保险代理业务，不得超出被代理保险公司的业务范围和经营区域，也就是说要严格执行“1＋1”的原则。保险兼业代理机构只能在自己的主业营业场所内销售保险产品，不得在主业营业场所外另设代理网点。

一般而言，保险专业代理机构及其从业人员、个人保险代理人不得销售非保险金融产品，除非是经相关金融监管部门审批的非保险金融产品。当然，在销售符合条件的非保险金融产品前，应当具备相应的资质要求。

个人保险代理人和保险代理机构从业人员应当在所属机构的授权范围内从事保险代理业务。如果保险公司兼营保险代理业务的，其个人保险代理人可以根据授权，代为办理其他保险公司的保险业务。此时，个人保险代理人的所属保险公司应当及时变更执业登记，增加授权范围等事项。如果保险代理人要通过互联网、电话经营保险代理业务，则应该遵守有关互联网保险和电话保险的相关规定。

（二）经营管理相关要求

1. 财务账户

保险专业代理机构和保险兼业代理机构应当建立专门账簿，记录保险代理业务收支情况。如果是代收保险费的，应当开立独立的代收保险费账户进行结算，并且应当开立独立的佣金收取账户。

保险代理人及保险代理机构从业人员在开展保险代理业务过程中，不得索取、收受保险公司或其工作人员给予的合同约定之外的酬金、其他财物，或者利用执行保险代理业务之便牟取其他非法利益。

2. 客户告知

保险专业代理机构和保险兼业代理机构在开展业务过程中，应当制作并出示客户告知书。客户告知书至少应当包括以下事项：保险专业代理机构或者保险兼业代理机构及被代理保险公司的名称、营业场所、业务范围、联系方式；保险专业代理机构的高级管理人员与被代理保险公司或者其他保险中介机构是否存在关联关系；投诉渠道及纠纷解决方式。

保险专业代理机构和保险兼业代理机构应当对被代理保险公司提供的宣传资料进行记录并存档。保险代理人不得擅自修改被代理保险公司提供的宣传资料。

保险代理人应当向投保人全面披露保险产品相关信息，并明确说明保险合同中保险责任、责任减轻或者免除、退保及其他费用扣除、现金价值、犹豫期等条款。

3. 业务档案

保险专业代理机构和保险兼业代理机构应当建立完整规范的业务档案。其中，保险专业代理机构的业务档案至少应当包括下列内容：代理销售保单的基本情况，包括保险人、投保人、被保险人名称或者姓名，保单号，产品名称，保险金额，保险费，缴费方式，投保日期，保险期间等；保险费代收和交付被代理保险公司的情况；保险代理佣金金额和收取情况；为保险合同签订提供代理服务的保险代理机构从业人员姓名、领取报酬金额、领取报酬账户等。

保险兼业代理机构的业务档案至少应当包括：代理销售保单的基本情况，包括保险人、投保人、被保险人名称或者姓名，保单号，产品名称，保险金额，保险费，缴费方式，投保日期，保险期间等；保险费代收和交付被代理保险公司的情况；保险代理佣金金额和收取情况；为保险合同签订提供代理服务的保险兼业代理机构从业人员姓名及其执业登记编号。

4. 代理权限及法律责任

保险代理人从事保险代理业务，应当与被代理保险公司签订书面委托代理合同，依法约定双方的权利和义务，并明确解付保费、支付佣金的时限和违约赔偿责任等事项。委托代理合同不得违反法律、行政法规及国务院保险监督管理机构有关规定。

保险代理人根据保险公司的授权代为办理保险业务的行为，由保险公司承担责任。保险代理人没有代理权、超越代理权或者代理权终止后以保险公司名义订立合同，使投保人有理由相信其有代理权的，该代理行为有效。

个人保险代理人、保险代理机构从业人员开展保险代理活动时有违法违规行为的，其所属保险公司、保险专业代理机构和保险兼业代理机构依法承担法律责任。

个人保险代理人、保险代理机构从业人员不得聘用或者委托其他人员从事保险代理业务。

（三）禁止的行为

保险代理人及其从业人员在办理保险业务活动中不得有下列行为：欺骗保险人、投保人、被保险人或者受益人；隐瞒与保险合同有关的重要情况；阻碍投保人履行如实告知义务，或者诱导其不履行如实告知义务；给予或者承诺给予投保人、被保险人或者受益人保险合同约定以外的利益；利用行政权力、职务或者职业便利以及其他不正当手段强迫、引诱或者限制投保人订立保险合同；伪造、擅自变更保险合同，或者为保险合同当事人提供虚假证明材料；挪用、截留、侵占保险费或者保险金；利用业务便利为其他机构或者个人牟取不正当利益；串通投保人、被保险人或者受益人，骗取保险金；泄露在业务活动中知悉的保险人、投保人、被保险人的商业秘密。

除此之外，保险代理人不得以捏造、散布虚假事实等方式损害竞争对手的商业信誉，不得以虚假广告、虚假宣传或者其他不正当竞争行为扰乱保险市场秩序；不得与非法从事保险业务或者保险中介业务的机构或者个人发生保险代理业务往来；不得将保险佣金从代收的保险费中直接扣除；不得违反规定代替投保人签订保险合同；不得以缴纳费用或者购买保险产品作为招聘从业人员的条件，不得承诺不合理的高额回报，不得以直接或者间接发展人员的数量作为从业人员计酬的主要依据。

三、市场退出

（一）公司的退出

当保险专业代理公司、保险兼业代理法人机构有下列情形之一的，保险监管机构依法注销其许可证，并予以公告：许可证依法被撤回、撤销或者吊销的；由于解散或者被依法宣告破产等原因依法终止的；法律、行政法规规定的其他情形。

被注销许可证的保险专业代理公司、保险兼业代理法人机构应当及时交回许可证原件，并立刻终止其保险代理业务活动。

保险专业代理公司许可证注销后，公司继续存续的，不得从事保险代理业务，并应当依法办理名称、营业范围和公司章程等事项的变更登记，确保其名称中无“保险代理”字样。

保险兼业代理法人机构被保险监督管理机构依法吊销许可证的，3 年之内不得再次申请许可证；由于其他原因被依法注销许可证的，1 年之内不得再次申请许可证。

（二）人员的退出

当发生下列情形之一时，保险公司、保险专业代理机构或保险兼业代理机构应当在规定的时限内及时注销个人保险代理人、保险代理机构从业人员执业登记：相关人员受到禁止进入保险业的行政处罚或由于其他原因终止执业；保险公司、保险专业代理机构或保险兼业代理机构停业、解散或者由于其他原因不再继续经营保险代理业务。

第三节 银行代理的监管

商业银行代理保险即银行保险一直都是保险市场上重要的营销渠道。2020 年，银保渠道业务实现了代理保费收入 10 438 亿元，比 2019 年增长了 12.44%；占整个保险市场的 23.06%，占兼业代理业务的 82.82%。2021 年，银保渠道业务代理保费收入 12 055.95 亿元。其中，寿险保费收入 11 990.99 亿元，比 2020 年增长了 18.63%；超过了人身险公司保费收入总量的三分之一。财险保费收入 64.96 亿元，比 2020 年下降了 29.00%。所以，银行保险是人寿保险的一个极其重要的销售渠道。而且，银行保险涉及了银行和保险两个金融行业，因此银行保险一直都是保险监管的重点。

2006 年，我国监管机构出台了《关于规范银行代理保险业务的通知》。紧接着，又出台了《中国银监会办公厅关于进一步规范银行代理保险业务管理的通知》(2009)，《中国银监会关于进一步加强商业银行代理保险业务合规销售与风险管理的通知》(2010)，《关于印发〈商业银行代理保险业务监管指引〉的通知》(2011)和《中国保监会和银监会关于进一步规范商业银行代理保险业务销售行为的通知》(2014)。2016 年，接着出台了《关于银行类保险兼业代理机构行政许可有关事项的通知》和《关于进一步明确保险兼业代理行政许可有关事项的通知》。2019 年，监管机构出台了《商业银行代理保险业务管理办法》，对银行保险业务进行了进一步的严格监管。

一、业务准入

(一) 机构的准入

商业银行经营保险代理业务，应当符合监管机构规定的条件，取得“保险兼业代理业务许可证”。这是进入银行保险业务的先决条件。除此之外，商业银行经营保险代理业务，还应当具备下列条件：具有监管机构或其派出机构颁发的金融许可证；主业经营情况良好，最近两年内无重大违法违规记录；已建立符合监管机构规定的保险代理业务信息系统；已建立保险代理业务管理制度和机制，并具备相应的专业管理能力；法人机构和一级分支机构已指定保险代理业务管理责任部门和责任人员等。

然后，全国性商业银行经营保险代理业务，应当由其法人机构向银保监会申请许可证。区域性商业银行经营保险代理业务，应当由法人机构向注册所在地银保监会派出机构申请许可证。监管机构及其派出机构依法做出批准商业银行经营保险代理业务的决定的，应当向申请人颁发许可证。许可证不设有效期。申请人取得许可证后，方可开展保险代理业务。商业银行的网点凭法人机构的授权经营保险代理业务，并应将所属法人机构许可证复印件置于营业场所显著位置。保险公司应当切实承担对其分支机构的管理责任，不得委托没有取得许可证的商业银行或者没有取得法人机构授权的商业银行网点开展保险代理业务。

当然，为了保证银行和保险公司的信息畅通，凡是从事商业银行保险业务的都必须建立信息系统。商业银行代理保险业务信息系统应具备以下条件：具备与管控保险产品销售风险相适应的技术支持系统和后台保障能力；与保险公司业务系统对接；实现对其保险销售从业人员的管理；能够提供电子版合同材料，包括投保提示书、投保单、保险单、保险条款、产品说明书、现金价值表等文件；记录各项承保所需信息，并对各项信息的逻辑关系及真实性进行校对。

（二）从业人员的准入

对于商业银行保险业务的从业人员，也要办理执业登记。商业银行应当由法人机构或其授权的分支机构在监管机构规定的监管信息系统中为其保险销售从业人员办理执业登记。执业登记内容应当包括具体的姓名、性别、身份证号码、学历、照片，所在商业银行网点名称，所在商业银行投诉电话，执业登记编号和日期。当执业登记事项发生变更的，商业银行法人机构或其授权的分支机构应当在 5 日内变更执业登记。相关从业人员只限于通过 1 家商业银行进行执业登记，而且只能在其执业登记的商业银行网点开展保险代理业务。

商业银行网点应当将其保险销售从业人员执业登记情况置于营业场所显著位置，执业登记情况应包括从业人员姓名、身份证号、照片、执业登记编号、所属网点名称等。

商业银行应当加强对保险销售从业人员的岗前培训和后续教育，组织其定期接受法律法规、业务知识、职业道德、消费者权益保护等相关培训。其中，商业银行保险销售从业人员销售投资连结型保险产品，还应至少有 1 年以上的保险销售经验，每年接受不少于 40 小时的专项培训，并无不良记录。保险公司应当按照监管机构有关规定加强对其银保专管员的管理。

二、经营规则

银行保险业务涉及银行和保险两个金融行业，风险也会在两个行业之间进行传递。因此，商业银行选择合作保险公司时，应当充分考虑其偿付能力状况、风险管控能力、业务和财务管理信息系统、近两年违法违规情况等。保险公司选择合作商业银行时，应当充分考虑其资本充足率、风险管控能力、营业场所、保险代理业务和财务管理制度健全性、近两年违法违规情况等。双方都要选择优质机构进行合作。

（一）协议主体

商业银行与保险公司开展保险代理业务合作，原则上应当由双方法人机构签订书面委托代理协议。如果需要一级分支机构签订委托代理协议的，则应当事先获得法人机构的书面授权，并在签订协议后向法人机构备案。在委托代理协议中，应当包括以下主要条款：代理保险产品种类，佣金标准及支付方式，单证及宣传材料管理，客户账户及身份信息核对，反洗钱，客户信息保密，双方权利与责任划分，争议的解决，危机应对及客户投诉处理机制，合作期限，协议生效、变更和终止，违约责任等。

商业银行开展互联网保险业务和电话销售保险业务，应当由其法人机构建立统一集中的业务平台和处理流程，实行集中运营、统一管理，并符合监管机构有关规定。除了互联网保险业务和电话销售业务之外，商业银行每个网点在同一会计年度内只能与不超过 3 家保险公司开展保险代理业务合作。

商业银行和保险公司应当保持合作关系和客户服务的稳定性。商业银行每个网点与每家保险公司的连续合作期限不得少于 1 年。合作期间内，其中一方出现对合作关系有实质性影响的不利情形，另一方可以提前中止合作。对商业银行与保险公司中止合作的情况，商业银行应当配合保险公司做好满期给付、退保、投诉处理等后续服务。

商业银行不得允许保险公司人员等非商业银行从业人员在商业银行营业场所从事保险销售相关活动；不得将保险代理业务转委托给其他机构或个人；不得通过第三方网络平台开展保险代理业务；相关从业人员不得以个人名义从事互联网保险业务。

（二）合作的保险产品

在双方合作销售的保险产品方面，商业银行代理销售的保险产品应当符合监管机构保险产品审批备案管理的有关要求。保险公司应当针对商业银行客户的保险需求以及商业银行销售渠道的特点，细分市场，开发多样化的、互补的保险产品。

商业银行网点应当在营业场所显著位置张贴统一制式的投保提示，并公示代销保险产品清单，包括保险产品名称和保险公司等信息。商业银行及其保险销售从业人员应当向客户全面客观地介绍保险产品，应当按保险条款将保险责任、责任免除、退保费用、保单现金价值、缴费期限、犹豫期、观察期等重要事项明确告知客户，并将保险代理业务中商业银行和保险公司的法律责任界定明确告知客户。

商业银行保险销售从业人员应当按照商业银行的授权销售保险产品，不得销售未经授权的保险产品或私自销售保险产品。

（三）财务和佣金制度

保险公司应当制定合法、有效、稳健的商业银行代理保险业务管理制度，至少包括业务管理制度、财务管理制度、信息系统管理制度、投保单信息审查制度,并应当成立或指定专门的部门负责管理商业银行代理保险业务。

商业银行对保险代理业务应当进行单独核算,对不同保险公司的代收保费、佣金进行独立核算,不得以保费收入抵扣佣金。保险公司委托商业银行代理销售保险产品,应当建立商业银行代理保险业务的财务独立核算及评价机制,做到新业务价值、利润及费用独立核算,应当根据审慎原则科学制定商业银行代理保险业务财务预算、业务推动政策,防止出现为了业务规模不计成本的经营行为,防范费用差损风险。

在商业银行与保险公司结算佣金时,应当尽量实现法人机构间的佣金集中统一结算。如实在没有条件,则应当由保险公司一级分支机构向商业银行一级分支机构或者至少二级分支机构统一转账支付。当全国性保险公司委托区域性银行代理保险业务时,应当由保险公司一级分支机构向地方法人银行业金融机构统一转账支付。

商业银行对取得的佣金应当如实全额入账,加强佣金集中管理,合理列支其保险销售从业人员佣金,严禁账外核算和经营。保险公司应当按照财务制度据实列支向商业银行支付的佣金。保险公司及其人员不得以任何名义、任何形式向商业银行及其保险销售从业人员支付协议规定之外的任何利益。

(四) 台账和档案制度

商业银行和保险公司应当建立保险代理业务台账,逐笔记录有关内容,台账至少应当包括保险公司名称、代理险种、保险单号、保险期间、缴费方式、保险销售从业人员姓名及其执业登记编号、所属网点、投保人及被保险人名称、保险金额、保险费、佣金等。

商业银行应当建立保险代理业务的管理制度和相关档案,必须包括以下内容:与保险公司签订、解除代理协议关系和持续性合作制度;保险产品宣传材料审查制度及相关档案;客户风险评估标准及相关档案;定期合规检查制度及相关档案;保险销售从业人员教育培训制度及相关档案;保险单证管理制度及相关档案;绩效考核标准;投诉处理机制和风险处理应急预案;违规行为内部追责和处罚制度。

(五) 保险业务宣传

考虑到保险公司在保险业的专业性,商业银行及其保险销售从业人员应当使用保险公司统一印制的保险产品宣传材料,不得设计、印刷、编写或者变更相关保险产品的宣传册、宣传彩页、宣传展板或其他销售辅助品。各类宣传材料应当按照保险条款全面、准确地描述保险产品,要在醒目位置对经营主体、保险责任、退保费用、现金价值和费用扣除情况进行提示,不得夸大或变相夸大保险合同利益,不得承诺不确定性收益或进行误导性演示,不得有虚报、欺瞒或不正当竞争的表述。

各类保险单证和宣传材料在颜色、样式、材料等方面应与银行单证和宣传材料有明显区别，不得使用带有商业银行名称的中英文字样或商业银行的形象标识，不得出现“存款”“储蓄”“与银行共同推出”等字样，从而尽量避免误导消费者。保险单册样式应当合理设计，封面明确标明“保险合同”字样，标明保险公司名称、规定的风险提示语及犹豫期提示语，保险合同中应当包含保险条款及其他合同要件。

商业银行及其保险销售从业人员应当向投保人提供完整的合同材料，包括投保提示书、投保单、保险单、保险条款、产品说明书、现金价值表等，指导投保人在投保单上如实、正确、完整地填写客户信息，并在人身保险新型产品投保书上抄录有关声明，不得代抄录有关语句或签字。投保提示书应至少包括以下内容：客户购买的是保险产品；提示客户详细阅读保险条款和产品说明书，尤其是保险责任、犹豫期和退保事项、利益演示、费用扣除等内容；提示客户应当由投保人亲自抄录、签名；客户向商业银行及保险公司咨询及投诉渠道等。

商业银行保险销售从业人员应当请投保人本人填写投保单。除非投保人实在有困难，才可由保险销售从业人员代填。但是必须进行书面授权，或在录音录像的情况下进行口头授权。在代填过程中，保险销售从业人员应当与投保人逐项核对填写内容，按投保人描述填写投保单。填写后，投保人确认投保单填写内容为自己真实意思表示后签字或盖章。商业银行应当将书面授权文件、录音、录像等资料交由保险公司进行归档管理。

三、消费者的保护

（一）推荐合适的保险产品

为了防止误导消费者，商业银行及其保险销售从业人员应当对投保人进行需求分析与风险承受能力测评，根据评估结果推荐保险产品，把合适的保险产品销售给有需求和承受能力的客户。

对于一些低收入群体或者老年群体，商业银行原则上应只销售保单利益确定的保险产品。而且，保险合同不得通过系统自动核保、现场出单，应当将保单材料转至保险公司，经核保人员严格核保后出单。而在销售保单利益不确定的保险产品，包括分红型、万能型、投资连结型、变额型等预定收益型的投资保险产品时，如果客户的风险承受能力较小，应取得投保人签名确认的投保声明后方可承保。比如，趸缴保费超过投保人家庭年收入的4倍；年期缴保费超过投保人家庭年收入的20%，或月期缴保费超过投保人家庭月收入的20%；保费缴纳年限与投保人年龄数字之和达到或超过60；保费额度大于或等于投保人保费预算的150%。投保人在投保声明中，应当表明投保时了解保险产品情况，并自愿承担保单利益不确定的风险。

商业银行代理销售投资连结型保险产品和非预定收益型投资保险产品等，应在设有销售专区以上层级的网点进行，并严格限制在销售专区内。对于保单期限和缴费期限较长、保障程度较高、产品设计相对复杂以及需要较长时间解释说明的保险产品，商业银行应当积极开拓销售专区，通过对销售区域和销售从业人员的控制，将合适的保险产品销售给合适的客户。

（二）明确的保费划转流程

商业银行通过自动转账划扣收取保费的，应当就划扣的账户、金额、时间等内容与投保人达成协议，并有独立于投保单等其他单证和资料的银行自动转账授权书，授权书应当包括转出账户、每期转账金额、转账期限、转账频率等信息，并向投保人出具保费发票或保费划扣收据。

保险公司应当在划扣首期保费 24 小时内，或未划扣首期保费的在承保 24 小时内，以保险公司名义，通过手机短信、微信、电子邮件等方式，提示投保人，提示内容应当至少包括：保险公司名称、保险产品名称、保险期间、犹豫期起止时间、期缴保费及频次、保险公司统一客服电话。对于分期缴费的保险产品，鼓励采取按月缴费等符合消费者消费习惯的保费缴纳方式。在续期缴费、保险合同到期时应当采取手机短信、微信、电子邮件等方式提示投保人。投保人无手机联系方式的，应当通过电子邮件、纸质信件等方式提示。

商业银行代理销售的保险产品保险期间超过一年的，应当在保险合同中约定 15 日的犹豫期，并在保险合同中载明投保人在犹豫期内的权利。犹豫期自投保人收到保险单并书面签收之日起计算。而且，商业银行应按相关规定实施保险销售行为可回溯管理，完整客观地记录销售的关键环节。

（三）合理的业务比例限制

在商业银行代理销售保险时，也应该突出保险产品的保障功能，并且明显与银行的储蓄产品、理财产品有着清晰的区别。监管机构也从业务总量上进行了监管。比如，商业银行代理销售意外伤害保险、健康保险、定期寿险、终身寿险、保险期间不短于 10 年的年金保险、保险期间不短于 10 年的两全保险、财产保险（不包括财产保险公司投资型保险）的保费收入之和不得低于保险代理业务总保费收入的 20%。

（四）保护客户信息

商业银行应当将全面、完整、真实的客户投保信息提供给保险公司并告知客户，不得截留客户投保信息，确保保险公司承保业务和客户回访工作顺利开展。保险公司应当将客户退保、续期、满期等信息完整、真实地提供给商业银行，协助商业银行做好保险产品销售后的满期给付、续期缴费等相关客户服务。对于到商业银行申请退保以及办理满期给付、续期缴费业务的，商业银行和保险公司应当相互配合，及时做好相关工作。

商业银行不得通过篡改客户信息，以商业银行网点电话、销售从业人员及相关人员电话冒充客户联系电话等方式编制虚假客户信息。保险公司发现客户信息不真实或由其他人员代签名，尚未承保的，不得承保；已承保的，应当及时联系客户说明保单情况、办理相关手续，并要求商业银行予以更正。商业银行和保险公司应当加强客户信息保护，防止客户信息被不当使用。

（五）规范的市场行为

商业银行代理保险业务应当严格遵守审慎经营规则，不得有下列行为：将保险产品与储蓄存款、基金、银行理财产品等产品混淆销售；将保险产品收益与储蓄存款、基金、银行理财产品简单类比，夸大保险责任或者保险产品收益；将不确定利益的保险产品的收益承诺为保证收益；将保险产品宣传为其他金融机构开发的产品进行销售；通过宣传误导、降低合同约定的退保费用等手段诱导消费者提前解除保险合同；隐瞒免除保险人责任的条款、提前解除保险合同可能产生的损失等与保险合同有关的重要情况；以任何方式向保险公司及其人员收取、索要协议约定以外的任何利益等。

商业银行及其保险销售从业人员在开展保险代理业务中不得有下列行为：欺骗保险公司、投保人、被保险人或者受益人；隐瞒与保险合同有关的重要情况；阻碍投保人履行如实告知义务，或者诱导其不履行如实告知义务；给予或者承诺给予投保人、被保险人或者受益人保险合同约定以外的利益；利用行政权力、职务或者职业便利以及其他不正当手段强迫、引诱或者限制投保人订立保险合同；伪造、擅自变更保险合同，或者为保险合同当事人提供虚假证明材料；挪用、截留、侵占保险费或者保险金；利用业务便利为其他机构或者个人牟取不正当利益；串通投保人、被保险人或者受益人，骗取保险金；泄露在业务活动中知悉的保险人、投保人、被保险人的商业秘密。

第四节　保险经纪人的监管

我国对保险经纪人实施监管的目标是保护投保人、被保险人的合法权益，维护公平竞争的市场秩序，防范保险风险。对保险经纪人实施监管的法律依据是《保险法》和《保险经纪机构监管规定》等国家法律、行政法规。2009 年 9 月 18 日，保险监管机构在 2005 年版的基础上，修改了《保险经纪机构监管规定》，并于 2009 年 10 月 1 日起实行。后来又在 2013 年和 2015 年进行了两次修订。2018 年 5 月，保险监管机构又出台了《保险经纪人监管规定》，上述相关规定全部废止。从这些法律法规的条文中可以看出，对保险经纪人监管的手段是法律手段、行政手段和经济手段。对保险经纪人监管的形式包括原则监管形式和实体监管形式等。对保险经纪人监管的方法是现场检查和非现场检查。对保险经纪人监管的内容包括资格管理、机构管理、执业规则和财务稽核。

一、保险经纪机构的资格监管

保险经纪公司的设立将由中国保险监管部门严格审批。经批准开业的保险经纪公司在领取许可证后，方可开展保险经纪业务，并应当及时在中国监管机构规定的监管信息系统中登记相关信息。

保险经纪公司的设立涉及以下几个方面：

（一）组织形式

保险经纪公司的组织形式包括有限责任公司和股份有限公司。经营区域不限于工商注册登记地的保险经纪公司，即全国性保险经纪公司，注册资本的最低限额为5 000万元。经营区域仅限于工商注册登记所在地的保险经纪公司，即地区性保险经纪公司，注册资本的最低限额为1 000万元。保险经纪人的名称中应当包含"保险经纪"字样。保险经纪人的字号不得与现有的保险专业中介机构相同，与保险专业中介机构具有同一实际控制人的保险经纪人除外。

申请设立保险经纪公司，必须同时具备以下条件：股东符合《保险经纪人监管规定》的要求，且出资资金自有、真实、合法，不得用银行贷款及各种形式的非自有资金投资；注册资本符合要求，且按照监管机构的有关规定托管；营业执照记载的经营范围符合有关规定；公司章程符合有关规定；公司名称符合规定；高级管理人员符合规定的任职资格条件；有符合规定的治理结构和内控制度，商业模式科学合理可行；有与业务规模相适应的固定住所；有符合规定的业务、财务信息管理系统。

（二）股东要求

保险经纪公司的股东应当符合相关规定。存在下列情形之一的，不得成为保险经纪公司的股东：最近5年内受到刑罚或者重大行政处罚；因涉嫌重大违法犯罪正接受有关部门调查；因严重失信行为被国家有关单位确定为失信联合惩戒对象且应当在保险领域受到相应惩戒，或者最近5年内具有其他严重失信不良记录；依据法律、行政法规不能投资企业；监管机构根据审慎监管原则认定的其他不适合成为保险经纪公司股东的情形。

（三）设立分支机构

经营区域不限于工商注册登记地的保险经纪公司，即全国性保险经纪公司，在向工商注册登记地以外派出保险经纪从业人员，为消费者的保险业务提供服务的，应当在当地设立分支机构。设立分支机构时应当首先设立省级分公司，指定其负责办理行政许可申请、监管报告和报表提交等相关事宜，并负责管理其他分支机构。保险经纪公司分支机构包括分公司、营业部。

保险经纪公司新设分支机构经营保险经纪业务，应当符合下列条件：保险经纪公司及其分支机构最近1年内没有受到刑罚或者重大行政处罚；保险经纪公司及其分支机构未因涉嫌违法犯罪正接受有关部门调查；保险经纪公司及其分支机构最近1年内未引发30人以上群访群诉事件或者100人以上非正常集中退保事件；最近2年内设立的分支机构不存在运营未满1年退出市场的情形；具备完善的分支机构管理制度；新设分支机构有符合要求的营业场所、业务财务信息系统，以及与经营业务相匹配的其他设施；新设分支机构主要负责人符合规定的任职条件等。

保险经纪公司因严重失信行为被国家有关单位确定为失信联合惩戒对象且应当在保险领域受到相应惩戒的，或者最近5年内具有其他严重失信不良记录的，不得新设分支机构经营保险经纪业务。然后，保险经纪公司分支机构应当在营业执照记载的登记之日起15日内向监管机构报告，在监管信息系统中登记相关信息，按照规定进行公开披露，并提交主要负责人的任职资格核准申请材料或者报告材料。

（四）缴存保证金和投保职业责任保险

保险经纪公司应当自取得许可证之日起20日内投保职业责任保险或者缴存保证金，并在自投保职业责任保险或者缴存保证金之日起10日内，将职业责任保险保单复印件或者保证金存款协议复印件、保证金入账原始凭证复印件报送监管机构，并在监管信息系统中登记相关信息。

保险经纪公司投保职业责任保险的，该保险应当持续有效。保险经纪公司投保的职业责任保险对一次事故的赔偿限额不得低于人民币100万元；一年期保单的累计赔偿限额不得低于人民币1 000万元，且不得低于保险经纪人上年度的主营业务收入。

保险经纪公司缴存保证金的，应当按注册资本的5%缴存，保险经纪公司增加注册资本的，应当按比例增加保证金数额。保险经纪公司应当足额缴存保证金。保证金应当以银行存款形式专户存储到商业银行，或者以中国监管机构认可的其他形式缴存。

当保险经纪公司发生了下列情形之一时，可以动用保证金：注册资本减少；许可证被注销；投保符合条件的职业责任保险等，并在动用保证金之日起5日内书面报告监管机构。

二、保险经纪从业人员的资格监管

保险经纪从业人员是指保险经纪机构及其分支机构中，为投保人或者被保险人拟订投保方案、办理投保手续、协助索赔的人员，或者为委托人提供防灾防损、风险评估、风险管理咨询服务、从事再保险经纪业务的人员。对保险经纪公司监管，首先要对从业人员的从业资格和从业素质进行监督管理。

保险经纪人应当聘任品行良好的保险经纪从业人员。有下列情形之一的，保险经纪人不得被聘任：因贪污、贿赂、侵占财产、挪用财产或者破坏社会主义市场经济秩序,被判处刑罚,执行期满未逾5年;被金融监管机构决定在一定期限内禁止进入金融行业,期限未满;因严重失信行为被国家有关单位确定为失信联合惩戒对象且应当在保险领域受到相应惩戒,或者最近5年内具有其他严重失信不良记录等。

保险经纪从业人员应当具有从事保险经纪业务所需的专业能力。保险经纪人应当加强对保险经纪从业人员的岗前培训和后续教育,培训内容至少应当包括业务知识、法律知识及职业道德,并应当建立完整的保险经纪从业人员培训档案。

保险经纪人应当按照规定为其保险经纪从业人员进行执业登记。保险经纪从业人员只限于通过一家保险经纪人进行执业登记。保险经纪从业人员变更所属保险经纪人的,新所属保险经纪人应当为其进行执业登记,原所属保险经纪人应当及时注销执业登记。

三、保险经纪公司的业务监管

(一) 保险经纪人的业务范围

保险经纪人从事保险经纪业务,应当与委托人签订委托合同,依法约定双方的权利和义务及其他事项。委托合同不得违反法律、行政法规及中国监管机构有关规定。

保险经纪人可以经营下列全部或者部分业务:为投保人拟订投保方案、选择保险公司以及办理投保手续;协助被保险人或者受益人进行索赔;再保险经纪业务;为委托人提供防灾、防损或者风险评估、风险管理咨询服务等。

保险经纪人从事保险经纪业务,不得超出承保公司的业务范围和经营区域;从事保险经纪业务涉及异地共保、异地承保和统括保单,必须按照监管机构的相关规定执行。

保险经纪人及其从业人员不得销售非保险金融产品,经相关金融监管部门审批的非保险金融产品除外。当然,在销售符合条件的非保险金融产品前,应当具备相应的资质要求。

保险经纪从业人员应当在所属保险经纪人的授权范围内从事业务活动。如果要通过互联网经营保险经纪业务,应当符合中国监管机构的规定。

保险经纪人向投保人提出保险建议的,应当根据客户的需求和风险承受能力等情况,在客观分析市场上同类保险产品的基础上,推荐符合其利益的保险产品。应当按照中国监管机构的要求向投保人披露保险产品相关信息。

(二) 保险经纪人的财务要求

保险经纪人应当建立专门账簿,记载保险经纪业务收支情况。保险经纪人应当开立独立的佣金收取账户,应当开立独立的客户资金专用账户。下列款项只能存放于客户资金专用账户:投保人支付给保险公司的保险费;为投保人、被保险人和受益人代领的退保金、保险金。

保险经纪人应当建立完整规范的业务档案，进行真实、完整的记录。业务档案至少应当包括下列内容：通过本机构签订保单的主要情况，包括保险人、投保人、被保险人名称或者姓名，保单号，产品名称，保险金额，保险费，缴费方式，投保日期，保险期间等；保险合同对应的佣金金额和收取方式等；保险费交付保险公司的情况，保险金或者退保金的代领以及交付投保人、被保险人或者受益人的情况；为保险合同签订提供经纪服务的从业人员姓名，领取报酬金额、领取报酬账户等。

保险经纪人在从事再保险经纪业务时，应当设立专门部门，在业务流程、财务管理和风险管控等方面与其他保险经纪业务实行隔离。并应建立完整规范的再保险业务档案，业务档案至少应当包括下列内容：再保险安排确认书；再保险人接受分入比例等。而且，保险经纪人应当对再保险经纪业务和其他保险经纪业务分别建立账簿，记载业务收支情况。

保险经纪人从事保险经纪业务，涉及向保险公司解付保险费、收取佣金的，应当与保险公司依法约定解付保险费、支付佣金的时限和违约赔偿责任等事项。

保险经纪人在开展业务过程中应当制作并出示规范的客户告知书，包括：保险经纪人的名称、营业场所、业务范围、联系方式；保险经纪人获取报酬的方式，包括是否向保险公司收取佣金等情况；保险经纪人及其高级管理人员与经纪业务相关的保险公司、其他保险中介机构是否存在关联关系；投诉渠道及纠纷解决方式。

保险经纪人应当妥善保管业务档案、会计账簿、业务台账、客户告知书以及佣金收入的原始凭证等有关资料，保管期限自保险合同终止之日起计算，保险期间在1年以下的，不得少于5年，保险期间超过1年的，不得少于10年。

（三）保险经纪人的行为管理

保险经纪人应当对保险经纪从业人员进行执业登记信息管理，及时登记个人信息及授权范围等事项以及接受处罚、聘任关系终止等情况，确保执业登记信息的真实、准确、完整。而且，保险经纪人不得委托未通过本机构进行执业登记的个人从事保险经纪业务。

保险经纪人及其从业人员在办理保险业务活动中不得有下列行为：欺骗保险人、投保人、被保险人或者受益人；隐瞒与保险合同有关的重要情况；阻碍投保人履行如实告知义务，或者诱导其不履行如实告知义务；给予或者承诺给予投保人、被保险人或者受益人保险合同约定以外的利益；利用行政权力、职务或者职业便利以及其他不正当手段强迫、引诱或者限制投保人订立保险合同；伪造、擅自变更保险合同，或者为保险合同当事人提供虚假证明材料；挪用、截留、侵占保险费或者保险金；利用业务便利为其他机构或者个人牟取不正当利益；串通投保人、被保险人或者受益人，骗取保险金；

泄露在业务活动中知悉的保险人、投保人、被保险人的商业秘密。

除此之外,保险经纪人及其从业人员在开展保险经纪业务的过程中,不得索取、收受保险公司或者其工作人员给予的合同约定之外的酬金、其他财物,或者利用执行保险经纪业务之便牟取其他非法利益;不得以捏造、散布虚假事实等方式损害竞争对手的商业信誉,不得以虚假广告、虚假宣传或者其他不正当竞争行为扰乱保险市场秩序;不得与非法从事保险业务或者保险中介业务的机构或者个人发生保险经纪业务往来。

保险经纪人不得以缴纳费用或者购买保险产品作为招聘从业人员的条件,不得承诺不合理的高额回报,不得以直接或者间接发展人员的数量或者销售业绩作为从业人员计酬的主要依据。

案例 15-2　　欧盟保险中介人监管建议

1989 年国际保险暨再保险营销人员组织向欧盟执委会提出"欧洲保险中介人监管规则总纲",建议设立一套最低的资格标准和强制登记制度。执委会根据该报告,草拟了保险中介人监管建议,要求各成员国必须确保在本国营业的中介人符合职业条件并依法登记。该建议书的主要内容如下:

(一) 专业资格条件

为保障保单持有人和保险需求者能得到适当的服务和协助,各成员国应按中介人的业务类别订立一般商业及专业知识的认定标准,各成员国必须确保该国的保险中介人都符合这些条件。欧盟保险中介建议适用于欧盟保险中介人指令所规范的以独立营业或受雇方式从事营业活动的保险中介人。那些从事无须具备一般性或专业性知识就可以胜任的保险服务工作中介人,而且其主要工作不是保险咨询和保险销售的,可不适用保险中介人监管建议。根据该建议,保险中介人如果处于管理人的地位,应保证有适当数量的员工具备一般商业和专业性知识,并且要对从事保险中介工作的员工给予相关的基本培训。

至于保险中介人应具备的一般商业和专业知识能力,可由各成员国监管机构根据中介人的类别制定不同的标准,也可委托成员国认可的专业机构制定标准并进行管理。对保险代理人,可在各成员国保险监管机构的监督下,委托保险公司制定标准并进行管理,且由保险公司承担保险代理人的责任。

(二) 强制性职业责任保险

为了使中介人稳定经营并保护投保人的利益,欧盟保险中介监管建议除要求保险中介人须符合最低资本额规定外,还要求保险中介人投保职业责任保险或提供相应的保证金,以保障交易的安全,确保其能够承担因职业上的疏忽而应当承担的责任。这项责任保险应由保险公司、雇主或监管机构代为办理。

（三）良好的信誉

该建议要求保险中介人应具有良好的信誉，并且不能宣告破产，已根据本国国内法进行重组的除外。

（四）维持充足的财务能力

为使保险经纪人能够履行义务，建议要求保险经纪类人员须具备足够的财务能力，但有关财务能力的具体标准和形式由各成员国自行决定。

（五）保险中介人的中立性

保险中介人监管建议要求保险经纪人披露影响其交易公平性的有关重要事项，主要包括：(1)保险经纪人应告知保险或再保险需求者，其与保险公司间的任何法律或经济上的关联，或与保险公司间的任何相互持股关系，而这种关联或关系将影响保险经纪人对保险公司的自由选择。(2)将其历来与不同保险公司间业务往来的分布情况应告知成员国指定的相关机构。

（六）实施登记制度

凡符合有关专业资格要求的保险中介人，都应在其所属的成员国登记，否则不得开展业务。各成员国应由监管机构负责登记事宜，也可指定适当的专业性机构负责。当专业资格水平委托保险公司制定时，也可由保险公司负责登记事宜，但监管机构仍保留管理权。登记区分为独立保险中介人和非独立保险中介人两种。保险中介人应公开披露已登记的事项。

保险中介人监管建议中规定了有关罚则，要求成员国对未依法登记的保险中介人采取适当的处罚措施。对于不符合有关投保职业责任保险或提供保证金、信誉良好、有足够的财务能力等规定的，各成员国应当采取适当的处罚措施，包括撤销登记。

习题

1. 我国保险监管部门对保险营销业务监管的现状如何？具体有哪些措施？

2. 根据《保险代理人管理规定》，哪些公司必须经过什么手续才能具有保险兼业代理机构的资格？

3.《保险代理人管理规定》对保险专业代理机构的执业范围有什么规定？

4. 在银行保险的相关监管规定中，是如何保障保险产品的保障功能的？

5. 监管规定如何控制银行保险的风险？

6.《保险经纪人监管规定》对保险经纪业务人员的资格有什么规定？